国家哲学社会科学成果文库

NATIONAL ACHIEVEMENTS LIBRARY
OF PHILOSOPHY AND SOCIAL SCIENCES

近现代工业遗产博物馆研究

吕建昌　著

学习出版社

吕建昌 上海大学文学院历史系教授，上海大学文化遗产保护与利用中心主任，复旦大学文物与博物馆学系兼职教授，国家文物局博物馆项目评审专家库专家，中国博物馆协会博物馆管理专业委员会委员，上海文物与博物馆学会理事。1984 年毕业于复旦大学分校（现上海大学文学院）历史系考古与博物馆专业，1986 年进复旦大学历史系攻读硕士学位，1989 年研究生毕业，专业方向是文物与博物馆学。长期在高校从事历史学、文物与博物馆学、文化遗产保护的教学与研究，开设十多门专业课程。出版《博物馆与当代社会若干问题研究》、《上海世博会与未来上海发展》、《初识古玩》、《竹木雕》、《象牙犀角》等专著，主编珍藏赏玩丛书《古镜》、《银锭》、《纸币》、《金银器》、《瓷器》、《版画》、《古家具》、《名笔》等 10 种，参编《中华文化读本》、《考古发现与华夏文明》等教材，发表学术论文七十余篇。主持国家社科基金、教育部、国家文物局、上海市教委等纵向课题多项。

《国家哲学社会科学成果文库》

出 版 说 明

为充分发挥哲学社会科学研究优秀成果和优秀人才的示范带动作用，促进我国哲学社会科学繁荣发展，全国哲学社会科学规划领导小组决定自2010年始，设立《国家哲学社会科学成果文库》，每年评审一次。入选成果经过了同行专家严格评审，代表当前相关领域学术研究的前沿水平，体现我国哲学社会科学界的学术创造力，按照"统一标识、统一封面、统一版式、统一标准"的总体要求组织出版。

全国哲学社会科学规划办公室

2011 年 3 月

前　言

　　博物馆是社会发展到一定阶段的产物，工业遗产博物馆的产生也是顺应社会需要而出现的。从博物馆发展历史看，工业遗产博物馆类型比社会历史类、艺术类、自然史类等博物馆出现晚。如果以1683年英国牛津大学阿什莫林博物馆（Ashmolean Museum）为近代意义博物馆形成的标志，那么工业遗产博物馆的出现要晚了近170年。1851年，以展示工业革命成果为主要目的的首届万国博览会在英国伦敦开幕。博览会闭幕后，博览会主办方利用办展览的剩余资金购买了部分工业展品和土地，两年之后建立了南肯星顿博物馆（即后来的伦敦科学博物馆）。以后英国又在伯明翰等各工业城市建立了工业博物馆和铁道博物馆。这样，在社会历史类、自然史类和艺术类博物馆之外，增添了工业遗产博物馆（尽管名称为"科学与工业博物馆"或"科学与技术博物馆"）。但是从20世纪60年代欧洲兴起工业考古运动以来，工业遗产博物馆呈现新的发展趋势，兴建的工业遗产博物馆主要是工业遗址性博物馆，在某些方面与以往的工业遗产博物馆略有差异。为了便于研究与区别，本文中将欧洲工业考古运动出现之前的工业遗产博物馆称之为"传统工业博物馆"，将欧洲工业考古运动以来兴建的工业遗址博物馆与非遗址性工业博物馆称为工业遗产博物馆，并作为本研究对象的主体。

　　传统工业博物馆与工业遗址博物馆产生于不同的社会历史和经济发展阶段。前者是工业化时代的产物。当一些旧工厂关闭、工业设备等被废弃时，人们就将其中一些重要的工业设备和产品送到工业博物馆保存，有的甚至将自己工厂生产的第一件新产品送到博物馆，而不是在市场上销售。后者主要是后工业化时代的产物。在城市化发展进程中，城市更新要求对城市环境污染严重的企业搬出城市中心区，市场竞争的压力又迫使一些产品严重积压的能源产业与传统制造业转型，于是城市中出现大量被遗弃的旧工业建筑与生产设备等。欧洲工业考古运动唤醒了人们对于工业遗物价值的认识，产生了保护重要工业遗存意识。但是作为工业遗产的工业建筑、巨型生产设备与构筑物以及包括工业遗址本身，无法（或不宜）放到传统工业博物馆中进行室内的保护与展示，人们就效仿瑞典斯堪森露天博物馆的方式，在野外予以保护并展示，这样就产生了露天工业遗址性博物馆。传统工业博物馆以收藏与展示科学与工业技术发展史内容为主旨，是欧洲工业考古运动出现之前工业遗产保护的重要方式。工业遗址性博物馆虽然也沿袭传统工业博物馆的基本宗旨，但与城市经济发展联系更为密切，更注重工业遗产保护与利用的方式方法。相比较原来的传统工业博物馆，工业遗址性博物馆的社会与经济似乎意义更大。

　　城市发展与工业遗产保护往往在经济利益上发生冲突而形成矛盾。20 世纪 90 年代以来，随着我国城市化进程的加快，城市建设与工业遗产保护的矛盾日益突出，如何解决这一矛盾成为政府管理部门与学界共同关注的一个新课题。当我们将视野扩展到全球范围，不难发现，在西方发达国家化解城市发展与工业遗产保护矛盾的经验中，利用"工业遗产"创建博物馆是其重要方式之一。实践表明，城市发展与博物馆发展是一种互补共进的关系。城市密集的人口与便利的交通，为博物馆传播知识、实现其社会功能提供了客观条件。博物馆为提高市民文化素质、普及科学文化知识、增长求知兴趣做出了贡献，同时也为城市工业遗产保护做出贡献。城市发展需要博物馆。博物馆与城市发展不是一种对抗性的关系，而是一种和谐关系，建设工业遗产博物馆成为化解城市发展与工业遗产保护矛盾的一种重要方式。

我国的工业遗产博物馆发展道路与西方发达国家有些不同。早年在我国的博物馆类型中，并没有工业遗产博物馆类型。20世纪90年代之前，尽管在我国的少数地方综合性社会历史类博物馆中偶尔收藏了一些近代工业遗物，但并没有发展出单独的以收藏与展示近代工业遗产为宗旨的博物馆。晚近出现的工业遗产博物馆都是随着我国的城市化发展步伐加快、企业实施结构调整与产业转型、为保护工业遗产而兴办的。其中，有遗址性的，也有非遗址性的，但以遗址性为多，成为国内工业遗产博物馆建设的主流。目前对这类博物馆的建设和营运，国际上还缺乏系统的理论研究，国内的实践也还刚刚开始，亟须进行这方面经验总结和理论探讨。本书从博物馆的角度切入，分析工业遗产的基本概念及其多重价值，比较城市化发展背景下各种工业遗产保护的模式，阐述工业遗产博物馆模式的优势与弱势，揭示工业遗产博物馆的内涵与特点，探索其与城市经济文化发展的和谐关系，并提出了规范我国工业遗产博物馆建设的初步思路框架。

在博物馆的众多类型中，工业遗产博物馆是其中一种，其数量在博物馆总量中占比很小。如果把社会历史类的博物馆比作"大众"，那么，工业遗产博物馆则属于"小众"。小众虽小，却能拾遗补阙、起到填补空白的作用，工业遗产博物馆在博物馆的门类中至少也是这样的。在我国现有的博物馆中，60%以上属于文物系统博物馆，工业遗产博物馆绝大多数都由企业自主创建并管理，业务上接受文物管理部门的指导，在管理体系中，可归属于行业博物馆一类。国家文物局是我国国有博物馆的最高管理机构，文物局颁布的相关博物馆与文物管理的各项政策、条例等，主要也是针对文物系统博物馆。尽管其中的许多政策、条例各种类型博物馆都可参照，但有时难免会有未能覆盖工业遗产博物馆特殊性的方面。工业遗产博物馆由于其鲜明的工业遗产藏品特点，与其他类型博物馆在藏品的征集、保管以及陈列展示、社会服务等方面都存在一定的差异。本书对工业遗产博物馆进行的分类研究，有利于探索工业遗产博物馆的运行规律以及社会服务特色，希望本书能为我国的工业遗产博物馆建设提供有益的参考。同时，对于本书中所提出的一些学术观点、方法与实施建议，也希望引发读者的思考，共同为推进我国工业遗产博物馆的发展贡献力量。

吕建昌

2016 年 1 月 15 日

目　录

Contents

导　言

一、本研究的目的

20 世纪六七十年代，在欧美国家兴起的"工业考古"热潮推动了西方发达国家对近代工业遗产的保护。20 世纪 80 年代以后，在可持续发展理念的影响下，西方发达国家对工业遗产由偏向"为保护而保护"的单纯保护模式转向"保护与再利用"相结合的模式，使工业遗产保护走上了一条可持续发展之路。而在欧美国家工业遗产保护热潮的六七十年代，我国正处于十年"文化大革命"时期，对当时国际上出现的文化遗产保护新潮流并不了解。20 世纪 90 年代起，随着我国经济体制改革的逐步深化，经济转型和产业结构的调整以及城市化建设的进程进一步加快，我们也遇到了欧美国家在三四十年前面临的同样问题：如何保护工业遗产？我们看到在许多城市中，一批批被认为属于"淘汰"的近现代工业建筑和生产机械与设备等，被作为无用的包袱而废弃、清除，使近代工业遗产受到了严重的毁坏。民间有识之士纷纷著文，批评这种只顾眼前经济利益的缺乏远见行为。2006 年 4 月 18 日，国家文物局与江苏省政府联合在无锡举办"中国工业遗产保护论坛"，全面拉开了政府主导的我国工业遗产保护工作的序幕。紧接着国家文物局又发出《关于加强工业遗产保护的通知》，文中明确指出："工业遗产保护是我国文化遗产保护事业中具有重要性和紧迫性的新课题。"

许多城市为保护工业遗产，从学界、企业界到地方政府层面，纷纷响应国家文物局发出的号召，开始关注并研究这一"具有重要性和紧迫性的新课题"。在探索工业遗产保护的过程中，我们把视野扩展到域外，看到了发达国家的一些经验。其中，建设工业遗址博物馆是发达国家工业遗产保护中普遍采用的一种模式。因而目前在国内，许多城市正悄然兴起建设工业遗产博物馆的热潮。

与自然史类、艺术类以及社会历史类博物馆相比较，近现代工业遗产博物馆是较晚出现的一种博物馆类型。近现代工业遗产博物馆的产生和城市发展与更新、产业结构调整与转型以及文化遗产保护意识的增强有关。西方发达国家早于我国几十年进入了后工业化时代，在产业转型的过程中，它们对工业遗存的认识突破了以往我们给遗产划定的"时间标准"，将那些具有历史、科学与技术、审美等多重价值的近现代工业建筑、构筑物、机械设施、工业制造品以及生产工艺等纳入文化遗产的范畴，以"工业遗产"命名，并从经济、文化、社会、环境等角度思考工业遗产的保护问题，在实践中探索有效的保护方法。经过三四十年的实践证明，工业遗产博物馆是工业遗产保护管理的有效模式之一。

目前我国已建成开放的近现代工业遗产博物馆数量还不多，有相当社会影响力的更是凤毛麟角。现有一定规模的近现代工业遗产博物馆，有无锡的中国民族工商业博物馆、武汉的中国武钢博物馆、广西的柳州工业博物馆、北京中国铁道博物馆、沈阳铁西的中国工业博物馆、唐山的开滦博物馆等，但在建和计划建设的工业遗产博物馆已不下五六十座。由于此类博物馆主办者往往以企业为主体，缺乏深入的专业研究与指导，实践中存在较多的盲区。在筹建中，即使主办方聘请了一些相关的专家、学者指导，由于近现代工业遗产博物馆在国内是近年才出现的新类型，国内学界本身对其了解也甚少，缺乏实践与理论研究，加之有些专家、学者自身在这方面的理论基础也较为薄弱，一般都参照社会历史类博物馆建设的经验，忽视了工业遗产博物馆自身的特点，因而在已建成的一些近现代工业遗产博物馆中，在建筑设计、陈列展示设计和藏品征集、保管以及博物馆运作等方面，都不同程度地存在着各种明显的问题。

本书试图通过对国内近现代工业遗产博物馆现状的考察，以及对发达国家工业遗产博物馆的实践经验的分析，探索包括大型露天工业遗址博物馆、室内工业遗产博物馆以及利用旧工业建筑改造为博物馆的各类工业遗产博物馆的特征与内涵，从理论上阐述其在工业遗产保护中的地位与作用，揭示其与地方城市经济文化发展的内在关系，并结合我国近现代工业遗产保护的实践，提出中国近现代工业遗产博物馆建设的基本规范，以期进一步提高和完善我国近现代工业遗产博物馆的建设与管理水平，使之在城市发展中，对工业遗产保护和经济发展发挥应有的作用。

近现代工业遗产博物馆是工业遗产保护运动与博物馆事业相结合的产物。可以预见，随着我国各级政府与民间对工业遗产保护意识的不断增强，工业遗产博物馆的数量将会逐步地增长，成为我国博物馆事业的重要组成部分。因此，本书的研究一方面为工业遗产博物馆的建设与发展提供经验总结与构建初步的理论框架，丰富工业遗产保护和博物馆学的理论；另一方面，为政府相关责任部门选择实施对工业遗产保护的不同模式，提供一个可供比较的参照系，同时也为政府部门制定工业遗产保护与管理的相关政策法规、制定未来国家标准的《博物馆建设标准》等，提供政策建议。

二、国内外工业遗产保护研究进展

（一）国外

近现代工业遗产物的出现与工业遗产保护热潮有关，而近代工业遗产保护热潮的形成又与"工业考古"的兴起有关。1955 年英国伯明翰大学迈克尔·瑞克斯（Michael Rix）发表的以"工业考古学"为题的文章是战后对近代工业遗产保护与研究的开始。20 世纪 60 年代，英国在官方与民间的合作之下，首先开始了对工业遗产的调查、记录，并制订保护政策，实施保护管理措施。这一时期所取得的成就主要体现在"工业考古"研究方面。1973 年英国"工业考古协会（AIA）"成立，同年在世界工业革命的发祥地之一——铁桥峡（博物馆）召开了第一届工业纪念物保护国际会议，引起了世界各国对工业遗产的关注。西方主要工业发达国家的学术界纷纷成立工业考古组织，开展研究和保护工业遗产。1976 年英国工业考古协会出版的《工业考古学评论》（Industrial Archaeology Review），是工业考古领域中最有代表性的期刊。1978 年，国际工业遗产保护的专门组织——国际工业遗产保护委员会（The International Committee for the Conservation of the Industrial Heritage，TICCIH）成立。国际工业遗产保护委员会和欧洲理事会（Council of Europe）等组织对推动国际工业遗产研究起到了十分重要的作用。国际工业遗产保护委员会的历届大会以及 20 世纪八九十年代欧洲理事会、国际建筑师协会等组织召开的一些城市建设与工业遗产为主题的国际会议上，涌现出了相当多的有关工业遗产的研究论文、专题报告等。工业考古学的发展推动了欧美国家的工业遗产保护意识和工业遗产研究。就研究的主要内容而言，目前国外对工业遗产保护研究，主要集中在以下几方面。

1. 对近代工业遗产的概念与价值的研究

尽管目前欧洲各国对近代工业遗产的概念与价值的认识已经基本趋同，但在工业考古研究的开始阶段，经历了一个由模糊朦胧到逐步清醒、再到深刻的过程。过去人们习惯于将"遗产"视为很古老的东西，因而只有近百年，甚至不足 50 年的重要工业文明遗物往往不被认可是遗产，而不给予重视。由工业考古热潮形成的社会舆论，引起人们对工业文明遗物的重新审视，最初由工业考古概念的讨论逐步发展到工业遗产概念的界定。在起始阶段，英国的工业遗产用"工业纪念物"（industrial monuments）这个概念，包括所有的建筑空间和场地上的构筑物，也就是说只要是建成于工业革命时期，能够反映工业和技术流程起源和演变的对象都可以被列为工业纪念物。1978 年在瑞典斯德哥尔摩召开的第三届工业纪念物保护国际会议上，提出了关于工业遗产的定义。与会者认为，工业遗产包括了不动产（工业景观、有规划的场址、工业建筑物等）以及动产（设备、机器、工具等）。能源、原材料、工作场所、运输方式或技术工具、生产的产品、成文的资料、用于研究或建设场地的图纸和照片等、全部行政、法律和技术文件等，都可以纳入工业遗产的范畴中。在时间上把近代工业遗产限定在世界工业革命以来的工业遗存。伯克南（R. A. Buchanan）指出，"工业纪念物是指工业或运输系统废弃不用的任何遗物，它在年代上限制为是过去 250 年以来的纪念物，覆盖了传统的工业革命的时期"。[①] 1998 年，法国学者多米尼克·贝舍

---

① R. Angus Buchanan. *History and Heritage*：*The Development of Industrial Archaeology in Britain* [J]. The Public Historian, Vol. 11, No. 1（Winter, 1989），pp. 5 – 16.

（Dominique Perchet）提出工业遗产既是一种技术遗产，也是一种经济和社会遗产："工业遗产是反映一个地区的经济、技术或者人类社会历史上重要时期的遗产。工业遗产既包括有形要素（如建筑、设备等），也包括无形要素（如技术、技艺、专利、商标符号等），还包括其在历史上的作用（生存、死亡、危机和矛盾），与地理、经济、社会和社会学环境之间的关系……都显示出其重要性，并值得对其进行保护。"① 2003 年国际工业遗产保护委员会通过的《关于工业遗产的下塔吉尔宪章》，综合了各国学者对工业遗产的研究成果，对工业遗产概念的界定以及工业遗产的多重价值（包括历史价值、科学价值、技术价值、经济价值、文化价值、社会价值、审美价值）作了全面的、最权威的阐述。该宪章是国际遗产界工业遗产概念及其内涵研究成果的集中体现。

2. 对现近代工业遗产保护与再利用的研究

尽管发达国家对近现代工业遗产的保护与再利用的实践已有几十年，但研究成果多为以个案为主的实际经验总结与理论分析，全面综合性地阐述工业遗产的保护与再利用理论的并不很多，英国学者 Alfrey J & Putnam T 的《工业遗产：管理资源和利用》一书可为这方面的代表。该书研究工业文明沉淀的潜在的重要资源怎样被认定，并且怎样被最好地利用与开发。作者以国际的视野，比较分析了许多国家的工业遗产保护再利用项目，阐述了作为遗产的工业文化、工业遗产能够做什么、怎样界定遗产资源等问题。作者认为，前工业文化时代被界定的遗产概念，必须经过修改才能适合由工业制造物及其产生它们的社会所呈现的十分不同的要求。对于工业历史建筑物，只有在再利用中才能更好地得到保护。② 工业遗产在以往的任何历史研究分支中，都未曾受到很好的研究和关注。作者在工业遗产的评估、保护、诠释、资金保障以及管理等方面，首次提供了完整的方法，开创了新的历史研究领域。Binney M & Aldous T 则通过对英国工业遗产状况的具体分析，详细论证

---

① Dominique Perchet, Emmanuel de Roux. *Patrimoine Industriel* [M]. Paris：Parigramme, 2000. （转引自邵甬：《法国建筑、城市、景观遗产保护与价值重现》，同济大学出版社 2010 年版，第 90—91 页）

② Alfrey J, Putnam T. *The industrial Heritage Managing resources and uses* [M]. London：Routledge, 1992.

了保护工业遗产的必要性，并探讨了工业遗产的改造再利用的途径与方法。①

3. 对工业遗产与旅游发展关系的研究

工业遗产旅游最早出现于英国，英国工业遗产旅游的成功实践首先成为研究者关注的重点，同时被作为样板而为其他西方国家效仿。1983 年 4 月，在美国马萨诸塞州洛厄尔大学召开的第四届工业历史学术研讨会上，学者戴维（David Sekers）做了主题演讲，他的观点具有一定的代表性。戴维向与会者叙述了在英国工业城市中工业遗产博物馆是怎样努力站在提供新的经济和文化生活最前沿的。他认为，"一座好的博物馆就像任何好的艺术作品一样，可以改变你的视野。如同英国的利兹和利物浦城市那样，通过改变城市传统的消极观念，工业博物馆已经帮助将城市的包袱（累赘）转化成文化和历史的资产（资源）。因此在英国，这类博物馆通过历史的保护和旧工业建筑的适当再利用，增强了社区认同，成为旅游业的重要资源，促进了旅游业的发展。工业博物馆已经成为城市经济再生活力的催化剂。"②

20 世纪 80 年代可持续发展理念的提出，从工业遗产保护的可持续发展出发，寻找一条获得社会与经济双重效益的途径，成为西方发达国家工业遗产保护的努力方向。有一些学者认为，工业遗产是旅游业发展的重要景观资源。尽管将工业遗产保护的可持续发展寄托于旅游服务，而旅游业的景气与否明显受国际、国内的社会经济增长状况的影响，但在目前没找到更好的再利用方案之前，工业遗产保护与旅游业结合仍是一种不错的选择。1991 年，Yale P 在《从旅游吸引物到遗产旅游》一书中，对工业遗产旅游资源进行了分类，并以英国铁桥峡工业遗产地为案例，阐述了铁桥峡博物馆的工业遗产保护及其开展工业遗产旅游的历程，这是一部系统研究工业遗产保护与旅游发展关系、贯穿工业遗产保护可持续发展理念的代表性专著。③

另外，还有些学者对工业遗产旅游的一些基本概念，诸如"遗产旅

---

① Binney M. *Our Vanishing Heritage*［M］. London：Arlington，1984. Aldous T. *Britain's Industrial Heritage Seeks World Status*［J］. History Today，1995（5）.

② Stephen H. Cutcliffe and Steven Lubar：*The Challenge of Industrial History Museums*［J］. The Public Historian，Vol. 22，No. 3（Summer，2000），pp. 11 – 24.

③ Yale，P. *From Tourist Attractions to Heritage Tourism*［M］. Huntington：ELM publications，1998.

游"、"工业遗产旅游"、"工业旅游"也进行了研究。但由于研究者的视角不同，对这些概念的定义、内涵的阐述，存在一些分歧。①

4. 对工业遗产博物馆与社会发展关系的研究

上述三个方面的研究，都是以城市规划、建筑工程设计、工业史、考古学和旅游学领域人士为参与主体，而工业遗产博物馆与社会发展关系的研究，则主要是由工业史、考古学和博物馆学界的学者参与。

工业遗产博物馆是博物馆事业与工业遗产保护运动结合的产物。在工业类历史建筑和工业遗存的保护中，工业遗产博物馆应运而生。对这种保护模式的有效性以及为社会肩负的使命的研究，人们更多的是持肯定态度，并从博物馆承担的社会责任出发，探索工业遗产博物馆怎样跳出传统博物馆的社会服务模式，开创工业遗产博物馆的服务特色。拜瑞（Barrie Trinde）以铁桥峡博物馆开展的活动为例，阐述公众参与工业遗产保护的意义以及工业遗产博物馆对公众教育的作用。他认为，"以游客数量来衡量如此众多的工业遗产保护项目的成功，表明这些保护确实是满足了公众需要和教育的需要"。工业遗产保护运动"增强了成千上万漫不经心的游客的历史意识，同时它已被证明是许多人建设性思维和行动灵感的促进因素"。②

1999 年 9 月，国际工业遗产保护委员会在匈牙利召开国际会议，会议主题是"转变中的经济结构，挑战中的工业遗产"，会议中的八项议题之一为"工业博物馆和博物馆项目"，表明国际工业遗产保护领域对工业博物馆模式保护工业遗产的重视。与会者上百人，主要来自欧美国家，为历史、考古、文化人类学、工程、建筑保护以及博物馆和遗产研究多个领域的专家，会上讨论了博物馆保护工业遗产的一些问题，专家们认为工业遗产的博物馆保护具有理论与技术上的独特优势，可使工业遗产原真性最大限度呈现，并使之发挥潜在的社会意义。

在科技发达的信息时代，公众闲暇时间的文化娱乐享受，除了博物馆之外，有更多的文化设施可选择，当代博物馆面临新的挑战。对于工业遗产博

---

① Edwards J A. *Mines and Quarries Industrial Heritage Tourism* [J]. Annuals of Tourism Research，1996（2）：pp. 341 – 363.

② Barrie Trinder. *Industrial Conservation and Industrial History：Reflections on the Ironbridge Gorge Museum* [J]. History Workshop，No. 2（Autumn，1976），pp. 171 – 176.

物馆的社会使命，斯克拉姆斯代德（Skramstad）的观点较有代表性。他曾经担任过美国芝加哥历史学会主席、福特博物馆和"绿野村庄"露天博物馆馆长。1998 年 3 月宾夕法尼亚州贝塞莱汉姆的莱哈艾大学（Lehigh University，Bethlehem，Pennsylvania）召开的博物馆学术研讨会上，他在所做的"后工业时代工业博物馆的使命"主题报告中指出："当代博物馆的使命是通过带领公众与新的、有潜力的灵感体验去接触而改变人的思想与认识。公众参观博物馆所能记住的都是那些能够与他们自己的生活与经历相连接的东西，因此博物馆应该创造出更多内容丰富的体验来适应公众的需求。而工业遗址博物馆正是最好的工业历史体验的场所。"斯克拉姆斯代德认为，工业历史博物馆作为"体验的场所"，有许多令人兴奋的故事可叙说，当代博物馆面临的挑战就是怎样利用这些故事和相关的实物"给今天的人们以价值和意义"。① Thomas 和 Elizabeth 认为，工业遗址博物馆的最显著特点就在于它的原址性，向公众提供"原汁原味"的场所体验是其特色，应该充分利用这一条件开展博物馆活动，发挥工业遗址博物馆的特色。"场所与声音的真实性一直是决定这些历史呈现物的生命力的一个重要因素。工业遗址和博物馆之所以成为主要潜在的吸引力，就是基于它们是该时代遗迹本身的这个基本假设。然而，由于这些遗迹也正变得离观察它们的人们的日常生活更加遥远，有生气的博物馆必须为那些充满热情但却是门外汉的观众提供强有力的诠释套餐。不然，最为庞大的'记忆场所'也只能是一个空洞的舞台"。②

5. 对各国工业遗产保护与利用的案例研究

这方面的案例研究可以分为两类：一类是将工业遗产保护与利用为商业用途或除了博物馆以外的其他文化设施（如学校、图书馆等）；另一类是将工业遗产保护与利用为工业遗产博物馆。

对前一类研究，影响较大的有英国学者 Binney M 、Aldous T 、Alfrey J &

---

① Harold Skramstad. *The Mission of the Industrial Museum in the Postindustrial Age* [J] . The Public Historian，Vol. 22，No. 3（Summer，2000），pp. 25 – 32.

② Thomas E. Leary and Elizabeth C. Sholes. *Authenticity of Place and Vioce*：*Examples of Industrial Heritage Preservation and Interpretation in the U. S. and Europe* [J] . The Public Historian，Vol. 22，No. 3（Summer，2000），pp. 49 – 66.

Putnam T 等对英国工业历史建筑再利用的研究，法国学者 Leniud J M & Le Roux T 等对法国工业历史建筑资源的保护与利用研究，还有德国学者克劳兹·R. 昆斯曼（Klaus R. Kunzmann）、汉斯·彼得·诺尔（Hans Peter Noll）等对德国鲁尔工业区的研究。如为期 10 年的"埃姆歇公园国际建筑展"（1989—1998 年）项目使德国鲁尔工业区的整体面貌焕然一新，引起国际遗产界的重视，鲁尔工业区的更新改造起点高，计划性强，结合现代高科技的应用，成功地将一个世界著名的老工业区转型更新为著名文化创意产业和"工业遗产旅游"之地，成为世纪之交国际遗产界研究的热点。德国学者分别从不同角度进行了研究。德国多特蒙德大学空间规划学院教授克劳兹·R. 昆斯曼等对德国"鲁尔区埃姆歇公园国际建筑展的创新精神"进行研究，① 德国波鸿大学（University of Bochum）城市复兴和不动产开发领域名誉教授汉斯·彼得·诺尔等对"鲁尔区棕地再开发"进行研究等。② 还有从社会学角度研究③，或从文化与创意产业角度研究鲁尔区的工业历史建筑再利用等。④

在后一类研究中，影响较大的是美国俄亥俄州的扬基城州立大学 Thomas 博士和 Elizabeth 的研究，他们在对欧美各国的工业遗产保护项目考察的基础上，分析一些国家的经验教训，其中包括成功案例和失败案例。成功的案例，如英国位于南苏格兰新拉纳克（New Lanark）的罗伯特·欧文（Robert Owen）的"乌托邦工厂社区"（Utopia mill village）、伯明翰西洛普郡（Shropshire）的铁桥峡博物馆、南威尔士的布莱维恩工业景观区（Blaenvon Industrial Landscape），还有德国的弗尔克林根铁工厂（Volklingen Ironworks）、美国马萨诸塞州的洛厄尔国家历史公园（Lowell National Historical Park）等。失败的例子，如 20 世纪 80 年代，美国宾夕

---

① Klaus R. Kunzmann. *Recycling the City：The Use and Reuse of Urban Land*［M］. Cambridge：Lincoln Institute of Land Policy，2004.

② 〔德〕汉斯·彼得·诺尔等：《鲁尔区棕地再开发》，黄剑译，《国际城市规划》2007 年第 3 期，第 36—40 页。

③ 〔德〕冉内·史道巴赫：《埃姆歇公园国际建筑展的社会思考》，张柳梱译，《国际城市规划》2007 年第 3 期，第 30—35 页。

④ 〔德〕拉尔夫等：《鲁尔区的文化与创意产业》，刘佳燕译，《国际城市规划》2007 年第 3 期，第 41—48 页。

法尼亚州的约翰斯敦（Johnstown）和霍姆斯代德（Homestead）的钢铁工业遗址的保护，最初的目标是仿造洛厄尔国家历史公园模式，建设成国家钢铁工业历史公园，但后来由于保护计划过于庞大和资金的短缺，建设项目最终中途夭折。[①]

　　美国国家公园中以工业遗产保护著称的是洛厄尔国家历史公园。在有"美国工业革命的发源地"之称的美国第一个工业城市——洛厄尔，以建设洛厄尔工业遗址公园的形式，将城市中的工业遗产保护起来，并且建设成为一个露天工业遗产博物馆。今天，洛厄尔是美国最成功的国家工业遗产公园。曾在美国国家历史博物馆和国家建筑博物馆任职的洛厄尔国家历史公园资深研究员 Carolyn M. Goldstein 以洛厄尔工业遗址公园为个案，研究了工业遗址公园的建设原则、方法以及在工业遗产保护再利用中的作用。[②]

　　发达国家的工业遗产保护实践中，或多或少都建有一些工业遗产博物馆（或以整个工业遗址，或以单个旧工业建筑为馆），反映了国际社会对这一种保护模式的认同。在国外所见案例中，以成功者的经验介绍与评析为多，但我们认为，对于实验失败的教训总结，其意义实际上并不亚于成功的经验。有一篇值得重视的文章，那就是法国人类社会学家 Octave Debary 的《逆工业化和博物馆化：从展示的记忆到忘却的历史》（Deindustrialization and Museumification: From Exhibited Memory to Forgotten History）。该文分析法国的克勒索—蒙特梭人与工业博物馆（The Museum of Man and Industry, Le Creusot-Montceau-les-Mines）（又翻译为"克勒索—蒙特索煤矿社区生态博物馆"）的失败原因。该馆可以说是法国近代工业遗产保护的先驱，因其在生态博物馆运动中的重大国际影响而遮盖了其当时的工业遗产保护色彩。它不同于英国和德国以及美国的工业遗产博物馆，也不同于法国其他地方后来出现的工业遗产博物馆。它诞生于 20 世纪六七十年代欧洲社会变革和文

　　[①]　Thomas E. Leary and Elizabeth C. Sholes. *Authenticity of Place and Vioce: Examples of Industrial Heritage Preservation and Interpretation in the U. S. and Europe* [J]. The Public Historian, Vol. 22, No. 3 (Summer, 2000), pp. 49 - 66.

　　[②]　Carolyn M. Goldstein. *Many Voices, True Stories, and the Experiences We Are Creating in Industrial History Museums: Reinterpreying Lowell, Massachusetts* [J]. The Public Historian, Vol. 22, No. 3 (Summer, 2000), pp. 129 - 137.

化民主运动高潮的社会背景之下，当时热衷于新博物馆运动的国际博物馆协会博物馆学委员会主席雨果·戴瓦兰（Hugues de Varine）受邀请参与指导项目建设。该博物馆强调文化民主，强调社区公民的参与和拥有，迎合了当时国际社会的民主化思潮，因而成为国际新博物馆运动的朝圣之地。[①] 但在法国也始终存在一种批评的声音，不赞成生态博物馆的民主化运动。Octave Debary 认为，克勒索—蒙特梭人与工业博物馆失败的原因是该博物馆馆长（Marcel Evrard）个人的家长制作风，导致与其雇员之间关系恶化，最终使生态博物馆彻底崩溃。该馆以破除家长制开始建立，最终又被新的家长制作风毁掉，从起点经过一个循环又回到了原点，是一次具有讽刺意义的博物馆民主化运动的实验。[②]

　　由英国"工业考古"引发对工业遗产保护问题的关注，最终发展成为对工业遗产保护与再利用的国际潮流，从最初对个案的实践经验总结，上升到具有普遍意义的科学理论研究，这是西方工业遗产保护研究发展的轨迹。尽管国外对近现代工业遗产保护的实践与研究已取得较为丰硕的成果，但对近现代工业遗产的保护模式问题尚未有系统的专题理论研究，近现代工业遗产博物馆的模式一般也都在"遗产与城市"、"遗产管理"、"遗产保护"、"工业遗产旅游"等专题中，或一些实践个案中被讨论，对近现代工业遗产博物馆的基本内涵与特点、运行管理以及与其他工业遗产保护模式之间的内在差异等方面的研究，还显得较为薄弱。

　　（二）国内

　　改革开放以后，随着我国的经济体制转型以及城市化进程加快，推动了产业的结构调整与转型，城市中"退二进三"的产业布局调整，使我们不可避免地遇到了如何处置工业废弃地与工业厂房以及旧工业机器设备等问题。国内对近现代工业遗产保护的实践和研究起始于 20 世纪 90 年代中后期，首先主要是民间有识之士对地方政府所关注的城市滨水区域改造开发研究，包括城市传统的滨水码头区、工业区和仓储用地的改造和旧工业建筑改

　　① Francois Hubert. *Ecomuseums in France*：*Contradictions and Distortions* ［J］. UNESCO Museums, 1985, Vol. 148, No. 3：186 – 190.

　　② Octave Debary. *Deindustrialization and Museumification*：*From Exhibited Memory to Forgotten History* ［J］. Annals of American Academy of Political and Social Science, Vol. 395, （Sep. , 2004）, pp. 122 – 133.

造再利用等项目。2006年4月，无锡"中国工业遗产保护论坛"的召开，同年5月，国家文物局发出的《关于加强工业遗产保护的通知》，标志着政府主管部门的正式介入工业遗产保护。在政府的推动下，国内对工业遗产保护的研究渐趋高涨。仅以中国知网的数据统计，从2006年至2012年，可查见的相关论文已达700多篇（其中包括90多篇博士、硕士论文）。目前已面世的研究成果，主要涉及对工业遗产概念的诠释、工业遗产保护和再利用的意义、工业遗产的价值和保护理念、工业遗产保护的公众参与、工业遗产与旅游业发展、工业遗产保护与城市文化建设、工业遗产的保护模式以及对国内外成功案例的介绍和分析等方面。

1. 关于工业遗产概念、工业遗产保护和再利用的意义、工业遗产的价值和保护理念

近年这方面的研究在学界影响较大的有两部专著：一是东南大学建筑学院王建国教授等的《后工业时代产业建筑遗产保护更新》。[①] 它是国家杰出青年科学基金和国家自然科学基金资助项目的研究成果。该书从系统梳理、剖析和归纳国际工业历史建筑保护和改造再利用的经验和趋势入手，廓清工业建筑遗产保护和再利用的内涵意义和价值；提出了工业建筑价值评定及分析的界定和分类标准；对工业建筑保护和再利用的实施策略、具体方式、技术手段和效益等进行系统分类，并做出明确针对性的研究总结；通过对我国近年开展的一些案例研究，经由实践层面的物质性实证研究，提出具有技术针对性的改造设计方法，初步形成了工业历史建筑保护性改造再利用的理论和方法体系构架，是我国第一部具有较高学术价值和实践指导作用的工业建筑遗产保护改造的论著。

二是清华大学建筑学院刘伯英教授和冯钟平的《城市工业用地更新与工业遗产保护》。[②] 刘伯英教授是中国建筑学会工业建筑遗产学术委员会副主任兼秘书长，曾先后承担过北京市的多项重要研究课题，如"首钢工业区现状资源调查及其保护利用的深化研究"、"北京焦化厂工业资产资源调查及其保护利用研究"、"北京市重点工业资源调查及保护与再利用评价标

①　王建国等：《后工业时代产业建筑遗产保护更新》，中国建筑工业出版社2008年版。
②　刘伯英、冯钟平：《城市工业用地更新与工业遗产保护》，中国建筑工业出版社2009年版。

准研究"、"北京中心城（01—18 片区）工业用地整体利用研究"等（2008年在北京焦化厂工业遗址保护与开发利用规划方案国际竞赛中获得一等奖），正是在大量的实践经验与理论思考的基础上，作者写出了这部专著。全书分为上、下两篇，上篇讨论"工业用地更新"，下篇讨论"工业遗产保护"。在下篇中，作者介绍了国际（特别是英国和德国）工业遗产保护和再利用的情况，提出了工业遗产的定义内涵、研究方法、田野考察、价值认定、保护管理等内容，对工业遗产保护进行了全面的阐述。

　　另外，在这方面还有一些值得关注的论文：俞孔坚、方琬丽的《中国工业遗产初探》和邢怀滨、冉鸿燕、张德军的《工业遗产的价值和保护初探》，[①] 不仅探讨了工业遗产的价值，还对中国近现代工业遗产作了内容与年代上的划分。沈阳建筑大学哈静和潘瑞的《资源价值论理念下工业建筑遗存的经济价值解析》，从新的经济学理论——资源价值论的角度分析工业遗产的经济价值，揭示了工业遗产不为人知的潜在经济价值，值得关注。[②] 目前我们对工业遗产经济价值评估所采用的是仍为传统的经济价值计算方式，主要关注对其土地的主观价值及一些实物价值的评估，没有从可持续发展的角度去看待工业遗产的潜在经济价值，因而在认识上有失偏颇。工业遗产作为城市中的一种不可再生的文化资源，与自然资源有共性，应沿用资源的经济价值构成体系。他们认为在资源价值论理念下的"总经济价值"包括使用价值和非使用价值，使用价值包括直接使用价值和间接使用价值，非使用价值包括存在价值、遗产价值和选择性价值。工业遗产的大部分使用价值可以在市场上进行买卖，可通过市场价格来计算，而工业遗产的非使用价值大多无法在市场中进行买卖，不存在市场价值，因而工业遗产的经济价值并不等同于市场价值。以往我们在对工业遗产资源开发建设中，对其经济价值中的使用价值考虑较多，对非使用价值考虑较少，而非使用价值总量却是非常巨大的，这就造成工业遗产的经济价值被严重低估，从而使大量珍贵的工业遗产惨遭破坏。

---

　　① 俞孔坚、方琬丽：《中国工业遗产初探》，《建筑学报》2006 年第 8 期，第 12—15 页；邢怀滨等：《工业遗产的价值与保护初探》，《东北大学学报（社会科学版）》2007 年第 9 期，第 16—19 页。

　　② 哈静、潘瑞：《资源价值论理念下工业建筑遗存的经济价值解析》，见朱文一、刘伯英主编：《中国工业建筑遗产调查、研究与保护（二）》，清华大学出版社 2012 年版，第 270—276 页。

2. 关于工业遗产保护与工业遗产旅游

国内旅游学界已有不少学者发表了这方面的研究成果，影响较大的是深圳大学刘会远、李蕾蕾教授合著的《德国工业旅游与工业遗产保护》。① 该书是他们在《现代城市研究》杂志连载的 12 篇文章以及主要由他们撰写的电视片《德国工业旅游》解说词等的结集出版物。作者在考察德国工业旅游的发生、发展过程中，发现工业旅游的起源来自工业遗产的保护和再开发，同时与工业考古学、产业结构调整、城市复兴等专业和议题密切相关。该书除了图文并茂地对德国工业遗产旅游作了介绍之外，还从西方视角对中国工业旅游发展的状况进行评析，探讨了中国目前缺乏工业遗产旅游意识的原因及工业遗产旅游开发潜力。

此外，吴相利在《英国工业旅游发展的基本特征与经验启示》及《英国工业旅游景点开发管理案例研究》等文章中，对英国工业遗产旅游发展的案例进行了分析与总结，并针对我国工业遗产旅游的发展，提出了自己的见解。② 李小波、祁黄雄结合四川古盐业遗址及三峡旅游，具体分析了工业遗产旅游的特点与开发，对我国工业遗产旅游进行了有意义的探索。③

3. 关于工业遗产保护与城市文化建设

原国家文物局局长、现任故宫博物院院长单霁翔博士的专著《文化遗产保护与城市文化建设》在国内有较大影响。该书原系作者的博士论文，其最初的研究领域为城市规划学科，以后进入政府文物管理部门工作，研究领域逐渐扩展到文化遗产学科。作者多年在国家最高文物管理部门领导者的岗位上，思考文化遗产保护与城市文化建设问题更多地带有宏观性与战略性。论文中采用"融贯的综合研究"方法，探讨了我国文化遗产保护和城市文化建设的可持续发展问题，提出我国城市文化建设的战略转型（即"三个走向"）：文物保护的目标与措施，从"文物保护"走向"文化遗产保护"；历史性城市、历史城区和历史街区的保护策略，从"大规模改造"

① 刘会远、李蕾蕾：《德国工业旅游与工业遗产保护》，商务印书馆 2007 年版。

② 吴相利：《英国工业旅游发展的基本特征与经验启示》，《世界地理研究》2002 年第 4 期，第 73—79 页。

③ 李小波、祁黄雄：《古盐业遗址及三峡旅游——兼论工业遗产旅游的特点与开发》，《四川师范大学学报（社会科学版）》2003 年第 6 期，第 104—108 页。

走向"有机更新";城市文化建设的长远价值与目标,从"功能城市"走向"文化城市"。作者认为,工业遗产作为整个文化遗产的一部分,"保护工业遗产也是保持人类文化的传承,维护文化的多样性和创造性,促进社会不断向前发展的重要举措。因此,在城市建设中不能用单纯的习惯性方法将工业遗产推倒重来,而是应通过仔细甄别、保护、整修、重组等模式,将工业遗产保存于新的环境当中,并按照当代的功能需求进行保护性再利用,创造和设计出既属于现在和未来,同时也记录和体现过去工业成就的空间形态,使工业遗产融入社会生活,再次奉献给人们难得的个性空间"。① 该书的特点在于理论联系实际,"从中国历史与现状出发,针砭时弊,畅所欲言,提出一系列带有开创性的建议。"②

4. 对国外工业遗产保护再利用成功经验的介绍和分析

这方面除了上述的两部专著有所涉及之外,国内高校的建筑工程与建筑设计学院师生关注较多,尤以同济大学建筑与城市规划学院影响为大。朱晓明教授的《当代英国建筑遗产保护》一书,以英国建筑遗产保护为线索,以城市发展进程中各种力量博弈下保护体系的发展为脉络,介绍了英国从工业遗存到历史园林、从大都市到乡村等不同层面的保护实践,尤其关注进入21世纪后英国当代建筑遗产保护的理念和实践中的新突破。③ 邵甬博士的《法国建筑、城市、景观遗产保护与价值重现》一书,从理论和实践两个方面介绍了法国建筑、城市及景观遗产的保护,系统阐述了法国早期保护制度的建立和以后保护政策的发展和演绎,及至20世纪末遗产保护新概念的产生与完善,详细介绍了法国遗产保护的法律、管理、政策、专业培训、公众参与等制度的内容与实施。作者曾多次赴法游学,攻读博士期间,得到曾任法国文化部建筑与遗产总监的著名教授阿兰·马利诺斯的具体指导,对法国的城市遗产保护有比较全面和深入的了解。作者认为法国的遗产保护从"举国政策"向"全民政策"转变,从"精英"回归"大众",是法国现阶段遗产保护政策最主要的特点,这个经验值得我们借鉴。④ 左琰博士的《德

---

① 单霁翔:《文化遗产保护与城市文化建设》,中国建筑工业出版社2009年版,第81页。
② 吴良镛:《文化遗产保护与城市文化建设·序》,中国建筑工业出版社2009年版,第11页。
③ 朱晓明:《当代英国建筑遗产保护》,同济大学出版社2007年版。
④ 邵甬:《法国建筑、城市、景观遗产保护与价值重现》,同济大学出版社2010年版。

国柏林建筑工业遗产的保护与再生》一书，通过对柏林城市工业历史及其
建筑的发展轨迹的回顾以及大量的实证研究，论述了在百年工业兴衰中柏林
工业建筑从繁荣、闲置到再生所经历的曲折历程，探索影响工业建筑遗产保
护和发展的主要因素，并总结了柏林在建筑保护法规、文物管理政策、建筑
保护技术等方面的成功经验。① 王红军博士的《美国建筑遗产保护历程研
究》一书，选择美国四个主题性事件为研究索引，分析、论述了美国建筑
遗产"从个案到群体、从局部到整体"的"立法、管理、运作、公众参与"
的保护思路、策略和历程。②

5. 对工业遗产保护模式的研究

目前影响较大的主要是深圳大学李蕾蕾的观点。她从工业遗产旅游角度
对德国鲁尔工业区产业成功转型的经验进行实地考察之后，撰写了《逆工
业化与工业遗产旅游开发：德国鲁尔区的实践过程与开发模式》一文。③ 文
中介绍了鲁尔区工业遗产旅游的实践及"工业遗产旅游"的起源与概念，
并且提出了鲁尔区工业遗产保护的四种模式：（1）博物馆模式；（2）公共
游憩空间模式；（3）与购物旅游相结合的综合开发模式；（4）区域性一体
化模式（2002 年）。同济大学建筑与城市规划学院阮仪三教授在《论文化创
意产业的城市基础》一文中，对美国纽约的 SOHO 模式作了介绍与研究，④
天津大学建筑学院的严建伟教授在《LOFT 文化现象及在中国的发展演进》
一文中，结合中国创意产业园区的发展，对 LOFT 模式也做了介绍与研究。⑤
还有学者从工业遗产保护的民间资本参与角度，提出了工业遗产保护的
"无锡模式"等。

从国内工业遗产保护实践的一些成功案例来看，主要有"创意产业园
区"、"景观公园"以及"工业遗产博物馆"等几种模式。较早产生、形成
国内较大影响的有东南大学建筑学院王建国教授主持完成的广州五仙门电

---

① 左琰：《德国柏林建筑工业遗产的保护与再生》，东南大学出版社 2007 年版。
② 王红军：《美国建筑遗产保护历程研究》，东南大学出版社 2009 年版。
③ 李蕾蕾：《逆工业化与工业遗产旅游开发：德国鲁尔区的实践过程与开发模式》，《世界地理研究》2002 年第 3 期，第 57—65 页。
④ 阮仪三：《论文化创意产业的城市基础》，《同济大学学报（社会科学版）》2005 年第 1 期。
⑤ 严建伟、田迪：《LOFT 文化现象及在中国的发展演进》，《同济大学学报（社会科学版）》2006年第 1 期。

厂、唐山焦化厂的改造；北京大学景观设计学研究院俞孔坚教授等完成的广东中山岐江船厂改造；南京大学鲍家声教授等完成的原南京工艺铝制品厂多层厂房改造；北京大学张永和教授等完成的北京远洋艺术中心以及"798"工厂改造等。上海地区除了台湾建筑设计师登琨艳完成的上海苏州河畔旧仓库改造（该项目获得了亚洲遗产保护奖）之外，还有建国路的"8号桥"、泰康路的"田子坊"、昌平路的传媒文化园、莫干山路50号的春明创意产业园区、杨树浦的滨江创意园区以及2010年上海世博会园区江南造船厂地段的工业建筑遗产保护再利用项目等。

目前对工业遗产保护的"创意产业园区"模式研究已有不少，但对工业遗产博物馆模式的理论研究几乎还是空白，仅有刘迪、于明霞就工业遗产怎样在博物馆中保护的问题进行了讨论，[①] 鞠叶辛等介绍了德国怎样利用工业遗产创建博物馆的案例。[②] 笔者近年发表的几篇论文集中研究了近代工业遗产博物馆的类型、近现代工业遗产的保护模式、近现代工业遗产博物馆的基本特征与内涵，以及英、美、德三国的工业遗产博物馆的经验等，并就目前我国近现代工业遗产博物馆建设中存在的主要问题及发展对策，提出了政策性建议。[③]

工业遗产博物馆研究之所以在我国处于一种较为"冷清"的局面，可能有两方面的原因：一方面，从"遗产研究"角度看，工业遗产博物馆研究并未在我国"遗产研究"中占有一席之地。以往我国的遗产研究，大多集中于对考古出土物、博物馆馆藏文物以及历史遗址和历史建筑之类的不可移动文物的研究，几乎没有对"工业遗产"的关注。近年来虽有了工业遗产保护意识，但是关注的工业遗产主要是工业历史建筑，机械设备和生产工艺以及反映工人社会生活内容的物品不受重视（或受重视程度远远不够）。

①　刘迪、于明霞：《论工业遗产的博物馆化保护》，《博物馆研究》2009年第4期，第7—12页。

②　鞠叶辛等：《从旧厂房到博物馆——工业遗产保护与再生的新途径》，《建筑科学》2010年第6期，第14—17页。

③　吕建昌：《略论近代工业遗址博物馆》，《中国博物馆》2008年第1期，第36—42页；吕建昌：《近现代工业遗产保护模式初探》，《东南文化》2011年第4期，第14—19页；吕建昌：《近现代工业遗产博物馆的基本特征与内涵》，《东南文化》2012年第1期，第111—115页；吕建昌：《我国近现代工业遗产博物馆发展对策思考》，《中国博物馆》2012年第1期，第52—57页；吕建昌：《从铁桥峡、洛厄尔到埃森：英美德三国露天工业遗址博物馆的经验》，《中国博物馆》2012年第3期，第68—78页。

由城市规划、地景和建筑领域学者主导的工业遗产保护，囿于专业的限制，工业历史建筑几乎成了"工业遗产"的代名词，工业遗产博物馆展藏品普遍缺乏具有重要科学与技术价值的原真性实物。另一方面，作为博物馆特殊类型的工业遗产博物馆在我国的发展起步晚，目前在国内数量占博物馆总数的量比较小，尚未引起博物馆界的足够重视。工业遗产博物馆大多由企业发起建设，由企业文化宣传部门负责管理、营运。对企业而言，这是一个全新的领域，企业中缺乏博物馆学专门人才，转行进入博物馆工作的企业人员需要经过角色的转换，并在各个工作岗位上都面临一个重新学习的任务。由于国内对工业遗产博物馆研究的缺乏，现成的学习材料与经验严重不足，工作人员只能从自己的工作实践中慢慢摸索，从一次次的挫折与失败中吸取教训，总结经验，获得新识。这是一个缓慢的过程，需要实践经验的积累，同时也需要博物馆界的理论关注，才能推动工业遗产博物馆研究的发展。

总体而言，近年来我国关于工业遗产保护方面研究有了较快的发展，但从研究者的身份看，参与者主要是建筑与工程设计师、城市规划师、景观设计师和相关人员，而工业史学界、考古与博物馆学界、文物保护部门的参与者较少，社会学、经济学、生态与环境、城市管理以及其他学科领域的参与者则更少，在研究成果上，也反映出学术视野明显局限于工业建筑遗产保护的倾向性问题，与发达国家相比较还存在明显的差距，主要表现在以下两点。

（1）对案例的研究缺乏广度和深度。发达国家的工业遗产保护虽也以案例研究为多，以经验总结为主，但分析研究较深入和翔实，既有城市建筑、景观规划层面的设计，又有城市就业、社会安定以及公众消费服务需求方面的思考，与社会的政治、经济、文化关系密切联系，有较强的借鉴意义和参考价值。我国的案例研究多为分散的个案经验，以介绍性为多，或以简单的类比，深入研究的少，有代表性、创新性的研究成果更少见。在研究问题的广度与深度上，主要局限于工业遗产与建筑、景观与规划层面的联系，涉及对城市历史、文化以及社会因素层面的探索太少。①

（2）在保护与改造理念上的原真性意识匮乏。发达国家的案例很好地

---

① 田燕、李百浩：《方兴未艾的工业遗产研究》，《规划师》2008 年第 4 期，第 79—82 页。

体现了改造再利用的整体性，注重场地环境景观和场所性营造，注重场地历史"原真性"方面的维护和保持，工业建筑遗产多采用"修旧如旧"原则，只在内部根据新用途作适当改造措施，注意保持建筑外表的原貌。而我国工业建筑遗产改造再利用主要集中在单体建筑本身的利用实效性和经济型方面，在面对工业历史建筑的使用时，更多考虑的是"拆旧建新"，即使要利用一些原有工业建筑，对其在外观上也作"焕然一新"的改造处理，使历史痕迹不可辨认。① 在考虑建设工业遗产博物馆时，"不乏另择新地址而非在原址建馆，以便让出原址的土地或房产空间"。② 要知道新造（或仿造）的东西与原地原物表达的历史的真实性是有很大差距的。由此可知，中国的工业遗产保护，对工业原物的原真性意识匮乏。

虽然国内对近现代工业遗产保护的理论研究还较为薄弱，对近现代工业遗产博物馆的理论研究更是凤毛麟角，但是我们也看到近年来工业遗产保护的研究者队伍不断壮大，参与者也已从原来的以城市规划、建筑领域专家、学者为主体扩展到其他许多学科领域，许多博士、硕士论文也都以工业遗产保护为论题，切入的角度也不断创新。学界的许多未来接班人都关注这一领域，表明提升我国工业遗产保护的研究水平将大有潜力，这将有力促进工业遗产保护事业的未来发展。

三、本研究特点

1. 以工业遗产博物馆为研究视角

工业遗产保护涉及的学科较多，主要有建筑与工程、城市规划、工业史、工业生态、环境保护、遗产保护、博物馆、旅游等，综合这些学科对工业遗产保护进行研究，可以全面深入地揭示工业遗产保护的内在规律。但作为一般学者，由于受知识面的限制，要这样做难度较大，所以现在较多的学者都从自己学术积累较深厚和比较熟悉的某一专业领域出发，对工业遗产保

---

① 王建国等：《后工业时代产业建筑遗产保护更新》，中国建筑工业出版社2008年版，第175页。

② 李蕾蕾：《基于行动者视角评析中国工业遗产保护问题》，见刘伯英主编：《中国工业建筑遗产调查与研究（2008年中国工业建筑遗产国际学术研讨会论文集）》，清华大学出版社2009年版，第4—11页。

护作局部的、深入的剖析。本研究选择从博物馆的角度切入，以工业遗产博物馆的专业视角对城市发展与工业遗产保护作了系统的阐述。理论研究与实证相结合，通过比较各种工业遗产保护的模式，分析工业遗产博物馆的类型及其独特内涵，揭示其特点，论证了工业遗产博物馆与城市发展的关系，并尝试构建中国近现代工业遗产博物馆的建设规范。

在工业遗产保护的各种模式中，博物馆保护模式是被较多列举和被看好的，国外的实践案例也多被作为成功事例介绍，国内也纷纷在建设工业遗产博物馆。由于博物馆本身就是遗产的保护机构，人们自然会认为采取博物馆保护模式一定是成功的，因而形成一种思维定式：博物馆是一种理想的工业遗产保护模式。而真正对工业遗产博物馆这种保护模式的专门研究几近空白。其实国内工业遗产的博物馆保护模式在管理与运行中存在诸多的问题，有的馆开办没几年就夭折了，有些馆正面临生存危机，形势并不令人乐观。在我国城市化进程中，面对快速崛起的工业遗产博物馆，我们的理论准备还不够，实践经验也十分缺乏，这类博物馆未来持续发展的潜力在哪里？这是值得我们深思的问题。

工业遗产保护可以有多种模式，各种模式都有其各自的长处与短处，如果某种保护模式并不是最适合对这种工业遗产，那么对其保护的效果就会大打折扣，并且缺乏可持续发展的后续潜力。工业遗产保护的博物馆模式一直为很多人看好，但到底是否完美无缺？与其他工业遗产保护模式相比较，博物馆模式在工业遗产保护中既有优势，也有弱势。面对各地悄然兴建工业遗产博物馆热潮，我们应持理性的态度。

近年在我国出现的一些工业遗产博物馆主要由企业自行筹建与营运，企业办博物馆热情可嘉，但企业筹办者不了解公共文化事业的特性，不熟悉博物馆特有的工作规律，建设的博物馆不规范，在管理质量与社会服务上，同观众的需求都存在较大差距。本研究在对国内近现代工业遗产博物馆现状调研的基础上，对工业遗产博物馆的基本概念、内涵特征等进行探讨，做出理论界定，并结合工业考古学的理论与方法，对近现代工业遗产博物馆中的藏品征集、认定、分类、登录、保护与陈列展示、社会服务以及管理等，提出原则规范，可在实践层面上为我国近现代工业遗产博物馆的规范建设提供参考。

2. 本研究的主要理论创新

（1）提出工业遗产博物馆模式是化解城市发展与工业遗产保护矛盾的重要方式。城市发展与文化遗产保护在经济利益上往往发生冲突而形成矛盾。城市发展要建新拆旧，遗产保护则要求将城市中有历史价值的旧物保留，随着城市化进程的加快，这对矛盾也日益尖锐。工业遗产是整个文化遗产中的一部分，城市发展与工业遗产保护也产生矛盾。城市与博物馆则是一种互补共进的关系。人口聚集的城市具有便利的交通设施，通畅的信息交流渠道，为博物馆传播知识、实现其社会功能提供了客观条件。城市发展也需要博物馆。博物馆为提高市民文化素质、增长科学文化知识做出了贡献，也为城市文化遗产保护做出了贡献。博物馆与城市发展不是一种对抗性的关系，而是一种和谐关系。因而，建设工业遗产博物馆成为化解城市发展与工业遗产保护矛盾的一种重要方式。

（2）细分近现代工业遗产博物馆的类型，为实施合理的博物馆管理和社会服务定位提供理论依据。目前学界对博物馆类型的研究，一般只停留在将工业遗产博物馆作为一个博物馆类型的层面，没有将其进一步细分为若干小类。而实际现状是，工业遗产博物馆有传统工业博物馆与遗址性工业博物馆两类，后者又有"大遗址型"和"一般遗址性"两种。将工业遗产博物馆类型的研究进一步细化，有助于揭示其各小类的特征及其相互间的关系，具有理论和实践上的意义。

从博物馆馆址区域、馆舍建筑性质以及陈列展示方式来看，工业遗产博物馆类型有"传统工业博物馆"与"遗址性工业博物馆"两类，前者属于传统的科学技术与工业史类博物馆，最初产生于19世纪后期，后者则是20世纪后期开始兴起的新型工业遗址博物馆。20世纪七八十年代以后，在发达国家中遗址性工业博物馆增长较快，在数量占比上大大超过了传统工业博物馆。遗址性工业博物馆又有"大遗址型"和"一般遗址性"两种。"大遗址型"工业博物馆是一种大型的露天工业遗址博物馆，它对工业遗产地采取的一种整体性保护措施，既保护了工业遗产，又修复了生态环境，将整个工业遗址建设成为工业遗产旅游景观区。在旅游界或地理学界，往往又称其为"工业景观公园"。英国铁桥峡工业遗址景观（Ironbridge Gorge Industrial Landscape）、德国鲁尔区埃森市的"关税同盟矿区"（Zollverein Coal Mine

Industrial Complex)、洛厄尔国家历史公园（Lowell National Historical Park）都是这种大型露天工业遗址博物馆的代表。"一般遗址性"工业博物馆的馆址坐落于原来的旧厂房或仓库等工业建筑遗产中，或由旧产业建筑经改造而成其馆舍，其馆藏品和展览一般都是原工业遗物和关于工业历史的内容。德国柏林的缪格尔湖水厂博物馆、英国谢菲尔德凯尔汉姆岛博物馆、我国江苏无锡的中国民族工商业博物馆等都属于这种类型。在大型露天工业遗址博物馆内，还有一些利用旧工业建筑建成的博物馆，可视为露天工业遗址博物馆中的"馆中馆"。

"大遗址型"工业博物馆和"一般遗址性"工业博物馆之间、"传统工业博物馆"和"遗址性工业博物馆"之间，在展品的陈列展示与收藏保护方面都存在一定的差异，因而在管理与营运方式上也有些不同。传统工业博物馆主要沿袭室内社会历史类博物馆的管理与营运方式，这种方式并不适合于"大遗址型"工业博物馆。大型工业遗址博物馆大量的露天展示以及展品大距离分散的布局，有些类似于生态博物馆和景观公园，需要借鉴大遗址考古公园和其他景观公园的管理营运模式。

（3）阐述了近现代工业遗产博物馆的基本特征与内涵，诠释工业遗产博物馆与延续城市历史文脉的关系。近现代工业遗产博物馆作为博物馆的一种类型，除了各类博物馆都具有的共性之外，还有其个性，主要表现为三个特点，即以遗址性博物馆为主体的类型特色，以反映城市工业文明为主题的内容特色和以原状陈列为主要手段的展示特色。其他各类博物馆也可能有其中的某一特色，但不可能同时具备上述三个特点，三个特点的同时兼备，构成了近现代工业遗产博物馆的基本特征。

工业遗产博物馆产生于近现代城市中，是解读近现代工业城市发展的一部书，也是折射近现代工业城市社会生活的一面镜子。近代工业城市的产生与发展，与工业大生产的发展密切相关，一个城市的格局（如工业生产区、商业区和市民生活区等）随着近代工业兴起与发展而演进。工业遗产反映出工业生产组织结构变化、社会阶层地位变动等城市社会变迁的历史，它对于一个城市的历史有着特别重要的意义，它记载了城市市民的生产和生活足迹，是社会认同感和归属感的基础，它会成为城市深层的精神纽带，成为市民内心深处对自己所在城市的共同体验。在当今的城市化建设中，只有充分挖掘城市的历史文化资源，才能避免千城一面的雷同，形成有别于其他城市特质的发展面貌。工业文明留下的遗迹是近现代城市历史记忆的重要组成部分，也是城市建设的的宝贵文化资源。在当前我国经济结构转型、大力发展文化产业和现代服务业的背景下，是否能很好地保护和利用工业遗产资源，使之成为经济发展的新亮点，这对于城市的持续发展，对于"美丽中国"的新型城镇化建设，都显得十分重要。

（4）分析了工业遗产的博物馆保护模式的优势与弱势。与其他工业遗产保护模式相比，工业遗产博物馆保护模式的优势，首先在于对物质遗存的工业遗产保管、收藏以及利用藏品展示、研究等，都具有丰富的经验，利于保护工业遗产的核心价值；其次，利用旧工业建筑改造为工业遗产博物馆，建设周期短，成本比较低。博物馆模式的弱势，首先在于经济盈利空间较小，作为社会公益性文化机构，自身的"造血"能力有限，产生可持续发展的潜力受到多种因素制约；其次，建设工业遗产博物馆的"门槛"较高，如工业遗存残缺不全，难以完整地展现企业（行业）的历史面貌，将给博物馆发展带来难以弥补的"先天不足"缺陷。

（5）揭示了发达国家工业遗址博物馆的成功之道在于达到遗产的保护与再利用之间的平衡。本研究选择了发达国家中具有代表性的工业遗址博物馆典型案例作一比较，分析了英、美、德、法四国的工业遗产保护和工业遗产博物馆发展。发达国家成功的案例虽情况各不一样，但都有一个共同点，即以发展的逻辑考虑工业遗产保护，保护中兼顾利用，注重培育被保护对象的经济"自我造血"机制，使之具备可持续发展的潜力。这一点恰恰是我们目前所不够重视的。发达国家以文化遗产保护的法规为基石，以政府与民间的合作投资为经济手段，以专门的工作机构为组织保证，以工业遗产旅游为经济回报的主要途径，其成功经验可为我国的工业遗产保护和工业遗产博物馆建设提供借鉴。

（6）提出我国工业遗产博物馆未来应坚持自身特色，结合社会需求，融入文化产业的发展战略。要使工业遗产博物馆与城市发展齐驱并进，实践其"既服务社会，又为社会发展服务"的宗旨，必须坚持突出以工业遗产为收藏特色，以工业遗产保护与科普教育相结合为展示手段，以融入城市的旅游文化产业之中，培育可持续发展潜能为运行机制。这是工业遗产博物馆既保护工业遗产，又利用工业遗产藏品服务社会，融入城市经济社会发展的理想的未来发展战略。

（7）论述了历史城市本身就是一座博物馆。城市是一个巨大的空间，具有存储文化、传播文化的功能。一个经过长期发展的城市，必然会留下许多反映城市发展过程中的历史痕迹（印迹），它们携带着昔日城市中人们生活与工作的历史信息，记载着城市发展的每一步，是城市历史岁月的见证物。城市中一个个历史遗址，一栋栋历史建筑，就是一件件不可移动的展品，在这些历史建筑、历史遗址背后，都有一个个历史故事，正是这些故事叙说，构成了整个城市历史的发展脉络，体现出城市面貌的特质。

博物馆是一个收藏与展示空间。传统意义的博物馆都坐落在建筑中，1891 年户外博物馆（又称露天博物馆）的诞生，传统博物馆的展示理念受到了挑战，室内展示不再是唯一的，户外是一个更大的露天展示空间。20世纪 70 年代，生态博物馆的诞生进一步发展了户外博物馆的展示理念。它以一个社区（或数个社区）为范围，保护和展示整个社区的历史文化记忆物，以原生态方式展示，连同这些文化遗产的产生环境一起呈现在观众面前，给人以"原汁原味"的历史体验。同样，在历史城市的空间里，往日城市的繁华与活力都以物化的形式被存储，沉淀在历史建筑和历史遗址中，将这些不可移动的历史遗物与其周围环境一同保护并展示，整个历史城市就是一座大型的露天遗址博物馆。

第 一 章

城市与文化遗产

第一节 古代城市的功能

一、城市的起源

城市是人类社会发展到一定阶段的产物。大量考古资料证明，城市最早起源于原始时期氏族部落居住的村庄。新石器时代后期的聚集化村庄已经基本具备了早期城市的胚胎构造要素，如房舍、圣祠、蓄水池、公共道路、集会场地等，这些最初都形成于村庄环境之中。"各种发明和有机分化都从这里开始，后来才逐渐发展成为城市的复杂结构。"①

城市最早首先出现在一些大河流域：尼罗河、两河流域、印度河、黄河和长江流域，凡有条件从事初步的农业和畜牧业、饲养业的地方，首先就会有聚集化村庄存在，因而是城市最早出现的地区。早先，我国考古人员已在山西襄汾的龙山文化陶寺遗址发现了用泥土筑成的城墙和祭坛；近年，考古人员在浙江余杭的良渚文化遗址中发现了用泥土夯筑的古城墙和祭坛遗迹；新近，考古人员又在陕西神木石峁遗址发现保存完整的由"皇城台"、内城和外城三部分构成的石砌城垣，城内密集分布着大量宫殿建筑、房址、墓葬、祭坛、手工业作坊等龙山文化晚期至夏代早期的遗迹。考古资料证明在

---

① ［美］刘易斯·芒福德：《城市发展史——起源、演变和前景》，宋俊岭、倪文彦译，中国建筑工业出版社 2005 年版，第 19 页。

距今 4000—5000 年之前，我国的黄河流域和长江流域（环太湖流域）均已出现了早期城市，是中华文明形成的重要源头。

图 1-1　浙江良渚古城考古遗址

图 1-2　陕西神木石峁古城考古遗址

从社会形态上看，城市是伴随着人类社会跨入文明门槛之际而出现。到新石器时代晚期，人类社会在经历了母系繁荣时期的辉煌之后，在驯化动植物、制陶、定居农业等方面取得了空前的发展，使生活资料比以前更丰富了。但氏族部落之间的战争却大量增加，加重了氏族生存的危机。在残酷的战争面前，女性对氏族生存和发展的作用逐渐为强壮有力的男子所取代，伴随着母系权力的旁落，男子在氏族中逐渐占据了主导地位，并获得氏族的统治权。在母系制向父系制转变的过程中，财产贫富分化出现了，代表氏族最高统治的军权完成了向王权的演变。社会生产力的发展，社会组织结构的进化以及国家机器的形成等，标志着人类社会跨进了文明的门槛，城市作为文明社会的重要标志之一，在血与火的交织中写下了人类历史上浓重的一笔。

进入文明社会以后，在一些水路发达的港口（河道口），以船运为主的商业贸易在河登陆的口岸进行贸易，逐渐人口汇聚于此。以后随着商业贸易的兴旺和大量人口的定居，一些商业城市便形成了。在农业社会，大量的商业城市兴起是城市发展的主流。

二、城市的功能

古代城市经过几千年的发展与演变，成为今天的现代城市，在这过程中，城市为了适应不断发展与变化的社会环境，其功能与结构发生了巨大变化，不仅城市的范围扩大了，城市功能也有新的扩展。但两个古老的功能基本未变：即作为容器的功能和作为磁体的功能。芒福德认为这是城市的两个核心因素。

就城市作为一个容器而言，原先在聚落村庄中许多处于自发的分散、无组织状态中的社会功能，在城市兴起以后，逐渐地被聚集到一个有限的地域环境之内，人类社区的各种组织部分开始形成一种蓬蓬勃勃的相互感应的状态，方便了人与人之间的信息交流，经济生产合作也加强了，在城市中，城市居民的生产活动得到有序的组织与安排，获得比散漫组织更高的生产效率，交通运输、商业、消费等均实现高效化。市民的合作生产体现了高效能化，由此，也吸引了农村人口涌入城市。随着大量人口涌入城市，城市的人口密度增加，生产活动的规模也更大了，为满足城市人口的生产、生活所需，城市的功能不断扩大，城市的服务功能设施也出现了，供人休闲的空间、娱乐机构等也逐渐产生，城市生活的丰富优越性体现出来了。城市有效地动员了人力、组织长途运输、克服空间和时间的阻隔，加强了社会交往，城市还发展了大规模的市政基础设施工程，改善交通设施，并不断扩大城市的地域范围。交通的快捷便利性，城市商业的繁荣，就业机会的增加等，吸引着大量农村人口进入城市，使城市膨胀化，由一般城市向大城市发展。

就城市是一个磁体功能而言，城市对市民还有一种精神上的吸引力（芒福德称之为"社会磁体"）。初期的城市内有祭祀的圣坛，这是市民的朝圣之地，也是市民精神寄托的重地，这圣坛由原始村庄中的"圣祠"演变而来。"在城市成为人类的永久性固定居住地之前，它最初只是古人类定期返回这些地点进行一些神圣活动；所以，这些地点是先具备磁体功能，而后才具备容器功能的。""人类最早的礼仪性汇聚地点，即各方人口朝觐的目标，就是城市发展最初的胚胎。这类地点除具备各种优良的自然条件外，还具有一些'精神的'，或超自然的威力，一种比普通生活过程更高超、更恒久、更有普遍意义的威力，因此它们能够把许多家族或氏族团体的人群在不同季节里吸引回来。"① 古代人类对死亡抱有恐惧心理，他们敬重死去的同类，将他们安葬在固定的地点，以后定期回到这些安葬点来举行一定仪式，表达对祖先的怀念，这些仪式中反映出原始宗教的推动力。早期人类的这些活动长期流传下来，并传入后世的城市中，所以在古代城市里有许多庙（宇）和陵墓，都是供人们凭吊先烈、精神寄托与释放情怀之处。从罗马时代到中世纪的城市，城市的魔力般的吸引力在于人们来到城市"以求置身于强大神灵和几乎同样强大的国王的保护之下"②。以后城市的"磁体功能"，随着城市的发展而有不同的体现。进入近代社会，城市变得更加世俗化，文化娱乐享受成为市民精神追求的重要内容。"当代城市的核心与古代城市不同，它不是宗教的核心，而主要是一个世俗的核心，是占支配地位的技术和经济的反映。"现代城市中虽然没有古代城市的祭坛，但城市的历史文化传统是市民价值认同的共同基础，是产生城市凝聚力的重要社会因素。

另外，古代城市还有一种军事防守功能。在城市的城墙之内，城市居民还获得了一种安全感。相比较原来无墙阻隔的聚落村庄，外来入侵随之可以进入，古代城市抵御外来进攻的军事功能也十分重要。在冷兵器时代，城墙是重要的防御工程，只要城内粮草充足，守军可以长期坚守而不被攻破，这种事例在历史上多不胜数。但在近现代城市，随着新型兵器的发展，城市的

---

① ［美］刘易斯·芒福德：《城市发展史——起源、演变和前景》，宋俊岭、倪文彦译，中国建筑工业出版社2005年版，第9页。

② ［美］刘易斯·芒福德：《城市发展史——起源、演变和前景》，宋俊岭、倪文彦译，中国建筑工业出版社2005年版，第75页。

军事防守功能已经日益消退，建造城墙已失去其意义，因而现代城市的建设，除了对历史上遗留下来的城墙遗迹实施保护之外，一般已经没有建造新城墙的概念了。

就城市的"容器"和"磁体"两种功能相比较而言，尽管后者早于前者在城市中出现，但前者重于后者。"在城市发展的大部分历史阶段中，它作为容器的功能都较其作为磁体的功能更为重要；因为城市主要地还是一种贮藏库，一个保管者和积攒者。城市是首先掌握了这些功能以后才能完成其最高功能的，即作为一个传播者和流传者的功能。"①

第二节　工业文明与城市发展

一、工业革命促进城市发展

（一）工业革命

开始于 18 世纪下半叶的工业化浪潮是迄今人类历史上最重大的一次从物质领域波及社会各领域的巨大革命，对近现代城市的发展产生了重大而深远的影响。"它显示出第一次从主要是农业的、手工业的经济突飞猛进地进入一个由城市的、机器开动的制造业占统治地位的经济；更进一步，技术变革和新的生产方法触发了社会和政治的大变动，这种变动对人类社会产生了革命性的后果。"② 这场工业化浪潮分为时间上前后紧密相连的两段。前段 18 世纪下半叶至 19 世纪下半叶，主要发生在纺织、煤矿、钢铁工业、运输业等领域，以蒸汽为动力的机械普遍应用于各工业部门为主要特征，被称之为"第一次工业革命"。后段 19 世纪后半叶至 20 世纪初，在第一次工业革命的生产技术基础上，以钢的大量生产和电力的广泛应用为主要标志，创造了更加巨大的生产力，比蒸汽机所引起的变革更加深远，被称为"第二次工业革命"。

第一次工业革命首先发端于英国，随后传播至欧洲大陆和北美并持续了

---

① ［美］刘易斯·芒福德：《城市发展史——起源、演变和前景》，宋俊岭、倪文彦译，中国建筑工业出版社 2005 年版，第 104 页。

② ［美］罗伯特·E. 勒纳等：《西方文明史》，王觉非等译，中国青年出版社 2010 年版，第 687 页。

百年之久。1764 年詹姆斯·哈格里夫斯发明珍妮纺织机标志着工业革命的开始。1769 年理查德·阿克莱特发明水力织布机，1769 年詹姆斯·瓦特在对托马斯·纽科门的蒸汽引擎改造后发明了蒸汽机，1779 年塞缪尔·克朗普顿发明缪尔纺织机。从此，机器动力代替了人工劳力，农业文明孕育的手工业作坊小生产转变为工厂机器化大生产，生产效率大为提高。这种生产方式的革命开启了人类工业文明的时代，大工业经济的诞生使生产力水平产生飞跃，社会财富快速增长，为资本主义世界市场的形成奠定了物质基础。

随着动力和机器的发明与应用，推动了冶铁和采矿业的发展，机器工业的发展又促进了交通运输业的革新与发展。1814 年史蒂芬逊发明机车，实现了蒸汽机车的铁路运输。到 19 世纪 40 年代，蒸汽机车在欧洲已经取代了其他动力，宣告了机器大工业对工场手工业的替代，开始了社会化大生产。机器制造业促进了钢铁生产的发展，世界市场的形成刺激了交通运输业的发展和煤炭工业和化学工业的发展。至 19 世纪 40 年代，英国已基本完成了工业革命。

19 世纪 70 年代到 20 世纪初，英国、美国、德国科学家们的一系列重大科学发明创造，拉开了第二次工业革命序幕。1866 年英国人米歇尔·法拉第的发明电磁感应发电机成为叩开电气时代大门的先声，德国工程师西门子发明的世界上首台大功率发电机则成为第二次工业革命开始的标志。从赫兹发现的无线电波到马可尼发明的无线电报，以及贝尔发明的电话；从奥托制成的内燃机到本茨发明的汽车以及莱特兄弟发明的飞机；从格拉姆发明的电动机到爱迪生发明的电灯……一系列科学技术发明创造贯穿了第二次工业革命的始终，奠定了现代人类社会生产和生活方式的架构和现代城市的新格局。

电能的开发和广泛应用，使工业生产的组织形式和过程发生了重大变革，尤其在冶金、化学、石油加工、造纸、水泥和制造业等工业发展中发挥了决定性作用。电能可以方便地被长距离输送，并且还可以转换成热和光等其他形式被利用，电动机远比蒸汽机轻便，电动工具也可随身携带，电帮助了工厂改变作业方式，使工厂的组织具有更大灵活性。以电能为动力的连续生产过程和流水线作业方式的诞生，大大提高了生产效率，在短短不到 200 年的时间里，工业对世界的改变超过了人类有史以来几万年间所创造的文明总和。先进的工业化生产方式显著提高了劳动生产率,纺织机、电灯、火车、汽车等各种机器工具的发明,提高了人类生活质量,提供了丰富的物质财富。

"新技术的应用,特别是在金属、化学、电力领域里,导致新产品的出现。人口增长和生活水准的改善产生了更大的需求,反过来又增加了产量。同时增加产量的要求又迫使人们进行重大改组以使更自由地提供资本、确保更有效率的劳动力。"[1] 第二次工业革命无论在技术上还是在范围上的变化,都要远远超过第一次,不能和第一次同日而语。

(二) 工业革命促进城市高速发展

工业革命对现代城市的发展进程也带来了十分重大的影响。第一次工业革命对城市影响最大的是发生在运输业中的技术进步,主要体现在公路、运河、铁路和蒸汽轮船上。1760 年英国开凿了可通航的运河,1807 年罗伯特·富尔顿发明的河运蒸汽轮船"克莱蒙特"号成功试航后,蒸汽轮船迅速在欧洲与北美普及。1825 年英国建成第一条从斯托克顿(Stockton)的达拉姆煤田到海岸边附近的达林顿(Darlington)蒸汽铁路,1830 年第一条从利物浦到曼彻斯特的客货两用铁路运输线开始建造,到 1850 年,整个欧洲大陆与美国的铁路已经超过 2.3 万英里,到 1870 年,英国已经建立相当完备的铁路系统,而欧洲和北美的铁路也已大体完成。铁路建设的高潮,普遍地加速了工业化的进程,它不仅大大提高了对煤炭和各种重工业产品的需要,而且铁路使货物从工厂运送到销售地的时间缩短,这就使资本从投资到回收利润的周转速度更快,提高了资金的有效利用率。

工业革命还催生了工业城市的兴起和发展。从 1780 年煤成为工业生产的主要动力能源之后,大批新兴生产型工业城市出现了,许多资源型城市都是因煤田而生成,而港口和铁路城市也在这一时期伴随着资源型城市共同成长。铁路的兴建使铁路沿线及铁路交汇的城市获得充分发展的机会,成为服务周围地区的新兴城镇。铁路的巨大载货量和远距离快速运达的效率不仅大大加快了工业化的进程,而且可以使脱离原材料产地的工业中心独立发展成

---

① Soja E W. *Postmetropolis*: *Critical Studies of Cities and Regions*. Oxford: Basil Blackwell. 2000. pp. 78 – 79.

为工业城市，这都为产业和人口聚集于城市创造了条件。英国这个最早走上工业化道路的国家，同时也是工业革命时期在城市数量和规模上增长最快速度的国家。如 1750 年还仅仅是英国南兰开夏郡一个小集镇的曼彻斯特，从 1770—1850 年，与其附近的索尔福德时一起快速发展为工业大都市和"制造工厂"，人口达到 40 万，仅次于伦敦，被称为"世界的烟囱"。

工业革命还导致了城市人口的快速增长与集聚。"圈地运动"使大批失去土地的农民涌入城市，工业化生产使城市中手工业者也纷纷破产，一起加入城市的雇佣劳动大军。工业革命带来的农业机械化又解放了大批的农村劳动力，他们离开农村纷纷涌向拥有工厂的城市地区，形成大规模的人口迁移，使城市人口的增长速度呈现爆炸式增长。还是以英国的曼彻斯特为例，1685 年时约有 6000 人口，在 1760 年时，发展到 30000 人—45000 人之间，而到 1851 年时已达到 303382 人。[①] 从 1890 年到 1920 年间，美国的城市人口数量从 2200 万增长到 5400 万，城市化率也从 35% 上升到 51%，5 万人以上的城镇数目从 50 个增加到 144 个，10 万人口以上的城市也超过 50 个，个别城市如纽约、费城、巴尔的摩、波士顿的增长更是迅猛。[②] 1800 年时，西方尚无一座城市人口超过百万；1850 年时伦敦人口已经达到 200 万，巴黎超过 100 万。1900 年时，已有 11 座城市步入百万人口城市之列，1930 年后，这个数字增加到 27 个。[③]

工业革命也促进了城市结构和布局的改变，表现为两个方面的特点：一是运输条件的便利而使城市产业布局多元化。一些特殊的工业中心（如采矿业），因具备方便的铁路、水路运输条件，所以并没有在原先的城镇（原材料产地）中发展。而在生产上依靠水资源作动力和运输条件的一些制造业工厂，则建在滨水地区和具有丰富水力资源条件的山区高地，如英国早期的纺织业建在约克郡各大河谷和德文河谷。一些港口城市依靠进出口贸易积

①　[美] 刘易斯·芒福德：《城市发展史——起源、演变和前景》，宋俊岭、倪文彦译，中国建筑工业出版社 2005 年版，第 469 页。

②　Miller Z L, Melvin P M. *The urbanization of Modern American*. 2nd Ed. New York: Harcourt Brace Jovanovich. 1987. p. 79.

③　[美] 刘易斯·芒福德：《城市发展史——起源、演变和前景》，宋俊岭、倪文彦译，中国建筑工业出版社 2005 年版，第 542 页。

累的资本，进而发展城市加工业，如 19 世纪中叶起，美国纽约从最大港口城市逐渐发展为集制造业、对外贸易于一体的国际大都市。二是使城市内部被划分为不同功能分区，与前工业时期的城市有别。前工业时期城市的布局有一个明显特征，即工业生产地段、商业地段和生活地段密切地融合在一起，这是企业主完全根据市场运作对工厂选址所造成的结果。工业化大生产打破了这种生产与生活混合一体的城市结构，引起城市功能的结构性改变，城市出现成片工厂区、交通运输区、仓库码头区、工人居住区等，还有铁路枢纽、火车站、港口码头等围绕工业生产而形成的作业区，同时工厂盲目建造与无序分布，使有的铁路挺进城市中心区，造成铁路对城市的分割。也有的城市盲目扩大边界范围，使河岸、海堤岸线完全为工厂、码头和仓库货栈所蚕食。

通过不断扩大生产规模，工业革命还带来了一种新的生产与生活方式——工厂制度。这是一种与以往不同的新雇佣制度。作为城市工人，无论是男是女同在工厂劳动，工人必须按照工厂的汽笛作息，按照机器节奏整齐划一的劳作。这种工厂制度打破了传统社会中男主外女主内、男耕女织的模式。不断更新的生产技术和更为廉价、易操作的机器迫使技术工人不断"充电"，学习新知识，以适应新的操作技能。这些状况对人的思想观念也带来影响，是男女平等、同工同酬以及女权主义运动思想的萌芽。

工业革命也改变了原有城市的社会组成，市民中分化为不同的社会阶层。农民进入工厂劳动，其身份转变为工人；贵族和商人利用资金开设工厂，变身为企业主（资本家），两个阶层之间形成雇佣与被雇佣的关系。工业革命给城市社会带来最大的政治变化是塑造了资产阶级和无产阶级，并同时把这两大对立的阶级推上了历史舞台，轰轰烈烈的工人运动是两大对抗阶级斗争的产物，而西方国家社会福利制度的建立则是缓解社会矛盾措施的结果。1802 年，英国首次实施了向工人提供社会福利的立法。1883 年，德国也开始为工人提供社会福利而立法，其他欧洲国家纷纷效仿，由此成为二战以后西方国家奉行"福利国家"政策的重要制度依据。著名历史学家汤因比评论说，"工业革命强加于机械化工厂中的工人——一个新的社会阶级身上的非人的工作和生活条件，迫使政府拥有向工厂工人提供社会保障的职能"。"承认政府拥有为其公民提供福利的责任，这是政治领域有益的道德进步"。①

二、工业化给城市带来的负面效应

工业革命极大地推动了城市化进程，深刻地改变了人类社会发展的历史阶段。大工业的生产方式刺激了城市商品经济的发展，各种商业设施集聚于城市中心，形成了不同于以往的城市中心区的空间形态。城市人口的持续增加，使城市各种公共设施得到空前发展，大工业的生产效率创造了丰富的物质财富，使城市的物质生活条件大大提高，众多的人口逼迫城市交通的快速发展，以应对日益严重的交通拥堵问题。城市的生活质量由于科技的发展而得到空前提高。然而，与此相伴的是，人类对自然能源和资源的消耗达到空前的程度，人类对自然环境造成的污染与破坏也达到史无前例的程度，而且已经并且正在丧失大量人类数千年来造就的文明成果。如果说技术进步可以看作是城市化最伟大的成就，那么，城市化最严重的失误当属人类对技术无节制的盲目滥用，以至于对自身的生存造成了重大威胁，成为今天创造新文明的代价。② 工业化给城市带来的负面效应主要表现在三个方面：

（一）对不可再生性能源和资源的滥用

工业化的大生产过程，也是能源与资源消耗的过程。工业革命以来，我们所利用的许多自然能源，如煤、石油等，都是不可再生的，经过两个半世纪的消耗，地球上这些能源已经减少了许多，如果按照现在的生产和消费的数量，这些能源在可预知的未来时间内都将被消耗殆尽，留给后人的是一个能源、资源耗尽和充满环境污染与工业废弃物的世界，我们将愧对后人。

（二）造成生态环境的急剧恶化

我们在工业文明的发展进程中，一次次地经历了生态环境的严重破坏。工业化大生产过程中产生的大量废弃物（包括废气排放），对自然环境与生态造成污染。工业化社会在强调生产功能与效率的时候，往往忽视了人类自身生存的环境。如工业革命时期，工人的住房条件极端恶劣（贫民窟），由

---

① 阿诺德·汤因比：《人类与大地母亲——一部叙事体世界历史》，徐波等译，上海人民出版社2001年版，第520页。

② 王建国等：《后工业时代产业建筑遗产保护更新》，中国建筑工业出版社2008年版，第7页。

于普遍依赖煤炭作为蒸汽动力的能源，使城市中的环境被严重污染，空气浑浊，被狄更斯称之为"焦炭城"。由于人类不恰当地使用技术，以致当今世界的空气和水体被污染到了十分危险的程度。如1930年的比利时马斯河谷"烟雾酸雨"事件，1948年美国匹兹堡多诺拉的"烟雾酸雨"事件，20世纪50年代多次发生在英国伦敦的"烟雾酸雨"事件，成千上万的人付出了生命的代价。① 中国目前还处在工业化过程，许多地方在工业发展中只追求片面的经济效益，不注意环境保护，造成了巨大的环境污染，对人们的生存和生命带来危害。近年媒体报道的城市空气、水质等污染事件随处可见。北京、上海、广州以及天津、南京、杭州、武汉、沈阳等城市的空气质量大为下降，PM2.5数值大大超标，对市民的健康构成了巨大威胁。福建"紫金矿业"的环境污染，上海浦东新区出现的"血铅村"事件，河南与河北的"血癌村"等，都是由于工厂企业造成环境的严重污染，对工厂周围人们的

① 比利时马斯河谷"烟雾酸雨"事件发生于1930年。马斯河谷地区位于盆地中央，整个地区完全凹陷在地表以下。该地区是一个重要的工业区，建有3个炼油厂、3个金属冶炼厂、4个玻璃厂和3个炼锌厂，还有电力、硫酸、化肥厂和石灰窑炉等，都建在一条仅仅24公里的狭窄盆地河谷中，长期排放出浓度相当高的二氧化硫和三氧化硫烟雾，对周围环境造成很大威胁。1930年12月1—5日，马斯河谷地区的温度出现异常，工厂排出的有毒烟雾无法散去，聚集在空中然后落到地面。马斯河谷地区的人们普遍开始感到不适，一些早已患有心脏病、高血压或肺部疾病的人们慢慢开始发病，严重者甚至在短短几天中去世。随后，这个地区中几千人纷纷出现了流泪、喉痛、声嘶、咳嗽、呼吸短促、胸口窒闷、恶心和呕吐等异常症状。随后，大批的牲畜也纷纷落难，直至死去。据统计，当时一个星期内就有63人死亡。美国匹兹堡多诺拉的"烟雾酸雨"事件发生在1948年。多诺拉是美国宾夕法尼亚州匹兹堡市南边30公里处的一个工业小城镇，和马斯河谷地形相似，位处一个马蹄形河湾内侧，两侧山丘把小镇夹在山谷中，其中大多是硫酸厂、钢铁厂和炼锌厂，和相邻的韦布斯特镇形成了一个河谷工业地带。长期以来，这些工厂一直将烟喷到大气中去，污染物通常由风带入相当厚的大气层，毒气继而随风飘走。但是10月27日至31日，"逆温"现象发生了，硫酸、二氧化氮等有毒气体只能一直徘徊在多诺拉的上空，静止的空气无法把它们带走。上层温度最高的时候，这些污染气层离地面只有300米。5天之内，小镇有近一半人数（7000人）发病，死亡的有20人。在31日那天，天空飘起了酸雨，人们就相当于用有毒气体洗澡了。10年后，该小镇的死亡率仍比其他相邻镇要高出许多。

20世纪50年代在英国伦敦多次发生"烟雾酸雨"事件。伦敦是英国最重要的工业城市，城内有各种大型的火力发电厂、煤厂和化工厂等，一刻不停地排放着工业废气，这些工厂所排放的"三废"直接威胁着伦敦市民的健康。1952年12月初，市民中患有各种呼吸道症状的病人明显增多，有52头牛出现严重中毒的症状，14头奄奄一息。在12月5日到8日的4天里，伦敦市的死亡人数达4000人。当9日有毒烟雾散开后，酸雨降临，雨水的pH低到1.4—1.9。酸雨停后浩劫并没有停止，2个月后，又有8000多人陆续丧生。在此后的1956年、1957年和1962年又连续发生了多达12次严重的烟雾事件，成千上万的人付出了生命的代价。

生存带来危害。①

（三）对城市历史文化遗产的大量损毁

人类历史是一个连续发展的过程，历史文化遗产是以往的先民创造的文明成果的历史物证，是城市的历史记忆，具有历史的、社会的、科学技术的、审美的和经济的多重价值，是我们完整认识城市过去的不可或缺的一部分。但在工业化发展进程中，由于人们出于片面的经济利益考虑，缺乏长远的可持续发展战略，忽视了这些文化遗产的价值与再利用功能，在技术更新与产业改造中没有注意保护历史文化遗产，使大量有价值的文化遗产遭到破坏并且迅速消失。西方发达国家在 20 世纪 50 年代的城市更新热潮中，一味实施"推倒重建"的政策，使许多具有重要价值的文化遗产遭受了损失。后来意识到这种政策的失误，立马来了一个"急刹车"，开始政策转向，寻求经济利益与文化遗产保护的平衡，采取在保护中合理利用文化遗产的策略，才使未遭殃的遗产受到保护而幸存。

我国作为发展中国家，在 20 世纪 90 年代加快城市化建设步伐的过程中，也经历了这样一个大规模工业遗产破坏的时期。有学者曾尖锐地指出，"……中国产业遗产正经受着历史上最严重的破坏和毁灭，以极快的速度消逝，包括自然损毁与人们基于急功近利思想的建设开发性破坏，如著名的沈阳铁西区产业类历史建筑在近年商住开发中几乎被完全清除，而类似的情况在其他城市也非常普遍"。② 一些地方政府普遍为经济利益所驱动，为急功近利心态所支配，做出城市开发的决策不当，致使许多城市的工业遗产遭到破坏，地方城市建设出现"千城一面"和"特色危机"，这就是在城市建设

---

① 2010 年 7 月 3 日，福建"紫金矿业集团有限公司"下属的企业——福建上杭紫金山（金）铜矿厂发生污水池泄漏，9100 立方米有毒废水顺着排洪涵洞涌入汀江，导致河流污染，大量养鱼死亡。废弃物还造成对工厂周围大批地区村民的水源污染。

2011 年上海浦东新区出现的"血铅村"事件，浦东新区康桥镇康花新村的许多儿童出现血铅大量超标，康花新村地处生产铅酸蓄电池的美国江森自控有限公司的工厂区域内，该企业生产铅酸蓄电池过程中产生的废气废水的不良排放，造成严重环境污染。

近年国内还出现了听了令人毛骨悚然的"血癌村"，如河南沈丘县的黄孟营村、河北涉县的固新村、深圳港湾小区的赤湾村等，都是由于这些村庄周围有不少企业，造成环境的严重污染，对人们的生存带来了威胁。

② 王建国、蒋楠：《后工业时代中国产业类历史建筑遗产保护性再利用》，《建筑学报》2006 年第 8 期，第 9 页。

中只相信"技术至上"对工业遗产破坏的后果。

图1-3 沈阳铁西正在拆除的工业遗产

第三节 城市化发展与文化遗产概念扩展

一、战后城市更新运动：从"推倒重来"到"有机更新"

二战结束后，欧美国家都经历了一个城市更新运动。由于在战争中被轰炸毁坏的城市都需要重建，城市中大量人口涌入需要有新的住宅，城市中汽车拥有率的快速上升使城市中狭窄道路不敷使用，加之城市中心区域原有的建筑已无法满足新形势下城市发展的需求，这些因素促使政府急于出台振兴内城区的政策。但欧美国家战后城市更新奉行的是"推倒重来"政策，使旧城区被不分青红皂白地拆除，取而代之的是新建造的适合机动车的宽阔大道、城际高速公路、大型购物中心、商务办公区、新住宅以及现代化风格的高楼大厦等。这种城市更新运动有许多方面考虑欠缺，如破坏了现有的社区，夷平了古老的建筑与街道（包括旧工厂），抹去了人们熟悉的城市肌理，因而引发了一系列的社会问题，导致公众的日益高涨的反对声浪。1960年年末至1970年年初，反城市更新浪潮达到一个高峰，伦敦市民抵制开发商拆除他们熟悉的托尔莫斯广场（Tolmers）。20世纪70年代，德国民众对政府在西柏林十字山区（旧城区）开发项目的抵制，甚至激起了一系列的暴力对抗事件。人们普遍质疑拆除古建是否是城市再开发的最佳方式。

就国际层面看，"大拆大建"、"推倒重来"的城市更新运动刺激了民间历史文化遗存保护热潮的兴起。早在19世纪后半叶至20世纪初，意大利学派就已提出了历史文化遗产保护的理念。两次世界大战给不少具有悠久历史传统的欧洲城市带来巨大的破坏，这种沉重的代价也使人们意识到历史文化遗产保护重要性，激发了人们的历史文化遗存保护意识。战后的历史文化遗产保护活动逐渐展开，相关的保护组织以及法规在社会有识之士的努力下诞生，1949年美国建立了以历史保护为宗旨的"国家信托"（National Trust）。1962年在当时的法国文化部部长安德鲁·马尔罗（Andre Malraux）的主导下，法国通过了以协调传统城市景观与现代生活应用为宗旨的《马尔罗法》，在维护历史城市景观的同时，也使市民的生活条件现代化，改善交通状况。通过规划实行"保护区"的方法，保护城市的历史街区。1964年国际历史建筑遗产界通过的《威尼斯宪章》——《保护文物建筑及历史地段的国际宪章》，表达了国际社会对人类共有的历史文化遗产达成保护与修复的共识。1966年美国国会通过《国家历史保护法》，依据该法建立了历史地区登记制度。1967年，英国通过了《城市美化法》，规定可以在有历史和建筑上具有重要价值的建筑街区，建立保护区。1970年美国西雅图的先锋广场（Pioneer Square）被认为是当时最成功的历史街区保护案。

20世纪70年代石油危机爆发后，之前在公民中已经日益明显的历史保护意识在城市更新改造中表现得更加强烈。石油危机引发了世界范围的经济衰落，发达国家的传统工业城市经济受到沉重打击，内城地区经济萎缩，失业率倍增，城市中心区人口外迁，出现严重的经济衰落和犯罪率上升等社会问题。公民的历史保护呼声和严峻的社会问题，促使政府全面停止原来的"大拆大建"城市更新模式，转而改为实施新的城市有机更新方法，力图能够从社会和经济根源上解决城市衰落的问题。这新的城市更新方法的突出点主要在于更新中注意"历史保护"，对一些历史街区划出"历史保护区"，对城中的老工业地区（包括城市中的码头区域等）不再是推倒重建，而是改造再利用为新的后工业经济基地。英国的格拉斯哥、美国的波士顿昆西市场和巴尔的摩港口区域的改造，以及后来的英国利物浦阿尔伯特码头区、蕾丝市场、加拿大的皇后码头区域等，都是注意历史保护而改造成功的范例。

二、后工业化时代文化遗产内涵的拓展

（一）从双重保护意识到可持续发展理念

20世纪六七十年代，在发达国家公众的反城市更新声浪中，除了历史保护意识之外，也包含着环境保护意识。正是这种双重保护意识，推动了《世界遗产公约》的诞生。1972年联合国教科文组织在巴黎通过了《保护世界文化和自然遗产公约》，宣称保护世界遗产是全人类的共同责任。该公约是国际遗产保护领域的一个里程碑。

到了80年代，发达国家中环境保护和历史保护的双重意识发展成为一个核心理念——可持续发展。1987年联合国世界环境与发展委员会向联合国提交了《我们共同的未来》（Our Common Future）报告，正式提出了"可持续发展"的理念和模式，即"既满足当代人的需求又不危害后代人满足其需求的发展"。① 可持续发展理念的提出为环境保护和历史文化遗产保护提供了理论依据。它虽然主要针对环境保护而提出，但现代人类生存的环境已经不是单纯的自然环境，还包括人文生态环境，历史文化遗产是人文生态环境的重要组成部分，可持续发展理念也包含了人类应当对历史文化遗产的保护和合理利用。

（二）新型文化遗产概念的诞生

从1972年《世界遗产公约》诞生到"可持续发展"理念提出的15年时间里，发达国家在环境保护与文化遗产保护方面的概念越来越清晰了，《世界遗产名录》代表了国际社会对文化遗产概念的认识与完善过程，表明战后的城市更新运动与新的改革，是伴随着人们保护历史文化遗产意识的增长而同步的。战后的城市化进程，经历了从"大拆大建"的"推倒重来"式城市更新到"逐步更新"（有机更新）的改进、改造再利用的过程。在可持续发展理念指导下，发达国家对旧工业用地的再循环利用、旧工业建筑的改造再利用，实施对遗产资源的保护与开发，以循环经济的模式，寻求经济利益与遗产可持续保护之间的平衡点，取得了一定的经验。

---

① The World Commission on Environment and Development. *Our Common Future*. Oxford：Oxford University Press. 1987. p. 218.

在后工业化时代，全球经济一体化的趋势带动城市化发展"从功能城市走向文化城市"，在城市化进程中文化遗产保护也进一步深化，历史保护的范围扩大了。文化遗产不是一个凝固的概念，它随着社会的进步而不断创新与发展。从20世纪八九十年代起，尤其是进入21世纪以来，一系列与城市化及产业相关的新型文化遗产概念的诞生，丰富了文化遗产领域的保护内容。这些新型文化遗产概念主要有：历史城市景观遗产、非物质文化遗产、线型文化遗产、文化景观遗产、近现代工业遗产和20世纪遗产等。

1. 历史城市景观遗产

历史城市景观主要是指历史街区、历史城镇的景观。它与文化景观相比，在某些方面有一些重合。但历史城市景观突出的是城市的特性，景观表现偏重于城市的社会历史与文化。文化景观是自然与人类共同创造的杰作，更偏重于与自然环境与人类文化共同构成的独特性。

在战后20世纪五六十年代的欧洲国家的城市更新运动中，实施"推倒重来"拆掉老城区的政策，导致城市的历史环境遭到破坏，城市的历史联系被割断，历史文化特色不断消失。人们看到宽阔的马路与崭新的高楼大厦抹去了城市的历史记忆，城市文化的连续性中断了。于是，逐渐意识到城市的历史保护不仅仅是几座重要的文物建筑，成片的历史街区也应该被保存。历史街区内的一栋栋单体建筑，就其每一个单体而言，其价值可能未达到文物保护级别而不受保护，但是这些单体建筑成为一个整体存在，却能反映出城市某一历史风貌的特点，从而使价值得到提升，因此有保护的必要。意识到这一点，欧洲许多国家在六七十年代，都相继出台了相关法规，开始提出历史保护区的概念。

1976年，联合国教科文组织在肯尼亚首都内罗毕开会通过的《关于历史地区的保护及其当代作用的建议》中，明确提出了"历史地区"的概念，1987年，国际古迹遗址理事会在华盛顿通过的《保护历史城镇与城区宪章》（又称《华盛顿宪章》），进一步将相关概念延伸到历史城镇与城区，在总结各国实践经验的基础上，归纳出保护历史地区的主要内容，强调历史地区保护更关心的是整体环境，不否定在历史地区建造新的建筑，但新建筑的各方面都要与传统特色相协调。在《世界遗产名录》中，以历史城市景观特色被列入的有英国历史小镇新拉纳克（New Lanark）——欧文的"乌托邦"

图1-4　《世界遗产名录》中的工业遗产——英国历史小城镇新拉纳克

社区和索尔特的"索尔泰尔"工业城镇①。

　　从博物馆学角度而论，作为历史街区或历史城镇的历史城市景观，都是城市的历史遗迹，是城市历史发展的见证物，犹如博物馆中的展品，可以被整体保护与展示。因此，可以说历史城市本身就是一座博物馆。

　　博物馆是一个容器，是一个展示空间。博物馆具有收藏和展示传播功能。传统意义的博物馆基本上都是在一个建筑的空间中收藏与展示物品。无论是社会历史类博物馆、自然或科技类博物馆还是艺术类博物馆，一概如此。自从1891年瑞典斯堪森半岛上的户外博物馆（又称露天博物馆）诞生以来，博物馆传统的在建筑内部的展示方法受到了挑战，室内空间展示不再

①　工业革命推动了城市化的同时，也带来了许多城市问题。面对工人恶劣的居住环境，一些略有良心的企业主自发地兴建工人社区（村），尝试改善工人居住条件的努力。著名的如19世纪欧洲空想社会主义者罗伯特·欧文于1800—1810年间在英国苏格兰的新拉纳克（New Lanark）建立的"乌托邦"社区，作为企业主，他尝试建立一个包括商店、教堂、学校、图书馆和休闲设施在内的均衡的工业社区，使城市中下层及产业工人拥有一个舒适、卫生、安全的居住环境。欧文这一著名的自发性实验在当时很有影响力。1853—1863年间，英国纺织业主索尔特（Titus Salt）也在布莱福德（Bradford）附近的索尔泰尔（Saltaire）的工厂周围建设城镇，该城镇还配备了包括教堂、救济院等在内的许多公共设施，工人居住区虽然不大，仅有850栋房屋，但是经过科学规划而建，周围有很好的自然环境，使工人拥有良好的居住生活条件，成为当时的一个典范，对后来的工人居住区建设产生了重大影响。如今，欧文的"新拉纳克"和索尔特的"索尔泰尔"工业城镇均完整地保留着，2001年双双被列入世界遗产名录。

是唯一的，露天的户外展示在一个更大的空间里把博物馆藏品展示出来。博物馆展示空间的理念扩展了。20 世纪 70 年代生态博物馆的出现，进一步发展了户外博物馆的理念。生态博物馆以社区（或数个社区）为范围，保护和展示社区的历史文化记忆物，以原生态方式展示，连同这些文化遗产的产生环境一起呈现在观众面前，给人以"原汁原味"的历史体验。而传统博物馆室内展示的物品都是从别处征集（或采集）过来的，这些物品放在博物馆内展出，已经脱离了其原来生产制作的环境，成为一件件孤立的东西，许多与该件展品相关的历史信息已经丢失。与传统意义博物馆相比较，在原生地与其周围环境一起展示文化遗产的生态博物馆可给予观众更全面、完整的历史体验和认知。

芒福德认为，城市是一个"容器"，是一个巨大的空间，城市具有存储文化、传播文化的功能。在城市这个容器中，它作为一个巨大的城市空间，容纳了大量的人口在城市中从事生产经营、商业贸易、生活和消费等活动，一栋栋住宅、一座座办公楼拔地而起，一个个学校、教堂（宗教建筑）、医院穿插于人们的生活服务区，还有音乐厅、剧院等文化娱乐设施，各种新潮建筑构成了城市市容的精神面貌。霓虹灯下琳琅满目的商品、四通八达的交通干道，忙碌穿梭于城市各区域的车辆，商场中川流不息的人群，都是城市繁华经济与活力的体现。随着时间的流逝，往日城市的繁华与活力都以物化的形式被存储，沉淀在历史建筑和历史遗址中。这一个个历史遗址，一栋栋历史建筑，就是一件件不可移动的展品，在这些展品背后，都有一个个历史故事，正是这些故事叙说，构成了整个城市历史的发展脉络，体现出城市面貌的特质。西方博物馆史学家在言及罗马帝国时代的达官贵族们疯狂流行艺术品收藏的现象时，经常提到这样一句名言："罗马本身没有博物馆，但整个罗马城就是博物馆。"正是从这意义上来说的。同样，在一个以工业而兴的工业历史城市中，到处遗留着工业化发展进程中的历史遗物或遗迹，如果以这个历史城市为空间，保护并展示这些工业遗产，形成特色鲜明的工业历史城市景观。那么，该城市本身就成了一座工业遗址博物馆。

2. 非物质文化遗产

非物质文化遗产是文化遗产概念向非物质层面的扩展，主要包括通过艺术、文学、语言、口头传说、手工艺、民间传说、神话、信仰、道德准则、习俗、礼仪和游戏等流传的标记和符号等。

1972 年，联合国教科文组织在讨论《保护世界文化与自然遗产公约》的过程中，首次出现了一份针对非物质文化遗产保护的提案。但这份提案遭到公约起草机构的否决，说明当时人们并不认可非物质文化遗产概念。但此后一些成员国始终在进行这方面的努力，推动教科文组织出台一份针对民间文化和传统文化的准则性文件。以后随着时间的推移，联合国教科文组织逐步了解并接受了非物质文化遗产概念。这在教科文组织的第一和第二个《中期计划》中清楚地反映出来。①

1997 年教科文组织与摩洛哥教科文组织全国委员会在马拉喀什举行"保护民间文化场所国际研讨会"，摩洛哥当局在与会国的附议下，向联合国教科文组织第 29 届大会提交了一份决议草案并获得通过，这就是 1998 年教科文组织执行局第 155 次会议通过的《人类口头和非物质遗产代表作条例》。该文件表明国际社会普遍认同了非物质文化遗产概念。2003 年第 32 届联合国教科文组织大会通过了《保护非物质文化遗产公约》。

非物质文化遗产概念的产生和确立不同于文化遗产中的其他类型，具有特殊的政治意义，尤其对发展中国家而言，呈现出很强的民族特性。20 世纪 90 年代中期以后，随着全球政治环境的变化以及对传统文化关注的升温，人们对非物质文化遗产概念有了更多的关注。"某种程度上，这种觉醒是冷战后民族国家结构受到削弱的结果，对这种情况的一种反应就是借助表达无形文化来增强民族性。"② 非物质文化遗产恰恰满足了各个民族国家的需求，

---

① 第一个《中期计划（1977—1982）》中，联合国教科文组织承认文化遗产概念有所扩展，"文化遗产概念涵盖的不仅是物质的和有形的遗产——特别是纪念物——也包括表达民族和国家精神的口头传说、音乐的和人类学的遗产、民间文化，当然，规则、习俗以及生活方式也包括在内"。到第二个《中期计划（1984—1989）》时段，教科文组织的态度更为明确，不仅给予文化遗产的拓展部分以"非物质文化遗产（nonphysical cultural heritage）"命名，而且还着手进行非物质文化遗产概念及保护的研究，在"保护文化遗产"总项目预算中，增设了"非物质文化遗产"保护项目，分阶段完成了非物质文化遗产的概念和研究方法的定义、非物质遗产类型学的建立工作。1989 年教科文组织第 25 届大会上，通过了《保护民间创作建议案》，认可"民间创作"也是"人类共同的遗产"，民间创作也值得继承与保存。（见联合国教科文组织，*Medium-Term Outline Plan for 1977—1982. Published in 1977. UNESCO*，p. 267；*Medium-Term Outline Plan for 1984—1989. Published in 1984. UNESCO*，p. 309）

② 爱川纪子：《无形文化遗产的新的保护措施》，见联合国教科文组织编《世界文化报告 2000：文化多样性、冲突与多元共存》，北京大学出版社 2002 年版，第 163 页。

它不仅蕴含着历史根源，更体现了民族的价值。在工业遗产概念中也包括工业非物质遗产，非物质文化遗产概念的确立，丰富了工业遗产的内涵。被列入世界遗产名录中的"工业遗产"，也包括工业非物质遗产。

3. 线型文化遗产

线型文化遗产由"文化线路"等概念拓展而来，指拥有特殊文化资源集合的线状（或带状）区域内的文化遗产群，具有开放性和动态景观的特色，因其线状的分布和遗存的特性而被称为线型文化遗产。这是随着世界遗产理念的进步而提出的又一种文化遗产类型。

早在1994年西班牙首都马德里召开的文化线路世界遗产专家会议上，与会者就清晰地提出了文化线路的概念。2003年，国际古迹遗址理事会的文化线路科学委员会受联合国教科文组织世界遗产委员会委托，对《保护世界文化与自然遗产公约实施指南》进行修订，加入有关文化线路的内容。其中对文化线路做出如下的定义：文化线路"是一种陆地道路、水道或者混合类型的通道，其形态特征的定型和形成基于它自身具体的和历史的动态发展和功能演变；代表人们的迁徙和流动，代表一定时间内国家、地区内部或国家、地区之间人们的交往，代表多维度的商品、思想、知识和价值的互惠和不断的交流，并代表因此产生的文化在时间和空间上交流与相互滋养，这些滋养长期以来通过物质与非物质遗产不断得到体现"[1]。

从《世界遗产名录》中可以发现，对线型文化遗产保护的实践在实际操作上要早于理论概念的提出，内容涵盖军事防御工程、水利工程、宗教线路、交通线路、商业贸易线路等。属于这类文化遗产的有中国的长城（1987年）、英国的哈德良长城（1987年）、法国的迷迪运河（1996年）、荷兰的阿姆斯特丹防御战线（1996年）、奥地利的塞默林铁路（1998年）、印度的大吉岭铁路（1999年）等。在2014年第38届世界遗产大会上，中国的"丝绸之路"和"大运河"成功入选《世界遗产名录》。两者都属于线型文化遗产。前者跨越国界，由中国与哈萨克斯坦、吉尔吉斯斯坦联合申报；后者是世界上开挖时间最早、规模最大、线路最长、延续时间最久的人

---

① 联合国教科文组织：《保护世界文化与自然遗产公约实施指南》，见联合国教科文组织官方网站：http：//unesdoc. unesco. org/ulis/。

工河，由"隋唐大运河"、"京杭大运河"和"浙东运河"三条河流组成，沿线共有58个遗产点。

4. 文化景观遗产

文化景观是"人类与自然共同的杰作"。它反映某一区域的独特的文化内涵，尤其是出于社会、文化、宗教上的要求，受环境影响并与环境共同构成的独特景观。早在1983年，法国就提出了"建筑、城市、风景遗产保护区"的概念，并将城市中与历史相关联的自然景观也纳入保护范围。1992年，在美国圣菲召开的联合国教科文组织世界遗产委员会第16届会议上，首次提出了"文化景观遗产"的概念，并作为一种新的世界遗产类型而纳入《世界遗产名录》。

在《实施世界遗产公约的操作指南》（2005年版）附录中，列出了文化景观的三种类型：

（1）由人类有意设计和建筑的景观。包括出于美学原因建造的园林和公园景观，它们经常（但并不总是）与宗教或其他纪念性建筑物或建筑群有联系。

（2）有机进化的景观。主要指是自然景观。

（3）关联性文化景观，即这类景观"以与自然因素、强烈的宗教、艺术或文化相联系为特征，而不是以文化物证为特征"。

文化景观是"人类长期的生产、生活与大自然所达成的一种和谐与平衡，与以往的单纯层面的遗产相比，它更强调人与环境共荣共存、可持续发展的理念"。① 保护文化景观不仅可以促进现代可持续的土地利用技术，而且可以保护和提高在景观方面自然环境的价值，也是对保持生物多样性的贡献。

列入《世界遗产名录》的文化景观遗产有中国江西的庐山（1996年）、杭州的西湖文化景观（2011年）、菲律宾伊甫高地区山间连绵水稻梯田（1995），在2013年第37届世界遗产大会上，中国云南的红河哈尼梯田被列入世界遗产名录。工业遗产以文化景观遗产被列入《世界遗产名录》的有英国南威尔士的布莱维恩工业景观（2002年）。

---

① 刘红婴、王建民：《世界遗产概论》，中国旅游出版社2003年版，第103—104页。

5. 近现代工业遗产

从时间上讲，工业遗产包括从古到今各个历史时期的工业文明遗存，而近现代工业遗产专指世界工业革命以来的近现代工业文明遗存。古代工业遗产由于年代的久远，从地下被考古发掘出来，自然引起人们的重视，作为历史遗产受到保护是顺理成章的事，近现代工业遗产由于年代距我们今天并不遥远，而且许多并不是被掩埋在地底下，因而不曾被人关注，更加想不到应对其进行保护。但是20世纪后半叶在发达国家城市更新运动中对工业遗存的毁坏，催生了人们保护近现代工业遗产的意识。

20世纪50年代末，在英国首先出现了工业遗产保护热潮，在有识之士呼吁下，英国政府对工业革命的遗迹开始加以保护，由此引发了一场国际性的近代工业遗产保护运动。60年代，英国的工业考古热潮迅速向整个欧洲扩展，受到国际社会的普遍关注。70年代以后，欧洲以外的美国、日本等发达国家也先后兴起工业遗产保护热，一些国家中诞生了工业遗产保护组织。1978年，在瑞典召开的第三届工业纪念物保护国际会议，会上成立了国际工业遗产保护协会（The International Conference of Conservation of the Industrial Heritage，TICCIH）。这是世界上第一个致力于促进工业遗产保护的国际性组织，也是国际古迹遗址理事会（ICOMOS）工业遗产问题的专门咨询机构。TICCIH的成立是工业遗产保护的里程碑，从这时起保护的对象也明确地由"工业纪念物"（Industrial Monument）转向了更具普遍意义的"工业遗产"（Industrial Heritage）。2003年7月，国际工业遗产保护协会（TICCIH）通过了用于保护工业遗产的国际准则——《关于工业遗产的下塔吉尔宪章》，宪章中阐述了工业遗产的定义、价值，以及认定、记录和研究工业遗产的重要性，并就立法保护、维修保护、教育培训、宣传展示等方面提出了原则、规范和方法的指导性意见。

进入新世纪前后，工业遗产保护已在国际范围内形成了广泛的共识。国际古迹遗址理事会与联合国教科文组织合作举办了一系列以工业遗产保护为主题的研讨会，对一些重要工业遗产陆续被列入《世界遗产名录》起到了促进作用。国际工业遗产保护协会提交的多份针对不同工业遗产对象的专项研究成果都为世界遗产委员会所认可，并逐渐体现在《世界遗产名录》中。如2000年英国南威尔士的布莱维恩煤矿区和2001年德国鲁尔的关税同盟煤

图1-5 《世界遗产名录》中的工业遗产——英国康沃尔采矿遗址

矿工业群列入《世界遗产名录》，2006年英国康沃尔采矿工业遗址列入《世界遗产名录》。从1986年英国铁桥峡工业遗址首次进入《世界遗产名录》以来，被列为世界文化遗产的工业遗产地已经有50多处。"工业遗产保护"已成为21世纪世界文化遗产保护领域的重点。

6. 20世纪遗产

20世纪遗产不同于其他的遗产类型，它是根据时间阶段划分的文化遗产集合，专指在20世纪历史进程中产生的各类的文化遗产。以往我们的文化遗产保护，重点关注的是过去历史时期的文化遗存，对年代较近、较新的遗产，往往都不予考虑。近年来，随着各种新型文化遗产概念的产生，文化遗产保护的年代界定范围正在逐渐延伸，评判遗产价值的标准正在逐渐深化，将当代的遗产纳入保护范畴已成为国际文化遗产保护的趋势。

1981年10月，在第15届世界遗产委员会会议上，澳大利亚提交的申报悉尼歌剧院、悉尼港大桥等整体项目为世界文化遗产的申请被否决，理由是歌剧院竣工时间太短（不足10年），该建筑还无法证明其自身具有杰出价值。那次"申遗"虽未成功，却引发了人们对20世纪人类创造的审视和思考。1999年国际古迹遗址理事会在墨西哥召开第12届大会期间，收到一些对"现代遗产"保护的提案，2001年，国际古迹遗址理事会制订了一项以保护20世纪遗产为核心的国际行动计划和科学合作纲领，并在随后召开的联合国教科文组织会议上获得通过，使"20世纪遗产"能够在世界遗产名录中占有一席之地。

2006 年，国际古迹遗址理事会同国际现代建筑文献组织等合作在莫斯科召开了主题为"濒危遗产：20 世纪建筑和世界遗产保护"的国际会议，通过了旨在保护 20 世纪遗产的《莫斯科宣言》。会议发出了"采取紧急措施，保护和防止 20 世纪遗产遭到破坏"的呼吁。作为文化遗产，不论是古代的、近代的、现代的还是当代的，都是人类共同遗产的组成部分，它们见证了人类社会变迁中不同历史发展阶段的进程。20 世纪是人类文明进程中变化最快的时期，对于 20 世纪早期的遗产保护，已经日臻完善，但是对于 20 世纪后期的遗产，人们往往认为 20 世纪刚刚离我们而去，这些遗存尚未受到破坏，也就不需要保护。但实际上如果不加以保护，20 世纪遗产可能会面临比早期文化遗产更严峻、更危险的保护局面。

尽管国际社会对 20 世纪遗产的定义以及评价方法等仍在探讨之中，但对于 20 世纪遗产的保护实践却早已开始。目前在《世界遗产名录》中，属于 20 世纪遗产的有 30 余处，其中有杰出的建筑物、独具特色的城镇、大学校园、著名艺术家的诞生地以及工业景观等。2007 年 6 月的第 31 届世界遗产委员会会议上，悉尼歌剧院和墨西哥大学城两项 20 世纪建筑双双成功列入《世界遗产名录》。

图 1-6　《世界遗产名录》中的 20 世纪遗产——澳大利亚悉尼歌剧院

在经济全球化时代的今天，发达国家已先后进入后工业社会，发展中国家也正在进入或经历工业化过程。经济结构的转型和城市化的发展，促使国际社会不断发掘新的资源，拓展进一步发展的空间。随着人们对文化遗产价值认识的进一步加深，也更加重视文化遗产资源的保护与开发利用。从联合国教科文组织 1972 年的《保护世界文化和自然遗产公约》到 2003 年的《保护非物质文化遗产公约》，国际社会从保护各国的文化财产，发展到保护"人类共同遗产"；从保护物质文化遗产，发展到保护非物质文化遗产。从国际相关保护机构 1987 年的《保护历史城镇与城区宪章》到 2003 年的《关于工业遗产的下塔吉尔宪章》，国际保护领域从保护文物单体，发展到保护历史街区、历史城市；从保护名胜古迹、纪念性建筑，发展到保护传统建筑和工业遗产建筑。这一系列的国际性保护文件，对文化遗产保护产生了积极的推动作用。文化景观遗产、历史城市景观遗产、非物质文化遗产、近现代工业遗产、20 世纪遗产等文化遗产新概念的出现，伴之以保护实践的不断扩大，使文化遗产保护发展为包括自然、人文和国家、地区特色的全方位的保护，这是遗产保护史上前所未有的。

第 二 章

国际社会的工业遗产保护热潮

在人类社会发展中，人们对文化遗产的认识总是经历着一个逐步深化的过程，而文化遗产内涵的每一次扩展，对遗产保护的范围也随之扩大。我们由过去单纯地对古代社会历史类文物、艺术品、古建等物质遗产的保护发展到今天的对近现代工业遗产、非物质遗产的一起保护，就是这一认识深化过程的最好证明。

20 世纪六七十年代，伴随着西方一些发达国家先后进入后工业社会，国际社会中文化遗产的概念不断拓展，遗产范畴也逐渐扩大，世界遗产领域呈现新的发展态势。其中，发达国家中蓬勃的工业遗产保护运动对城市的经济与社会发展起了重要的推动作用。

第一节　发达国家工业遗产保护的历程

两个半世纪以前在欧洲爆发的工业革命，极大地提高了社会生产力，在改变人们生活的同时，也改变了城市的面貌。然而到 20 世纪五六十年代，伴随着后工业时代的来临，许多传统工业在经济转型中纷纷倒闭，大量工业厂址、工业建筑和工业设备等不断被遗弃和荒废。昔日工业生产的各种基础设备与设施似乎成了城市发展的包袱。经过近半个世纪的历史沉淀，今天，工业遗产作为工业文明和城市发展的见证具有不可替代的"历史标本"的意义逐渐为人们所认识。在发达国家，工业遗产已经成为国家整个文化遗产的一部分而受到保护。

一、从工业考古到工业遗产保护

（一）工业考古的兴起

工业遗产保护活动起源于英国的工业考古学（industrial archaeology）研究。早在 19 世纪末，工业革命发源地英国就出现了"工业考古学"一词，但一直未被重视，直到 20 世纪 50 年代，经历二战后的英国开始大规模的都市重建计划，一些对昔日"辉煌工业帝国"抱有怀念之情的有识之士呼吁对工业革命遗迹进行记录和维护，重新提出这一概念。一位在英国伯明翰大学"工人教育协会"任职的英国人迈克尔·瑞克斯（Michael Rix）在《业余历史学家》（The Amateur Historian）杂志上发表了一篇题为"工业考古学"的文章，文中写道：

"作为工业革命发源地的英国，到处都遗留着与工业革命一系列著名事件相关的历史遗迹，别的国家都会建立专门机构来规划和保护这些象征着改变世界面貌的纪念物，但是我们对民族遗产却如此不在意，除了少量的遗产在几座博物馆中保存之外，大多数的这些工业革命的里程碑都遭受忽视或被无故损毁，而没有留下任何文字记录。"[①]

瑞克斯注意到英国布拉克（Black）郡的主要的钢铁产业的快速转型，出于对英国工业革命的纪念物的关心，他明智地使用了"工业考古学"的术语，从而唤起了人们对工业遗产的重视。1959 年，英国考古学会（CBA）建立了工业考古学研究委员会，并且召开了首届学术会议，会上通过了一份向政府提出的决议，由此促进政府做出了一项关于对早期工业遗址进行登记和保护的政策。1963 年，英国考古学会与政府公共建筑工作部（Ministry of Public Buildings and Work）合作建立了"工业遗迹（址）调查委员会"（Industrial Monuments Survey），开始对英国的工业遗存展开调查，产生了一份基本的索引记录，被称为"全国工业遗址（纪念遗迹）记录"（the National Record of Industrial Monuments）。一些非专业人士组成的业余研究团体，也在各地开展对工业革命时期的机械、建筑物的野外调查，并发表了一些调查报告和研究成果。虽然这时的调查尚没有一定的方法可循，主题式调查的范围视志愿者的偏好而定，包括灯塔、供水蒸汽工厂、污水排放抽水站

---

① Michael R. *Industrial Archaeology* [J]. The Amateur Historian, 1955, 2 (8)：225－229.

等，选择上的弹性非常高，但是由此启动了对英国各郡调查登记在册的工业遗址和纪念地的保护与管理工作。

（二）发达国家的普遍行动

20世纪60年代，英国的工业考古热潮迅速向欧洲其他国家扩展，受到国际社会的普遍关注。70年代以后，欧洲以外的美国、日本等发达国家也先后兴起工业遗产保护热。一些国家中诞生了工业遗产保护组织，现有的一些历史保护组织也把保护范畴扩展到工业遗产，编辑工业考古的专业刊物，实施工业遗产的保护措施，伴随着工业遗产保护理论的探讨与实践的展开，"工业遗产保护"成为跨入21世纪之前世界文化遗产保护领域关注的重点。

联合国教科文组织（UNESCO）于1972年举行的第十七次常务会议中以"关怀世界文化与自然遗产公约"之名，开始建立世界遗产提名与保护工作，其中工业遗产也作为被全球社会保护的重要对象。联合国教科文组织这样评述工业遗产的价值：

"工业革命极大程度上改变了人们的生活方式和景观环境，大规模的生产方式运用于原材料的获取、矿业和农业产品的开发，其所创造的伟大成就和宏伟构筑物，正是人类创造性天赋的证明。"①

如德国萨尔州的弗尔克林根炼铁厂（Voelklingen Ironworks）就是一处典型的工业时代的遗迹。在这里人们能看到划时代的技术发展进程，同时这里也记录着当时人们的日常生活，它代表了劳动与钢铁在整整一个世纪里的历史。为使这类对人类发展历史极具价值的场址免于被废弃或拆毁的命运，世界遗产委员会在此后30多年的时间里先后将一些矿区、工厂和工程等列入世界遗产名录，如英国铁桥峡（Ironbridge Gorge，18世纪）、苏格兰新纳拉克（New Lanark，19世纪）、德国弗尔克林根炼铁厂（19世纪）、鲁尔埃森市关税同盟矿区（Zollverein，19世纪）等。

1973年英国"工业考古协会（Association For Industrial Archaeology, AIA）"成立。同年5月在英国铁桥峡谷博物馆、国立伦敦科学博物馆前馆长，英国国家遗产委员会主席尼尔·科森（Neil Cossons）的倡议下，在工

---

① 转引自寇怀云：《工业遗产保护综述》，见复旦大学文物与博物馆学系编：《文化遗产研究集刊》，复旦大学出版社2009年版，第151—165页。

图2-1　世界文化遗产——德国弗尔克林根炼铁厂

业革命的发祥地之一、世界最早的铁桥所在地——铁桥峡博物馆召开了第一届工业纪念物保护国际会议，61名来自加拿大、东西德、爱尔兰、荷兰、瑞典、美国的学者与英国的政府部门、大学与博物馆的代表参加了会议，引起世界各国对工业遗产的关注。在此前后，西方主要工业发达国家的学术界纷纷成立工业考古组织，研究和保护工业遗产。①

　　1978年，第三届工业纪念物保护国际会议在瑞典召开，会上成立了有关工业遗产保护的国际性组织，即国际工业遗产保护协会（The International Conference of Conservation of the Industrial Heritage，TICCIH）。它是世界上第一个致力于促进工业遗产保护的国际性组织，也是国际古迹遗址理事会（ICOMOS）工业遗产问题的专门咨询机构。② 它的会员包括历史学家、技术史专家、博物馆专家、建筑师、工程师等专业人员，以及其他工业遗产保护运动的研究者、拥护者。该组织随即开展了大量工业遗产保存、调查、文献管理及研究工作，通过信息交流推动国际合作，以促进工业遗产保护理念的普及。TICCIH的成立是工业遗产保护的里程碑，使工业遗产得到越来越多

---

　　① 1971年美国工业考古学会（Societyfor Industrial Archeology，SIA）成立，总部设在密歇根科技大学。

　　② 目前国际工业遗产保护协会已有42个国家和地区会员。

的关注和重视。从那时起，保护的对象也明确地由"工业纪念物"（Industrial Monument）转向了更具普遍意义的"工业遗产"（Industrial Heritage）。

　　随着工业遗产保护热潮的延伸，美国、日本以及法国、比利时、德国等发达国家都出现了工业类遗产的保护热潮，明确将一部分20世纪初的城市工业区认定为历史遗产，并对工业遗址进行普查登记，提倡保护工业活动的建筑、机器与文献资料。早在1969年，美国国家公园管理局（the National Park Service）组建了《美国历史工程名录》（the Historic American Engineering Record，HAER）组织，在调查的基础上首先产生了一份位于美国各州的工业遗址、遗迹的索引卡，在此基础上，再进一步确定哪些工业遗址、遗迹将列为国家重点保护的对象。1981年国际工业遗产保护协会（TICCIH）在法国里昂主办了一个以工业遗产为题的国际学术会议，同年法国当时总统密特朗对工业遗产的保存也提出了新的政策。1983年在法国文化部的文化遗产局之下，成立了一个工业遗产普查小组，专门负责研究这个新的领域，1986年开始建立工业遗产国家资料库，在登记造册的名单中，有不少上百年老厂、矿井等工业遗产，都被看作工业时代的见证保护起来。荷兰的类似资料库计划也在同年展开，由后来成立的"工业遗产计划局"负责。在比利时，则已经完成了全国各类工业建筑的普查，并出版了普查记录。

　　这期间，工业遗产保护的概念与内容也不断扩展、深入。1980年日本"工业考古学会保存调查委员会"完成《全国工业遗产记录工作要领》，其中记录的内容已经包含有关"人"的部分，强调劳动者的知识、技术与经验以及他们那时代的生活与工作。[①] 美国在宾夕法尼亚州西南部推行的工业遗产计划：即一项通过一系列工业遗产来纪念该区钢铁、煤矿与交通工业对美国工业成长贡献的社区计划。在法国 Roubaix 市，开始了工业城市景观的整体保护，工业遗产保护的概念逐渐从工业单体向"工业景观"的概念发展。

　　这一时期"工业考古学"的学术研究成果主要体现在通过工业物质遗

---

　　① 日本作为二战的战败国，战后，国内主要炼钢、发电等与军火制造有关工业中的重要设备等，大部分已被苏联和美国搬走，只剩下少量供民用的部分。日本的工业遗产主要都是在20世纪50年代发展起来的企业生产设备。

迹对与工业相关的技术发展进行诠释。工业考古学以考古学的手段与方法研究近代工业史，它利用考古学所具有的直观性和通过实物资料研究人类历史的特点，研究所有在工业生产过程中产生的、关于文字记录、人工产品、地层结构及自然和城镇景观方面的物质与非物质材料，它特别强调对工业革命以来物质性的工业遗迹和遗物的记录和保护，还研究技术发展史所包括的工作方式和作业技术。以赞助工程技术史为宗旨的英国纽科门学会（Newcomen Society）1964 年赞助发行《工业考古学期刊》（Journal of Industrial Archaeology）来鼓励这个新兴学科。1975 年，美国工业考古学会（SIA）开始编辑出版《工业考古杂志》（The Journal of the Society for Industrial Archeology，IA）。英国工业考古协会 1976 年发行《工业考古学评论》（Industrial Archaeology Review），这些是当时该领域影响最大的学术期刊。1993 年，英国伦敦工业考古学会在收集大量考古信息基础上，出版了《工业场址记录索引：工业遗产记录手册》（Index Record for Industrial Sites，Recording The Industrial Heritage，A Handbook，IRIS），制定了工业考古的标准和术语，建立了工业考古的国家标准。1998 年英国伦敦工业考古学会网站建立了数据库，实现了成果的电子化。英国的工业考古学成果为世界工业遗产保护的发展提供了经验。

在工业遗产保护的探索阶段，大量与工业遗产保护有关的实践主要有两种类型：一是以保护工业遗存为主的实践；二是工业遗存保护连同工业地区更新为主的实践。前者如美国亚拉巴马州伯明翰市的斯洛斯高炉（Sloss Furnaces）的保护，这座代表美国早期钢铁工业历史遗产的大型工业设施在公众的积极努力之下，终于被完全地保存下来。另外，如瑞典保存了几座早期的鼓风炉，以及天使堡（Engelsberg）的铁工厂地产，包括厂主的 18 世纪房舍与工人宿舍遗迹；后者如著名的德国鲁尔区的地区再造计划，英国伦敦道克兰码头区的更新，利物浦阿尔伯特码头区再生，加拿大多伦多市女皇港旧仓库的改建，美国巴尔的摩内港的改造等，这类实践多是缘于城市旧区的再造，目的主要是振兴旧区活力，重现工业地段价值。但在这些实践过程中也包括对工业遗产价值的思考和尝试性的保护措施。

随着工业遗产的日益受关注，一些与工业遗产保护直接相关的国家与民间组织也陆续产生。如德国鲁尔工业区的 IBA（国家建筑博览会）、英国英

图2-2　改造后的美国巴尔的摩内港

格兰策略联盟（English Partnerships）、欧洲工业与技术遗产协会联盟、英国凤凰基金会（The Phoenix Trust）、英国大伦敦区工业考古学协会（GLIAS）、比利时法兰德斯工业考古学协会、美国技术与工业考古学历史机构（IHTIA）、英国埃克米工作室（ACME Studios）等。这些组织有自己的工作目标、宗旨和工作方式，在各自领域内为促进工业遗产保护发挥着重要作用。例如欧洲工业与技术遗产协会联盟是一个非营利性组织，旨在促进工业技术遗产的研究、记录、维护、发展、管理与诠释，并且增进欧盟各国在这些领域内的共同合作，该联盟的协会彼此交流咨询、协助彼此的发展计划，也持续争取外部机构的关注与支持。

　　1993年欧盟成立后，在区域合作的背景下建立了欧洲工业遗产之路（European Route of Industrial Heritage，ERIH）网站，[①] 在推动各成员国的合作和交流以及工业遗产保护与利用方面起到了积极的作用。ERIH的主要职责在于提供欧洲工业遗产旅游信息，记录欧洲重要工业遗产地，并与废弃的工厂、工业景观、交互式体验的技术博物馆相链接。目前ERIH共有遍布32个欧洲国家的850多处景点，其中重要景点77处，线路景点202处，一般

---

　　① 欧洲工业遗产之路网站（http：//www.erih.net）。

景点 570 多处。

二、工业遗产保护形成国际共识

20 世纪前后，工业遗产保护在国际范围内形成了广泛的共识。2000 年，联合国教科文组织世界遗产中心在濒危遗产报告中表达了对各类遗产命运的担忧，其中包括一些处于被废弃或被拆除境地的工业遗产。自 2001 年始，ICOMOS 与联合国教科文组织合作举办了一系列以工业遗产保护为主题的研讨会，对一些重要工业遗产陆续被列入《世界遗产名录》起到了促进作用。其中，TICCIH 也发挥了重要作用。早在 1993 年 TICCIH 就与 ICOMOS 签署了合作协议，决意携手保护工业遗产。TICCIH 首先开始了针对煤矿工业、桥梁、运河遗产、老铁路和"工业城"等一系列工业遗产类型的研究，接着又将研究扩展到有色金属矿场、发电、纺织和食品生产等产业。TICCIH 提交的多份针对不同工业遗产对象的专项研究成果都为世界遗产委员会所认可，并逐渐体现在《世界遗产名录》中。如 TICCIH 组织 1999 年制定的"国际矿业研究"，分别促成了 2000 年英国南威尔士的布莱维恩煤矿区和 2001 年德国鲁尔的关税同盟煤矿工业群列入《世界遗产名录》，2006 年又促成了英国康沃尔采矿工业遗址列入《世界遗产名录》。目前列入《世界遗产名录》的工业遗产中，矿业类相关遗产、水利水运遗产以及交通设施类遗产数量较多，所占比例较大，这一现象与 TICCIH 针对不同类型的工业遗产进行的专项研究有密切的关联。

2003 年 7 月，国际工业遗产保护协会（TICCIH）通过了用于保护工业遗产的国际准则——《关于工业遗产的下塔吉尔宪章》，宪章中指出：

"为工业活动而建造的建筑物、所运用的技术方法和工具，建筑物所处的城镇背景，以及其他各种有形和无形的现象，都非常重要。它们应该被研究，它们的历史应该被传授，它们的含义和意义应该被探究并使公众清楚，最具有意义和代表性的实例应该遵照《威尼斯宪章》的原则被认定、保护和维修，使其在当代和未来得到利用，并有助于可持续发展。"①

宪章阐述了工业遗产的定义、价值，以及认定、记录和研究工业遗产的

---

① 国际工业遗产保护协会（TICCIH）：《关于工业遗产的下塔吉尔宪章》，见张松编：《城市文化遗产保护国际宪章与国内法规选编》，同济大学出版社 2007 年版，第 135 页。

重要性，并就立法保护、维修保护、教育培训、宣传展示等方面提出了原则、规范和方法的指导性意见。

2006 年 4 月 18 日"国际古迹遗址日"的主题是"保护工业遗产"，各国家根据自己的实际情况选择相关主题进行研讨，由此形成世界范围内研究和保护工业遗产的热潮，工业遗产保护向一个新的阶段迈进。2006 年 ICOMOS 档案中心编撰了《工业遗产文献索引》，收录了西方各国语种文章 1619 篇，这些文章基本都发表于 1970—2005 年间，是目前国际工业遗产研究文献最全面的索引。

随着世界范围内工业遗产保护共识的形成，工业遗产保护的研究逐步呈现出区域性和与社会发展密切结合的特征，并趋向于发展为具有国际影响力的独立学科。英国、美国、法国、德国、比利时、意大利、捷克、匈牙利和日本等发达国家的高校中都已开设工业考古学、工业遗产保护和科学技术史等本科或研究生课程。工业考古成为"公众考古学"的先导，在社会上传播并强化了公众的工业遗产保护意识，推进了民间工业遗产保护的实践。高校中开设工业考古学、工业遗产保护等课程，培养未来工业遗产保护与研究的新生力量，为这一事业长期稳固地可持续发展奠定了基础。

第二节　我国的工业遗产保护

我国对近现代工业遗产的认识要晚于西方。在学术上，过去我们的遗产研究大多集中于文化遗产，几乎没有对"工业遗产"问题的关注，长期以来工业类历史建筑及其机械设备、制造品等仅仅被视为工业文明的成果，却不被认为是"遗产"。虽然 1985 年我国就成为联合国教科文组织的保护世界遗产公约的签约国，但那时对公约的有关工业遗产保护概念似乎还漠然无知。工业遗产进入文化遗产范畴而受到保护，是近 20 年我们吸收西方的文化遗产理念，对工业遗产价值的发现与认识所致。

一、工业建筑遗产的民间保护与利用

国内的工业遗产保护历程经历了同西方发达国家相似的路程：即最初由民间有识之士发起保护和改造利用工业建筑遗产，形成社会热潮，而后影响到政府，促动政府介入并主导工业遗产保护。近代"工业遗产"的概念似

乎也是舶来品。20世纪六七十年代，发端于英国的工业考古热潮正在欧洲各国广泛传播，而此时的我国正值政治运动接连不断，十年"文化大革命"与西方国家隔绝往来，工业遗产保护理念并未传入中国。改革开放后，随着国门洞开，我国学界与国际社会的联系交往日益增加，一些有识之士看到了国际遗产界的动态与新理念，将近代"工业遗产"概念也介绍到中国，并在一些历史建筑的改造项目中进行了实践，从而对我国的工业遗产保护产生影响，促使我们跟上国际潮流，与国际接轨。

　　事实上在民间有识之士将近代"工业遗产"概念引入中国之前，我国工业建筑遗产保护与再利用的行动已经出现，但这仅仅是民间自发地出于旧物再利用的一种传统的节俭行为。譬如，在20世纪80年代后期，青岛的一些停产、破产企业就开始了转移工业设施用途——即保护性再利用的尝试。它们在缺少资金的情况下，保留车间厂房的外貌，只做了简单的改造，就使闲置的工业设施以全新的角色重新进入市场，从而使旧有设施中的大部分得以保留。原青岛火柴厂改作"利津路小商品批发市场"，青岛橡胶六厂厂房改作装饰材料商场。原青岛靴鞋五厂、针织三厂的部分厂房改造成了商务酒店。在经过一段时间的摸索之后，这种尝试更加科学化，被注入了更多的文化内涵。如原青岛丝织厂、青岛印染厂的旧厂房，连同一条污水沟，被改造

图2-3　改造后的青岛天幕城

(作者自摄)

成集饮食、娱乐为一体的"天幕城",并将青岛市众多历史优秀建筑的立面罗列其中,成为市民休闲生活的绝佳去处;原青岛第二粮库库房、青岛自行车工业公司零件五厂厂房,被改造成为文化市场,用于民间工艺品、字画、文物收藏品交易,并以此为基础,逐步形成了号称"青岛琉璃厂"的昌乐路文化街。①

当时国内还没有出现保护近代"工业遗产"的理念,对旧工业建筑的再利用主要是出于建筑可利用的价值本身,并未达到对"工业遗产保护"的文化内涵的认识层面,未上升到"文化遗产"保护这一高度,也没有对工业历史建筑的再利用加以进行研究与推广,因而青岛这些企业的举措在国内也就没有产生什么影响。人们对遗产的概念囿于时间的限制,并且局限于历史的、艺术的内容,似乎只有考古出土的、年代古老的,或者具有艺术欣赏价值的、有重大社会历史价值的古物才能算"遗产",近代工业建筑与机械设备等未在范围之内。1986 年 10 月在清华大学召开的第一次中国近代建筑史研讨会,会后展开了全国范围的近代建筑调查和研究工作,主要以公共建筑和宗教建筑、居住建筑为主,近代工业建筑作为近代建筑的一个组成部分,虽然也在调查研究之列,但没作为中国近代建筑研究以及保护的重点。②

到 20 世纪 90 年代以后,较早接触到西方近代工业遗产理念的建筑设计、景观设计与城市规划领域的设计师开始在国内进行旧工业建筑改造再利用的实践,在东南沿海的几个主要城市首先出现了利用旧工业厂房、仓库等改造而成的文化创意产业园区、工业景观公园以及商务办公楼、餐厅等用途的模式,伴随着旧工业建筑改造再利用实践的成功案例日益增多以及社会有识之士的呼吁,工业遗产概念及其保护理念在中国逐渐传播开来。这里,社会有识之士的努力起了重要作用。北京大学景观设计学院俞孔坚教授在回顾他当年说服广东中山市相关领导时的一段话很能说明问题。

1999 年夏天,他走进广东中山粤中造船厂,而此时这个建于 1953 年的小厂已经倒闭,"工厂已经被卖给拆迁商,拆迁费是 60 万元人民币,只能变

---

① 潘怡为:《青岛工业文化遗产的保护与再利用》,中国文物信息网,http://www.ccrnews.com.cn/。
② 刘伯英:《工业建筑遗产保护发展综述》,《建筑学报》2012 年第 1 期,第 12—17 页。

卖锈蚀的机器和破烂铜铁获得回报。即便如此，我仍然为厂区内锈迹斑斑的遗存所感动：那船坞、龙门吊、铁轨、烟囱、机器和水塔、20世纪60年代的红色标语、断墙上的毛主席画像，以及精致的木结构车间等等。厂区的空间和氛围把我带离了色彩与繁华的当下，来到熟悉却又陌生的过去。尽管厂区一片荒芜，我却听到时间在倾诉。于是，我将这种倾诉传达给当地城建决策者，探问他：难道这五十年的风雨运动的经历、前后几千人的在岗和退休工人的精神寄托、城市生命不可或缺的历史记忆、未来无数城市居民的地方归属和认同，等等，就值这60万元人民币吗？它们是无价的！领导被感动了。于是，中山市花了150万元与拆迁商解除了合同，赎回了被称为'只有烂铜烂铁'的工厂。随后，登记并封存了废旧的机器，测量并保留了重要的厂房和船坞。通过精心设计，厂区变成了一个魅力无限的公园和美术馆。这一独特的工业遗产公园，2002年获得美国景观设计师协会颁发的年度设计奖。"[1]

图2-4　原粤中造船厂旧址改造而成的广东中山岐江公园

　　俞孔坚教授的事例是许多实践案例中的一个，当时许多人都还没有对工业遗产的认识，要将工业遗产保护起来，与社会精英的努力是分不开的。他

---

① 俞孔坚：《一部泪水锈蚀的历史：为"锈迹——寻访中国工业遗产"序》，见白青锋：《锈迹——寻访中国工业遗产》，中国工人出版社2008年版，第1页。

们借鉴发达国家的经验，对国内一些工业遗产实施保护与再利用的实践，这些成功的实践用事实向社会宣告：工业遗产可以"化腐朽为神奇"。这些案例有城市工业景观公园、文化创意园区等不同类型，但体现的精神是一致的，即通过对工业遗产实施保护性改造与再利用，注入新的元素，使之成为城市新的空间与产业基地，融入城市经济社会的发展之中。

图 2-5　北京 798 园区外景一角

　　北京"798"艺术区可谓文化创意园区的典型。798 艺术区因北京 798 工厂而得名。798 工厂是 20 世纪 50 年代苏联援助中国建设的一家大型工厂，位于北京朝阳区酒仙桥街道大山子地区，由东德负责设计建造，秉承了包豪斯建筑设计的理念。当该厂生产停止以后，经过北京大学张永和教授的改造，一批全新的创意产业入驻，包括设计、出版、展示、演出、艺术家工作室等文化行业以及餐饮、酒吧等服务业。在保护原有历史文化遗物的前提下，他们对原有的工业厂房内部进行了重新设计与改造。由于老工业厂房地处市中心，租金却较为便宜，更由于这些老厂房、旧仓库所积淀的工业文明，能够激发创作的灵感，加之工业建筑开阔宽敞的结构，可随意分割组合，重新布局，因而"798"受到创意产业从业者的青睐。今天，"798"已经成为国际著名的文化产业创意园区。

　　类似由旧工业建筑改造而成的文化创意产业园区，上海的实践可能并不比北京出现得晚。1998 年，台湾设计师登琨艳在位于上海市中心的苏州河边四行仓库设立工作室，首开私人对旧工业建筑进行再利用的实践，由此引

图2-6　北京798园区一艺术展览室内景

来了一批艺术家们投入旧工业建筑再利用之中。在地方政府与社会有识之士的努力下，一批创意园区先后诞生，从徐汇区建国路的"8号桥"、泰康路的"田子坊"、静安区昌平路的传媒文化园、普陀区莫干山路50号的春明

图2-7　原上海第十钢铁厂的一个车间改造为上海城市雕塑艺术中心

（作者自摄）

创意产业园区、杨浦区的滨江创意园区、黄浦区苏州河沿岸的"四行仓库"，到长宁区淮海西路上海第十钢铁厂生产车间改造而成的上海城市雕塑艺术中心（"红坊"）、虹口区"1933 老场坊"等，都成为上海较为有名的创意园区。从 2000 年以来，上海市政府先后公布了多批经认定的文化创意产业园区，其中利用旧工业建筑改造而成的创意园区就有 60 多个。

二、无锡会议——政府开始介入并主导工业遗产保护

在各地民间有识之士的工业遗产保护实践促动下，政府开始介入并主导工业遗产保护。2006 年 4 月 18 日，国家文物局与江苏省政府在无锡举办工业遗产保护国际论坛，会上通过了我国首部关于工业遗产保护的共识性文件《无锡建议：注重经济高速发展时期的工业遗产保护》（以下简称《无锡建议》），并提出了"尽快开展工业遗产的普查和评估工作；将重要的工业遗产及时公布为各级文物保护单位，或登记公布为不可移动文物；编制工业遗产保护专项规划，并纳入城市总体规划；区别对待、合理利用工业废弃设施的历史价值"等具体的措施，以往被忽视的我国工业遗产保护问题提上议程，标志着我国政府的文物主管部门正式介入并主导工业遗产保护的开始。《无锡建议》是近年来我国在工业遗产保护上一个具有里程碑性的文件，它明确了工业遗产的概念、工业遗产的保护内容、工业遗产目前所面临的威胁以及保护工业遗产的途径。

2006 年 5 月，国家文物局又向各省区市文物管理部门发出《关于加强工业遗产保护的通知》，指出"工业遗产保护是我国文化遗产保护事业中具有重要性和紧迫性的新课题"。《无锡建议》与《关于加强工业遗产保护的通知》的发布，标志着中国工业遗产保护迈出了实质性步伐。在国家文物局的直接推动下，我国的工业遗产保护全面启动，目前已取得的初步成果主要体现在四个方面。

（1）部分重要工业遗产被列为各级文物保护单位（或优秀历史建筑）

2006 年 5 月，国家文物局公布第六批全国文物保护单位名单，江苏南通大生纱厂、云南个旧鸡街火车站、杭州钱塘江大桥、汉冶萍煤铁矿旧址、中东铁路建筑群、黄崖洞兵工厂旧址、兰州黄河铁桥等九处工业遗产项目被列入，加上 2001 年第五批全国文物保护单位名单中已经被列入的大庆油田第一口油井和青海中国第一个核武器研究基地两处，共有 13 处近现代工业遗产被列为全国文物保护单位。2013 年公布的第七批全国文物保护单位中囊括了数倍于前几批的近现代工业遗存，它们分别属于制造业、采掘业、运输仓储和通信业等产业部门，涉及汽车、船舶、铁路的制造，石油、天然气、煤炭、矿产的开采，食品、纺织、造纸行业，铁路、公路、水路交通等各个领域。包括京张铁路南口段至八达岭段、塘沽火车站旧址、黄海化学工业研究社旧址、开滦唐山矿早期工业遗存、耀华玻璃厂旧址、旅顺船坞旧址、老铁山灯塔、长春第一汽车制造厂早期建筑、铁人一号井井址、上海杨树浦水厂、无锡茂新面粉厂旧址、淄博矿业集团德日建筑群、济南黄河铁路大桥、京汉铁路总工会旧址、华新水泥厂旧址、武汉长江大桥、宝丰隆商号旧址等几十处工业遗存。

图 2-8　建成于 1883 年 8 月的上海杨树浦水厂至今依然在使用

对于那些具有非常重要价值的工业遗产，除了被列为全国文物保护单位之外，在地方层面，还有许多被列为省（市）各级文物保护单位。在江苏省内各级地方政府公布的文物保护单位中，有 200 多处属于工业遗产。如位于南京英商建于 20 世纪初的"和记洋行"，已被列为文物保护单位。1908年英商建于江北浦口区南门镇的浦口车辆厂，厂区两幢英式建筑，也被列为市级文物保护单位。浙江的省级文物保护单位中，也有 7 处属于工业遗产。

杭州市规划局近年通过普查确定的 94 处工业遗产建筑，其中 41 处工业遗产建筑已被列为市文物保护单位和优秀历史建筑遗产，另外尚未列入保护名单的 53 处工业遗产建筑被推荐为准保护单位。①

到 2009 年 4 月为止，上海的文物保护单位中属于工业遗产的共 22 处，其中属于全国文物保护单位的 2 处（上海邮政总局旧址、怡和大楼），属于市级文物保护单位的 3 处（杨树浦水厂旧址、佘山天文台、四行仓库旧址），属于区级文物保护单位的 17 处。上海 632 处优秀历史建筑中有 40 处属于工业遗产建筑。2008 年开始的全国"三普"中，上海又新发现 200 多处工业遗产。② 在以后的日子里，经过评估，将有更多的工业遗产被添列为新的文物保护单位。

2007 年 12 月，北京市政府公布了第一批《北京市优秀近现代建筑保护名录》，其中工业建筑遗产包括北京自来水公司近现代建筑群（原京师自来水股份有限公司）、北京铁路局基建工程队职工住宅（原平绥铁路清华园站）、双合盛五星啤酒联合公司设备塔、首钢厂史展览馆及碉堡、798 近现代建筑群（原 798 工厂）、北京焦化厂（1 号、2 号焦炉及 1 号煤塔）共 6 项，23 栋。原宣武区京华印书局旧址、北京印钞厂、西城区平绥西直门车站旧址、崇文区京奉铁路正阳门车站、门头沟天利煤厂旧址等 6 处属于工业遗产被列为北京市重点文物保护单位。

在第三次全国文物普查中，天津共登录工业遗产 30 余处，发现了包括大沽船坞、天津机器局、北洋银元局和造币总厂、久大精盐公司、永利碱厂、动力机厂、福聚兴机器厂、法国电灯房等一批近代工业遗产。天津市政府发布的 2013 年第 1 号文件中，公布了第四批天津市文物保护单位名单，其中北洋水师大沽船坞旧址及塘沽火车站、杨柳青火车站、静海火车站、唐官屯火车站等工业遗存均成为天津市级文物保护单位。

在山东青岛，山东路矿公司、小青岛灯塔、西镇（游内山）灯塔以及胶澳商埠电气事务所、日本大连汽船株式会社青岛支店、三菱洋行、三井洋行等旧址和前海栈桥都被列为山东省文物保护单位；原总督府屠兽场旧址、

---

① 《杭州制定全国首个工业遗产建筑规划管理规定》，北方网，http：//news. enorth. com. cn/system/2010/11/26/005423043. shtml。

② 上海市文物管理委员会编：《上海工业遗产新探》，上海交通大学出版社 2009 年版，第 4—5 页。

大港火车站等，也作为历史优秀建筑得到了妥善保护。

（2）许多工业遗产已经被列入城市建设发展规划中的保护项目

2006年5月，国家文物局发出《关于加强工业遗产保护的通知》，拉开了全国性工业遗产保护的序幕。各地方政府开始重视工业遗产保护，在进行城市建设的规划中，纷纷把工业遗产保护放在重要位置，尤其是在旧城改造和环境整治中，有了工业遗产保护意识，保护再利用与环境整治结合起来，与整个城市发展结合起来，纷纷出台城市工业遗产保护发展规划，并在实践中实施工业遗产保护再利用措施。如北京市结合2008年奥运会的召开，进行环境整治与改造中，制定了《北京奥运行动规划》，把著名的北京焦化厂迁出北京，并对旧厂区进行保护性改造再利用，将北焦厂原址建设成为工业遗产公园和文化创意产业园区以及高端服务业为主导的北京城市新的公共开放空间。位于北京石景山区西南部永定河畔的首都钢铁厂，根据《北京城市总体规划（2004—2020年)》，也已从北京城市迁出，首钢原址上将经过改造和整治，建设成为新型的城市工业景观园。

图2-9　建于1911年的北京正阳门火车站

上海江南造船厂为配合城市改造与2010年中国上海世博会举办，造船厂迁往上海崇明长兴岛，原址作为2010年中国上海世博会浦西园区，部分保留的旧工业厂房改造利用为世博会展馆。世博会结束后，园区的旧工业厂房被保留，经过再次开发用于新的用途。根据上海世博会场馆后续利用规划，江南造船厂原址将被改造为上海城市一个新的滨水公共文化空间，中国船舶工业博物馆和世博会纪念馆等都将建在这一公共文化空间。目前这一规划正在实施中。

杭州已编制完成《杭州市工业遗产保护规划》专项规划，并已出台《杭州市工业遗产建筑规划管理规定（试行）》。杭州锅炉厂的两幢老厂房，作为"国际城市博览中心"用房，中心内设立世界城市发展历史馆，用实物和虚拟手段结合，展示城市发展历程。对杭州长征化工厂实施改造，建设成一个创意产业中心——运河天地（文化公园）。浙江杭州石油公司小河油库的保护，结合小河公园建设，保留原来厂房建筑作为附属用房，同时利用架空的构筑物和部分油罐作为公园的景观雕塑予以保留与再利用。位于清河坊大井巷内的胡庆余堂，现有一部分厂房已经改造作为中药博物馆使用。市政府重点支持发展的十大创意产业园之一的"凤凰创意国际"，位于转塘街道，其核心启动区为双流水泥厂，通过选用现浇混凝土、钢构、玻璃幕墙等材质，保留原建筑立面肌理，实现新旧材质"和谐的意外"。其他还有"唐尚433"、"A8艺术公社"、杭州数字娱乐产业园、"杭丝联166"等创意产业园的建设，也都利用工业建筑遗产改造而成。[①]

河北石家庄市实施"城市面貌三年大变样"工程，至2010年，全市共有48家企业搬迁或转产，其中包括华北制药厂与棉纺一、二、三、四、五厂等石家庄的龙头企业。石家庄市政府对工业遗产采取了一定保护措施，如将华北制药厂的俄式办公大楼、石家庄车辆厂的法式别墅、石家庄电报局营业厅3处具有较高价值的工业遗产列为河北省第五批文物保护单位。又对工业遗产保护进行了统筹规划，对华北制药、棉纺织厂等有典型意义的工业遗产进行保护和综合利用。[②]

以上列举的仅仅是一部分，在各地方政府的"十二五"规划中，包括了许多工业遗产保护项目与内容，许多城市都已将工业遗产列入城市建设的

---

① 《杭州制定全国首个工业遗产建筑规划管理规定》，北方网，http：//news. enorth. com. cn/system/2010/11/26/005423043. shtml。

② 刘卫华：《保护工业遗产　提升城市文化——以石家庄市为例》，《中国文物报》2010年9月24日第6版。

发展规划中。

（3）近现代工业遗产博物馆的建设热潮正悄然兴起

为保护工业遗产，将旧工业建筑改造为工业遗址博物馆（或工业遗产博物馆）不失为一种可行的方法，工业遗产保护的博物馆模式受到青睐，许多城市正悄然兴起建设工业遗产博物馆的热潮。目前已建成开放的近代工业遗产博物馆，据初步统计有无锡的"中国民族工商业博物馆"、武汉的"张之洞与汉阳铁厂博物馆"、中国武钢博物馆、上海中国烟草工业博物馆、上海汽车博物馆、北京汽车博物馆、湖北黄石大冶铁矿博物馆、青岛啤酒博物馆、沈阳铁西中国工业博物馆（第一期三个馆已建成开放，原沈阳铁西铸造博物馆被并入）、唐山开滦（煤矿）博物馆、中国铁道博物馆、上海铁道博物馆、哈尔滨铁道博物馆、内蒙古扎兰屯铁道博物馆、云南铁道博物馆、柳州工业博物馆、淮北矿山博物馆、上海纺织博物馆、青岛纺织博物馆、天津纺织博物馆、南通纺织博物馆、沈阳阜新海州露天矿国家矿山公园陈列室（博物馆）、天津北洋水师大沽船坞遗址纪念馆、无锡中国丝业博物馆、杭州中国丝绸博物馆、四川广安"三线"工业遗产陈列馆、贵州六盘水三线建设博物馆、唐山启新水泥工业遗址博物馆、攀枝花三线建设博物馆、张裕葡萄酒博物馆以及密云县首云铁矿博物馆等，[1] 在建和计划建设的近现代工业遗产博物馆至少有六七十座。其中包括北京首钢博物馆、重庆工业博物馆、湖北黄石华新水泥工业遗址博物馆、河南遂平县工业旧址博物馆、天津造币总厂旧址博物馆、北京焦化厂工业遗址公园、武汉近代工业博物馆（原武汉张之洞与汉阳铁厂博物馆将被并入）、温州近代工业博物馆、平谷区金矿博物馆、门头沟煤矿博物馆等。[2] 在未来的几年中，我国的工业遗产博物馆数量将会有一个较快的增长。

天津大沽船坞是肇始中国造船业的 3 家企业之一（另两家为福建马尾船厂、上海江南造船厂），曾是北洋水师舰船维修基地，也是经李鸿章奏请、光绪皇帝批准而建的我国北方第一家近代船舶修造厂。1880 年天津大沽船坞开始兴建，在我国近现代军火制造业与造船业史上占有一席之地。

---

① 详见附录"中国近现代工业遗产博物馆一览"。
② 文中数据系根据本课题组收集的资料初步统计的结果，时间截至 2014 年上半年。

2000年10月28日，在天津市船厂建厂120周年之际，北洋水师大沽船坞遗址纪念馆在船厂内建立并正式开馆。2006年起，天津滨海新区开始进行大规模的城市建设。设计部门原拟议的中央大道穿越海河隧道建设计划，经过天津大沽船坞地区，将在完整的厂区中间撕开一个大口子，这势必会破坏大

图2-10　天津北洋水师大沽船坞遗址纪念馆

（作者自摄）

沽船坞遗址的完整性。在市政府和国家文物局的直接关心下，经过多次调研，海河隧道建设方案做了调整，使大沽船坞遗址不受影响。目前，大沽船坞遗址保护规划已经初步完成，改造后的天津市船厂厂房将变成大沽船坞遗址博物馆。①

　　辽宁省大连市沙河口净水厂，其前身是建于1920年的台山净水厂。净水厂内保留有当年的全套净化水设施。有过滤室、混药室、沉淀池、反应池、进水井、配水池、净水池等。过滤室地下一层有管廊，送水泵2台、压力泵1台，地上一层有值班室、过滤室、氯气室；地上二层为2个投药池、仓库等。市政府相关部门已计划将净水厂的急速过滤室和泵房旧址建成大连

---

① 文冰：《"文保厂长"的坚定守候——记天津市船厂厂长王可有》，《中国文物报》2010年10月8日。

城市供水博物馆。[1]

建于 20 世纪初的南京下关火车站，1947 年由建筑大师杨廷宝进行设计扩建，是南京著名的近代建筑之一，南京市下关区政府有关部门计划将其改造为铁路博物馆。南京晨光机械厂受保护的历史建筑至今依然处于使用状态，有关部门计划将晚清时的工业厂房建筑辟作中国军事历史博物馆。

根据《石家庄市都市区历史文化遗存调查评价与保护研究》的规划设计，搬迁后的棉纺厂旧址，将利用原来的旧厂房以及机器设备等实物，建设纺织主题的博物馆。石家庄市政府对石家庄火车站实施南迁规划，在新火车站建成以后，老火车站将改造成为博物馆。

在无锡市正在建设的芙蓉湖公园，将利用该地块内现保留有民国时期的储业公会旧址和新中国成立后无锡市第一米厂、粮食二库、粮食七库的部分旧建筑，结合公园的建设，改建设成无锡米市露天博物馆。另外，无锡市政府提出，将利用现存的工业遗存，建设无锡历史上享有盛誉的四大支柱行业博物馆：米市博物馆、丝绸博物馆、纺织博物馆、钱业博物馆。[2]

（4）部分地方制定工业遗产保护和利用的管理政策

目前许多城市都在着手制定工业遗产保护的相关政策法规，各地进展快慢不一，有的地方领导重视，加之专业人才济济，已经出台一些政策，有的地方则正在组织人马，处于这项工作的准备之中。

北京制定了《北京市工业遗产保护与再利用工作导则》，共十九条，对工业遗产的调查与登录方法、评估标准与认定程序作出了明确规定，具有可操作性。对尚未列为文物保护单位的工业遗产，据其价值的不同，分为三个保护等级，采取针对性保护措施，遵循抢救性保护与适宜性利用相结合的原则。并按照"谁使用，谁负责，谁保护，谁受益"的原则，将工业遗产保护的责任落实到具体单位（或个人）。[3]

上海早在 1999 年《上海市城市总体规划（1999—2020 年）》中，政府就明确优秀旧产业类建筑必须受到保护，并且将保护的方式定位为"保

---

[1] 姜晔：《旧厂区改造中的工业遗产保护和利用——以大连台山净水厂为例》，《中国文物报》2010 年 12 月 22 日。

[2] 杨卫泽：《工业百年与无锡工业遗产保护》，《中国名城》2008 年第 3 期，第 4—10 页。

[3] 《北京市工业遗产保护与再利用工作导则》，《城市规划通讯》2009 年第 9 期。

护与利用相结合"。2002 年 7 月 23 日通过的《上海市历史文化风貌区和优秀历史文化建筑保护条例》(2003 年 1 月 1 日起正式实行) 中的第九条有与工业建筑遗产保护直接相关的内容。第九条中指出,建成 30 年以上,"在我国产业发展史上具有代表性的作坊、商铺、厂房和仓库"都要受到保护。

武汉市国土规划局编制的《武汉市工业遗产保护与利用规划》(以下简称《规划》)经过公示后获政府批准。根据《规划》,武汉市拟对 29 处工业遗产进行强制性保护。《规划》根据工业遗产的价值高低,将 29 处工业遗产分为一、二、三级的保护级别。武汉一级工业遗产共有 15 处,二级工业遗产共有 6 处,三级工业遗产共有 8 处。这些工业遗产将按照文物法规定的文物保护单位管理办法实施严格管理。①

无锡市编制了《无锡市工业遗产保护专项规划》,划定了工业遗产的保护范围和建设控制地带,实行前置审批,各区域布局建设,必须以不破坏工业历史文化为前提。无锡市还制定了《无锡市工业遗产保护办法》,使工业遗产保护依法登记、建档,保护措施更细化、深化、规范化。与无锡邻近的常州市,也完成了《工业遗产保护与利用规划》编制。这些地方政府制定的工业遗产保护专项政策法规,为工业遗产保护提供了依据,将保障各项工业遗产保护措施的落实与实施,促进工业遗产保护事业的发展。

一般在地方政府出台的工业遗产保护管理与政策中,或将工业遗产纳入"优秀历史文化建筑保护条例",或将工业遗产纳入专项"保护与利用规划",而杭州市政府出台了《杭州工业遗产建筑规划管理规定(试行)》,目前国内尚无一个城市专门有单独的工业遗产建筑管理规定。杭州出台的管理

---

　① 被武汉市政府认定的 29 处工业遗产分为一、二、三级的保护级别。武汉一级工业遗产共有 15 处,其中,3 处是国家重点文物保护单位:汉口既济水塔、邦可面包房、南洋大楼;3 处省级文物保护单位:汉口电灯公司、和利汽水厂、赞育汽水厂;9 处市级文物保护单位:亚细亚火油公司、平和打包厂旧址、宗关水厂、福新面粉厂、汉阳铁厂矿砂码头旧址、第一纱厂办公楼、武汉重型机床厂(大门)、武汉轻型汽车厂办公楼、汉钢转炉车间旧址。二级工业遗产共有 6 处,分别是武汉肉类联合加工厂、武汉铜材厂、青山红房子、南洋烟厂、武汉重型机床厂(厂房)、鹦鹉磁带厂。三级工业遗产共有 8 处,分别是武汉市第一棉纺织厂、江岸车辆厂(芦汉铁路江岸机厂)、汉阳特种汽车制造厂、武汉锅炉厂、武汉电视机总厂、武汉绒印厂、武汉市毛纺织厂和太平洋肥皂厂。(见腾讯网,梅丹:《武汉强制保护 29 处工业遗产 15 处不得随意拆》,http://news.qq.com/a/20121118/000217.htm。)

规定专门针对"工业遗产建筑"，对其他城市的工业建筑遗产保护有借鉴意义。①

三、我国工业遗产保护中存在的主要问题

2006 年国家文物局发出的《关于加强工业遗产保护的通知》中指出，我国目前工业遗产保护存在四个紧迫的问题。② 几年来，经过政府各级主管部门与社会各界的努力，工业遗产保护理念引起了社会广泛的重视，工业遗产的状况有所改善，但有些问题依然存在，甚至还出现了一些新问题。主要有以下几个方面。

1. 对工业遗产的认识仍存在误区

国内对工业遗产认识存在的误区主要有几种表现。

一种是认为工业遗产无价值，没有保护的必要。在人们的传统思维中，遗产往往都是"古"、"老"、"旧"的东西。相比农业社会的遗存，工业遗产多为近现代的产物，有些甚至是当代的，不仅不"古老"，而且其代表的又往往是技术过时的产业，人们往往不将工业遗产和历史文化连在一起。这种认识的不到位，导致一些珍贵的工业遗产不受重视，被随意废弃，在不知不觉中消失。

另一种是截然不同的认识，即工业遗产概念的泛化。根据国际工业遗产保护协会的定义，工业遗产指"工业的遗留物"，是以采用新材料、新能源、大机器生产为特征的工业革命后的工业遗产。在我国，工业遗产的时间跨度是自 19 世纪后半叶近代工业诞生以来至晚近的这一段时间。从保护的角度讲，这个概念不宜泛化到工业革命以前各个历史时期中反映人类技术创造的遗产，如此才能针对性地采取合理科学的价值评估，并组织有限的财力实施保护。由于对工业遗产概念认识的泛化，我们看到在第三次全国文物普查中，有的地方发现凡是旧工业建筑，不论其如何破旧、有无价值，一概登

---

① 《杭州制定全国首个工业遗产建筑规划管理规定》，北方网，http://news.enorth.com.cn/system/2010/11/26/005423043.shtml。

② 我国工业遗产保护存在的紧迫问题主要是：（1）认识不足，认为近代工业污染严重，技术落后，应退出历史舞台；（2）家底不清，对工业遗产的数量、分布和保存状况心中无数；（3）界定不明，对工业遗产缺乏深入系统的研究，保护理念和经验严重匮乏；（4）措施不力，使工业遗产首当其冲成为城市建设的牺牲品。

记要实施保护。其实对于那些十分破旧的、已经丧失历史价值和科学技术价值的工业遗存，完全没有这样的必要。

对旧工业建筑一概排斥，全部否定，或不管破旧到什么程度，一概保留，全都当宝，这两种极端的态度都是不正确的。一点没有价值的东西就不必保留。但问题是谁来评估？评估标准是什么？很多城市尚未有工业遗产的评估标准，人们为了保险起见，宁可将所有旧工业建筑都看作有价值、需要保护的工业遗产来对待，也不愿意有漏掉的。如此必然造成工业遗产的扩大化，有矫枉过正的色彩。

还有一种表现是偏重于保护工业建筑类物质遗产，不重视工业机器设备等，使工业遗产保护存在不平衡倾向。我们看到目前我国的工业遗产保护，普遍偏重对于以工业建筑为主的物质，例如主要对于厂房、仓库、码头等不可移动文物。而对于其他与工业不可分割的原工业构建物、机械设备等可移动文物的保护，则非常薄弱，更遑论对于产业的工艺流程、生产技能等非物质文化遗产的保护了。究其原因，可能有两方面：一是认识上的原因；二是我国工业遗产保护的参与者最初是城市规划部门与建筑业人士。工业遗产的物质形态主要是建筑（生产厂房、办公楼、车间、仓库）及其设备、构建物、生产物等，由于以前尚未认识工业遗产的价值，企业在搬迁（或拆迁）时，首先将落后的生产机器设备等可移动的物品先处理掉（如出售给当地的废品回收站或公司）。由于工业建筑的不可移动性，工业建筑遗产就被侥幸留下。先期的城市土地开发，破坏了大量旧工业建筑，后来认识到要保护工业建筑遗产时，那些尚未被拆除的工业建筑遗产就不允许被拆除，由此而受到保护，而可移动的物品则早已被处理了。

我国的工业遗产保护肇始于民间有识之士自发起来改造与再利用工业建筑遗产，由于学界中历史学（工业史）、考古学（工业考古）以及文物部门的缺位（未参与），导致工业遗产保护成了建筑界、城市规划界唱主角的局面，结果是工业遗产保护几乎成了旧工业建筑保护，重要的工业机器设备、生产物几乎都没有留下。这是不完整的保护。以后国家文物局出面组织包括工业遗产在内的全国文物普查，并计划制定与出台相关的工业遗产保护政策与措施，应该开始实施完全的（或曰完整的）保护。只有尽可能地将机器设备、生产物以及工艺流程、生产技能等一并保护，才能保存与复原我们整个的工业历史记忆。

　　北京 798 区域已是著名的文化创意产业园区，对工业遗产的保护与再利用，成绩应当肯定，但是在一片赞扬声中，还留下一件遗憾之事，那就是没有建设一座工业遗产（或遗址）博物馆。该区域有 20 世纪 50 年代东欧国家援助中国建设的工厂，那时属于先进的技术设备，是历史的见证，有其特定的历史价值。20 世纪 90 年代中期，对该区域实施改造之时，人们不够重视工厂的机械设备、产品等，还没有工业遗产博物馆的意识，以为工业建筑可以再利用，而机械设备等都是老旧的，属于被淘汰之列，没有再利用的价值了。于是将工业机械设备等废弃，即使有几件被认为是可以保留的机械设备，也是放在露天的工业厂房门口或旁边作为环境装饰的点缀而已，不加任何保护措施，任其风吹雨淋，生锈烂坏。实际上有些机械设备是可以收集并保护起来的，但当时人们无这种认识（或至少是很单薄的），未能及时收集与保护，许多重要的机械设备灯都被当作废铜烂铁卖掉处理了，留下了今天永远的遗憾。

　　在 798 艺术区之后，人们对北京焦化厂改造再利用就不同了。清华大学建筑学院刘伯英教授主持这一改造与再利用项目，规划中就有将一些重要的工业建筑与生产设备保留的计划，因而能够使之较为完整地保留下来，使北京焦化厂成为一座工业遗址公园，生态环境得到改造，工业厂房与机械设备的完好保存并展示，与自然生态融合一体，形成新的景观，成为城市新的文

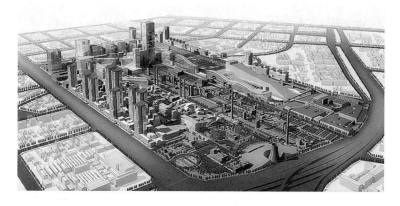

图 2 - 11　北京焦化厂改造轴线鸟瞰图

化空间，成为市民休闲的好去处，成为一座中国式"露天工业遗址博物馆"。刘伯英教授主持的另外一个项目：首钢工业区的改造与更新，也贯彻了这一设计理念。首钢从石景山搬迁后，在原址上的改造再利用规划中，也有建设工业遗址博物馆的计划。现在的工业遗产保护与改造再利用，考虑问题就比较全面周到，表明我们的思想认识已经有了提高。①

2. "建设性"破坏成为工业遗产保护的重要威胁

如果说，在 20 世纪 90 年代我国经济产业转型初期大量工业遗产被废弃而遭破坏是人们当时尚未意识到其价值所致，那么，现在工业遗产保护面临的威胁则是以"建设性"开发破坏为主要。在巨大的商业利益面前，遗产"保护"的天平被城市房地产开发、GDP 政府政绩所压倒。虽 2006 年国家文物局向全国发出了《关于加强工业遗产保护的通知》后，工业遗产保护在社会上有了一定的影响，但随着产业结构调整和城市化进程的加快，许多城市的工业遗产保护形势依然严峻，保护工业遗产依然是相当紧迫的问题。譬如青岛纺织业是新中国成立后青岛城市的主要支柱产业，在全国轻纺工业中一直处于领先地位，曾经是"上（海）青（岛）天（津）"并称，"郝建秀工作法"、"五一织布法"等先进工作法，在全国产生重大影响。目前青岛的城市建设正实施"环湾保护、拥湾发展"战略，位于城市北部的老工业区成为旧城改造的主要区域，市政府早已制订搬迁该区域 110 处老企业的计划，包括国棉二厂（原内外棉纱厂）、国棉六厂（原日资钟渊纱厂）、国棉八厂（原日资同兴纱厂）等大型老企业在内，均被列入搬迁名单。到 2009 年年底，青岛 9 大近代纺织企业中，仅剩下国棉六厂仍保存完好。国棉六厂始建于 1921 年，1938 年重建，是目前青岛纺织企业中规模最大、保存最完整、文化内涵最丰富的近代企业。整个厂区生态环境良好，树木茂盛，空间广阔，厂房建筑设计风格独特，十余栋车间相互连通，犹如迷宫；车间、库房、铁路、电厂、水塔、医院、食堂、办公楼、职工宿舍、俱乐部等基础设施和公共服务设施元素齐全，是青岛纺织工业建筑群的代表。该厂作为青岛城市北部唯一完整的大型近代工业厂区，是工业遗产保护再利用的最佳对象，可是三年之

---

① 刘伯英、李匡：《北京工业历史地段的保护、利用与复兴研究——以北京焦化厂为例》，见刘伯英主编：《中国工业建筑遗产调查与研究（2008 年中国工业建筑遗产国际学术研讨会论文集）》，清华大学出版社 2009 年版，第 49—76 页。

前，还有学者在媒体上爆料，指出该厂还随时有被毁灭的危险。①

虽经过全国"三普"调查，新发现的许多工业遗产将被列入保护范围，但距离真正被有效保护起来，还有一段较长的时间，其间要经过工业遗产的整理、价值评估等许多工作环节，如果我们不抓紧这项工作，很多在普查中登记的工业遗产仍将会遭到毁坏。在商业利益的驱动下，许多人会置国家法规政策于不顾，丧心病狂地破坏文化遗产。如 2010 年江苏镇江发生的一起重大事件——宋元粮仓遗址被开发商镇江城投集团毁坏，② 又如 2012 年 1 月北京东城区文物保护单位——梁思成林徽因故居被拆事件，再次让我们看到，在商业利益面前，文化遗产保护的观念是多么脆弱，③ 即使已经在"三普"中被登记的工业遗产，依然面临着被拆除的危险。有些地方由于未能及时展开工业遗产的价值评定，使"三普"中认定的一些工业遗产未能得到有效保护。如柳州在第三次全国文物普查中对市区 87 处（个）工业遗产旧址及附属建筑、设施进行了较为详细的普查勘测、登记，初步确认保存较完好的、有较高文物价值的工业遗产旧址、附属建筑及设施 24 处（个）。但是许多工业遗产在普查之后，由于企业的改制或发展，大量的代表性老设备被回炉或流失异地。④

这种现象不仅仅发生在柳州，其他城市中也时有见。如果我们不及时进行工业遗产的价值评估认定，确定为一定的保护等级将其保护起来，更多的在普查中已经登记在册的工业遗产将很快会消失，其损失将不可估量。

3. 对工业遗产保护实施措施的有效性缺乏评估

一方面，大量的工业遗产等待着我们实施保护措施；另一方面，我们对已经实施保护措施的工业遗产，在保护与再利用的程度、利用的效率效益等方面，还缺乏科学有效的评估机制。有些地方对工业遗产是保护了，但是保护性再利用实施的措施是否有效？是否充分保护与利用了工业遗产？这是存有疑问的。

---

① 张树枫：《青岛纺织工业遗产亟须保护》，《中国文物报》2010 年 12 月 10 日。

② 腾讯网，http://news.qq.com/a/20100714/000273.htm。

③ 刘春瑞：《梁思成林徽因故居被拆　北京文物局长称不知情》，《新京报》2012 年 1 月 27 日。

④ 于广生：《工业遗产的保护与展陈——以柳州工业博物馆建设为例》，中国评论学术出版社网站，http://www.zhgpl.com/crn-webapp/cbspub/secDetail.jsp?bookid=38201&secid=38255。

有的地方在工业遗产的保护再利用中，存在两方面的问题：一是出现过于商业化的倾向；二是保护工作做得不到位。如拥有75年历史的中华书局上海总厂旧址（位于上海市澳门路477号），属于上海市政府颁布的"上海市优秀历史建筑"。2000年以来，社会有识之士多次呼吁在上海建立出版博物馆，利用中华书局旧址改建为出版博物馆是最好的办法，也是对历史建筑的最好保护。然而，2010年6月，中华书局上海总厂旧址已经被改造为"创意产业园"的商业项目，由上海普陀区一家置业有限公司进行开发，改造为酒店、商铺和办公楼。大开间的钢筋混凝土现浇楼盖结构，而要改建成公寓、酒店，必须有小开间私密空间、独立卫浴，必然要在楼体内部设置隔断墙、钻通楼板以通上下水，这必定会"破坏建筑的格局与结构"，违反《上海市历史文化风貌区和优秀历史建筑保护条例》"优秀历史建筑的使用性质、内部设计使用功能不得擅自改变……"的规定。① 中华书局旧址的商业化用途改造，作为上海市优秀历史文化建筑被如此保护是不合适的。这种现象不只是上海存在，其他省市也有，可能因政府各部门（利益集团）各自为政，或物主过于看重商业利益所致。如北京"798"艺术区前几年发生的业主大幅提升租金逼走艺术家的事件，在一些大城市的创意产业园区也时有发生，这种现象严重阻碍了创意园区的发展，也不利于工业遗产保护。

还有的地方工业遗产保护工作不到位，这也应引起重视。如福建马尾船政局是洋务运动时期左宗棠于1866年（同治五年）在福州创办的一个机器造船厂，机器设备与技术力量都从国外引进，在我国近代军事工业史上具有重要地位与影响。今天"马尾船政局"已改为"马尾造船股份有限公司"，工业造船继续延续，厂区内机器轰鸣，吊臂林立，现代厂房、机器设备与近代工业建筑并列，具有极高的历史与景观价值。马尾船政局建筑群中的一些重要建筑，如轮机车间、绘事院、钟楼等，已经被列入全国重点文物保护单位，其中经过精心修复的轮机厂车间被改造为船政博物馆，法式两层砖木结构建筑的绘事院被作为厂史陈列馆。虽船厂门口挂起了"工业旅游"的牌子，似乎已经对船厂工业遗产实施了保护再利用，但偌大一个有着丰富、厚

---

① 《中华书局旧址"变身"商务酒店》，《东方早报》2010年6月10日，新浪网，http://style. sina. com. cn/cul/book/2010-06-10/141462818. shtml。

重历史积淀的老厂，仅仅对它的部分区域实施保护是不够的，还有很多工作尚不到位。

首先是遗留的工业构筑物没有充分利用起来。船厂的仓储建筑、船坞、大型机械设备（如大塔吊、龙门吊）等，都没有充分利用起来。船厂的这些独具特色的构筑物和机械设备，本身风格、样式就具有保留价值，极具滨江工业建筑的景观地标作用。可以结合新的需求，结合环境处理，赋予新的功能。如水塔可以改造为江边登高远眺的瞭望设施，一些无实际用途的工业构筑物可以处理成场地上的雕塑，一些管道或设备涂上鲜艳的色彩可形成快乐活泼的氛围，起到环境改善的作用。上海世博会浦西园区的江南造船厂旧址，就保留了一些船厂的机械设备，用作园区的景观装饰，具有很好的效果。

图2-12　中国上海2010年世博会园区以原黄浦江边
码头的龙门吊装饰园区

其次是忽视工业遗产的非物质文化属性。根据国际工业遗产保护协会的定义，工业遗产不仅仅指工业厂房和机械设备等物质层面的物品，也包括与工业相联系的社会活动场所（如工人住宅、教堂、学校）等。马尾船政局设立之初即在船政衙门正北面的山上建造了一座天后宫，反映了希望借助海神灵威，保佑船政事业平稳推进的思想。福建是妈祖信仰的故乡，天后宫在东南沿海较为普遍，而在福建沿海更是多见，传统的民间文化与船政近代文化的交融，形成马尾船政工业遗产的非物质特征，这在工业遗产保护中应该值得重视与发掘的。

再者是缺乏整体规划和综合考虑。马尾船政局占地 600 亩，原建筑 100 多座，包括了办公、生产、教学、后勤等众多机构，今虽部分建筑已遭毁坏，但核心厂区仍在原址，一些工业建筑遗产尚存，部分重要建筑遗产已列为全国重点文物保护单位。这样的工业遗址应该作为一个整体来保护，建设成历史风貌区，以展示马尾船政历史文化风貌和工业化历史的进程。整个遗址区可以规划建设成为一个"船政历史文化与现代造船工业"为主题的遗址景观公园，为开展"工业遗产旅游"提供景观资源。因此，该区域内现存的违章建筑要一律拆除，设立保护区域范围和建设控制地带，进行整体规划建设。①

与发达国家相比，中国的工业遗产保护还存在较大差距。发达国家的工业遗产保护是在城市化进程达到很高水平的前提下进行的，虽然也面临自然资源枯竭、传统产业衰败、环境污染严重、贫困和失业等社会问题，但其采取谨慎的态度，循序渐进，运用经济、文化、社会、环境等综合策略，实现了区域持续发展。而中国工业遗产保护是在城市化进程加快，城市规模不断扩大，城市工业用地变得十分稀缺的情况下提出的，没有经历"工业考古"、花大量的时间探寻工业遗存价值的研究阶段，直接进入"工业遗产"的保护阶段，在思想认识上和理论实践上都没有充分的准备，遗产保护识淡薄，在工业遗产保护中暴露出急功近利、简单浮躁的工作态度，管理体系不清、缺乏自主创新的活力。诚如国内学者所指出的，工业遗产保护在世界文化遗产保护中是一个"新生儿"，在中国更像一个"早产儿"。② 中国的工业遗产保护如果要赶超发达国家，还有很长的一段路要走。

---

① 李海霞、张复合：《马尾船政局建筑遗产的历史价值与现状保护》，刘伯英主编：《中国工业建筑遗产调查与研究（2008 年中国工业建筑遗产国际学术研讨会论文集）》，清华大学出版社 2009 年版，第 126—145 页。

② 刘伯英：《工业建筑遗产保护发展综述》，《建筑学报》2012 年第 1 期，第 12—17 页。

第 三 章
工业遗产博物馆

我们看到在发达国家的工业遗产保护中，根据不同的城市发展目标和工业遗产现状等因素，采取了建设创意产业园区、景观公园、购物大商场、学校和博物馆等多种模式。① 在许多学者的文章中都赞同工业遗产保护的博物馆模式。博物馆在保护遗产方面具有强大的优势，但工业遗产不同于其他历史遗产或艺术遗产，其价值体现的重点也不同。在博物馆大家族中，工业遗产博物馆属于特殊的一种类型，哪些工业遗产可以采用博物馆模式保护，哪些不适合博物馆模式？博物馆保护工业遗产的优势与弱势在哪里？过去的传统工业博物馆与现在的工业遗址博物馆又有什么差异？在讨论这些问题之前，有必要首先分析和认识"工业遗产"的概念及其价值。

第一节 工业遗产概念

"遗产"是一个非常古老的词汇，追根溯源，它与一个根植于一定时空之中的稳定社会所具有的家庭的、经济的和法律的结构相联系。传统观念中的"遗产"概念，是指依据法律从父母传给子女继承的财物。但在过去的半个多世纪中，遗产的概念发生了演变，其内涵与外延有了很大的拓展，整体上被认为是当今社会的继承物。"世界遗产"、"文化遗产"等词汇在媒体、学界以及各种文件中频繁出现，已经远远超出遗产一词最初的本意。在

---

① 吕建昌：《近代工业遗产保护模式初探》，《东南文化》2011 年第 4 期，第 14—19 页。

许多场合，遗产不仅仅具有经济价值，更被作为见证历史的证据，赋予历史的和科学的价值，具有重要的社会意义。人们从多个角度为遗产命名，以区别于各种遗产的不同内容与特征。如从性质上讲，有自然遗产与文化遗产之分；从物化形态上讲，有物质遗产与非物质遗产之分；从位移方面讲，有可移动遗产与不可移动遗产之分；从时间上讲，有历史遗产与现代遗产之分；从行业上来说，又有工业遗产、农业遗产等之分。20 世纪六七十年代起，西方一些发达国家将欧洲工业革命以来的工业遗留物称之为"工业遗产"，并将其纳入文化遗产范畴而实施保护，工业遗产成为人类整个文化遗产的一部分。

一、工业遗产的产生和形成

人们对工业遗产认识的产生以及保护意识的增强，与工业文明的演进、城市的发展密切关联。如果说，非物质遗产保护的提出是世界经济全球一体化、文化发展多元化的需要，那么，将工业遗产纳入整个文化遗产的保护范畴，则是后工业化时代城市发展的必然。在世界范围的工业转型过程中，曾被视为工业文明的象征和骄傲的传统工业，如纺织业、船舶制造业、矿业、橡胶、制革等，由于生产成本不断提高，市场竞争力逐渐衰落，效益普遍下滑，在整个社会生产中所占比例呈下降趋势，逐步衰落、转产或迁移，并逐步被新技术产业所替代。在这个新旧替代的过程中，大量工业技术被淘汰，大量工业设施，包括工厂、码头、仓库、市政公用及其附属设施等，被闲置或废弃。尽管这些工业遗留物已经为新的技术设备或设施所取代，但却是工业文明发展进程的见证，有其无可替代的价值。工业遗产的产生不是偶然的，而是随着工业转型而出现，是经济社会发展带来的世界性的普遍现象。

伴随工业的转型，各类工业遗产不断出现，这个过程主要由三方面的原因引起，即生产技术进步、社会需求结构变化和产业结构的调整。在不同的社会发展阶段，其主要生产技术、工具与工艺水平都是从落后向着进步发展的。以铁路为例，动力牵引技术经历了蒸汽机车、内燃机车、电力机车三个阶段，其每一步发展都淘汰了一批旧技术与旧设备。计算机的出现造就了自动控制与智能机器的诞生。其他领域里，某些研发、制造技术的精细程度已经发展到现今的纳米级别。随着新技术的飞速发展，原来的技术设备无法跟上时代步伐而成为落后的东西。技术进步使旧技术、旧工艺和旧设备不断淘汰。

随着经济发展和人们生活质量的提高，人与环境的和谐日益受到关注，同时文化消费服务需求迅速增加，第三产业发展在国家的经济总产值中比重上升。在城市的规划建设过程中，考虑到经济发展的区位优势和规模发展的要求，对城市布局进行功能性的调整。随着文化休闲区、金融区、商贸区等的建设，一些工业企业的空间布局受到调整，那些不宜在城市中心区内存在的工业单位也迁移至郊区。社会对物质产品类型、质量以及生命质量、环境质量等的需求的变化直接导致了一部分工业的转型。

产业结构调整使传统工业，尤其是能耗高、产出低的资源型工业转型并退出城市中心位置。国家对于产业结构的调整促使第一产业与第二产业在社会经济发展中所占比例逐步下降，第三产业所占比例上升。工业发展由劳动密集型向资金密集型、技术密集型方向转化。对于低附加值的传统工业以及产生大量废水、废气、废渣、粉尘、异味、噪音污染的企业要及时关、停、并、转。在此过程中，一批不合乎要求的产业被调整而退出市场。

技术进步、社会需求结构变化和产业结构调整这三个方面并不是截然分开的，而是相互关联，互为因果。技术进步和社会需求发展相互促进，共同推动产业结构向智力、知识、技术密集型演变；产业结构调整升级又促进了技术的进步和需求的发展；技术的进步又为社会需求的提升提供了条件。这三方面的发展和变化致使工业转型，产生大量的工业遗存，表现为文化形态上的工业遗产。

二、工业遗产的概念界定

在 2003 年俄罗斯召开的国际工业遗产保护委员会（The International Conference of Conservation of the Industrial Heritage，TICCIH）第十二届大会上通过的《关于工业遗产的下塔吉尔宪章》中，对工业遗产的概念这样阐释："为工业活动而建造的建筑物、所运用的技术方法和工具，建筑物所处的城镇背景，以及其他各种有形和无形的现象，都非常重要。""工业遗产包括具有历史、技术、社会、建筑或科学价值的工业文化遗存。这些遗存包括建筑物和机械、车间、作坊、工厂、矿场、提炼加工场、仓库、能源产生转化利用地、运输和所有它的基础设施以及与工业有关的社会活动场所如住房、宗教场所、教育场所等。"这是目前关于工业遗产最为权威的定义。[①]它不仅指工业物质遗存，也包括非物质工业遗存。

（一）"工业遗产"与"产业遗产"

工业遗产这个词是从英文"Industrial Heritage"翻译而来的，但在国内学术研究领域里，存在两种译法："产业遗产"和"工业遗产"。[②]两者哪一种更为贴切？联合国教科文组织对"Industrial Heritage"有这样的评述："工业革命极大程度上改变了人们的生活方式和景观环境，大规模的生产方式运用于原材料的获取、矿业和农业产品的开发，其所创造的伟大成就和宏伟构筑物，正是人类创造性天赋的证明……工业遗产不仅包括工厂，还包括新技术带来的社会和工程成果，如企业生活区、运河、铁路、桥梁和其他形式的交通和动力工程。"从这段评述中可以明显看出，"Industrial Heritage"所指涉的是工业的遗留物。

在《辞海》中，"产业"的解释为"各种生产的事业，也特指工业"。[③]可见产业的概念比工业一词更加广义，但同时也更加模糊。产业遗产保护从概念上讲所指涉的范围应该比工业遗产保护大得多，它还可以包括农业、手工业等产业领域的遗产。因此我们认为将英文"Industrial Heritage"译为"工业遗产"，概念更加明确，也更加符合联合国教科文组织对"Industrial Heritage"含义的解释和界定。

（二）工业遗产的时间界定

从时间上来看，工业遗产这个概念本身有狭义和广义两个范畴。狭义的概念是指以采用新材料、新能源、大机器生产为特征的工业革命后的工业遗

---

① 国际工业遗产保护协会（TICCIH）：《关于工业遗产的下塔吉尔宪章》，见张松编：《城市文化遗产保护国际宪章与国内法规选编》，同济大学出版社 2007 年版，第 135 页。

② 有学者认为"Industrial Heritage"应译作"产业遗产"，因为按照《关于工业遗产的下塔吉尔宪章》的定义，"产业遗产"不仅包括我们通常意义的传统制造业，也就是我们所说的狭义工业；还包括了工程、水力、运输，以及史前与"原始生产"相关的"考古遗址"，因此"产业遗产"才真正比较准确地涵盖遗产的所有内容。但也有学者认为，在中国，产业的概念是非常宽泛的，包括第一、二、三产业，为了更加强调第二产业——工业，尤其是制造业遗存在"遗产"中的代表性，我们习惯地称之为"工业遗产"；经济发展到今天，产业之间的相互渗透使产业之间的界限变得越来越模糊，因此"工业遗产"的概念也不能过分绝对化。产业遗产相比工业遗产，概念大了，全了，但重点不突出了，弱化了主体。刘伯英：《工业建筑遗产保护发展综述》，《建筑学报》2012 年第 1 期，第 12—17 页。

③ 《辞海》，上海辞书出版社 1979 年版，第 1786 页。

存；广义的概念则可包括从史前时期出现的加工生产石器工具的遗址、到古代资源开采、冶炼、水利工程、酿酒、制盐、纺织、陶瓷烧制遗址等工业革命以前各个历史时期中反映人类技术创造的遗产。目前国际社会工业遗产研究领域主要研究的对象是前者。从保护的角度讲，从史前时期加工生产石器工具的遗址到古代资源开采、冶炼、水利等大型工程遗址等，凡是我们在考古中发现的，都已纳入历史遗迹（遗址）保护范围之内，而工业革命以来各个历史时期中反映人类技术创造的遗产，过去未受到如同古代工业遗产那般的重视，因而现在特别强调要保护那部分工业遗产。工业遗产这个概念不宜泛化到工业革命以前，如此才能针对性地对这类历史相对不长而又数量众多的遗产采取科学合理的价值评估，并组织力量实施保护。由于世界各国进入大机器生产的工业阶段的时间不同，各国工业遗产并没有明确到具体年份的起止时间划定。在我国，工业遗产的时间跨度主要是自 19 世纪后半叶近代工业诞生以来至现在这一段时期。本文所讨论的"工业遗产博物馆"也是指以收藏与展示我国近现代工业遗存为主要内容的博物馆，古代工业遗存不包括在内。

那么怎样来区别工业遗产与从古代持续不断发展而来的产业呢？评判标准只有一个，那就是是否采用工业革命后的新技术。在农业文明时代就已出现并发展很成熟的行业，如水利工程、造纸、酿酒、陶瓷烧制、造船、纺织、建筑、制盐业等，虽几百年前就已经工业技术系统化了，但如果未采用工业革命以来的新技术，就不能视为近现代工业遗产。譬如早期的冶铁业，与工业革命后高炉、煤气发生炉为代表的新技术没有关系，即使冶炼技术达到一定水平，也不能算。在传统的纺织业中，只有使用了蒸汽机技术的纺织生产，才能列入工业遗产。近现代的水利工程使用大功率电机，这是与古代水利工程技术的重要区别之一。工业革命以来的工业遗产与农业文明时代留下的古代工业遗产相比，两者的本质不同之处在于：工业遗产是大规模的机械化生产留下的工业遗存，个性化弱，具有跨国性，生产成本低，生产效率高，甚至质量更好；古代工业遗产则是小规模的、个性化的手工生产留下的遗存，生产效率低，成本高，且区域性很强。

（三）工业遗产的物质与非物质性

根据《关于工业遗产的下塔吉尔宪章》对工业遗产概念的界定，工业遗产包括物质与非物质。工业遗产的物质遗存有不可移动遗产与可移动遗产。不可移动遗产如工厂、车间、作坊、仓库、矿场、其他工业生产的基础设施以及与工业有关的各种社会活动场所等，可移动遗产如各种生产工具、机器设备、技术档案、工业制造品等。在制造品中，20 世纪六七十年代，上海的轻工业产品蝴蝶牌缝纫机、三五牌台钟、红灯牌收音机、凤凰牌自行车、华生牌电扇、上海牌手表等，都是国人心中的品牌。20 世纪 80 年代，苏州的"四大花旦"香雪海冰箱、春兰吸尘器、长城电扇、孔雀电视机也是国人心中的名牌。

工业遗产的非物质遗存主要是工艺流程和传统工艺技能等生产的技术方法以及工厂管理制度和企业文化等。工艺流程、传统工艺技能等，具有一般非物质遗产的特征，工艺流程是制成品的加工制作过程，能展示出一幕幕极具鲜活感的生产现场，工艺技能更是具备与皮影艺术相似的非物质性、非一致性、活态性的特点。工业遗产中反映工业生产的工艺流程、传统工艺技能等，具有传承、创新与发展的特性，无疑属于非物质文化遗产。工厂管理制度与企业文化等也是工业文明的组成部分。它反映工厂在组织生产过程中关于劳动力的组织管理与精神激励等内容，体现企业精神，随着社会化大生产而出现并演进，是工业文明进程中见证生产关系的变革，维系工业生产得以持续进行的基本要素与保障。

（四）我国近现代工业遗产的历史分期

从历史的角度考察，我国的近代工业是伴随着我国进入近代社会同时产生的。1840 年鸦片战争以后，在帝国主义坚炮利舰的攻击下，我国的国门被打开，领土主权遭到侵犯，长期的封建社会开始逐渐陷入半封建半殖民地时期。外国资本进入中国，首先在开放的口岸城市区域经商和建厂。鸦片战争的失利令清帝国幡然惊醒，满朝文武开始寻求强国之策。清政府中一批具有维新思想的官员试图走"师夷之长技以制夷"之路，通过引进西方近代工业来制衡西方列强，于是兴起了"洋务运动"，我国近代工业领域的众多产业由此诞生，实现了零的突破。在官办产业的同时，民族资本也开始进入工业领域，于是形成我国近代工业起步阶段的初步发展局面。

1895 年中日甲午海战的失败，洋务派经营 20 年的北洋水师全军覆没，不平等的《马关条约》签订后，中国的国门被迫向帝国主义列强进一步敞

图3－1　原江南制造局旧址上的上海江南造船厂现已搬迁至崇明长兴岛

开。外国资本大肆涌入，在华开设各种工厂，中国民间资本在夹缝中求生存。工业投资的重点领域从最初的铁路交通、矿山开采、机械制造和船舶修造等重工业扩展到纺织、面粉、酒类等轻工业。

1911年辛亥革命推翻了满清政府，民族资本奋然崛起，与北洋政府以及后来的南京民国政府官商成为重要的工业投资主体，近代工业逐渐走向自主发展。1931年九一八事变后，日本占领东三省，1937年日本发动了全面的对华侵略战争，华东地区主要城市沦陷，民国政府和爱国民族资产纷纷将重要工厂迁往内地，由此促进了西南地区的经济开发和工业化进程。到1949年新中国成立前夕，外国资本工业、官办资本工业以及民族资本工业都在中国大地上留下了不同特色的遗产，它们是中国近代工业遗产的主体。

20世纪五六十年代，我国对原外资企业、国民政府及官僚资本经营企业、民族资本企业等进行了社会主义改造，并在苏联专家的援助下，兴建了一大批重工业企业，初步形成了我国现代工业的基础。20世纪六七十年代，出于战备需要在内地进行的"三线建设"，促进了西南腹地的开发，形成一批新兴的工业城市，留下了特殊的"三线建设"工业遗产。

1979年改革开放以后，党的工作重心转移到经济建设上来，制定了一系列方针政策推进工业稳步发展，促进经济从计划体制向市场化体制转型。"招商引资"吸引力大量外资来国内投资建厂，外资企业、乡镇企业和私营

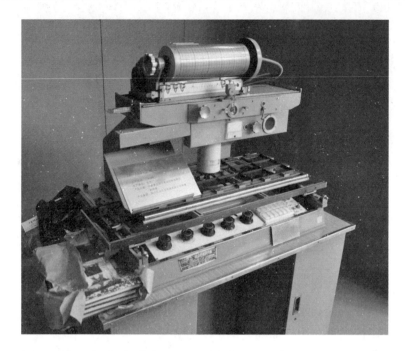

图3－2　四川广安文保所从四川红光机电公司征集到1978年制造的
ZP－7801型电动照相排字机（印刷排版用）

资料来源：广安市文管所编：《西部深处的记忆——广安市三线工业遗产图片集锦》。

企业的崛起，使工业所有制结构发生了很大变化，国有企业比重下降，形成多元化工业经济格局。随着现代新兴科技的快速发展和工业化进程的推进，传统的制造业逐渐被淘汰，老工业基地产业转型，一大批新兴产业兴起，构成了我国现代工业的格局。

我国工业的近、现代化进程，有着许多跌宕起伏、具有明显的历史阶段性，每一阶段的工业遗产都带有时代的社会经济与政治的烙印，承载着丰富的历史文化内涵，因而具有独特的价值和重要的历史文化意义。

（五）我国近现代工业遗产的区域性

中国地域广阔，自然资源分布与交通运输条件差别很大，由于历史的原因和社会、经济发展的地区不平衡，我国的工业遗产不论在形成过程还是在遗产类型上都存在一定的地区差异，这些差异性构成了我国工业遗产的区域性特征。

以我国工业分布的主要城市上海、天津、沈阳、北京、重庆等为例。在20世纪30年代，上海近代工业无论是生产规模还是工业产值都占据全国半壁江山。新中国成立以后，冶金、化工、机电、仪表、医药、纺织等工业继续发展，石化、汽车、新材料、航空航天等工业从无到有，并形成规模，上海成为工业门类齐全的最大综合性工业基地。上海近现代工业遗产的数量在全国也占首位，既有晚清民国时期"官督商办"工业留下的遗存，又有外国资本开办的产业遗存，更有民族工业发展留下的遗存和新中国成立后新建工业留下的遗存。

新中国成立前天津是全国第二大工业城市，到1949年，天津共有4700多家企业，位居全国第二，是近代中国工业革命的摇篮，曾创造出多项"全国第一"。天津的工业遗产以近代军工、纺织、面粉、机器加工、海洋化工等行业遗存为最主要。

沈阳在民国时期已经成为国内重要的工业城市。日本人占领期间，建成了国内最大的工业产业集群地——铁西工业区。新中国成立以后，沈阳重点发展重工业，成为中国重工业基地与领头羊，有大中型工业企业3万多家，机械设备制造业的技术水平与市场份额位居全国首位，创造了数百个"中国第一"。沈阳地区的工业遗产以重工业、加工制造业遗存为主要。

北京作为清代与北洋政府的政治中心，近代工业发展较弱。新中国成立以后，北京发出"变消费城市为生产城市"的号召，在"一五"期间，建设了300多个工业项目。20世纪六七十年代，又掀起大办工业的高潮，加快了重工业的发展。北京的工业遗产以新中国成立以后建设的工业遗存为主要。

重庆是中国西南地区最早兴起的工业城市，抗战时期，东部发达地区的工厂内迁重庆，使之成为中国的"工业之家"——国统区唯一的综合性生产工业基地。新中国成立以后，尤其是20世纪60年代的"三线建设"中，重庆作为大西南重镇，成为中国最大的常规兵器生产基地。重庆的工业遗产以抗战时期与三线建设时期的工业遗存为主要。

三、工业遗产的历史和文化内涵

从历史角度看，作为整个文化遗产的一个组成部分，工业遗产与其他历史遗产一样，都是人类历史发展的见证物。同农业遗产主要是见证农业文明发展轨迹一样，工业遗产首先是人类工业文明的历史见证。从经济角度看，工业遗产又是一种新型经济资源——遗产资源，随着遗产经济学的出现，人们在实践中逐渐认识到遗产的保护与利用矛盾在一定的情况下是可以化解的，工业遗产不是城市历史"包袱"，而是可为社会经济发展服务的再利用资源。

（一）工业遗产是见证人类工业文明的纪念物

就经济发展形态而言，迄今的人类文明大致历经了渔猎经济、农业经济、工业经济和知识经济这四个时代。渔猎文明是人类社会文明的最初阶段，面对强大的自然力量，人类生存无比艰难。农业文明被视为人类对抗自然的第一次伟大胜利，但生产效率依旧低下，主要解决人口的温饱和生存问题，仍属于人类文明的低级形式。工业文明是人类对抗自然的又一次伟大胜利，它是比农业文明更为先进、更为发达的文明形态。马克思曾高度评价工业革命的伟大成果："资产阶级在它的不到一百年的阶级统治中所创造的生产力，比过去一切世代创造的全部生产力还要多，还要大。自然力的征服，机器的采用，化学在工业和农业中的应用，轮船的行驶，铁路的通行，电报的使用，整个大陆的开垦，河川的通航，仿佛用法术从地下呼唤出来的大量人口——过去哪一个世纪料想到在社会劳动里蕴藏有这样的生产力呢？"① 如果把渔猎文明比作人类的童年时代，农业文明比作人类的少年时代，那么，工业文明则是人类的青年时代。今天，我们虽然超越了传统工业文明向知识经济时代迈进，但正是由于工业化才使人类摆脱了物资匮乏和生活的极度贫困状况，工业文明是我们走向新的文明的基础。

人类在不同的文明时代留下了不同的文明遗产。虽然它们的表现方式不同、记录载体各异，但各具特色，同属于人类进步的硕果和人类历史的见证，一脉相承，共同诉说着人类文明发展的伟大历程，构成了人类文明演进的完整链条。人类文明的发展进程由低级向高级演进，当我们走完了初期工业化的历史阶段，许多初期工业化的设施结束了其功能性的服务，而转变为纪念性遗产，这些遗产帮助人们"记忆"一个时代。对历史遗产的确认，首先是对其历史价值的认同。工业遗产的形成是历史前进的结果。工业文明的遗存见证的是人类进入以大机器社会化生产为特征的工业化时代，工业文

---

① 《马克思恩格斯选集》第 1 卷，人民出版社 1995 年版，第 277 页。

明留下了大量遗迹，厂房、仓库、水塔、码头、高炉、烟囱、铁轨、机器、生产线、工业制造品等，它们承载着大量社会历史信息与科学技术信息，是见证工业文明时代不可或缺的和无可替代的。

（二）工业遗产见证工业城市发展的进程

由于近代工业在发展中与近代城市的发生、发展关系极为密切，工业遗产在见证人类工业文明发展足迹的同时，也见证了工业城市发展的进程。18世纪60年代首先发生于英国的工业革命，开启了人类的工业文明时代。工业革命极大地推动了社会生产力的发展，并引起生产关系的巨大变革，对社会各个方面的发展都起了强大的推动作用。特别是对城市的发展（无论是传统的古代城市还是由矿而兴的资源型城市）影响尤其显著。

在工业革命浪潮的推动下，一座座工厂在城市中建立起来，一排排厂房和一栋栋工人住宅也建造起来，这些工厂建筑构成了城市结构新的肌理，改变了传统城市中手工作坊地段、商业地段和生活地段密切融合在一起的城市空间布局。随之，运送工厂生产原料与生产制成品的交通运输线路也建立起来，方便的水路和公路、铁路运输促进了城市商业贸易，使城市商品供应日益丰富。大量农村人口进入城市成为一线生产工人，城市人口的增长刺激了消费的增长，形成商业的繁荣。在供应市民物质需求的同时，提供文化需求和身心健康需求的机构与组织也陆续诞生，学校、教堂、剧院、娱乐场等设施，具有增长人类知识和提供精神娱乐与心灵安慰的功能，缓解城市中经常不断发生的社会矛盾。伴随着城市中工厂生产规模的日益扩大，城市的区域范围也不断向外延展，市郊逐渐被城市蚕食，城市人口日益增多，城市功能也不断增加与完善，城市开始膨胀，传统城市渐渐演进为近代工业城市。在这一过程中，工业遗产是重要的见证物，尤其是那些因工业资源而兴起的城市（包括因港口或铁路而兴的城市），整个城市的历史就是一部工业发展史。没有工业遗产，也就没有城市"记忆"，离开了工业遗产（或说没有工业遗产），整个城市的历史文脉就中断了。

（三）工业遗产是文化遗产理念的拓展

文化遗产理念的产生是历史发展的产物，但它不是一个固化的概念，其内涵随着社会的发展而不断扩展。二战以后，在一些西方国家的城市更新运动中，许多具有世界工业革命"里程碑"意义的工业遗存遭到了毁坏，导致人们对其产生保护意识，发出了保护"工业纪念物"的呼声，以后又赋予工业纪念物以"工业遗产"名称，将其视为文化遗产的一部分。换言之，工业遗产概念的产生并非是由于文化种类的增殖，工业遗产概念的出现是人类对已有的文化存在状况和发展趋势的重新认识和反思所致。

就人们对遗产的文化属性认识过程来看，首先由纯纪念性、审美性、历史性遗产发展起来，以后关注到遗产的科学技术性，才扩展到工业遗产。具有社会公共性、普世性的文化遗产，人们对其的研究也偏重纪念性、审美性、历史性，这一点在1972年联合国教科文组织公布的《保护世界遗产公约》中有所反映，《公约》的文化遗产认定标准主要指具有纪念性、审美性和历史性的遗产，以后，其他国际权威机构对包括工业遗产在内的相关遗产的认定，为联合国教科文组织所认同，在其后来的相关文件中延伸与扩展了文化遗产的理念。在工业遗产的文化实践中，人们的思维逐渐从分析还原的简单模式走向了整体性、系统性、非线性、历时性的复杂思维方式，以此把握工业遗产的本质属性，对工业遗产进行超越性解读，这是对工业遗产真实存在状况的无限接近。与文化遗产中的其他遗产相比较，工业遗产具有不同的特性：与艺术遗产相比较，工业遗产的审美性差，但实用性强；与政治性、纪念性遗产相比较，工业遗产的经济性强，政治性弱（极少数反映工人运动历史的例外）。这也是工业遗产在保护与再利用中，较之其他文化遗产更易取得保护与利用之间的平衡的重要因素。

（四）工业遗产是一种重要的文化资源

从发达国家对工业遗产保护与再利用的成功实践看，国际遗产界已经达成共识，即工业遗产是一种文化资源，是发展文化产业的一种难得的、独特的资源。目前国内外对工业遗产资源在文化方面的开发利用，主要集中在工业旅游和文化创意产业这两个方面。

工业遗产是工业城市产业转型、发展文化产业和服务业的重要资源。发达国家在20世纪七八十年代，由于新兴科技的快速发展和市场的激烈竞争，传统制造业、煤矿业、钢铁制造业以及化工业等纷纷出现产能落后、库存积压、环境污染严重以及造成城市失业率增加、社会矛盾激化等一系列问题。于是许多企业实施产业转型的战略，大力发展现代服务业和以工业遗产为重要资源的文化产业。今天，以德国鲁尔为代表的"工业遗产旅游"线路的成功开发，把昔日制造物质产品的工矿企业重镇改造为生产精神产品和服务产品的新基地，实现老工业转型为新型服务业的"华丽转身"，成为国际上一个典范。我国一些资源枯竭型城市也学习发达国家经验，实施产业转型战略，通过对工业环境的整治与改造，保护与利用工业遗产，发展工业旅游，打造现代旅游城市，实现城市经济与文化的可持续发展。

另外，对城市中大批工业建筑遗产的保护与再利用，也是将工业遗产作为文化资源开发的一个重要方面。对工业建筑遗产进行价值评估后，分别实施不同等级的保护措施。除了少部分被定为重要保护级别的之外，对大多数一般性保护的工业建筑遗产，可实施改造再利用。或改造为创意产业园区，或开发为综合性商业场所、娱乐设施，或改造为博物馆、艺术馆、图书馆等文化设施，以另一种形式服务社会，产生社会效益与经济效益，使原来的物质产品生产单位转型为精神文化产品生产单位。

今天，发达国家已先后进入后工业化时代，文化产业等第三产业的产值在整个国家的经济中的占比逐步上升，在有的国家已达到或接近三分之一。我国作为一个发展中国家，改革开放以来国民经济总量有了快速的增长，增强了我国经济的整体实力。但前期粗放型的生产方式也带来了不少后遗症，造成环境污染严重，激烈的市场竞争使不少行业产能过剩，如煤炭、钢铁、房地产等产业库存积压严重，拖累了整个经济的增长速度。落后产业的转型势在必行。正是在国内大批企业面临产业转型的严峻形势下，近年国家发出了大力发展文化产业的号召，曾被视为"无用之物"、城市"包袱"的工业遗产将在我国文化产业发展中大显身手，体现出其重要的资源价值。

第二节　工业遗产的价值①

国际工业遗产保护委员会的《关于工业遗产的下塔吉尔宪章》指出，工业遗产具有社会价值、历史价值、科学价值、技术价值和美学价值。也有

---

① 此小节系参考寇怀云博士的相关论文修改而成。详见寇怀云：《工业遗产的核心价值及其保护思路研究》，《东南文化》2010 年第 5 期，第 24—29 页。

学者从工业遗产作为工业景观存在出发，补充认为工业遗产还具有经济价值。工业遗产具有这些多重的价值已是学界的共识，但是这些价值之间的关系如何？其核心价值是什么？学界中研究并不多。

一、工业遗产的价值构成

我们从文物学的角度分析，认为工业遗产具有物与信息的双重价值。物的价值也就是工业遗产作为一般物的使用价值，是工业遗产能满足人们物质生活需求与情感需求的具体的、基本的价值；信息价值则是工业遗产作为工业文明和科学技术发展承载物的特殊见证价值。

（一）使用价值

工业遗产作为一种近现代的遗产，距离现在的时间较近。另外，工业类建筑一般采用大型的承重骨架结构，结构、构造复杂且技术要求高，建筑坚固耐用，建筑内部大空间利于变更调整，所以一般而言，工业建筑的物质寿命长于其功能寿命，可在其物质寿命之内经历多次使用功能的变更；同时由于工业往往代表了当时先进的技术和文化，所以往往处于城市优势地段，工业遗址的地块具有再利用的潜在价值。因此工业遗产具有较高的物质上的使用价值，这是不同于其他传统的历史文化遗产的一个特征。尤其是现在提倡"节能、环保"理念，发展"循环经济"，建设"节约型社会"的背景下，工业遗产的物质使用功能往往首先被关注并加以利用。

工业遗产的使用价值还包括精神方面，它包含了相关人群对生产和生活的记忆，具有场所文化的认同感和归属感。比如一些大体量的工业厂房、大烟囱、大型煤气储气罐、矿坑、井架等，常常会成为所在地区的地标建筑。

国内外大量工业遗产保护再利用的实践活动，可以说主要是利用了工业遗产的物质和精神两方面的使用价值。比如北京的"798厂"的案例。"798厂"是20世纪50年代苏联援助中国建设的一家大型无线电零部件工厂，曾被称为"计划经济第一厂"，经济转型使798厂部分厂房闲置，目前厂房基本保持着建初时原貌。设计师、艺术家把厂房改造成自己的工作室兼住所，一些公司、杂志社也在这里安营扎寨，餐饮、酒吧、俱乐部等服务娱乐场所也迅速跟上。在老厂区被注入新功能的同时，原有风貌也得以保留，使人能够回忆并体验旧时风光。另外，有的旧工业建筑遗产被改造为展馆用途，具有文化价值、社会价值。

工业遗产作为"遗产资源"之一，还具有遗产资源的经济价值，主要体现在文化产业上。发达国家开展的文化旅游、工业遗产旅游，以工业遗产以及工业遗产改造再利用的文化设施为主体，构成新型工业文化景观，成为旅游业的景观资源，吸引世界各国的大量游客，在为城市创造就业岗位的同时，也为城市经济发展带来了可观的收益。

（二）见证价值

工业遗产见证了工业时代的生产和生活，以及工业对历史和今天所产生的深刻影响。《中华人民共和国文物保护法》中将文物的价值概括为艺术价值、历史价值、科学价值三种类型，可以理解为文物的信息种类。工业遗产的见证价值也可以从这三个信息种类来认识，其中科学范畴的工业遗产价值主要表现为技术价值，所以工业遗产的见证价值可以表述为"艺术价值、历史价值、技术价值"三种类型。

1. 工业遗产的艺术价值

主要体现在工业建筑以及空间规划的审美价值，它形成了特殊的城市肌理。工业建筑及其所构成的空间体系一反古典主义的繁复，充分体现机械时代简洁、明快、高效的大生产的特征；工业建筑也是曾经先进工业技术的空间载体，造型往往比较新颖独特，有些甚至成为地区的标志性建筑。比如上述具有典型包豪斯风格的北京"798"厂房建筑；具有英国古城堡风格的上海杨树浦水厂厂房建筑；德国鲁尔区埃森市关税同盟煤矿的包豪斯建筑风格厂房；多特蒙德市措伦煤矿的古典风格建筑，都具有建筑美学的艺术价值。此外，工业生产的炼钢高炉、大烟囱、焦化炉等体量高大的巨型工业构筑物，也往往成为城市中的地标，功能与艺术的结合成为工业美学的代表物。

2. 工业遗产的历史价值

工业遗产的历史价值在于它见证了工业社会生产方式、生产关系的发展和变化，我们可以从设备工艺中了解当时的生产状态，从厂房车间的结构中了解工人之间的关系，从空间布局关系中了解工人与企业主的关系，从工业产品中了解当时社会的生产能力和消费水平，工业遗产是工业文明的见证。英国学者 Marilyn Palmer 在其《工业考古的原则与实践》一书中有这样一段描写，从中可以看出工业区的空间规划如何反映出特定的生产关系：

"18世纪晚期后的多数工业社会中，以特定目的进行的工业区空间规划，非常典型地展现出如何以获取最大利润为目标来对时间加以节约的。无论是以水车还是蒸汽机作为动力，企业主必须对其劳动力施以一定程度的社会控制才可以达到夜以继日的生产目标。从工业考古学家对生产操作与所提供的居住住所的空间配置中可以观察出这一点。例如在钢铁工业中，熔炉常需花一年以上鼓风作业，要长期不断地监控，为方便供料至熔炉，并可使人员在现场能不断地调换与配置，会在铁工厂熔炉的进料桥下设小屋，以方便工人临时居住。"[①]

3. 工业遗产的技术价值

工业遗产的技术价值反映在它是工业技术及其发展的见证。工业设备、技术流程、工业产品以及工业操作技能，都记载了当时的科技进步和创新，从中我们可以了解工业时代科技发展的脉络。比如德国鲁尔区埃森的关税同盟矿区遗址曾是欧洲最大的无烟煤矿区，保存的运矿机、翻车机等庞大的机器和传送设备，见证了当时的采矿运输技术。工业遗产的价值构成可列表如下：

工业遗产的价值构成

价值构成		表现形式
一般物的 使用价值	物质功能	建筑本体、生产场所使用价值，工业遗址地块发展潜在价值等
	精神功能	场所文化的认同感和归属感，保存现有社会生活方式多样性等
特殊物的 见证价值	艺术	工业建筑、布局规划的审美价值
	历史	社会生产方式、生产关系的发展变化的见证
	技术	工业技术的见证

---

① Marilyn Palmer and Peter Neaverson. *Industrial Archaeology-Principles and Practice* ［M］. London：Routledge，1998，p. 25.

二、工业遗产的核心价值

（一）工业的核心在于技术

构成生产力的基本要素是：以生产工具为主的劳动资料，引入生产过程的劳动对象，具有一定生产经验与劳动技能的劳动者。在这个所谓的生产力三要素中，技术似乎只出现在"具有一定生产经验与劳动技能的劳动者"这一要素中，其实不然。生产力是伴随着技术的进步而发展的。在漫长的自然史和相形之下短小精悍的人类史中，从第一个直立行走解放上肢的古猿开始学着使用大型动物的骨骸作为工具，以在严酷的自然竞争中获得更多食物，从而使自己的遗传因子得到更多繁衍下去的机会开始，技术和人这两个新生事物同时产生了。当劳动资料——生产工具（骨骸）；劳动对象——其他生物（食物）；劳动者——使用的能力（古猿）同时出现，三要素齐全，于是便有了生产力。从中可以看到，劳动者作为生产力三要素中以及整个生产过程中的唯一主体，当劳动者的生产需要适合于该生产目的（劳动对象）的工具（劳动资料）时，相应的技术（创造和使用劳动工具的方法，以及将特定的劳动对象引入生产过程的方法）便会出现，而这种技术的运用是和生产力的发展保持同步的。所以说，技术是生产力的核心，它同时也是生产力发展水平的标志。

从经济学的角度来看，生产力决定生产关系。当旧的生产关系（如封建社会手工业生产方式形成的生产关系）束缚了生产力的发展时，技术尤其是革命性的技术进步（如蒸汽机）就成为打破这种旧的生产关系的手段。而工业是生产力发展到一定程度后，通过一系列技术进步和组合所形成的，适合新的生产关系的生产力表现体。自工业革命以来，生产力得到了极大发展，从蒸汽机到超级计算机的一系列技术产物，在使得人类社会对自然界和人类社会本身的能动性越来越强的同时，也使得工业这个生产力的主要表现体越来越多地依赖于技术。由此可以说，工业的核心是在于技术。

（二）工业遗产保护的核心在于技术价值

有学者认为，工业遗产所具有的诸种价值中居于核心地位的当推历史价值，即遗产对断裂性历史的见证与记忆功能，它是遗产原真性的体现，也使遗产由此而居于唯一性、不可替代性与不可再生性。其他价值均附着于此，或由此而衍生。① 我们认为这种观点可以商榷。对工业遗产来说，其本质既应该有作为遗产的时间上的不可回溯性的特质，也应该有作为工业的技术上的延续进步性的特质。工业遗产有别于其他文化（包括物质和非物质的）遗产的关键特质就在于工业的核心——技术。前面分析了工业遗产的历史价值体现在它是社会生产方式、生产关系的发展变化的见证，而生产方式、生产关系也是由生产力所决定的，也就是说最终还是由技术所决定的。工业生产必然是一种技术实践的形式，保存技术价值的同时，工业遗产的历史价值也能够得到体现和保护。所有文化遗产都具有历史价值，这是遗产的普遍价值，普遍价值并不能代表工业遗产的特色，因此在工业遗产所具有的诸种价值中也不居于核心地位。在工业遗产的多重价值中，只有科学技术价值是独特的、有别于其他文化遗产的价值，所以我们认为工业遗产的核心价值是技术价值。

有一位台湾学者认为，"实践下的技术也往往表现出一国工业的特质或局限，这些表现正可回溯见证出一国特有的经济规模与形式，并呈现当地文化与外来技术磨合的状况。科学技术规范上的认知往往并不具有文化上的差异，反倒是在技术实践过程充满着文化的痕迹，一个国家如何看待技术规范，其对于规范的误差容忍，都影响着一个国家在技术精进与在社会上实际所呈现出的技术品质，呈现处理与回应技术文化的思维与态度"。② 所以说，工业遗产的核心在于工业遗产中所承载的技术，工业遗产价值的核心在于它所承载的技术的价值。

国际工业遗产保护委员会关于工业遗产的概念中也明确阐述了工业遗产的价值在于"技术、历史、社会、建筑或科学价值"。我们将工业遗产的这些价值和文化遗产公认的三大价值——"历史、艺术、科学价值"进行比较：工业遗产定义中"社会价值"是在一段特定历史时期中的社会价值，所以可以归入"历史价值"；"建筑价值"主要是建筑艺术或建筑技术的价值，可归于艺术价值或技术价值，于是可以看出，唯有"技术"的价值才是工业遗产不同于其他文化遗产价值的根本特点所在。

---

① 刘迪、于明霞：《论工业遗产的博物馆化保护》，《博物馆研究》2009 年第 4 期，第 7—12 页。

② 王玉丰：《消失中的台湾工业历史文本——论当前工业遗址、地景、产业文献的保存困境》，《工议》2003 年第 5 期。

由此可见对工业技术价值保护的研究才是工业遗产保护研究的关键。尤其是在中国，文化遗产保护偏重于艺术价值的保护，是从保护艺术品延伸出来的，在文化遗产保护的研究和实践中相对比较落后的就是技术价值的保护。将工业技术的价值作为研究关注的重点，无论是对工业遗产的价值评判、保护标准还是保护模式方法等等，都应围绕着这一核心展开，只有这样，才能够探究工业遗产保护的本质内涵，真正抓住工业遗产保护研究的关键。

相比较工业遗产的各种保护模式，工业遗产的博物馆保护模式有一点是占优势的，即它不仅仅强调对工业藏品的保护，还在于对工业遗产的技术价值展开研究。收藏、研究和展示（教育）是博物馆的三大基本功能，有一定规模的博物馆都有一支专业的藏品研究队伍，即使博物馆本身的研究力量不够，会借用各种社会力量（如科学研究所、高校的专业研究人员）对藏品进行研究，他们的研究成果是博物馆举办陈列展览和社会服务的学术基础。

第三节　工业遗产博物馆

一、工业博物馆的分类

根据国际上一般的惯例，即以馆藏基本内容作为博物馆分类的依据，我们把收藏和展示近现代工业遗产为主的博物馆划分为工业博物馆类型。但是这里为何要用"工业遗产博物馆"而不用"工业博物馆"呢？从字面上讲，"工业博物馆"可以被理解为是"工业遗产博物馆"的简称，它涵盖了遗址性工业博物馆和非遗址性工业博物馆。但这里主要是为了突出其"遗址性"博物馆的特性，而与传统的非遗址性工业博物馆区别开来。因而，这里的传统工业博物馆仅仅是相对于工业遗址博物馆而言。

从博物馆馆址区域、馆舍建筑性质以及陈列展示方式等来看，工业博物馆类型中可分为"传统工业博物馆"与"遗址性工业博物馆"两种。前者属于传统的科学技术与工业史类博物馆，后者则是 20 世纪后期兴起的新型工业遗址博物馆。

（一）传统工业博物馆

传统工业博物馆是工业化时代的产物，最早产生于19世纪50年代，有"工业革命博物馆"之称的伦敦科学博物馆可能是最早的一座。受工业革命的影响，欧美发达国家对科学技术都十分重视，并且很早就注意到工业遗产在科学技术史上的价值，因而当一些工厂关闭、工业遗址被废弃时，就将其中一些重要的工业设备和产品送到工业博物馆保存。有的企业甚至将自己工厂生产的第一件新产品送到博物馆，而不是在市场上销售。在欧美国家中，传统工业博物馆的数量在整个博物馆系统中占有一定的比例。19世纪晚期至20世纪上半叶，伴随着工业革命给社会带来的巨大经济与技术成就，工业博物馆在西方国家中获得了较快的发展，德国慕尼黑的德意志博物馆（Deutsch Museum）、法国国家工艺博物馆（Musee des Arts Metiers）、苏联国立综合技术博物馆以及美国芝加哥科学与工业博物馆（Museum of Science and Industry）等一批世界著名的工业博物馆都在这一时期先后诞生。两次工业革命的成就以及后来新兴科技的重要成果都在科学与技术博物馆中被收藏与展示。今天，新科技与新成果依然在络绎不绝地进入传统工业博物馆。传统工业博物馆是欧美工业考古热潮出现之前工业遗产保护的重要方式。

图3-3　德国科技馆——慕尼黑德意志博物馆

在中国，辛亥革命以后博物馆建设出现第一次高潮，其中也开始筹建以保护工业遗存为目的的交通博物馆。[①] 但是 20 世纪三四十年代爆发的抗战和内战，严重破坏了国家经济建设与文化建设，使博物馆发展大幅度倒退与衰败。新中国成立后，在"以阶级斗争为纲"的时代，建设的博物馆以社会历史类为主要，科学技术与工业史专题的博物馆建设被忽视了。改革开放以后，随着党和政府的工作重心全面转向经济建设，科学技术在社会中的地位上升，科学技术与工业史的博物馆建设才开始受到关注。20 世纪 90 年代以后，工业史博物馆的筹建逐渐进入议程。跨入 21 世纪，出现了反映工业发展历史的专题博物馆。以上海为例，有江南造船博物馆、上海纺织博物馆、

图 3-4　上海纺织博物馆

① 1913 年 7 月，时任交通总长的朱启钤签署"交通部委任华南圭筹设交通博物馆令"，要求交通部路政门主任华南圭"依筹备大纲，以铁路一门为先，从速筹办交通博物馆"。在已编好的筹备大纲中，有关交通博物馆的设立依据、隶属关系、内容划分、筹备期限和经费、人员编制、藏品征集、馆内布置等事项，均作出明确的规定。1920 年 12 月，当时的交通部部长叶恭绰签署发布了交通部交通博物馆章程令，章程中的第一条即表明本馆收藏内容及设立目的："主掌征集陈列关于交通事业之物品、模型、标本及记载，以供公众观览及研究。"

上海中国烟草博物馆、上海铁路博物馆、上海汽车博物馆等。这些博物馆都是由企业自主创办的，收藏与展示本企业（或与本行业相关）的一些工业遗物，丰富了我国博物馆的类型。

图 3 - 5　上海汽车博物馆

　　传统工业博物馆收藏与展示的工业遗存主要都是将其从原来的工厂搬到了博物馆建筑中，使其脱离了原来的生产环境，工业遗物虽在博物馆中得到了保护，但在展示中却成为孤立的碎片，没有原来的真实场景，难以给观众带来完整的历史感。在博物馆界日益强调陈列展示应给观众以"真实体验"的今天，传统工业博物馆的展示方式遭到越来越多舆论的批评。而晚近出现的遗址性工业博物馆，是在原来工业遗址上展示工业遗存，相比传统工业博物馆，可给观众呈现更完整的历史场景，从而更具有感染力的历史真实感，这种展陈方式明显地顺应当前的发展潮流。

　　（二）遗址性工业博物馆

　　20 世纪七八十年代以后，西方发达国家都已先后进入后工业化时代，在保护工业遗产热潮中新建的博物馆，主要都是建在工业遗产地的工业遗址博物馆，并且数量快速增长，在数量占比上大大超过了传统工业博物馆。以英国"铁桥峡"工业景观和德国鲁尔"关税同盟矿区"为代表的大型露天工业遗址博物馆的诞生，标志着"遗址性"工业博物馆走向了发展的高峰，成为当前工业遗产博物馆发展的主流。现在全世界被联合国教科文组织列入《世界文化遗产》名录的 50 多处工业遗产中，有多处被整体性保护的近现代工业遗产地，都已建设为大型露天工业遗址博物馆。[①] 工业遗址博物馆的大量出现是工业遗产保护运动与博物馆结合的产物。

遗址性工业博物馆建立在旧工业遗址之上（或遗址范围内），对可移动与不可移动工业遗产、物质与非物质工业遗产以及环境进行综合性整体保护，或以工业建筑遗产作为博物馆馆舍，收藏与展示工业遗产。根据对工业遗址的保护与再利用方式及状况，遗址性工业博物馆又有"大遗址型"和"一般遗址型"两种。

1. "大遗址型"工业博物馆

这是一种大型的露天工业遗址博物馆，既保存工业遗产中的建筑物、环境场所和工业设施等物质实体，又保存工业遗产所包含的文化和传统等精神内涵，通过对工业遗产地有形遗产和无形遗产的双重保护，记录并向人们展示曾在人类文明进程中做出过杰出贡献的工业文化和历史信息。露天工业遗址博物馆源头来自于 19 世纪晚期瑞典的斯堪森"露天博物馆"。由于露天工业遗址博物馆将工业遗迹连同其周边的生态环境一起保护，又和现在的"生态博物馆"有些近似，或可称之为"工业生态博物馆"。

"大遗址型"工业博物馆在工业遗产的保护与再利用策略上，一般是在保持工业遗产地原貌不变的前提下，进行适当的修整和完善，重新规划空间序列的组织并设置参观流线，同时利用原址遗存中一些重要建筑、场地和设施等塑造具有代表性的空间节点，向人们展示工业遗产的原始风貌和艺术文化价值。它对工业遗产地采取整体性保护的措施，既保护了工业遗产，又修复了生态环境，使整个工业遗址成为工业遗产旅游景观区，因而在地理学界或旅游业界，往往又称其为"工业景观公园"。它是在工业遗址基础上建立的城市公共游憩空间，在保护与展示工业遗存的同时，满足游客历史文化体验和休闲游憩的双重需求。它将工业时代的建筑、构筑物等不可移动遗产纳入保护和展示范围，又承担对工业遗存、工艺技术以及工业时代社会文化记

[①] 在联合国教科文组织列入的《世界文化遗产》名录中，有多处被整体性保护的近现代工业遗产地，如英国的布莱维恩工业景观（Blaenavon Landscape）、铁桥峡工业遗产景观（Ironbridge Gorge Landscape）、德国鲁尔的"关税同盟矿区"（Zollverein Coal Mine Industrial Complex in Essen）、弗尔克林根炼铁厂（Völklingen Ironworks）、瑞典的恩格斯伯格炼铁厂（Engelsberg Ironworks）等，都属于大型露天工业遗址博物馆。

忆的陈列和教育的功能。这类露天工业遗址博物馆，著名的如德国鲁尔区北杜伊斯堡（North Duisburg）的工业景观公园（单一地域工业遗产）、鲁尔区埃森市的"关税同盟矿区"（Zollverein Coal Mine Industrial Complex）、英国铁桥峡（Ironbridge Gorge）工业遗址景观（混合型区域工业遗产）和英国南威尔士布莱维恩工业景观（Blaenavon Landscape）等。国内近年建设的一批"国家矿山公园"，其中辽宁阜新海州露天矿国家矿山公园、湖北黄石国家矿山公园等，也可归属于这一类。

图3-6　辽宁阜新海州露天矿国家矿山公园
（作者自摄）

黄石国家矿山公园的工业遗迹主要有号称"亚洲第一天坑"的露天铁矿（至今仍在开采）、"井下探幽"和矿业博览园等。"井下探幽"是一个废弃的矿井，观众可下井参观当年矿工的工作现场。矿业博览园区陈列展示大冶铁矿不同时期的采矿机械设备，其中包括苏制爬犁机、美国50B重型矿用汽车、日本大功率产运机及国产矿用汽车、压轮钻、坦克吊等。

阜新海州露天矿国家矿山公园第一期建设已完成，有主题广场、矿业陈列馆、露天煤矿开采区，一些煤矿作业的大型设备，如单斗挖掘机、潜空钻机、推土犁、电机车、蒸汽机车等陈列在主题广场，小型的矿业设备等，则在陈列馆中展示。

图 3-7 湖北大冶铁矿黄石国家矿山公园工业博览园展示的
扒犁机系 1957 年从苏联进口

（作者自摄）

图 3-8 阜新海州露天矿国家矿山公园矿业博览园展示的
露天矿单斗挖掘机系苏联 1952 年制造

（作者自摄）

以工业景观公园（或工业遗址公园、国家矿山公园）命名的露天大型工业遗址博物馆与传统工业博物馆相比较，存在两个优势：一是可以将不可移动文物、大型工业遗址、大型工业厂房设备等遗产类型一并纳入保护和再利用的范畴，突破了传统工业博物馆以可移动文物为主进行收藏保护的功能局限性，并且能使观众在园中参与互动、全景体验，增加吸引力和参观效果；二是工业景观公园为公众提供了新的城市公共休憩空间，能够实现爱国主义教育、历史体验、文化旅游、休闲游憩等多种社会功能，从而反过来带动对工业遗产保护的重视和保护工程的进展。

2. "一般遗址型"工业博物馆

此类工业遗产博物馆的馆址坐落于原来的旧厂房或仓库等工业建筑遗产中，或由旧产业建筑经改造而成其馆舍，其馆藏品和展览一般都是原工业遗物和关于工业历史的内容。如德国柏林的缪格尔湖水厂博物馆（Museum im

图3-9　德国柏林水厂博物馆内展示的机械

Wasserwerk Muggelsee）以 20 世纪 20 年代该厂建造的抽水泵房大厅为馆舍，从 1893 年建厂时最早的三台抽水机到 1979 年水厂停运后的最后一批机器，都在博物馆厅中陈列展示出来。[①] 英国曼彻斯特科学与工业博物馆（Museum of Science and Industry）以 1830 年建成的世界上现存最早的火车站为馆舍，

图 3-10 英国曼彻斯特科学与工业博物馆

（黄洋摄影）

收藏与展示许多早年的老蒸汽机车与老货车。中国的青岛啤酒博物馆以厂内 20 世纪初德国人设计建造的糖化大楼（该建筑已被列为全国重点文物保护单位）为基本馆舍，展示从国内外收集而来的见证青岛啤酒发展各个阶段的实物资料，利用老建筑、老生产设备与设施以及复原的场景等，再现青岛啤酒的生产工艺流程与啤酒生产的历史原貌。

在大型露天工业遗址博物馆内，也有一些利用旧工业建筑建成的博物馆，如上述的英国布莱维恩露天工业遗址博物馆就有钢铁工业发展史博物馆，以原工业建筑遗产为馆舍，展示早期世界钢铁工业发展史。这种博物馆可以视为露天工业遗址博物馆中的"馆中馆"。德国鲁尔区多特蒙德市（Dortmund）措伦（Zollern）煤矿工业遗址区的"措伦二号、四号"

---

① 左琰：《德国柏林工业建筑遗产的保护与再生》，东南大学出版社 2007 年版，第 46 页。

（Zollern Ⅱ/Ⅳ）矿井博物馆，系原生产矿井直接改造而成，观众可直接下矿井中参观。如果把整个措伦煤矿工业遗址区作为露天工业遗址博物馆，那么其中的矿井博物馆亦属于"馆中馆"。

图 3 – 11　德国德意志博物馆内展示的蒸汽机车

　　但也有一些工业遗址博物馆虽坐落于旧的工业历史建筑中，其馆藏品和展览内容未必一定是反映与该遗址直接相关的工业遗物，而是其他行业的工业遗产，也有的甚至是包含了原址以外的其他工业遗产。前者如英国谢菲尔德凯尔汉姆岛博物馆（Kelham Island Museum, Sheffield），坐落于一座废弃的发电站，其展示内容主要为谢菲尔德城市的钢铁制造业和传统工艺，并非为与原发电站直接相关的电力工业；①后者如江苏无锡的中国民族工商业博物馆，其馆舍为原荣氏家族的茂新面粉厂建筑，博物馆除了收藏与展示原面粉厂的生产机械设备之外，还将无锡的其他旧棉纺织业生产机械设备等也迁移至该博物馆中，形成一种多行业工业遗产的保护与展示。

　　此外，还有两种特殊形式的博物馆与工业遗产有关的：一种是"旧瓶装新酒"式；另一种是在生产区域建立的企业博物馆。前者是一种将工业

① Geoffrey Tweedale, *Steel Metropolis*: *A View of Sheffield Industry at Kelham Island Industry Museum* [J]. Technology and Culture, Vol. 33, No. 2 (Apr., 1992), pp. 328 – 335.

遗产的建筑实体保存下来，通过功能置换和空间重组改造成其他主题的博物馆。较多的是将旧工业建筑改造为艺术博物馆馆舍，收藏与展示近现代艺术品，如以馆藏与展示的内容作为博物馆分类依据，这类博物馆当属艺术类。但由于其馆舍是旧工业建筑，又位于工业旧址，馆址与馆舍都属于工业遗存范畴，因而也与工业遗址博物馆沾上边。如果要从工业遗产角度来说，由于该旧工业建筑本身年代较短，历史价值不高，未被列入较高等级的保护范围，只能说是"特殊"工业遗址博物馆，故暂时称之为"旧瓶装新酒"式。

　　建立此类形式的博物馆主要出于旧工业建筑的审美价值和经济价值考虑，在保护与再利用方面，"利用"的权重要高于"保护"。此类建筑往往所在的区位较好，位于城市中心区域，建筑空间跨度大，结构保存好，有一定的建筑美学价值，再利用后能产生很好的经济效益与社会效益。对此类建

图3－12　由德国汉堡旧火车站改造而成的汉堡现代艺术馆外景

筑的再利用原则是旧建筑外貌保持不变，内部结构可根据新用途进行改造，使之服务于新的功能。著名的如英国伦敦旧电厂改造而成的泰特艺术馆、巴黎火车站改建而成的奥赛美术馆、柏林汉堡火车站改建而成的柏林现代艺术博物馆等。2012年10月开放的上海当代美术馆，系利用原上海南市发电厂的主厂房改造而成，亦属此类。

图 3-13　原德国汉堡旧火车站火车驶入口外景

　　之所以将此类放在工业遗产博物馆讨论，原因还在于这类利用旧工业建筑为博物馆馆舍，这旧工业建筑有令人遐想的余地——即未来具有被认定为受高等级保护的"工业遗产"的潜质。目前此类博物馆的馆舍，尽管建筑结构完整，外表保存完好，没有被改变，内外结构等都十分牢固，具有再利用价值。由于工业建筑的年代较近，够不上"文物"的级别，而未被列入受保护范围。但目前未被列入保护范围并不代表以后永远不变，不排除将来人们改变看法，将该工业建筑定为受保护的工业遗产的可能。

　　以伦敦发电厂旧厂房改造为伦敦泰特艺术馆为例。高大的建筑体量，独特的电厂建筑特征，使用为美术馆，转化为伦敦城市的文化符号，成为伦敦的地标建筑之一。该建筑建造于 20 世纪 80 年代，建筑完工后投入使用不久，伦敦城市因环境保护需要，将原来的燃煤发电改为核发电，该建筑被空置了多年。如今，该发电厂房改造为文化设施，泰特艺术馆每年吸引了几百万的观众，也带动了伦敦泰晤士河南岸的旅游业，餐饮、购物与文化休闲活动，昔日冷冷清清的南岸，变得人气兴旺，成为产业成功转型的代表。如此重要的一座艺术馆，一座旧工业建筑，在伦敦旅游业与文化创意产业中，成为文化创新的重要一环。伦敦城市文化的发展，艺术的发展，博物馆业的发展，都与伦敦发电厂这座旧产业建筑有联系，该建筑的价值将会不断提升，未来有可能会成为重要的工业建筑遗产，被政府纳入一定保护级别的工业历史建筑行列之中。

　　企业博物馆以企业为经营主体，反映本企业（或本行业）的历史发展、重大事件和著名人物。在生产区域的企业博物馆中，一些企业出于保护部分已淘汰的生产设备之需要，在原厂房车间建立博物馆以保存之。如中国青岛啤酒博物馆建在 20 世纪初德国人设计建造的老厂房中，展示过去的啤酒生

图 3-14　青岛啤酒博物馆

(作者自摄)

产工艺和老的机械设备等。发达国家中一些著名的巧克力博物馆、啤酒博物馆以及可口可乐博物馆、汽车博物馆、电力博物馆等，都在原生产区域内建有陈列馆，展示企业过去的生产工艺和老机械设备等。企业博物馆对外作为企业的营销品牌，宣传企业成功发展的历史，是产品信誉的一张王牌，成为产品质量的可靠保证；对内作为企业文化底蕴的标志，是激励员工努力工作，提高员工对企业忠诚度的重要工具，可以增强企业的凝聚力。这类企业博物馆展示内容涉及的时间范围较广，上溯行业诞生的年代，下迄当今行业的发展，可以触及手工业时代、工业时代和后工业时代，反映悠久深厚的历

史和当前发展趋势。

之所以将这类企业博物馆与工业博物馆放在一起讨论，主要在于企业博物馆与一般工业博物馆有相似的方面，即以工业遗物见证企业的过去发展，展示企业的历史记忆。但企业博物馆还有与一般工业博物馆不同的一面。因该企业还生存着，并在不断地发展，除了展示企业过去的生产工艺与机械设备等之外，对当前尚处于生产阶段的部分厂房、设备、工艺流程等，往往也都予以展示。这一点是一般工业博物馆做不到的。

工业博物馆类型

类型	与工业遗址关系	展示类型	实例
传统工业博物馆	非遗址型	室内展示	中国武钢博物馆
		室内展示＋室外展示	中国航空博物馆
近现代工业遗址博物馆	露天大遗址型	工业遗址公园	美国洛厄尔工业遗址公园
		工业遗产景观区	英国铁桥峡工业景观区
		国家矿山公园	湖北黄石国家矿山公园
	一般遗址型	在旧厂址用原厂房建博物馆	沈阳铁西铸造博物馆
		利用旧厂房建的企业博物馆	青岛啤酒博物馆
		大工业遗址中的"馆中馆"	英国布莱维恩露天工业遗址博物馆中的钢铁工业发展史博物馆
	"旧瓶装新酒"型	利用工业旧址上的旧厂房改建艺术博物馆	上海当代艺术博物馆

对工业博物馆作分类研究，在于探索其各自的管理运行规律和社会服务的特色。大型露天遗址性工业遗产博物馆由于其占地面积的宽广，工业遗迹的分散，与环境治理修复关系密切，往往建设成为城市中新的文化休闲空间。博物馆作为一个露天的社会文化服务机构，偏重于为观众提供娱乐、休闲方面的展示活动，主要体现为一个工业文明遗迹的旅游观

光景点。① 而传统工业博物馆（或一般室内遗址型工业遗产博物馆）除了侧重本行业发展史（或工业史）内容之外，更注重与行业有关的科学技术知识的教育普及，将过去与现在相连接，结合展品设计与观众的互动项目，追求给观众以真实的"历史体验"感。两者各有侧重的社会服务定位，可以使观众在体验真实历史与了解科学技术知识方面得到互补。

二、工业遗产博物馆保护模式的优势与弱势

作为工业遗产保护模式之一的工业遗产博物馆，人们对其抱着很大的希望，目前国内许多城市对工业遗产博物馆建设都有很高的热情，希望以此提高城市的文化氛围，带动旅游业发展。这种愿望可以理解。但诚如上述所指出的，不同模式都有其针对性强、效益明显的保护对象，即使是比较理想的保护模式，同样也有其不足之处。我们对工业遗产保护的博物馆模式的长处与短处要有足够的认识，要根据工业遗产地工业遗存的现状，结合城市的产业结构调整与整体发展需要，确定适合实际的工业遗产保护与再利用模式。只有立足于现实，又为未来发展留出空间，才能实现可持续发展的目标。

（一）博物馆模式的优势

1. 工业遗产的保护比较到位

博物馆最初就是由遗产收藏机构发展而来，今天集收藏保护、研究与展示教育三大功能于一体，是社会的公共文化机构。从工业遗产的保护与利用角度看，博物馆模式是一种较为理想的模式，它既能很好地保护工业遗产，又能很好地利用（这里的"利用"不是以产生多大的经济利益为标杆，而是发挥工业遗产的社会教育与科普作用）。博物馆对物质文化遗存进行收集、鉴别、登记、日常维护以及信息发掘、展示利用等方面都有一套成熟而较为完善的经验，这些工作经验可直接用在可移动物质工业遗产保护与再利用中。工业遗产在博物馆首先它能得到很好的保护和管理，博物馆的专业保管人员可对工业遗产实施科学保护与管理，这将保证工业遗产比其他保护模式受到更好的"待遇"。其次，工业遗产在博物馆将会更好地发挥见证历史和社会教育的作用。博物馆有这方面的专家（也可以与行业方面的学术团

---

① 与一般自然景观公园或大遗址考古公园等不同的是，大型工业遗址性露天博物馆以工业遗址为景观主线，观众的流线依据这一主线来设计，一些巨大的工业构筑物，如高炉、管道、龙门吊等，都是遗址景观的代表。观众的互动性活动项目在露天开阔的空间展开。

体合作）对工业遗产进行科学研究，分析其历史的、科学的、技术的、美学的、社会的等各方面的价值，提取工业遗产所携带的信息，并通过陈列展示向公众传播。在深度与广度上，博物馆对工业遗产内涵的解读将超过其他的任何保护模式。博物馆中有遗址性博物馆和生态博物馆的类型，许多展品都是露天展示的，并且强调展品与其周围环境的完整性，这与工业遗址型博物馆的展示方式相似，这方面的经验与方法也可以运用到工业遗产博物馆的展示中。博物馆作为文化遗产保护的专门机构，还可以通过举办专题讲座、与观众互动等多种形式，让观众了解和直接体验工业遗产内涵的方方面面。发达国家都非常注重博物馆的传播功能所产生的社会教育作用，并将博物馆教育纳入整个国民教育体系中。我们看到在欧美国家，包括工业遗址博物馆在内的许多博物馆除了被列为城市旅游业的重要景点之外，往往还是政府指定的社会教育基地。譬如，英国铁桥峡工业景观区作为一座露天工业遗址博物馆被英国政府列为国内众多的社会教育基地之一，说明它在社会教育方面已经产生很大的影响力。

2. 建设与保护的成本低

工业遗址博物馆模式相比较于其他新建的博物馆，可能是成本最低的。首先，它几乎无须新建设量，只要对旧工业建筑进行清理后，内部稍作改造，增加一些辅助设施（譬如楼梯、灯光之类等以便于陈列展示与观众参观）即可。由于博物馆馆舍是利用原来的工业建筑遗产，无须重新建造博物馆建筑，这将节省一大笔开支。许多实例证明，工业建筑的建筑寿命往往比它的实际使用寿命要长得多，一些保持着很好建筑结构的旧工业建筑被改造利用为博物馆以后，依然能够获得较长的使用寿命，并不亚于新博物馆建筑。其次，工业遗址博物馆主要采用原状陈列，工厂车间中原有的机械设备等就是其主要展品。遗址性博物馆的最大特点就是原汁原味地保留着工业遗存，完整地呈现出原来的工作场景，而不是通过模拟的手段复原场景，从而更多地反映了陈列展示的原真性、历史感。由于省去了建造新建筑的那段时间，博物馆就可以在内部改造完成后较快地进入现场的陈列设计制作工程，这就缩短了博物馆的建设周期。在"时间就是金钱"的经济社会，缩短了建设周期，也就意味着减少了建设开支，从而也就降低了建设成本。

另外，工业遗址博物馆的展品和藏品主要都是工业机械设备、工业制品以及相关的构建物、建筑等，以金属质与石质等物品为多，相比较于社会历史类、艺术类藏品，工业遗址博物馆在藏品保护的环境要求方面要宽松一些，遗产保护的费用相对也就降低了。而在露天工业遗址博物馆，一些大型工业设施都是在原地露天展示的，主要的保护措施就是除锈防锈，保护的技术条件要求并不十分复杂，因而所需耗费的代价也不高。

（二）博物馆模式的弱势

1. 建设工业遗址博物馆有一定的"门槛"

近年来，国内有些城市为了开发"工业旅游"，大力建设工业遗址博物馆。这种积极性可嘉，但不可盲目跟从。工业遗址博物馆的建设对工业遗存的现状有较高的要求，有一定的"门槛"。建设工业遗址博物馆的前提条件是保留下来的工业遗存其整体状况应该基本良好，能满足建立博物馆的要求。除了工业建筑遗产保留基本完好之外，还应保留着一定的工业构筑物、工业机械设备等，这样才能支撑起工业遗址博物馆展现该企业的历史发展面貌。建设传统工业博物馆，主要需要见证工业生产发展的物件，包括各种机械设备、生产制造品等。而建设遗址性工业博物馆，除了上述物品之外，还需要有工业遗址、工业建筑遗产以及见证工业生产组织与工人生活方面的物质与非物质遗存等。由于过去我们缺乏保护工业遗产意识，在许多企业在搬迁或倒闭时，纷纷将生产机器设备等作变卖处理，或搬迁至异地使用，有的甚至被废弃。今天当我们认识到工业遗产的价值，需要对其实施保护时，许多工业机器设备、生产制品等物件早已销声匿迹，这就给工业遗址博物馆建设带来了极大的困难。收集、保护工业遗产既是我们当前的一项十分紧迫的工作，也是今后相当一段时期内的艰巨任务。

我们看到有一些工业遗址博物馆，存在明显的"主角边缘化"现象，虽挂着工业遗产博物馆的牌子，但实际上靠大量辅助展品唱主角，真正的工业遗产实物很少。在充斥现代艺术创作品的工业史主题展览现场，难以让观众体验到一种真正的历史感。因此，在一些不具备建设工业遗址博物馆基础和条件的地方，不应该盲目建设，硬着头皮建立的所谓工业遗产博物馆，最终只能是一种"空壳型"博物馆（即除了馆舍建筑是工业遗产之外，馆内几乎没有几件称得上是真正的工业遗产实物），名不副实。我们鼓励社会各界保护工业遗产，支持有条件的企业建设工业遗址博物馆，但要科学地、客观地对待这个问题。

　2. 经济盈利空间有限

　　与工业遗产保护的其他模式相比较，工业遗址博物馆保护模式直接产生的经济收益很少。遗产保护的理想模式是既保护了遗产，同时又获得很好的社会效益与经济效益，从而形成良性循环，为博物馆的可持续发展提供一定的经济支撑。这是发达国家一直孜孜追求的目标。博物馆模式对遗产保护的作用是社会公认的，但在经济效益方面不如其他商业保护模式。博物馆作为社会公共文化机构之一，属于社会公益事业，不以营利为目的。这一机构的性质决定了博物馆必须将社会效益放在第一位，经济效益为其次。在我国，博物馆的运行经费主要依靠国家的公共财政拨款来维持，企业主办的工业遗址博物馆有所属企业提供经费。博物馆职业道德规范了博物馆的经济创收活动的性质，使之经营活动的范围受到一定的限制，产生的经济效益也是有限的。大多数博物馆主要以服务性收入与出售纪念品等形式获得经济收益，工业遗址博物馆也不例外。

　　对许多工业遗址博物馆来说，工业遗产旅游是一项重要的经济来源，旅游者是其主要观众。但博物馆的经济收入不能完全依托于旅游业。旅游一般有淡季与旺季之分，每年的旅游旺季，门票收入可观；旅游淡季观众稀少，门票收入也大为降低。这种不稳定性直接引起博物馆的经济收入变化，也影响到博物馆其他活动的展开。加之旅游业发展与国家的经济发展以及世界经济的景气度有关，一旦遇上经济萧条，旅游业必然受到冲击，博物馆的游客数量不能得到保证，经济收入亦没有保证。英国铁桥峡工业景观区与德国鲁尔区的工业遗产旅游在世界上也是有名的，但也存在着旅游者数量不稳定的状况。另一方面，博物馆游客的多寡与博物馆所处的地理位置也有很大关系。如果位于城市中心，或即使在市郊，只要有直达的交通线路，旅游者人数可能会多一些。如果地处城市偏远区，交通又不怎样方便，博物馆没有吸引人们眼球的"著名大展"，那么即使在旅游旺季，博物馆的游客数量依然不会很旺。所以博物馆的收入如果仅仅靠游客的门票这单一的经济来源是靠不住的（何况国内有的工业遗产博物馆已实行免费开放，根本就没有门票收入）。

　　虽然博物馆可通过开展各种延伸服务项目获得一些经济收入，但受制于博物馆的职业道德规定，博物馆必须自觉地以社会效益放在第一位，经济效益为其次，因此，大多数博物馆在经济创收方面的收入都不足以补足博物馆的营运成本。由此可见，工业遗产保护的博物馆模式在经济方面，会对政府与企业的经费投入带来较大的压力。长此以往，逐渐会成为一个经济沉重的包袱。而工业遗产保护的创意产业园区模式，或将工业建筑遗产改造为商业酒店、公寓、办公楼、学校或大卖场等模式，都可以有更多的、直接的经济收入，相比于博物馆模式，其经济效益要高得多。

　　正如麦格斯先生指出的，"而事实上，任何一个地区能够保持活力的博物馆数量都是有限的，愿意参观博物馆的旅游者数量也是有限的。"[1] 国内博物馆中，除了诸如北京故宫博物院、台北"故宫博物院"、秦始皇兵马俑博物馆、上海博物馆、南京博物院等少数的著名博物馆之外，绝大多数博物馆的旅游观众数量都不多。工业遗产博物馆不能把经济收入的希望都寄托在旅游观众，依赖导游带来观众，而要创新理念，探索产生多元化的经济效益方法。而目前，国内的工业遗产博物馆尚未找到一条很有潜力的可持续发展之路，经济上未形成有"自我造血"能力的良性循环。一旦政府的补贴停止或企业资金供应不上，博物馆会立刻面临寸步难行的困境。

第四节　近现代工业遗产博物馆的特征与内涵

　　工业遗产是整个人类文化遗产的一部分。近现代工业遗产专指从 18 世纪世界工业革命开始直至晚近的工业历史发展进程中所留下的遗存，工业革命以前的工业遗存不在其范畴之内。在中国，近现代工业遗产的主体是鸦片战争以后国外资本在华兴建的近代工厂、洋务派官员以及民间资本家兴办的民族工业、新中国的社会主义工业在中国大地留下的各具特色的工业遗存。20 世纪七八十年代以来，西方发达国家在近现代工业遗产保护运动中，催生了近现代工业遗址性博物馆，被视为一种工业遗产的保护模式而得到推广，并呈现较快的发展态势。近年中国在工业遗产保护中，也开始陆续兴建近现代工业遗产博物馆。随着我国城市化的发展进程以及工业遗产保护意识

---

[1]　[奥] 艾利森·麦格斯：《改造性再利用》，彭琼莉译，《世界建筑》1999 年第 5 期，第 44 页。

的深化，工业遗产博物馆的数量必将会逐步地增长。近现代工业遗产与其他遗产类型相比较，具有更为复杂与综合的特性。因此，近现代工业遗产博物馆对博物馆学而言，不仅是增添一种新的博物馆类型，而且对博物馆理论的发展也有重要意义。

一、近现代工业遗产博物馆的特点

博物馆是社会公益性事业，属于非营利性机构，以为社会及其发展服务为宗旨，通过收藏、研究与展示等手段，实现文化遗产的保护与社会教育功能之目的。这是各类博物馆都具有的共性，近现代工业遗产博物馆也具有上述的共性。从本质上说，工业遗产博物馆并没有超越一般博物馆的范畴，它包含在一般博物馆的概念之中，是博物馆的一种特殊类型。工业遗产博物馆的特殊性在于"工业"（或曰"产业"）。它利用特殊的工业文物，以其特有的展示手段，阐述工业文明的发展历史。工业中的每一个行业在其发生和发展过程中，都凝聚了极为丰富的历史文化内涵，保护、继承和弘扬工业文明是工业遗产博物馆的宗旨，工业遗产博物馆所有工作的出发点，都是针对某一特定行业及其相关行业文化，这种专业性便把工业遗产博物馆与其他类型博物馆区分开来了。近现代工业遗产博物馆的特性主要表现为以下三个方面。

1. 以遗址性博物馆为主体的类型特色

以收藏和展示近现代工业遗产为主要内容的工业遗产博物馆，有"非遗址性"博物馆与"遗址性"博物馆两种。前者属于传统的科学技术与工业史类博物馆，后者则主要是 20 世纪后期兴起的新型工业遗址博物馆。"非遗址性"工业遗产博物馆最早产生于 19 世纪 50 年代，19 世纪晚期至 20 世纪前半叶是西方国家传统工业博物馆发展较快的阶段，时至今日，传统工业博物馆依然保持着稳定的发展态势。"非遗址性"工业遗产博物馆虽出现时代较早，但 20 世纪后半叶以后数量增长缓慢。20 世纪七八十年代以来，"遗址性"工业遗产博物馆在发达国家快速增长，后来居上，在数量占比上远远超过了非遗址性工业遗产博物馆。如德国鲁尔工业区在 20 世纪 90 年代 10 年左右的时间里，兴建了 200 余座工业遗产博物馆，其中绝大多数都是利用旧产业建筑改造为馆舍的遗址性博物馆。

"遗址性"工业遗产博物馆的快速增长有诸多的原因，但主要是出于对工业遗址和工业建筑遗产的保护的考虑。一座工厂在倒闭（或搬迁）之后，首先被处理变卖的就是厂里的机器设备和原材料等可移动物资，工厂厂址和生产车间等厂房建筑由于不可移动，往往放到以后再作处理。当人们认识到工业遗产的价值后，对工业遗产实施保护的对象首先是那些没有移动的工业遗址和工业建筑遗产。鉴于工业遗址和工厂旧厂房建筑的历史价值，在工厂旧址上利用工厂旧建筑建设工业博物馆是合适的选择，因此"遗址性"工业遗产博物馆受到人们的青睐。"遗址性"工业遗产博物馆又有"大遗址性"和"一般遗址性"两类。"大遗址性"工业遗产博物馆往往对整个工业遗址采取整体性保护措施，既保护工业遗产，又修复自然生态环境，将整个工业遗产地建设成工业遗产旅游景观区，因而又称其为"工业景观公园"，或"工业遗址公园"。"一般遗址性"工业遗产博物馆的馆舍往往由旧产业建筑经改造而成，其馆藏品和展览一般都为原工业遗物和关于工业技术历史的内容。以英国铁桥峡和德国鲁尔工业区为代表的露天大型工业遗址博物馆的诞生，标志着"遗址性"工业遗产博物馆由起步走向新的历程，成为当前工业遗产博物馆发展的主流，代表了未来一段时期工业遗产博物馆的发展方向。

2. 以反映城市工业文明为主题的内容特色

工业遗产作为工业文明的见证物，携带着工业文明的价值观、工业技术、工业组织、工业文化等多方面的信息，是城市工业与科技发展史的载体，这是其他历史遗产所无法替代的。近现代工业生产主要在城市中进行，近现代城市伴随着近现代工业的产生发展而前进，因而以收藏、展示工业遗存为主要内容的工业遗产博物馆，必然反映与近现代科学技术发展以及近现代工业城市面貌相关的历史特征，这也是其他类型博物馆所不能胜任的。

由于近现代工业遗址博物馆的收藏及展品主要都是在本遗址上发现的遗存，其他地方的工业遗存一般不纳入其中，即使在极少数综合性工业遗产博物馆中有非本遗址的遗存，也仍以本遗址的遗存为主。因此，藏品和展品的内容具有很强的专题性、区域性。一般多为反映近现代某个时期某个城市（地区）某一产业的发展史。如湖北大冶铁矿博物馆，反映大冶铁矿的开采与黄石城市的兴起与发展。湖北黄石因其丰富的煤、铁、铜等多种矿藏而成为历史上中华民族青铜文化的发祥地，100多年以前，洋务派官员张之洞在

图 3 - 15　湖北大冶铁矿博物馆

（作者自摄）

这里创办汉冶萍公司，一批钢铁、水泥、煤炭企业随之诞生，拉开了中国民族工业的序幕。作为矿产原料基地的黄石，经过上百年的矿冶之火，铸造了黄石"矿冶文明之都"的辉煌。黄石城市的发展与铁矿业开采、冶炼紧密相连，大冶铁矿博物馆作为黄石国家矿山公园的一部分，将浓缩了 1870 年以来矿山的创业和发展以及黄石城市发展的历史，以实物形式展现在公众面前。

洋务运动中近代工业的兴起，促进了一批因工、因商、因路、因港而兴城市的诞生。洋务运动兴办的近代采矿业，由于不断吸引农村人口到此做工谋生，从而刺激了商业、交通以及城市功能的形成，逐渐使荒郊变成闹市，旷野成为聚落，农村发展为城镇。如 1878 年在唐山乔家屯建立的近代机械开采的唐山矿（开平矿务局），就以其工业化进程为城市形成提供了基础，影响和带动了唐山周边及冀东地区的社会变迁和城市化的发展，孕育和催生了唐山和秦皇岛两座近代城市的兴起。建立在煤矿区原址的唐山开滦博物馆，通过中国迄今存世最早的股票"开平矿务局股分票"、尘封百年的"羊皮蒙面大账本"、中国第一条准轨铁路上的铁轨、"开平矿权骗占案"跨国诉讼的《英国高等法院诉讼笔录》等历史文物，以及"矿业遗迹展示区"

的"三大矿业遗迹"（唐山矿 1 号井、唐胥铁路肇始处、达道）展示，反映了近代以来唐山地区煤矿业开采、发展与唐山城市的兴起与变迁。这些工业遗产博物馆的展品和藏品都具有不可替代的专题性和区域性特征。

3. 以原状陈列为主要手段的展示特色

与社会历史类博物馆（遗址类除外）相比，工业遗产博物馆的展示手段更多以原状陈列为主要。社会历史类博物馆中展示的许多考古出土物都是农耕时代的成果，反映农业文明时代的面貌。从农业社会进入工业社会是伴随着工业大机器的出现而形成的，工业时代的大机器生产留下的工业文明遗存，大量的是那些体型巨大的工业机器设备、构建物等，其体量与规模远远超出农业文明时代的考古出土物。我们看到在社会历史类博物馆，常以复原陈列的方法再现历史的原貌，将展品放在复原的场景，力求把展品与其当时存在的相关环境联系起来，以期达到更高程度的真实性，有的甚至采用多媒体仿真技术，使之看上去达到十分逼真的效果。但从本质上讲，这种用复原陈列方法形成的"环境"毕竟是后人营造的，即使看上去再逼真，实际上也不是真实的、固有的。只有直接的原状陈列，才是名副其实地做到了真实的展现。近现代工业遗产博物馆位于工业遗址的原址，正如苏东海先生所说，"遗址是历史的现场，历史的现场是不可能再生的，因此是唯一的。除遗址博物馆外，任何博物馆都不可能真正拥有历史的现场……"[1] 建在工业遗址的博物馆拥有真正的历史现场，这是其采用原状陈列的最有利条件。以原状陈列为主要展示方式，能最大限度地保留与当时工业时代相联系的工业生产与社会生活环境，给观众"原汁原味"的感受。如无锡中国民族工商业博物馆以茂新面粉厂建筑原址为馆舍，馆址就是原址，遗址和博物馆的建筑本身就是工业遗产，机械设备、生产制造物等都是在原来的厂房、车间中展示，更多地保存着展品与其原来生产环境的真实面貌，使观众可以体验到历史的临场感。在一些工业遗产地，由于许多大型工业构筑物，如巨大的炼铁高炉、焦化设备、矿石运输线、矿井、码头船坞、龙门吊等，都不可能被置于室内，原地原状展示就成为最好的选择，使其处于原生的环境与原有的

---

① 苏东海：《遗址博物馆学概论·序言》，见吴永琪主编：《遗址博物馆学概论》，陕西人民出版社1999 年版，第 3 页。

图3-16　无锡中国民族工商业博物馆

关联之中，同时也最大限度地保留了其原真性。

近现代工业遗址博物馆的展示多以原状陈列为主要手段，还有另外一个原因，那就是出于遗址与藏品保护的需要。工业遗址博物馆的绝大多数藏品主要在遗址中，而不是在库房。遗址本身也是遗产，具有历史价值，它既是藏品的载体，同时又是展品，具有双重含义，是遗址博物馆赖以存在的基础。藏品在遗址中展示并受到保护，而遗址本身作为工业遗产的一部分也需要受到保护。遗址是不可移动的，原状陈列是工业遗址连同藏品一起被保护的。如弗尔克林根炼铁厂是德国一座大型工业遗址博物馆，该遗址1996年被联合国教科文组织列入《世界文化遗产》名录。其工业构筑物与生产设备在遗址现场展示并受到保护，整个钢铁厂遗址本身也受德国政府的保护。

二、近现代工业遗产博物馆的内涵

（一）工业遗产博物馆是解读近代工业城市发展的一部书

近代工业城市的产生与发展，与工业大生产的发展密切相关。一般而言，从古代城市到近代城市，工业部门都经过家庭手工作坊、简单协作作坊、工场手工业以及大机器工业等几个阶段。在这过程中，大机器工业的出现与发展，对城市的影响最大，它往往导致生产和人口的高度聚集，改变了城市的原来发展格局。从封建社会的商业城市向近代社会的工业城市转型，各个城市的工业布局和发展形成各城市特殊的内在机理，具有区别于其他城市的独立品质。以上海为例，它从一个古代的渔村发展到今天的国际大城市，其"发动机"就在于近代工业，没有近代工业的发展，上海至今很可能就像内地的一些普通中小城市一样，正是近代工业的发展，改变了上海城市的面貌，使上海成为中国最重要的工业城市。工业遗产对于上海城市的历史有着特别重要的意义，形成了上海有别于其他工业城市的特质。

上海开埠以来城市的布局、人口聚集区都与近代工业兴起与发展有关。鸦片战争以后，大量外商与中国民族企业首先在黄浦江、苏州河沿岸建厂，形成杨树浦、南市、闸北、曹家渡（普陀）四个工业区。在公路、铁路运输不发达的近代，水路航运是兴办工业的基础，原料的运入与产品的输出，通过水路，可以降低成本；工厂建在靠近水源的地方，对于生产中水的利用极为方便。因此，黄浦江边分布大量的重工业企业：如船舶修造厂、港口机械厂、码头仓储、发电厂、自来水厂、油库等；在苏州河两岸分布大量的面粉厂、棉纺织厂等；轻工业企业则分布在内陆腹地，有毛巾厂、玻璃厂、酒精厂、烟草公司、家化厂、铅笔厂、皮鞋厂等，近代工业的产生与发展，改变了明清时代上海城市以小农经济手工业（棉纺织、盐业）和商业繁荣形成的封建商业城市格局，形成了新中国成立初期的上海城市格局。[1] 上海杨树浦水厂陈列馆（现称"上海自来水科技馆"）在水厂原址展示作为市政设施服务的城市自来水业发展历史。还有建造在旧工业原址上的上海纺织博物馆、上海造币厂博物馆以及苏州河梦清园段正在兴建的工业遗产博物馆等，都反映了近代工业与上海城市格局与产业分布的历史特点。工业文明留下的遗迹是近现代上海城市历史记忆的重要组成部分。

（二）工业遗产博物馆是折射工业城市社会生活的一面镜子

工业化与城市化是人类历史上并行的现象。工业遗产可以反映时代变

---

① 上海市文物管理委员会编：《上海工业遗产新探》，上海交通大学出版社 2009 年版，第 11—13 页。

迁，它既是中国由手工业社会进而追求近代化、现代化的探索体现，又是社会制度变迁中社会性质变革的见证物。从手工作坊时代进入大机器生产时代，工业遗产折射出工业生产组织结构变化、社会阶层地位变动等城市社会变迁的历史。工业遗产记载了城市市民的生产和生活足迹，是社会认同感和归属感的基础，它会成为城市深层的精神纽带，成为市民内心深处对自己所在城市的共同体验。譬如纺织工业遗产在青岛具有特殊的意义，青岛城市的产生与纺织工业是紧密联系在一起的。自 1902 年德资首先在青岛设纱厂，青岛城市才伴随着纺织业的兴盛而崛起，因此青岛市民对于纺织工业遗产具有深厚的感情。新中国成立后，青岛的纺织工业在全国轻纺工业中处于领先地位，曾为"上青天"（上海、青岛和天津）并称，纺织业成为青岛的主要支柱产业。青岛的纺织工业承载了几代人的社会记忆，青岛把纺织工业喻为"母亲工业"，成为城市怀旧寻根的寄托。青岛建设纺织工业博物馆，保存和展示纺织工业遗产，无疑有助于增强市民的自豪感和凝聚力。

又如因采掘煤炭而兴的唐山城市，伴随着近代煤矿的开采和发展，使唐山很快汇集了几万名矿工和商民，由此从一个无名村落发展成工业城市。唐山城市文化中明显带有煤矿的烙印：逐步发展起来的商业，具有服从于工业的特点；城市中其他工业又围绕着煤炭工业的需要或受煤炭工业影响而建立。城市的布局、市政、医疗、教育、人口，城市功能的形成，甚至人们的生活习惯，无一不体现着煤矿文化的烙印。唐山开滦博物馆不仅反映煤矿业与唐山城市的发展，也折射出煤矿业与唐山市民社会生活的关系。煤矿开采活动在创造了巨大物质财富的同时，也创造了取之不尽的精神财富，这就是几代开滦矿工百折不挠、奋勇拼搏的"特别能战斗"的精神。工业遗产记录了唐山市民难以忘怀的人生，成为市民对城市认同感与归属感的基础，具有不可忽视的社会影响力。

不同的工业导致了不同工业城市的形成与发展，工业史是城市历史的重要部分。纵观国内的一些城市历史博物馆，都以艺术史或社会史为主体，反映工业进步对城市发展作用的内容明显不足。城市工业的历史赋予城市鲜明的特性，工业遗产博物馆的建设对城市个性的塑造具有重要的意义。目前在我国的城市建设中，许多工业城市面貌都十分相似，缺乏个性，千城一面。深入挖掘城市的工业历史底蕴，对于克服这种雷同化具有重要意义。在工业遗产保护实践中产生的工业遗产博物馆模式，尽管在工业遗产的保护再利用方面产生的经济效益弱于其他保护模式，然而它在保存与展示城市工业文明史遗迹方面，具有无可替代的优势。因此，在工业遗产博物馆的建设过程中，乃至博物馆向公众开放以后，我们都要充分认识工业遗产博物馆的内涵，把握其特点，发挥其特色，这样才能在市场经济条件下，在与其他文化娱乐设施（包括其他类型博物馆）的竞争中，"扬长避短"，赢得持续发展的空间。

第　四　章

工业遗产博物馆的建设

虽目前国内建设工业遗产博物馆已经悄然形成热潮，但是对于如何科学地建设，如何征集、管理与保护工业遗产、陈列展示藏品等，我们都没有足够的实践经验和理论准备，博物馆界对此的理论研究几乎还是空白。国家尚未出台博物馆建设标准，遑论国家制定工业遗产博物馆的建设规范。工业遗产博物馆建设虽然可以参考一般博物馆的工作方法，但我国目前以社会历史类、艺术类和自然史类博物馆为多，工业遗产博物馆有其一定的特殊性，并非一般博物馆的共性所能包含。即使都属于工业遗产博物馆，各馆之间也存在差异。譬如，同在一个城市的水厂博物馆与城市的（火力）发电厂博物馆是"水火不相容"；轻工业中的纺织博物馆与重工业中的钢铁工业博物馆也反差巨大；能源工业的煤（铁）矿博物馆与食品工业的啤酒博物馆、巧克力博物馆更没有什么"共同语言"。行业差别必然导致在博物馆藏品的保护与使用方面也有不同。工业遗产博物馆的藏品有上到近百米高的钢铁厂高炉、发电厂烟囱，下到几百米深的矿井；有小到一件精密工业产品（如手表）、一个汽车零部件，大到一栋厂房、一片工业遗址区；有重达上百吨的铁路机车、几十吨重的矿山挖掘机、运输车，轻到一张普通建筑设计图稿、一张工厂历史照片、一份档案文献。如此巨大的反差，使博物馆对藏品的保护与使用（陈列展示），也有别于一般的社会历史类、艺术类博物馆。另外，工业遗产博物馆中绝大部分是遗址型博物馆，带有遗址博物馆的特性，但与考古类遗址性博物馆又有不同。考古类遗址性博物馆的藏品都是由地下发掘出土，而工业遗产则主要都是在地表上的遗物，工业遗产博物馆的建设在某些方面不同于考古遗址博物馆。因此，研究工业遗产博物馆的建设规范，探讨工业遗产博物馆的工作规律，是当前我国博物馆界一项紧迫的任务。

第一节 工业遗产博物馆的藏品征集

一、工业遗产类藏品的征集

近现代工业遗产博物馆以陈列展示近现代工业文明发展进程为主题，其馆藏品的征集方面可依的法规性文件主要是国家文物局颁布的《近现代文物征集参考范围》，其中第二条指出，要征集"反映中国近现代政治、经济、军事、科技、教育、文化、卫生、体育、宗教等方面发展的文物"。该条下属的第 2 点，具体指出要征集"有关经济建设、经济制度、经济政策、生产技术、生产工具、重要产品等的文物。重点征集工业、农业、商品、财税、交通、海关、邮电、能源、金融（货币）等领域的代表性文物"。有关近现代"生产技术、生产工具"是近现代工业文明见证的主体，是近现代工业遗产博物馆的征集对象，这里明确将近现代工业文物也纳入征集的范围。[1]

（一）工业遗产调查

征集文物首先要有目录清单，工业遗产的目录清单一般首先通过普查而产生。因此，工业遗产调查是工业遗产文物征集的第一步工作。工业遗产调查就是在文献资料研究以及其他各种途径获得线索和信息的基础上，通过野外考察和企业调研，发现工业遗产实物，并对遗产做好记录。要将调查的工业遗产资源完备的外观特征和场址情况进行梳理并登记建档。属于机器设备之类的，记录内容至少应包括器物名称、用途、制造年代、制造商、（原）使用单位、科技价值、高低尺寸和体量等；如果是工业建筑，不仅要测绘，拍照，以图纸、图片形式记录其外貌与特征，还要在测绘图上标明地址、建筑名称、建筑面积、占地面积、所属企业、建筑年代、建筑特点等。无论是建构筑物还是设施设备，都要有描述、绘图、照

---

① 国家文物局：《近现代文物征集参考范围》，2003 年 5 月 13 日颁布。

片和录像以及其他相关的文字记录资料。西方发达国家把这些工作与研究
归入考古学的一个新领域，并赋予了一个特定的名称：工业考古。我国未
将工业遗产调查与登录冠以工业考古的名称，在高校中也未设置工业考古
学课程。"工业考古"一词在中国公民中普遍还很陌生，仅在学界的相关领
域时有所闻，尚在"闺阁"。

　　近年由国家文物局主导展开的全国第三次文物普查，田野调查和资料整
理都已经结束。尽管工业遗产被列为普查中的重要内容，普查中也新发现了
十多万处的工业遗产，但这些新发现的工业遗产绝大多数都是工业历史建
筑，机器设备等极少，更遑论非物质工业遗产了。这就需要在对已经调查记
录的工业遗产的初步评估的基础上，继续开展对其中一些重要的工业建筑遗
产做进一步的深入调查，补充收集有关该建筑及其工厂企业有关的工业遗
产，包括采访该工厂的老工人、原来的厂领导、工程技术人员等，以"口
述史"的资料充实工业遗产建筑的空壳，为工业遗产保护（或建设工业遗
产博物馆）做好基础准备。这是工业遗产普查后续工作一个值得重视的问
题。由于全国第三次文物普查的对象主要是不可移动文物，2013 年国家文
物局又启动了全国首次（国有单位）可移动文物普查，届时可能会发现一
些可移动的工业遗产，我们对此寄予希望。

图 4-1　开滦博物馆征集的 20 世纪初开滦机械制修厂使用的日本进口锯床

　　根据收集的图片与文字记录资料，结合相关工业技术史的文献资料的研究，对工业遗产做出初步的价值判断。在此基础上提交专家组评议。专家组成员一般由城市规划、建筑设计、工业史、文物管理、博物馆学等领域的专家、学者以及相关企业领导和历史亲历或见证者等组成。专家组对提交的调查研究资料和初步判断结果进行评审，提出修改意见。然后将讨论结果向社会公开，并听取来自社会各方的意见，进行公开讨论和交流，在对工业遗产的价值以及征集意义方面达成共识，最后由政府相关部门认定和公布工业遗产名单，并实施相应的保护措施。

　　（二）工业遗产类藏品的征集

　　工业遗产馆藏品的征集与一般博物馆的藏品征集有相似之处，所以博物馆的一般征集方法在工业遗产藏品征集中也可通用。一般在征集可移动藏品时，需要重视的原始记录与原始资料主要有以下项目：

　　（1）藏品名称：包括别名、俗称等；

　　（2）藏品流传经过：从何处得到、从何人手中（或何单位）得到、之前为谁保有等经过情况；

　　（3）时代：制造时间、使用时间、废弃时间、发现时间等；

　　（4）地点：征集地点、发现地点、制造地点、使用地点（或工厂、公司）等；

　　（5）用途：如何使用、结构功能（工艺特点）等；

　　（6）质地：主要制作材料、外形、样式、型号、体量等；

　　（7）保存情况：征集时状况、修复状况等；

　　（8）征集者和征集时间：摄影者和时间、测绘者和时间等；

　　（9）评价：相关的评鉴资料、参考文献等。

　　上述项目的资料是藏品档案的基本内容，如是调查访问所得，应有征集者整理的访问、采访记录，作为档案的附件一同归档。

　　但是工业遗产博物馆藏品征集与一般的博物馆藏品征集还有些不同之处，这是需要特别重视的。工业遗产的产权较为复杂，征集工作要充分注意这一点。目前我国的工业企业产权有中央企业、地方企业（有省、市属或县、区属）、军工企业和合资企业、民营企业等多种类型。产权管理状况分为国资委、国土资源部（局）、企业集团和控股集团、企业单位等多种方式。每个企业还有多种经营方式，包括厂房出租、场地出租、合作经营、合作开发等，有的还存在产权纠纷。在如此复杂的情况下，工业遗产的征集就有相当的难度，需要很好地协调各方面的关系。工业遗产的征集要有专门的组织和人员，不仅仅要了解工业遗产的现状及其分布，还要有很强的公关能力，争取征集工作能得到各方大力支持，尤其是政府相关的主管部门以及与

图 4-2　四川省广安市文物管理所人员深入原三线企业新厂
开展工业遗产实物征集调研

资料来源：广安市文管所编：《西部深处的记忆——广安市三线工业遗产图片集锦》。

工业遗产有关的企业及上级主管机构。一般而言，目前我国民营企业多在改革开放以后产生，由于年代较近，工业遗产的数量与种类相对较少。晚清以来的中国近代工业遗产主要都是在那些钢铁、煤矿、纺织、船舶、交通运输、机械制造等传统行业，其中有不少属于国民党政府官僚资本，新中国成立后为国家所没收。新中国成立后传统行业有了进一步发展，又出现了许多新兴行业，而这些行业多以央企和地方企业为主。因此，在藏品征集中，依靠各级政府力量的支持很重要。中央政府与地方政府的大力支持是工业遗产馆藏品征集的基本保障。

　　在征集中，收集与工业遗产相关的资料也很重要，它将为工业遗产的研究、陈列展示提供丰富厚实的基础。这些资料包括相关的厂史厂志、科研成

果、宣传资料、技术档案（包括建筑、机械设备、技术的图纸文件档案等）、影像资料等。还包括口述史（采访老职工、老领导、老劳模的记录、现场录像、照片）、人物访谈记录，以及重点场所、建筑、构建物、机器设备、生产过程等记录资料。由于有些重要工厂建立年代较早，历史较长，相关人员不少都已经过世，活着的也都到了耄耋之年，口头采访记录资料的收集十分急迫，在工业遗产博物馆筹建中务必十分重视这一问题。

二、工业遗产藏品价值评估原则

在博物馆的藏品征集中，需对所征集的藏品要进行初步的价值评估，这是征集工作中必不可少的环节，工业遗产博物馆的藏品征集同样也需要这一个环节。对工业遗产藏品的价值评估，应根据以下四个原则。[1]

（一）价值的相对性原则

文化遗产的种类有许多，在认定其价值的时候，我们看到不同种类的遗产都有其不同的代表性。在全国重点文物保护单位中，既有古墓葬、古建筑，也有近现代重要史迹及代表性建筑；在国家一级文物中，既有青铜器、陶瓷，也有玉器、名人手稿、重要历史文件等，可见遗产价值的评价是相对的。因而工业遗产藏品价值的评价也是相对的。城市与城市之间，行业与行业之间，不同的工业遗存都有其不同的价值和意义。

以城市为例，同样作为中国政治、经济、文化最发达的两个大城市的上海与北京相比，上海是我国近代洋务运动的最早发生地之一，又是鸦片战争以后较早的口岸开放城市，有不少外国的租界区，不但有中国最早的军事工业（上海江南机器制造局），同时在民用工业中也有许多中国工业史上的第一，上海近代工业遗产异常丰富。北京作为清王朝的都城在近代以政治、文化为中心，经济生产并非重点，在新中国成立之后才开始重视工业发展。所以北京除少数近代工业以外，工业遗产以 20 世纪五六十年代的现代工业遗产为主，上海与北京在工业遗产类型和年代上都有不同，判断工业遗产价值，不能以年代为唯一标准（虽然年代是重要标准之一）。

以行业为例，不同的行业对城市建设与发展、对社会的贡献大小是不同

---

[1] 刘伯英、冯钟平：《城市工业用地更新与工业遗产保护》，中国建筑工业出版社 2009 年版，第186—188 页。

的；一个行业在不同的历史阶段有不同的代表性标志物。譬如桥梁建筑，隋代的赵州桥与现代的钱塘江大桥都是全国重点保护单位。大庆油田第一口井和青海中国第一个核武器研制基地（原子城）在其本行业中都是开创性的，都被列为全国重点保护单位，具有同样的保护价值。因此，工业遗产在不同行业间的价值存在相对性。在评定工业遗产藏品价值过程中，既要考虑以城市为单位的研究，也要以行业为单位进行综合研究；既要考虑该行业在城市发展的历史，也要考虑该行业在全国范围（乃至世界范围的）发展历史中的作用和地位。开滦博物馆收藏的中国第一台煤水泵木样，见证了新中国煤矿工人从事技术革新的历程，被定为二级文物。

图 4 - 3　开滦博物馆展示的中国第一台水泵木样见证了
新中国煤矿工人从事技术革新的历程
资料来源：《开滦文博》第 2 期。

（二）价值的科学性原则

工业遗产是工业文明的产物，工业文明的创造物是科学技术发展的见证。科学技术是不分国界的，外国先进的科学技术为中国所用或中国的创造发明为别国所用，它依然不改变其科学技术的性质，也不影响其先进性。所以评价中国工业遗产的科学价值，应以科学技术的先进与否为唯一标准，客观地评价其在中国工业史上的历史作用，不应带有过分强烈的民族主义情绪，否认半封建半殖民地时期外商在华兴建企业留下的工业设施设备等的遗产价值，或社会主义建设时期中国从国外引进的技术设施设备的遗产价值。

中国近代工业始于晚清时代的"洋务运动"，随着一些民族实业家的崛起，国内出现了一批官办、商办、官商合办的企业，接着外商也开始在华开办企业，如青岛啤酒厂、中东铁路建筑群、上海杨树浦的怡和纱厂等。新中国成立以后的 50 年代，中国工业还经历了苏联和东欧社会主义国家援建时期，分布全国的 56 个大型建设项目，如北京的 718 联合厂和京棉二厂、洛阳拖拉机厂、长春第一汽车制造厂等。在改革开放以后，又有大量的先进技术引进，如上海宝钢集团公司从日本引进的钢铁生产技术设施，北京首钢进口的二手设备等。虽这些技术、设施设备、厂房建筑、生活设施不是中国自力更生、发明创造和自主知识产权，但它们记载了中国工业的从无到有、发展壮大、产业升级的历史过程，是中国工业发展史的客观物证，具有重要的工业遗产价值。没有那时的"外国技术"，中国就不可能达到今天这样的发展成就。因此，无论是中国自己的创造发明还是外国引进的科学技术，只要是中国工业史重要物证的工业遗产，都具有科学技术价值。

（三）价值的全面性原则

反映一部完整的工业史，不仅仅需要工业生产的主要物质条件，譬如厂房建筑、机器设备、原料、工具等物化的要素，还要有反映劳动者生产与生活内容的见证；不仅仅需要有代表工业发展成就的各种产品，还要有工业对人类生存的环境造成污染、破坏的证据。我们常说"科学是把双刃剑"，工业化也是一把"双刃剑"，它在为人类创造巨大财富的同时，也让我们付出了环境破坏的巨大代价。这是不可否认的历史事实。我们提倡科学就是要利用其正能量造福于民，但同时也要注意避免其负面效应的产生。因此工业遗产不仅仅是我们通常所讲的工业建筑、构筑物以及机器设备、制造物等，不仅仅是反映生产工艺的科学技术等非物质文化，还包括反映工业生产对环境造成破坏的具体物证，譬如工业生产造成的被污染的土壤和地下水样本，针对环境破坏进行整治的各种方法与实践等。这样，工业遗产至少包含了两个层面的内涵：一是反映工业化大生产发展过程造福于人类社会的见证物；二是工业生产对人类生存环境带来破坏的负面效应见证。但目前我们只重视前者，忽视后者，这种偏向应予以纠正。只有全面反映工业对社会产生的影响，才能使我们对工业化有一个完整的认识，只突出宣传工业化给社会带来的财富、给生活带来便利，掩盖工业化也给社会造成的危害，这是片面的。我们不否认代表工业化成就的见证物应当是工业遗产的主体，但也不能忽视见证工业化负面因素的物证。每一件工业遗产都有其特定的含义，有些作为反面教材而得到保护的历史见证物，对我们今天具有警示和启迪作用，其意义并不亚于对成功经验的正面宣传。

（四）价值的稀缺性原则

与欧美老牌工业国家相比，中国的近代工业遗产无论在年代上或科技水平上都显得不足挂齿，但这丝毫不影响中国近代工业遗产的价值。中国近代工业发展走的是"引进、学习、消化、吸收"之路，在当时不可能在科技水平上超越工业发达国家，这是客观事实。但如果没有那时的"引进技术"，就没有今天的科技新发展。在全国范围内，同行业中具有代表性或先进性，同一时期内技术最先进、品牌影响最大、全国著名的机械设备、生产工艺等，都具有稀缺性的价值。

我国现在进入工业遗产博物馆的大型机器设备（藏品），主要是20世纪90年代后期以来收集的。改革开放以后，中国工业机器设备的改造更新主要有三次：一是改革开放之初从国外引进先进设备，使许多旧机器设备下岗；二是90年代许多企业改制，使老机器设备淘汰；三是90年代后期许多工厂从城市中心区域退出，搬迁到新开发区，使机器设备升级更新。现在博物馆收藏的工业机器设备，主要就是从这三次较大规模的机器设备更新中抢救过来的。这些工业遗产中，有的有近百年历史，但历史久远的不多，多数在年代上较新，为新中国成立以后的。但由于我国80年代以来，工业遗产的损毁较多，剩下的数量稀少、科技含量高、有代表性的工业遗产，在全国或在本地具有极高的影响力，仍具有稀缺性价值。

第二节　工业遗产博物馆的藏品保护与管理

一、工业遗产类藏品的保护

（一）博物馆中工业遗产藏品的保护状况

从总体上看，目前国内博物馆藏品的保护状况并不令人乐观，国家文物局领导曾经公开批评国内博物馆的藏品大部分没有得到很好的保护。2011年11月16日，当时的国家文物局局长单霁翔在济南举办的"博物馆免费开放与公民文化权益"亚太地区馆长高层论坛的主题演讲中说，目前"我们做过一次博物馆藏品腐蚀调查，触目惊心！博物馆那些有机物的腐蚀，那些铜器铁器的腐蚀、生锈，每年造成的损失，数以亿（元）计"[①]。很多人都以为工业遗产进了博物馆就一定会得到很好的保护，实际上由于种种原因，有些工业遗产在博物馆并未得到很好的保护。譬如有学者指出，南通纺织博物馆陈列的大型纺织机器设备中，有19世纪末张之洞从英国进口的、目前国内仅存的中国早期纺织机设备，因缺乏经费，已有多年不进行保养与维护了，任其日益锈蚀。又如中国民族工商业博物馆对露天展示的大型工业机器设备，没有采取任何保护措施，导致这些铁质文物发生严重锈蚀，受到观众的尖锐批评。如该馆的"螺旋形转梯"、除尘机、面粉加工机器老设备等，裸露在室外饱经日晒雨淋，有些已经锈迹斑斑，观众"为室外陈设的老机器设备遭受锈蚀而惋惜"[②]。这仅仅是见于媒体的一部分，还有许多我们未见着的情况，是否比这更糟糕的，不得而知。

探究目前我国博物馆中工业遗产类藏品保护不力、保养的缺失，主要原因有三。

（1）社会历史类博物馆缺少专门技能的员工。在抢救工业遗产活动中，人们认为将需要保护的工业遗产送到博物馆是最好的归宿。由于我国工业遗产类博物馆很少，这些工业遗产往往都被送到社会历史类博物馆。在社会历史类博物馆，由于馆内员工的专业所限，缺乏对工业机器保养的知识和技

---

① 单霁翔：《馆藏文物腐蚀年过亿元》，齐鲁网，http://news.iqilu.com/shandong/yaowen/2011/1116/1048758.shtml。

② 为民：《露天工业文物期待呵护》，《中国文化报》2009年8月2日。

图4-4　20世纪80年代上海制造的1515型56吋自动换梭织布机

（青岛纺织博物馆收藏）

能，无法对工业机器设备进行有效维护与保养，更谈不上达到专业保护水平
的要求。加上有些工业机器设备体量大，需要多人同时合作才能完成，使他
们力不从心。因而有些工业机器设备得不到经常的、有效的维护。

（2）行业博物馆缺乏必要的保护经费。在行业（企业）博物馆，虽有
一些懂行、懂技术的员工，但由于缺乏保护经费，很多必要的保护工作也无
法实施。行业（企业）博物馆的建立与运行管理都有企业自行负责，在企
业经营十分顺利、经济效益良好的情况下，给予博物馆运行的经费就可能充
裕一些，当企业经营不够顺畅、经济利润下滑的时候，尤其是企业发展不景
气的时候，博物馆运行的经费自然会减少，这就波及对博物馆藏品的保护经
费投入，从而直接影响了工业遗产藏品的保养和维护。

（3）缺乏定期保养和维护的管理制度。由于一些领导对工业遗产重要
性的认识不足，不少工业机器设备保护在博物馆不受重视，没有制定严格的
保养、维护的制度，随意性很大，想到了就做些保护，想不到也就不做维护
了。如有的社会历史类博物馆收藏了一些工业机器设备，但博物馆陈列展览
的利用率不高，加之这类文物比较笨重庞大，因此往往将其置于库房冷角，

很容易被遗忘。久而久之，对其应有的保养维护工作就疏忽了，难免发生锈蚀的厄运。其实相比较于其他艺术类藏品，工业类藏品的维护成本并不很高，能否得到较好的保养与维护，关键在于领导的重视与否。

（二）室内保护

（1）库房中的保护。虽然工业遗产是一个门类，但其藏品的种类很多，构成藏品的材料质地也有许多种类，从保护的角度出发，仍可参照大多数博物馆的通行做法，即以质地分类保护为主。不同材料质地的藏品，对存放地点的温、湿度条件要求不一样，对光线与空气的要求也不同，如文献纸张类藏品的保护要求不同于金属物为主的库房保护要求，木质藏品的保护要求也不同于纺织物藏品的保护要求。关于工业遗产类藏品的室内保护，大体可参照社会历史类博物馆藏品保护的做法，根据国家文物局颁布的《博物馆藏品管理办法》，参照执行，此不赘述。需要补充的是，对工业机械设备类藏品，除清洁灰尘、去除锈迹、加油保养、涂以油漆以延长寿命之外，还应定期启动机器，进行短时间的运转，清楚机内的锈迹，以达到保护与延长寿命的目的。如古董车的保养，则必须让它动起来，时常需要开出展厅，在马路上行驶，让轴承有磨合才是对古董车最好的保养。这不仅需要专业的技工给车添加机油、擦拭车身，还需要有足够责任心的驾驶员将车开到路上，与传统的文物保存有很大的差别。

（2）展厅中的保护。室内陈列展示文献纸张类、木质、纺织类的工业遗产展品，可参照一般博物馆展厅中的展示要求，主要是温、湿度控制和光照明的要求，还有防火、防盗等的安全措施；展示工业机械设备等展品，在温、湿度和防紫外线方面的条件要求要低于文献纸张、木质、纺织类的工业遗产展品，但需要定期运转工业机械、保洁、加油等维护保养工作。机器设备保护的关键是防锈。机器经常运作就不易生锈。博物馆收藏的机器设备都已退出工作场所而处于静止不动状态，静止状态比动态更易损害，因此对工业机器设备拟采取定期的动态维护方式。[①] 发达国家的工业博物馆陈列机械设备较多采用动态展示方法，不仅仅是为增加公众的参观兴趣，还出于对展

---

① 任苏文：《工业遗产中大型机器设备的保护》，《中国文物科学研究》2010 年第 2 期，第 46—50 页。

品的维护保养需要，这种方法值得借鉴。

（3）露天场合的保护。在大型露天工业遗址博物馆，大量展品是以露天的方式展示，展品大概包括工业原址上的大型工业建筑和构筑物（如炼铁高炉、厂房、烟囱、仓库、矿井、船坞、龙门吊、储气罐等），以及蒸汽机车、大型矿山挖掘机等，或从异地搬迁而来的大型工业生产机械等，还包括工业遗址本身。对于工业遗址现场的保护，一般都把工业遗址周围的自然环境结合起来整治与修复，使之成为适合人居的自然与人文环境，同时保留着昔日城市工业文明发展的历史见证，提振市民对未来发展的信心。对于工业历史建筑的保护，根据建筑物的保护等级与现状，将破损的建筑部位适当修复，按照"原真性"修复的原则，保持建筑物外表立面与内部结构不变，原状展示，并在使用中保护。对大型煤矿遗址的保护，按照煤矿建筑物的保护要求，在原状保留的煤矿矿井作业区，对矿井及其升降电梯等设施进行安全加固与修整，增加通风与采光设施，达到符合能够对观众开放参观的要求与条件。使公众既能真实体验矿井作业区的开矿场景，又有安全保障。

图4-5　开滦国家矿山公园工业博览园展示的现代综合采掘液压支架

（作者自摄）

置于露天展示的大型机器设备一般都在一个较为空旷的场地，由于机器设备长期在阳光下曝晒或雨水侵蚀，很容易锈蚀，可构建专门的保护顶棚，以防止机器设备被日晒雨淋，减少自然损害的可能。露天展示的大型机器设备一般都要涂上漆，以防止生锈。

露天大型机器设备除了要防止日晒雨淋而生锈之外，还要防止零部件丢失，因此必须加固机器设备上的所有螺母，以防个别观众好奇或其他原因而拿走机器设备上的零部件；对于有轨机车或有轮车辆的之类展品，要采取安全措施将其牢牢固定，防止车辆滑动而发生事故。

图4-6　美国福特汽车博物馆对露天展示的机车保养

露天陈列的展品，其保养的间隔期要比室内展示保养的短，需要经常检查，发现不安全因素应及时解决。

二、工业遗产类藏品的管理

（一）工业遗产类藏品的常规管理

工业遗产博物馆的藏品管理，可参照社会历史类、古代艺术类博物馆藏品管理的制度与方法，如藏品的定名、登账、编目、建档等规范，都是博物馆在长期实践基础上总结出来的、符合实际应用的科学方法，具有严密的逻辑性和可操作性。

1. 工业遗产类藏品档案。从管理的角度而言，工业遗产博物馆也要与社会历史类、艺术类藏品一样，建立藏品档案。虽工业遗产博物馆有很强的专题性（或主题性），但有些方面藏品的类型与社会历史类、艺术类博物馆的藏品相似，可以参照社会历史类、艺术类博物馆的做法对藏品进行建档。譬如工业遗产博物馆中的一些历史文献，如晚清洋务人士向清廷提交的关于建立汉冶萍煤铁公司奏折手稿，或与相关官员讨论建设工厂的往来信件之类，都属于纸质文献，其来源及其流传过程等各种相关信息，都应记录在案。唐山开滦博物馆收藏的一级文物"英国伦敦高等法庭诉讼记录"，见证了100多年前的"开平矿权骗占案"的跨国诉讼事件，涉及曾任美国第31届总统胡佛的早年在华以奸诈手段积累财富等历史内容。该文物的流传经历对于我们今天研究当年的这一事件及其相关的人物，具有重要价值。建立藏品档案对研究者将带来很大帮助。

工业遗产博物馆可能更多的是机器设备和生产工具等，对于每一件收藏品，都要有收藏档案，除了记录其原来的所属企业单位之外，还要有该藏品的实际生产用途的照片和现状照片（有条件的应采用三维图像或录像图片）、制造年代、制造商、当年购进的价格（如属于社会或企业捐赠则例外）以及在行业中的地位、科学技术史上的地位等相关内容。丰富而完整的藏品档案不仅有助于研究者对藏品的鉴定和价值判断，还可以为将来藏品的展示与解说提供丰富的叙事依据。

2. 工业遗产类藏品数据库建设。博物馆藏品信息数据库建设是目前博物馆数值化工程的一项重要内容。国内一些有条件的博物馆正在建设数字博物馆，藏品信息数据库建设是其中之一。国家文物局文物信息中心专门研究开发了相关的软件，为新建博物馆的藏品信息化建设提供帮助。新建的工业遗产博物馆可借助这一软件进行藏品信息数据库建设。数据库储存工业遗产藏品的各种信息，从方便提取与使用的角度，可以设置多途径进入，结合工业遗产的特点，采取行业分类、藏品质地、藏品年代、藏品用途、藏品性质等路径，方便检索和使用。由于工业遗产博物馆是一个特殊的门类，工业藏品的定名与分类等与一般社会历史类博物馆藏品定名与分类有差异，因而工业遗产博物馆在藏品信息数据库建设中，还必须研究与解决关于工业藏品的定名规范与分类规范等问题。①

3. 工业遗产类藏品的定名。目前我国已建成并向社会开放的工业遗产博物馆数量尚少，对博物馆藏品虽也做登记，但在藏品的定名与分类方面没有统一标准，应该如何定名、如何分类，各馆都各自为政，因而在展品的说明牌上，出现了一些不够专业的表述。现在博物馆藏品的定名，国家已有基本的统一原则，② 博物馆界对定名的一般原则都基本认同。自然标本按国际通用的有关命名法定名，人文、艺术类博物馆藏品定名，一般包括三个组成部分：时代、款识、作者；类别、器型或用途；特征、纹饰或颜色。

工业遗产博物馆的藏品命名，基本可参考上述三个方面内容，但局部可以有些小变化，以便突出工业遗产的特性：年代、国别、生产者（制造商或公司）；类别和用途；特征、型号。

（二）工业遗产类藏品的类型

工业遗产藏品的分类不同于一般的社会历史类藏品分类。由于工业主题的特殊性，也就有一些特殊的藏品种类，因而不能简单地照搬（参照）社会历史类博物馆的藏品分类法。加之，工业遗产博物馆还有部分为遗址性博物馆，有露天展示与保护的藏品，而一般的社会历史类博物馆几乎没有露天陈列内容（露天博物馆除外）。因而，工业遗产博物馆它应有自己的工业行业藏品分类，才能满足工业遗产博物馆的藏品管理要求。

---

① 2001 年国家文物局发布《博物馆藏品信息指标体系规范（试行）》（文博〔2001〕81 号），其后，中国文物信息咨询中心又编制了《博物馆藏品信息指标著录规范》（内部交流文件）。《规范》采取层级分类法，将博物馆藏品信息指标分为指标群、指标集和指标项三个层级，整个指标体系包括 3 个指标群、33 个指标集、139 个指标项，基本涵盖了全国人文、艺术类博物馆的各种藏品类型以及藏品的保护、管理、使用、研究等工作流程内容，能基本满足人文、艺术类博物馆藏品信息处理与交换的最基本要求。

② 1991 年 11 月 19 日，国家文物局颁布《馆藏文物档案填写说明》，《说明》中对人文、艺术类博物馆藏品的定名，有一个基本的统一原则。

1. 工业遗产的形态属性。工业遗产从其形态来区分，具有物质与非物质的两种属性。

（1）物质形态类：工业生产的物质要素。包括建筑（厂房、库房）、构筑物（水池、水塔、烟囱、储柜、储罐、煤仓、传输、管廊）、场地、设施设备、产品、原料、废弃物，作为工业生产状态和生产变化的物质见证。

工业生产的文化要素。包括报纸橱窗、雕塑壁画、奖状奖杯、影像照片、服装工具、劳动保护、标语口号、印刷品等，表明与工业生产密切相关的软环境。

（2）非物质形态类：与历史相关：厂史厂志、人物事迹、机构组织。与生产相关：工艺流程、科研成果、产品产量。与管理相关：规章制度、企业精神、企业文化。

2. 工业遗产类藏品涉及的行业门类。工业遗产涉及的产业门类相当广泛，有的非常明确，是典型的工业，有的似乎不那么明确，与其他产业的界限比较模糊。工业遗产涉及的主要行业包括以下方面。

（1）采矿业：主要包括铁矿、铜矿采选业、天然原油和天然气开采业、煤矿的开采洗选业、采盐业、化学矿采选业、非金属矿及其他金属矿采选业等。

（2）制造业：包括农副食品加工业、食品制造业、饮料制造业、烟草制品业、纺织业、服装、鞋、帽制造业、皮革、毛皮、羽毛（绒）及其制品业、木材加工及木、竹、藤、棕、草制品业、家具制造业、造纸及纸制品业、印刷、出版业、文教体育用品制造业、石油加工、炼焦及核燃料加工业、化学原料及化学制品制造业、医药制造业、化学纤维制造业、橡胶制品业、塑料制品业、非金属矿物制品业、黑色金属冶炼及压延加工业、有色金属冶炼及压延加工业、金属制品业、通用设备制造业、专用设备制造业、交通运输设备制造业、电气机械及器材制造业、通信设备、计算机及其他电子设备制造业、仪器仪表及机械制造业、工艺品及其他制造业、废弃资源和废旧材料回收加工业共30种行业。

（3）电力、燃气及水的生产和供应业：包括污水处理及其再生利用业、自来水的生产和供应业、燃气与天然气生产和供应业、热力生产和供应业、电力供应业、电力生产业。

（4）建筑业：桥梁隧道建设、工业建筑、混凝土工程建设、电力工程建设、高速路和城市街道建设、下水道工程建设等。

（5）交通运输业：包括铁路、公路、水路、航空和城市轨交业。

（6）邮电通信业：包括邮政和电信两方面内容。

以上6种产业主要针对工业本身而言。为工业生产配套，与生产厂区混合或毗邻的办公、居住也在工业遗产研究范围内，如沈阳铁西的工人村、长春一汽工人住宅区等。如天津将开平矿务局办公楼、怡和洋行作为城市历史风貌建筑进行保护；而德国鲁尔则将德国工业史上的重要人物——克虏伯的别墅，纳入鲁尔工业遗产之旅当中。

3. 工业遗址的场所类型。历史上遗留的重要工业遗址作为工业遗产一部分，与遗址上展示的工业遗产一样也要受到保护。就国内外建设的工业遗产博物馆而言，涉及的工业遗址的场所类型，主要有以下方面。

（1）工业场所。

近代工厂：冶炼、矿山、船舶修造、陶瓷、酿酒、纺织、印刷、造纸等；如江苏南通大生纱厂旧址、福建马尾船厂旧址、天津船厂旧址、上海江南造船厂旧址、山东青岛啤酒厂场址、武汉汉冶萍铁矿公司旧址、上海申新纺织厂旧址等。

图4-7　天津船厂老船坞遗址

（作者自摄）

现代工厂：以煤、石油、电力等现代原料为能源的工业生产；黄崖洞兵工厂旧址、北京石景山首都钢铁厂旧址、重庆钢铁厂旧址等。

（2）交通运输线。

运河：以及河道上的交通工具、船闸、桥梁、码头等；

铁路：站台建筑、轨道、车辆；如云南省个旧鸡街火车站、京奉铁路正阳门东车站、中东铁路、京张铁路、淞沪铁路等；

公路桥梁：杭州钱塘江大桥、史迪威公路等、英国铁桥峡的铁桥等。

图4-8　德国亨利兴堡水闸老升船机博物馆

（3）采矿场所。盐矿、铁矿、有色金属矿等，如湖北黄石汉冶萍煤铁厂矿旧址等。

（4）水利设施场所。如云南石龙坝水电站、浙江新安江水电站等。

（5）能源设施场所。发电厂、自来水厂、煤气厂灯，如上海杨树浦自来水厂、上海南市发电厂旧址、大庆油田第一口油井——松基三井、北京焦化厂旧址等。

4. 工业遗产类藏品的分类。

（1）一般博物馆的藏品分类。藏品分类是为藏品管理、提供研究和使用目的之需要。除了自然类博物馆在国际上都统一采用纲、目、属、科等的生物学分类法之外，其他类型的博物馆国内外并无统一的藏品分类法。目前人文艺术类博物馆的藏品分类法主要有以下几类：据藏品质地分类；据藏品用途分类；据藏品制作时代（年代）分类；据藏品征集来源分类；据藏品的工艺分类；据藏品的所属国别分类等。

考虑到每一种分类法都有其优点与不足，许多博物馆往往采用复合分类法，即先分大类，每大类之下再分小类目，每一小类目之下再分子类目，这样就层层细化，具体到每一件藏品，使之既便于保护管理，又满足提取使用的方便。

（2）工业遗产博物馆的藏品分类。工业遗产博物馆可以参考社会历史类博物馆藏品的分类法，但工业遗产博物馆具有明显的行业特征，因此在参照上述藏品分类体系时，应补充增加按照行业分类的方法，使之能反映工业遗产藏品的特点，更具有科学性、逻辑性和实用性。

例如：

藏品年代：晚清时代（1840年以后）、民国时代（1912年以后）、新中国成立（1949年以后）、改革开放以来（1979年以后）；

藏品质地：金属类（金、银、铜、铁、铝、锡等）、非金属类（石质、纸质、木质、毛麻棉化纤、皮革以及塑料、玻璃、陶瓷等各种化合物）；

藏品行业：制造业、纺织业、化工业、交通运输业、钢铁冶炼业、矿业采掘业等；

藏品用途：生产工具、生产机械（挖煤机、纺织机、印刷机、车床、刨床、钻机、锻压机、发动机等）、生活用品、文化教育用品、娱乐用品、军事用品等；

藏品来源：或以国别，如中国制造、英国制造、日本制造、美国制造、德国制造、俄罗斯制造等，或以国内城市产地区别，有上海制造、沈阳制造、武汉制造、大连制造等，或再具体到制造厂家，如大连机车制造厂、长春第一汽车制造厂、上海江南造船厂等。

（三）工业遗产类藏品的定级

目前国内的工业遗产博物馆还为数不多，现在讨论关于工业遗产藏品的定级问题似乎为期过早，但随着以后数量的增加，许多工业遗产博物馆必然会面临这一问题，这是必须要解决的。藏品定级是藏品管理走上正规科学化的必要手段，事实上已经有个别工业遗产博物馆开展了馆藏文物的等级鉴定工作。如有媒体报道，中国铁路系统规模最大、铁路运输业藏品最丰富的国家级博物馆——中国铁道博物馆完成了对首批馆藏文物的等级鉴定。确定了 77 件套馆藏文物为国家珍贵文物，其中包括"毛泽东号"机车在内的国家一级文物 44 件套，二级文物 21 件套，三级文物 12 件套。[①] 此前，唐山开滦博物馆也已经对馆藏文物进行了等级定级工作，在馆藏上万件藏品中，确定了 446 件馆藏为国家珍贵文物，其中包括 1881 年发行的"开平矿务局股份票"在内的国家一级文物 48 件，二级文物 72 件，三级文物 326 件。[②]

　　我们在调研中发现，有些工业遗产博物馆也有对馆藏品定级的愿望，因国家没有现成的工业文物定级标准，感到操作起来有一定难度。就目前的情况看，对工业文物进行定级，可资参照的法规性文件主要有三个：2001 年国家文化部颁布的《文物藏品定级标准》和 2003 年国家文物局颁布的《近现代一级文物藏品定级标准（试行）》以及 2009 年文化部颁布的《文物认定管理暂行办法》。《文物藏品定级标准》是国内博物馆进行藏品定级的参照依据。《文物藏品定级标准》中如关于"一级文物定级标准"的第二条指出，"反映历代生产力的发展、生产技术的进步和科学发明创造的特别重要的代表性文物"，可以定为一级文物。工业遗产都是与工业生产技术有关，反映近代以来工业技术进步的特别重要代表性工业遗产，自然也可能被定为国家一级文物。《近现代一级文物藏品定级标准（试行）》中第十二条指出，"反映近现代中国社会、经济、文化、科技、民族、宗教信仰及生态等各方面发展变化的重要遗存和见证物，具有典型性、代表性的，可确定为一级文物"，该条中的第 2 点："反映中国经济发展的重要文物（如反映生产力发展各阶段的代表性生产工具、近代老字号企业、经济特区、国有企业、民营企业、股份制企业、基础设施建设、资源、生态、人民生活水平等的重要文物）"和第 3 点："反映中国科技发展水平的文物（包括有重要意义的各种仪器、科学实验、重大成果、发明专利等）"，都涵盖了近现代工业文物的

---

① 《中国铁道博物馆首批馆藏文物完成等级鉴定》，《中国文物报》2012 年 9 月 7 日。
② 李军：《黑色魅力》，《开滦文博》2011 年第 4 期，第 24—26 页。

范围。①《文物认定管理暂行办法》中第二条指出，"乡土建筑、工业遗产、农业遗产、商业老字号、文化线路、文化景观等特殊类型文物，按照本办法认定。"第十一条规定，"文物收藏单位收藏文物的定级，由主管的文物行政部门备案确认。"与传统概念中的文物类型相比较，工业遗产等属于特殊类型的文物，对工业遗产博物馆馆藏文物的定级，在具体操作上，首先由博物馆自行组织专家对馆藏文物进行评定，然后上报政府主管文物的行政部门备案确认。

1. 工业遗产类藏品的定级标准。《文物藏品定级标准》规定，博物馆馆藏文物定级分为国家珍贵文物与一般文物。珍贵文物分为三级，其中具有特别重要价值的，定为国家一级文物，具有重要价值的，定为二级，具有比较重要的，定为三级，具有一般价值的，定为一般文物。在操作中，由于馆藏价值的"重要"程度的界定，还是一个定性的概念，非量化指标，这就会在具体在评估中出现偏差。因如何确定"重要"还是"一般"，这是一个见智见仁的问题，如评定者掌握的尺度宽严不一，就可能导致评定结果的不公平，降低评定的科学性。

《文物藏品定级标准》和《近现代一级文物藏品定级标准（试行）》等法规虽有涉及工业遗产博物馆的，但主要还是针对社会历史类、艺术类博物馆以及纪念馆的藏品，工业遗产博物馆要参照这两个法规文件的"标准"对藏品定级，操作起来感觉到不够细化，真正结合工业遗产藏品评定，还需要进一步细化，形成具体的博物馆工业文物定级标准。这里试根据国家文物局颁布的《文物藏品定级标准》精神，对博物馆工业遗产馆藏定级的评定标准，提出一个初步的框架，主要可从三个方面来考虑。

（1）历史价值。

年代因素：年代的久远赋予文化遗产珍贵的历史价值。在文物的概念中，年代是一个显著的因素。一般认为，年代越久远，历史上存留下来的古物就越稀少，其价值就自然上升，常言道"物以稀为贵"，讲的就是这个意思。过去我们把文物的年代限制在具有一百年以上的历史，现在这个框框已打破，不唯年代论，还要考虑其他的因素。与原始时代的陶器、石

---

① 国家文物局：《近现代文物征集参考范围》，2003 年 5 月 13 日颁布。

器或夏商周三代的青铜器相比，近现代工业遗产的年代都属于"年轻"，但同样具有历史价值。因工业革命本身的历史并不悠久，近现代工业遗产是近现代工业文明的纪念物，它记录了世界工业革命以来的工业社会发展历史，是见证科学技术发展水平的实物载体，是城市历史的鲜活记忆。近现代工业遗产的年代虽不遥远，但它毕竟是历史的产物，在快速的城市化发展进程中，很多工业遗产已经遭到毁坏，当我们在筹建工业遗产博物馆时候，一些著名的机械设备已经不知去向（譬如中国第一辆"龙号"蒸汽机车真迹至今未见原物），这就使得年代较早的工业遗产具有一定的稀缺性。

与重大历史事件或重要历史人物的关联：任何一件工业类藏品如果与重大历史事件或重要人物有联系，它将具有特殊的历史价值。这里的重大历史

图 4-9   毛泽东 1957 年视察湖北铁矿时在矿山手拿铁矿石的照片

（作者自摄于武钢博物馆）

事件一般是指工业企业本身或工业发展史上的重大事件。如与企业或行业发展无关的重大历史事件，那么这件工业遗存的历史价值可能更多地属于工业

史以外的意义，尽管它本身可以说是工业遗产的一部分。譬如，在解放战争中，八路军某兵工厂生产的一挺机关枪，在淮海战役中被使用，尽管它属于军工产品，因其主要内涵是战争的见证，更可能被放在军事历史博物馆。但从兵工厂历史的角度考虑，也可在建立兵工厂博物馆时，将其放进兵工厂博物馆，作为兵工厂的产品展示。与重要的历史人物包括党和国家的领导人、参与设计建造的著名建筑师、工程师、全国劳模、技术标兵、著名科学家等关联的工业遗产，一般都有重要的历史价值。如青岛纺织博物馆收藏有全国著名劳模郝建秀发明的"郝建秀劳动法"实物，湖北大冶铁矿博物馆收藏的1957年毛泽东主席视察湖北黄石铁矿时在矿山亲手拿过的一块铁矿石等，

图4-10　这是毛泽东1957年视察湖北铁矿时在矿山亲手拿过的铁矿石

（作者自摄于武钢博物馆）

这些物品与重要历史人物有挂关联，也就具有了特殊的意义。又如1958年9月13日，中国武钢诞生的第一天，第一包铁水就要出炉之时，毛泽东主席走上炉台。在毛主席的注视下，流出高炉的第一炉铁水，被铸造成第一批铁锭。其中的一枚铁锭（"马口铁"）被收藏在中国武钢博物馆，具有特殊意义，成为武钢博物馆的"镇馆之宝"。

（2）科学技术价值。

行业的开创性。某一企业的建立在国内或地区（城市）范围内的某一工业门类中具有开创性，其技术设施设备的应用在当时的同行业内具有开创性，那么，这些企业的建筑、设施设备等都将具有特殊的遗产价值。例如开凿于 1878 年的"中国第一佳矿"——唐山矿 1 号井，是中国最早的煤矿矿井；20 世纪 60 年代上海江南造船厂自主研制成功的"万吨水压机"，在当

图 4 - 11   20 世纪 60 年代上海江南造船厂自主研制的
万吨水压机是当时中国最先进的锻压机

时属于中国最先进的锻压机；又如辽宁阜新海州露天矿 1983 年自主研制的 KZ - 170 型潜孔钻机，最大钻孔深度 17 米、孔径 170 毫米，用于露天采剥生产时的爆破穿孔，是露天采矿生产的第一环节。当时作为中国第一台这类潜孔钻机，在同行业中属于先进技术，具有行业技术的开创性。可以认定该

潜孔钻机具有科学技术价值。

图 4 – 12　阜新海州露天矿 1983 年自主研制的 KZ – 170 型
潜孔钻机在国家矿山公园矿业博览园展示

（作者自摄）

生产技术的先进性和独特性。在工业生产活动中，对生产工具、设施设备、工艺流程等方面的创新设计，使生产过程得到改进，提高生产效率，增加了产能；或对原有的设备进行技术改造，提高了质量与产量，在全行业内推广，取得广泛的社会效益。另外，在厂房建造、机器安装等方面，这些工业建筑、构筑物、机器设备等本身应用了新材料、新结构、新技术，譬如钢结构、薄壳结构、无梁楼盖等新型结构形式在工业建筑中的应用，使工业建筑在工程方面具有科学技术价值。

（3）社会文化价值。

情感价值。工业遗产不仅见证了人类进入工业社会以来劳动者的日常生活，同时还真实地记录了劳动群众难以忘怀的人生足迹。看似平常的一个茶杯、一条毛巾、一张工勤卡、一个饭盒、一张通知、一条宣传海报，却与工人的生活密切联系，每一件物品的背后都有一个不寻常的、令人动容的故事，是企业与工人连接的感情纽带，成为社会认同感和归属感的基础，具有重要的社会学意义。譬如，工人在一个企业里工作了几十年，与厂里的领导和同事之间结下了深厚的友情，甚至对厂里的一草一木都有感情，睹物思人，触景生情，一件件平凡的物品都会勾起人们难忘的回忆……那时工厂的领导干部深入群众，与普通工人一起劳动，与工人打成一片，同甘苦、共命运，吃苦在前，享受在后，博得工人对党员干部的信任和爱戴，密切了党群关系。当年的物质条件虽不如今天富裕，但社会风气健康向上，回忆与工友之间纯朴的友谊，是一种甜蜜的享受。

企业文化。企业文化具有多方面内容，主要体现在企业精神、企业理念等方面，属于工业遗产中的非物质遗产部分。先进的企业文化能够振奋民族精神，传承劳动者的优秀品德，成为优秀中华文化精华的组成部分，成为时代精神的表征。以王进喜为代表的大庆铁人精神是中国石油企业界企业精神的杰出代表，在铁人王进喜留下的一件件平凡物品中，体现出"拼死也要拿下大油田"的信念，在唐山开滦国家矿山公园博物馆，陈列展示的矿工平凡的劳动工具上，渗透着开滦煤矿工人"特别能战斗"的精神。

（4）审美价值。

工业遗产是工业遗存中具有一定价值的那部分，这些价值主要体现在历史的和科学技术的方面。与艺术类遗产相比，绝大多数的工业遗产首先不是为人们的审美需求而创造的，而是出于生产需要或消费需要，工厂的厂房、车间、仓库等建筑物以及机械设备等生产设施，都是为了符合生产功能，根据生产工艺流程而设计建造或购买，较少考虑到艺术与功能的结合。但是不同行业生产功能的需求以及消费者对生产制品的消费需求在某种程度上造就了工厂建筑物及其产品的特色，成为城市建筑中具有鲜明个性的历史建筑和具有美学内涵的产品，从而被赋予一定的审美价值。

建筑（构筑物）工程美学。一定时期的工业遗产建筑、构建物、大型设施设备的建造，或多或少会受到当时的建筑风格的影响，即使是为了生产功能的需要，在建筑材料的应用上，建筑物风格造型上，都会带有一定的建筑艺术风格流派特征，因而工业遗产的审美价值较多地体现在工业建筑物中。典型的如德国鲁尔区埃森的关税同盟矿区，洗煤车间等厂房采用德国包豪斯建筑风格，多特蒙德的措伦煤矿，地面建筑采用古典主义风格。这些工业建筑具有很高的艺术价值自不待言。即使是那些纯粹为生产功能需要而建造的一些工业设施，从城市地标或工业代表这一角度而言，也能发现其美的价值。高大雄伟是一种阳刚之美，钢铁厂巨大的高炉、高耸的烟囱即是工厂的标志，也是工厂生命力的象征，伴随着厂区内各种弯弯曲曲的管道连接，是一派生机勃勃的景象。尽管作为遗产保存下来的钢铁厂早已停止了生产，但是在这一片不同寻常的工业遗产面前，会让人回想起那火红的年代：钢花飞溅，钢钎飞舞，金色的炉台上，一群年轻的炼钢工人正挥汗战高温……高炉和烟囱的魅力依然存在。高高的井架是昔日矿山沸腾生产的写照，承载着矿工们无数的历史记忆，今天成为曾经兴盛的矿山标志物。还有那纺织厂，一排排连体厂房，高高的天窗为采光而设计，一排排锯齿式斜顶整齐而错落有致，形成特殊的厂房结构与造型，不仅满足纺织机械的运行空间，还构成了独特的建筑面貌，成为另一道工业建筑风景。

工业产品的设计美学。作为工业遗产的工业生产制造品中，面向广大消费者的产品，其艺术设计以实用和美观为基本原则，也具有一定的审美价值。在人们日常的生活用品方面，只要我们有一丁点艺术细胞就不难发现，工业制造品上到处都有审美的亮点，尤其是轻工业产品，为迎合消费者的需要，设计者发挥创意，在产品的实用功能基础上又锦上添花，增加了其审美的价值。如上海曾经的轻工业产品名牌"凤凰牌自行车"、"蝴蝶牌缝纫机"、"红灯牌收音机"、"三五牌台钟"等，之所以家喻户晓、深受消费者欢迎，除了其使用功能之外，还有其审美价值的一面。许多工业产品的设计无不包含着美学意蕴，体现了实用功能与艺术的结合。

2. 工业遗产类藏品的定级评分。这里以上述的工业遗产馆藏价值认定为基础，设立一个量化的评价内容指标，根据得分高低，分别定为一级、二级、三级和一般文物。

工业遗产类藏品定级评分表①

评价内容	分项因子	分值（据价值高低分别定级）		
		一	二	三
历史价值 （满分 30 分）	年代	民国以前	民国以后	新中国以来
		15	12—10	8
	与历史关联	特别突出	比较突出	一般
		15	12—10	8
科技价值 （满分 30 分）	行业开创性	特别突出	比较突出	一般
		20	12—10	8
	科技先进性	特别突出	比较突出	一般
		20	12—10	8
社会文化价值 （满分 20 分）	社会情感	特别突出	比较突出	一般
		10	8—6	6
	企业文化	特别突出	比较突出	一般
		10	8—6	6
审美价值 （满分 20 分）	建筑物等	特别突出	比较突出	一般
		10	8—6	6
	产品美观	特别突出	比较突出	一般
		10	8—6	6

（1）评分说明。表中对四个方面的工业遗产价值的比分不是平均设置的，历史价值和科学技术价值的比分权重高于社会文化价值和审美价值，这是考虑到作为工业遗产，其历史价值和科学技术价值是主要的，因而增加了前两者的比分权重。但对于有些极个别的工业遗产，可能其在某一方面具有

① 本表中部分内容参考了《历史赋予工业遗产价值的评价》，见刘伯英、冯钟平：《城市工业用地更新与工业遗产保护》，中国建筑工业出版社 2009 年版，第 195 页。

极为突出的价值（单项得分值为最高值），那么，即使其总分分值并不高，也应当作为具有重要价值的工业遗产实例来保护。

（2）关于分值。本评价标准的设置只提供评定出各工业遗产价值的相对大小，真正的藏品保护级别分数线和分数段的确定，需要各工业遗产价值评估专家组在对本地一定数量的工业遗产试评分后，进行重新平衡，修正分值，经过必要的调整和完善，才能作为评定工业遗产馆藏级别的标准。

（3）关于年代。从1868年的洋务运动开始，中国的近代工业发端，最初以官办、官督民办、官商合办、华商独办为主，以后外商进入中国，外商独办和中外商合办企业开始增多。上海、天津等开放口岸出现了一些近代企业，今天，那些老企业能延续下来的几乎凤毛麟角（上海江南造船厂前身为江南机器制造总局，南京晨光机器厂前身为金陵制造局）。

1911—1948年是中华民国时期。辛亥革命后，中国近代工业开始逐渐走向自主发展，建立了一批官商合办以及华商独办的企业，还有外商在华开办了企业。由于民国时期先后经历了北洋政府和南京国民政府以及抗日战争时期和解放战争时期，战乱对社会造成巨大的破坏，动荡的时局影响了中国工业的发展，能延续至今的企业并不多。

1949—1978年为新中国社会主义工业起步和发展时期。中国工业经过第一个五年计划和第二个五年计划的重点建设时期，从南到北，建立起一大批具有开创性的国家级大企业。如东北的重工业基地、洛阳拖拉机厂、武汉钢铁厂等，国内现存的工业遗产主要就集中在这一时期。虽年代不远，但从90年代开始，全国城市化进程加速，城市中产业调整和结构转型，许多落后的工业企业被淘汰或从城市中迁到郊外，大量工业遗产被废弃与毁坏。

1979年以来，中国的改革开放极大地推动力工业的发展，科技创新成为一大亮点。中国新兴科技的发展，现代化钢铁联合企业诞生，许多高科技产品反映中国的工业生产在快速前进，有些已经赶上国际先进水平。如航空航天技术、原子能利用技术（包括核电技术）、桥梁建筑技术、高速铁路技术、隧道挖掘技术等，现代工业遗产的年代意义可以不计，但科技价值大大增加，这是现代工业遗产的一个特色。

第三节　工业遗产博物馆的陈列展示

工业遗产博物馆具有明确的行业特征，其陈列展示有别于一般博物馆，在陈列主题、展陈风格与服务功能上，应突出其鲜明的本地工业特色和科普教育基地的功能。

一、工业遗产博物馆的陈列展示特色

1. 以工业文明发展史为主题。陈列主题是陈列展览的灵魂。在研究陈列主题时，要将工业遗产与本地城市的发展联系起来，以工业历史与发展为脉络，对本地城市精神、工业精神进行总结，提炼出有别于其他工业城市工业博物馆的主题，形成自己的城市特色。通过一系列的内容展示，展现本地城市工业的发展及其工业文明的成就，彰显工业文明进程中折射的人文精神。

2. 以工业特色为展陈风格。展览风格是体现陈列主题特色的重要方面。工业遗产博物馆的陈列展览要在工业遗产特色方面做文章，包括工业建筑遗产的特色、展品的行业特色、机器设备的特色、生产制造品的特色以及生产工艺特色等。通过独特的陈列展示手段，将工业遗产背后的精彩故事表现出来，将工业遗产的精神内核体现出来。

3. 以动静结合展陈手段。工业遗产博物馆不仅仅是一个展示工业文明历史、体现城市精神的博物馆，还应该是一个为公众提供情感释放与体验历史的互动平台，从少年儿童到退休老人，在那儿都可以找到自己回顾历史记忆与学习新知的地方。因此，工业遗产博物馆不仅是一个公众自我学习与接受教育的场所，也是一个开放的城市公共文化娱乐与休闲空间。发达国家的工业遗产博物馆都比较注重让观众的动手参与体验，许多展品都以动态展示，这不仅可以增加观众的兴趣，还有利于展品的保护。就目前我们的工业遗产博物馆来看，陈列内容与展示设计的重心仅仅还是在反映行业历史方面，而对于青少年一代学习科学技术知识，包括了解行业的新技术方面的参与性互动项目设计，尚未进行深入的挖掘，缺乏具有创新性的公众活动项目。

二、室内陈列展示

就展示形式而言，工业遗产博物馆的陈列展示有室内、室外两种类型，或室内与室外展示兼而有之。传统的工业博物馆以室内展示为主，一般的机器设备与工业制造物等展品都在室内展示，少量大型的工业机械设备或工业制造物品等，由于体积太大，置于室外展示。露天工业遗址博物馆的展品主要是露天展示，有一些体量较小的展品可放在露天遗址博物馆的"馆中馆"展示。

（一）展陈结构设计思路

常言道，"艺术是相通的"。同理，不同类型博物馆陈列展示设计的艺术也是相同的。在博物馆陈列展示设计领域，尽管博物馆类型各异，但陈列展示设计的原理基本相似，都以信息传播学、教育学、心理学、艺术设计学等理论为基础。一般社会历史类博物馆的展品陈列方法在工业遗产博物馆也是可以采用的。就展陈设计思路而言，可有以下几种。

1. 纵向结构。纵向结构的设计，可以有两种思路。

（1）根据历史脉络，按照工业发展的不同历史阶段来设计展览，有重点地展示本城市工业（或本行业）的发展历程、重要事件、重要人物，展现产业工人的社会生活与生产的发展历史，体现工业文明精神。这种展示设计的特点是时间顺序清楚，历史线索感强，尤其适合于反映整个行业历史的展示。如中国铁道博物馆正阳门馆的展览内容为"中国铁路发展史"，将中国铁路130余年的发展轨迹以五个部分的阶段划分展览命题，第一部分：蹒跚起步的中国铁路（1876—1911）；第二部分：步履维艰的中国铁路（1911—1949）；第三部分：奋发图强的中国铁路（1949—1978）；第四部分：长足发展的中国铁路（1978—2002）；第五部分：科学发展的中国铁路（2002年至今）。运用大量图片史料，全面展示中国铁路发展的历史轨迹，以及新中国成立以来中国铁路建设的辉煌成就和美好前景。目前所见国内的工业遗产博物馆，大多数都以这种"发展史"的思路设计陈列展示。

（2）根据生产的工艺流程设计展览，即按生产流程分段展示，从原料进来到成品出厂，中间的各个生产环节作为分段，设立不同的展区，这样的展览设计突出了生产的工艺流程，参观者对整个产品的生产制造过程有一个全面系统的了解，这种展示方法比较适合于属于制造业的主题性博物馆，但在国内目前还很少。有的将其作为整个展览内容中的一个部分。如无锡丝业博物馆中的绢纺印染针织馆，不仅展出了各类丝业文物，还展示了一套完整反映缫丝流程的机械设备，包括茧机、煮茧机、缫丝机和复摇机等，将丝绸纺织业从"蚕、桑、种、缫丝、绢纺"的整个产业链都展示在观众面前，使参观者对丝纺工业有一个整体的了解。

2. 并列结构。围绕主题，组织内容与展品，先做成各个小专题式的展区，然后小专题共同汇成一个大主题。各个小专题并列，不分主次，但都是大主题的一部分。如无锡丝业博物馆展厅分为丝都序馆、制丝史实馆、绢纺染织馆和珍宝荟萃馆四个展区，既有丝业历史，也有丝业工艺、丝业辉煌成就等，反映了丝绸古国的锦绣华章和丝都无锡的百年辉煌。一个地方的综合性工业遗产博物馆可以按行业门类分别设立冶金、化工、轻工业、机械、食品等各种小专题展区，汇成该城市的工业遗产博物馆。或以某行业为基础，再往下细分（如沈阳铁西中国工业博物馆设立"机床馆"、"铸造馆"、"冶金馆"、"重矿馆"等展区）。也可设立工业名人堂、劳模展区、历史事件展区，对在行业发展中有重大影响的历史事件、人物，可以设立专题馆，作为整个主题展览的一部分，以弘扬劳模、科技创新标兵的技术革新精神与勤劳奉献精神。

（二）展陈手段

1. 先进的设计理念与先进的科技手段相结合。高水平的设计理念与先进的展示技术手段结合，并不排斥现代高科技制作和艺术创作等辅助展品，但是必须坚持以原真性的文物展品为主角，以工业遗产实物展陈为主体，艺术方式展现与先进科技手段结合为辅助，要避免过多采用高科技展陈手段，造成喧宾夺主，冲淡文物本身应有的展示效果（国内有些工业遗产博物馆由于馆藏品的高度缺乏，陈列展览中真正能用的实物太少，只能以大量的辅助品来凑数，则另当别论）。

2. 注重有故事性的展品。现代的博物馆展览很注重展品的叙事性。突出典型实物是必要的，但同时也注意挑选内涵丰富、背后有故事性的展品。在确定展品时，在符合整体陈列主题内容框架的前提下，要注意选择既有代表性，又有故事性的实物，这样在展示中，使展品更能体现叙事能力，丰富展览的文学内涵，以增加观众的参观兴趣。我们看到国内有些工业遗产博物馆的展览，陈列模式和内容显得陈旧，陈列设计人员挑选展品时按老套套，过分强调"科学性"或"思想性"，展品背后缺乏故事，结果使展览的参观人气不足。要知道具有丰富故事性的展品能不仅丰富陈列主题，还能带来人气，产生更大的社会效益。

3. 合理使用多媒体等高新技术。适当使用3D影视手段、全息影像技术或虚拟成像等多媒体技术，配合以珍贵历史照片、影片、高质量艺术创作（如绘画、雕塑）作品，再现历史画面，使展览更有历史场景感。现代高科技手法的使用不在于多，而在于恰到好处。有些重要的内容如果没有实物，或者在展厅中难以用实物来表现，这时应用高科技手法进行辅助展示，这是必要的。如武汉钢铁博物馆在展示"钢铁是怎样炼成的"内容时，设计了智能型高科技仿真系统，以声光电模拟"矿山采掘"、"高炉出铁"、"转炉炼钢"、"热轧机"、"硅钢轧机"等生产工艺，集合了模型制作、光电效果、布景绘制等多种电影技术，使参观者身临其境地感受钢铁冶炼的全过程：一进展厅仿真区，就仿佛置身一个幽暗的矿洞中（这是按大冶铁矿矿区1:1的比例仿制而成的），一车车铁矿石，伴随着轰隆隆的声响，从深邃的矿洞中

图4-13　武钢博物馆采用智能型高科技仿真系统，集合模型制作、光电效果、布景绘制等电影技术，表现"钢铁是这样炼成的"全过程

（作者自摄于武钢博物馆）

运出来，几台仿真挖掘机械正紧张工作，站在旁边，甚至可以感受到挖掘时的抖动。转过矿区，就来到炼铁和炼钢车间，轰鸣的机器、火红的铁水、飞溅的火花，让人感觉置身火热的车间内，走过"铁水包"旁边会不由自主地闪躲，担心会被"钢花"烫到。这些用声光电系统模拟出来的演示场景收到很好的视听觉效果。

4. 注重创新活动项目。根据陈列展览内容设计更多可以让观众感兴趣的互动体验项目，如机器设备的操作、产品的创意设计、产品的制作等，使观众在博物馆里既可看、可听、可闻，还可摸、可操作，甚至最后可以获得自己动手制作的产品。如上海纺织博物馆有一个让观众动手扎染的活动项目最受小朋友观众欢迎。观众不仅在参与中懂得了扎染的原理和工艺，最后还可以免费得到自己的染制产品，作为参观博物馆的纪念品，留下一个美好的回忆。可是我们看到国内有的新建矿山公园博物馆在"参观须知"中明确规定，观众"不得对展品进行拍摄或照相"。观众对这种老套套都很有意见。都什么时代了，依然以旧的思维模式行事，该博物馆明显跟不上现代博物馆展陈与服务发展的步伐。

5. 应有一定比例的动态展示。工业遗产的展示不像艺术品，在形态上、色彩上容易吸引公众的眼球，静态展示可以让观众在展品面前细细欣赏和品味艺术作品的美感，思考作者通过这件作品所要表达的思想感情与理念。工业遗产类的展品往往缺乏美感，不易引起观众的兴趣，多数工业上使用的机器设备等出于生产功能的需要，结构上以直线条构成的长方形或圆形等几何体为多，色彩单调，以冷色调为多，风格冷峻，粗重厚实，如果再用静态展示方法，就会显得缺乏生气。动态展示一方面能让观众看到这些机器运行时的真实状态，激发观众的求知欲望和参观热情，另一方面，机器经常地运转，不会生锈，有利于展品的保护。

（三）藏品库开放式展示

传统博物馆的藏品库房历来是博物馆的"重地"，无关人员一律不得进入，不要说参观者不能进，即使是博物馆馆内的员工，非库房工作人员一般也不能随意进出库房。于是库房无意中就成为观众眼中的一个神秘之处。有些好奇的观众很想知道博物馆到底是怎样保管藏品的，如果博物馆藏品库能开放，就可以满足观众这方面的好奇心。博物馆库房不对外开放的原因不外乎有二：一是出于藏品安全的考虑，防止被偷盗；二是考虑到藏品库房的温湿度控制以及光线和环境清洁等的要求。一般社会历史类、艺术类博物馆的库房由于藏品的质地多为纸、棉、麻、丝、木、革等各种质地的有机物，在保存中对于温湿度、空气纯净度以及光线控制等的要求较高，所以都不宜采取开放式库房。而工业遗产博物馆的藏品中有较多的金属、矿物或塑料（高分子材料）等制品，属性较为稳定，常温下一般不受影响，收藏中的环境要求不如艺术类藏品那么高。除了属于纸、棉、麻、丝、木等各种质地为有机物藏品不宜开放之外，一些金属质、石质、玻璃质或塑料之类等藏品，完全可以在开放式库房中向观众展示。在发达国家的有些科学与工业博物馆中，不仅将部分工业遗产类藏品置于开放式库房中向观众展示，甚至还允许观众动手触摸，看完后放回原处，观众简直就像在大卖场挑选购物的感觉。这种藏品库开放式展示，满足了观众的好奇心，也是一种人性化的展示服务。

图 4-14　英国曼彻斯特科学与工业博物馆开放式库房

（黄洋摄影）

三、室外展示

（一）露天工业遗址的展示

露天展示是露天遗址博物馆的一大特色。所有的展品（各种工业机器设备与设施等）都在原地（原位）陈列着，最大限度地保留了原汁原味的工业历史场景。之所以要露天展示，主要是因为展示品的体量特别大，没有这么大的室内空间可以容纳。炼钢厂的大高炉、矿山的挖掘机、码头上的龙门吊、化工厂巨大的管道等，如果将它们移入室内，不仅脱离了原来的场景，割断了其与周边原生环境的联系，即使在其周围再造一个"环境"，其真实性也是打了折扣的。从陈列展览的"原真性"再现原则出发，给观众一个历史环境的真实再现，将那些庞然大物留在原地展示是最妥当的处置方式。

我们看到，煤矿遗址的展示，高高的矿井架是矿上的标志性构筑物；钢铁厂遗址的展示，高高的烟囱和炼钢高炉是标志性构筑物；纺织厂遗址的展示，一座座锯齿状屋顶的联排厂房是其标志性建筑；化工厂遗址的展示，一条条弯曲整齐的管道连接着大球罐、炼焦炉也是其标志性建筑……这些标志性建筑都具有工业美学的特征。为了便于公众参观，在一些高大的工业设备旁可以利用原来的登高扶梯进行修复加固后作为观众参观使用。

如果有些工业展品由于种种原因从别处迁来，可以集中放在一个区域，

图 4−15　黄石国家矿山公园矿业博览园展示的利用废弃金属工具
　　　　　材料创作的工业雕塑作品

（作者自摄）

形成一个主题展示。零零星星随意摆放，仅仅作为景观点缀，就会显得支离破碎，弱化了其工业文化的内涵。在展区也可添上一些辅助展品，如在黄石国家矿山公园的矿山机械展区，在一台台矿山挖掘机、运输机之间的空间，穿插了以废旧工业材料创作的历史人物张之洞形象，还有反映日本人侵占矿山的"工业雕塑"之类，使展览区域增添了一份历史感。

当然，露天遗址博物馆既然成为一个博物馆，就不仅仅像一个为市民提供公共休闲空间的城市公园，还要考虑其传播教育的服务功能发挥。与室内展示服务一样，对每件展品都要有说明牌，说明文字简洁而又全面，关于展品的一些基本信息不因文字简练而丢失。在展示中，需要讲解员为观众提供讲解服务。还可结合露天展示品设计一些活动项目。譬如蒸汽机火车的展示，可以考虑让机车开动起来，可让观众乘坐在上面亲身体验坐老式火车的感受等。可以在炼钢高炉上修建梯子，让观众登上炼钢高炉（在保证安全的前提下）眺望四周景色等。

（二）工业建筑遗产的展示

在大型露天工业遗址博物馆，往往还有一些工业建筑遗产，或作为博物馆的馆舍利用，或作为工业遗址区其他用途的建筑物而被保存（如用作文化中心、演艺中心、餐馆、咖啡厅、书店等）。而在这露天工业遗址博物馆中，这些旧的工业建筑本身既是遗产，是博物馆的藏品，同时也是重要的展示品。如德国鲁尔区埃森矿业同盟的包豪斯建筑、多特蒙德措伦煤矿的古典主义风格建筑群都是露天工业遗址博物馆的核心展品，构成了遗址博物馆的主要核心展区。

工业建筑遗产在文物分类中属于不可移动文物，我们展示工业建筑遗产的同时，也对其实施保护。目前国内对包括工业在内的重要历史遗址与建筑实行分级保护，主要有国家级、地方级（省、直辖市）之分，名称主要有"重点文物保护单位"和"优秀历史建筑"两类。如山东青岛啤酒博物馆1906年的老建筑被列入全国重点文物保护单位，中国铁路博物馆的部分馆址——北京京奉铁路正阳门车站被列为北京重点文物保护单位，原上海江南造船厂的海军指挥楼、飞机库、翻译馆等被列为上海市优秀近现代历史建筑。但目前被列为重点保护单位的，还是极少数，大多数的工业建筑遗产尚未完成对其的价值评估，未被列入国家和地方重点保护单位。对于这些工业建筑遗产，可根据其保存现状与新用途的需要，改造再利用。如果再利用为博物馆的，就具有双重的内涵（博物馆展示的内容与工业建筑本身体现的内容）。如原上海南市发电厂的主建筑（涡轮机房），在世博会后改造利用为"上海当代美术馆"。该建筑周围的环境已经改变，与原发电厂没有任何联系，但该建筑本身承载着发电厂的历史记忆，成为整个上海工业历史的一部分。今天，它又融入美术馆的新用途，成为高雅艺术的殿堂，向公众提供"艺术"能源，实现了华丽转身。历史与现实对接，上海当代美术馆建筑成为上海城市的又一个新地标。

图4-16　由原上海南市发电厂主厂房改建的上海世博会"城市未来馆"
在世博会后又改造为上海当代美术馆

（作者自摄）

新建一个博物馆，无论从建筑外部造型还是内部结构来说，设计师总是想把它设计成既有时尚特色又符合博物馆用途的建筑，使之成为设计师的建筑艺术代表作。因而一座成功的博物馆建筑往往成为一个城市的地标建筑，成为城市的新景观。譬如著名的美国纽约的古根海姆艺术博物馆、西班牙毕尔巴鄂的古根海姆艺术博物馆、著名建筑大师贝聿铭设计的苏州博物馆。对于利用旧工业建筑改造为博物馆，设计师的创造性发挥余地自然不如新建筑的设计那样，可以任意驰骋，发挥想象。它受到旧建筑本身的条件限制，只能根据旧建筑既有的现状，在保持其历史外貌的前提下，根据博物馆的用途进行适当改造，较多的是作内部结构的改造，外立面基本不动，有的在旧建筑边上建造新的裙房、过道厅之类，既补充了旧建筑作为博物馆用途上功能的不足，又成为旧建筑的新装饰，具有"老树发新芽"，起到锦上添花的效果。如美国加州洛杉矶的"临时的当代美术馆"（Museum of Temporary-Contemporary Art）就是一个典型的例子。该馆是利用一座旧仓库为主体改造而成的当代艺术博物馆，整个改造项目分三步进行：首先对旧建筑加固和修整，保持旧建筑的原貌和特征，改造旧建筑内部，创造出一个适合当代艺术展示的空间；接着对博物馆周围广场的改造，新增一个书店、咖啡吧和演出空间，建设了研究室/教师、互动的媒体空间、管理办公室和先进安保系统；最后在馆内与门外的展示空间之间建起一条连接通道，重新拓展了主要展示空间。这一改造的成功使这个被称为"临时的"艺术馆成为人们钟爱的固定设施，进而升格为"格芬当代美术馆"（Geffen Museum of Contemporary Art）。[①] 另外著名的例子还有英国伦敦发电厂改建的泰特当代艺术博物馆、利物浦码头旧仓库成为泰特艺术馆等，都是利用旧工业建筑改造为博物馆的经典。

第四节　工业遗产博物馆的藏品研究

工业遗产类藏品的研究，从具体的藏品功能到其产生的历史背景、技术条件等，可以穿越时空，以小观大，"观一斑而知全豹"。同时，又可以从宏观到微观，从历史发展的角度，把握藏品的科技含量及其作用。这样，工业遗产类藏品的研究内容，至少包括社会历史、工业史和工业技术史这三个方面。

一、社会史

社会历史研究的目的是阐释人类文明和社会发展的历史过程，探索其发展的历史规律。工业文明的发生与发展是人类社会发展到一定阶段的必然产

---

① ［美］贝伦斯（Carol Berens）：《工业遗址的再开发利用：建筑师、规划师、开发商和决策者实用指南》，吴小菁译，电子工业出版社2012年版，第166页。

物。但是为何在这个特定的阶段发生，不在这之前或之后呢？世界工业革命为何首先发生在英国，而不在欧洲其他国家呢？中国的近代工业为何发生在晚清而不在其他时代？无论英国还是中国，近代工业的发生与发展都有其特殊的历史原因和社会背景，从工业遗产角度研究社会历史，就是为了探讨工业发展与社会的关系，找到工业文明进步的动力。

任何时代的工业遗产，都是由物质载体和精神内涵共同构成。工业遗产的精神内涵就是工业遗产的历史文化底蕴，包括对相关时代的生产方式、阶级关系、社会制度、科技水平和观念形态的历史记忆，特别是对一代又一代劳动者的开拓历程和奋斗精神的回顾总结。工业遗产正是因为生动地反映了社会进步的艰难曲直历程，才有了生命，有了灵魂。公众对这些遗产背后的故事了解得越多，对这些故事中蕴含的历史规律领悟得越深，就越能深切地感受到它们的意义和魅力。如果抽去精神内涵，那些被命名为工业遗产的厂房和机器、铁轨和船坞等，在公众面前不过是一堆冰冷的钢铁和砖石。研究工业遗产不仅具有很强的学术性，而且具有鲜明的思想性和现实性。

同西方国家相比，中国工业发展的历史并不长，只有100多年。但在这100多年中，中国的社会发生了翻天覆地的变化。从晚清到现在，我们的工业遗产见证了频繁的战争和深刻的革命，见证了民族的兴衰和政权的更迭，见证了中国社会从半殖民地半封建社会到社会主义社会的历史性巨变，见证了工人阶级为推翻压在中国人民身上的"三座大山"而进行艰苦卓绝斗争、获得彻底解放、投身国家建设、推动改革事业的历程。因此，中国的工业遗产具有丰富、复杂和特殊的历史内容和文化特征。研究工业遗产，应当全面准确地揭示其这种丰富性、负杂性和特殊性，将隐藏在历史深处的真相和哲理呈现出来，将历史遗存与现实生活的逻辑关系揭示出来。

工业遗产作为人类文化遗产的一部分，其承载的信息从工业的角度反映人类文明的进步和社会的发展，工业遗产类藏品的研究成果也属于社会历史研究成果的一部分。从社会历史研究的宏观视角，能够找到推动工业文明前进的历史背景和社会原因。中国近代以来工业发展经历的几个不同历史阶段，都与国家政体的变革、主流意识的变化以及科学技术的进步有关，同时工业的发展也对社会生活的变化带来了重大影响，尤其是对近代城市的产生和发展起重大推进作用。工业遗产博物馆的社会历史研究主要是从宏观背景方面探索社会的政治、经济与科技对工业文明发展之间的相互影响。

二、工业史

这是属于专门史领域。研究范围从大到小分别为中国工业史、地方工业史、专门工业史（或行业史）和企业的厂史。任何一件工业遗产都可以归入到上述的"四史"中，换言之，从"四史"的任何一史中，也都可以容纳这一件工业遗产（藏品）。

与欧洲相比，中国的近代工业起步较晚。晚清的"洋务运动"是在帝国主义列强用坚炮利舰艇打开中国大门的背景下，由一批洋务官员抱着"师夷之长技以制夷"的目的而兴起的。洋务官员在各地兴办"机械局"、"造船厂"，制造军火和轮船。为了给这些工厂提供原材料，才开办了矿冶业，修筑铁路，采用电报，引进外国的技术设备。由此也带动了民族实业家开办民用企业的风气。由于本身的科学技术基础薄弱，一味模仿效法，到新中国成立前夕，中国近代工业的发展尚未形成完整的体系。新中国成立后，经过两个五年计划的建设，确立了我国工业化的基础，调整了工业布局，使全国各地的工业形成地域特色，出现了一批著名的现代工业企业，中西部的工业也有了起色。在中国近现代工业史上，每个工业阶段发展都有重要的历史特征，都有不同的发展主导思想，工业遗产藏品的解读，要置于中国工业史的背景之下，才能挖掘出遗产的深厚而丰富的历史信息。

另外，在中国近代工业发展史上，有些重要的历史人物是不能忽视的，他们的名字与中国工业史联系在一起。从晚清洋务派人士开始，一直到新中国成立以后，都有那么一批重要的人物为中国工业的发展奔走呼号，出谋划策，脚踏实地，兴办产业，做出了杰出贡献。今天看到的工业遗产藏品，有一些或是与他们开办的产业有关，或是他们曾经经手过的物品。这些人物不仅有晚清的洋务派官员，还有民族实业家、科学家和工程师等。如李鸿章、曾国藩、左宗棠、沈葆桢、崇厚、丁日昌、张之洞、盛宣怀以及范旭东、张謇、卢作孚、侯德榜、詹天佑、徐寿、茅以升、梅旸春等等。

任何一座企业总是要落实在一个地方，即使是现在的跨国公司，也有其总部的所在地。近现代工业的产生地往往与产业的原料供应、能源获得以及交通运输便利等条件联系在一起的。有些矿业城市就是有了矿的开采或运输，才有了城市的形成。工业遗产藏品的研究由于地方工业史有密切的关系。青岛因纺织业而发展出城市，唐山和秦皇岛因开滦煤矿的开采与运输而发展为城市，辽宁阜新城市的兴起、发展与海州露天煤矿的采掘有关，这方面的例子比比皆是，不仅在国内，国外也有很多。工业遗产的研究涉及地方工业史和城市发展史，这方面，一些地方志，地区工业史以及厂史资料是重要的研究参考资料。

工业遗产藏品的研究更多的可能是与专业工业史关系更密切。任何一种工业遗产都可以归属到某一种产业，其遗产价值与该产业是不能分离的。目前为工业遗产博物馆收藏的藏品，就国际国内的情况来看，主要为纺织业、钢铁冶金业、煤（铁）矿业、电力生产业、汽车制造业，还有其他机械制造业、仪器仪表制造业、造船业等等。建筑业的工业遗产主要是工业历史建筑，我们目前所做的工业遗产保护，绝大多数都是工业历史建筑，建筑工业发展史也是中国整个建筑史的重要内容之一。专业工业史的研究成果对于我们在产业门类专业上认识工业遗产的价值，具有重要的参考意义。

三、工业技术史

工业遗产藏品与社会历史类藏品的一大区别是前者具有明显的科学技术含量。一部工业发展史实质上也是一部科技发展史，工业遗产藏品承载着工业文明发展的印迹，携带着科技发展的信息，这是工业遗产藏品的特色，也是区别于社会历史类遗产藏品的重要方面。工业遗产价值中，科学技术是其核心价值之一，很多工业遗产都具有一定的科技含量，有的甚至代表了当时世界上的先进水平，是今天见证科技发展的有力物证。正因为工业遗产藏品具有科技含金量，研究藏品、解读藏品的人首先需要有一定的科学技术知识基础，如果这方面的基础不够，又怎样能读懂藏品呢，更遑论揭示深刻藏品的内涵了。

研究工业类藏品离不开对工业技术发展史的研究。生产技术经历了从初级到高级的发展过程，生产工艺和流程也不断地改进和提升，生产设备是生产技术应用的结果，没有对生产技术的研究就难以确定藏品的技术价值。对一些大型生产设备的研究，如钢铁厂的高炉、焦化厂的焦炉、化工厂的储气罐以及煤矿的坑道等都需要了解它们的架构和材料，以便为这些设施设备的保护，提供技术支持。

　　博物馆对工业遗产藏品的科技内涵研究，一般可采取与相关行业协会的专家合作的形式。工业遗产的门类有许多，行业分类细，涉及的科学技术知识面很广，即使博物馆有一些科研人员，如果不是相关行业的，也会力不从心。因此借助社会力量开发藏品是很重要的。遗憾的是我国目前大多数博物馆在对馆藏品研究方面一直是封闭的，不对社会开放，仅仅依靠馆内研究部门的少数人员，而将社会上大量可借用的研究力量（譬如专门的研究院所、高校和学术团体等）排斥在外。博物馆由于人员编制的限制，藏品研究人员的比例不可能很高，有限的人手制约了馆藏品研究的广度与深度，在一些藏品数量很丰厚的大型博物馆，藏品整理的基础工作都来不及做，更遑论对藏品的深度研究了。但愿工业遗产博物馆能以一种宽阔的胸怀将馆藏品研究向社会开放，与相关行业的研究机构、专家学者合作，借用社会外力开发馆藏，从而推动我国博物馆的藏品研究从"密不外泄"向社会开放的方向转变。

　　当然，任何一件文化遗产都可以从多方面来解读，工业遗产也不例外。一件工业遗产所携带的信息是多重的，既有历史的，也有科技的，还有反映社会生活的。在实际的工业生产中，社会、历史与科技并不是那么清楚地单列或分割开来的，常常是互相交织在一起。因此，一件工业遗产藏品可以从多方面、多角度解读。上述的社会历史、工业史和工业技术史是工业遗产藏品研究的三个最基本方面，还可以扩展到其他领域。

第五节　个案考察：以唐山开滦博物馆为例

　　目前我国建设的各类工业遗产博物馆中，由于行业的差别，博物馆建设环节存在诸多不规范之处。为了进一步探讨工业遗产博物馆建设共有的规律，这里以唐山开滦博物馆为个案进行分析，力求发现工业遗产博物馆一些具有共性的方面，能在实践中为工业遗产博物馆的建设提供参考。[①]

---

　　① 2011年7月12日和2015年9月21、22日，笔者曾两次赴开滦博物馆参观并调研，受到开滦集团业务总监、开滦国家矿山公园管理中心主任、开滦博物馆原馆长李军和开滦博物馆综合办公室原主任赵平安以及开滦档案馆资深研究专家任荣会的热情接待。他们都曾直接参与了开滦博物馆的整个筹建过程，李军馆长还是博物馆筹建的负责人。本小节中有关开滦博物馆筹建中的一些情况，均系笔者向他们采访所得。

一、开滦博物馆基本情况

开滦博物馆位于河北省唐山市新华东街 54 号的开滦国家矿山公园，该公园建在有 130 多年开采历史的唐山矿 A 厂区，现在该地区属于唐山城市的中心区域，但依然是开滦煤矿的主要生产基地之一。在 2009 年 9 月开滦煤矿建矿 130 周年之际，开滦博物馆建成开放。开滦博物馆由开滦煤矿集团股份有限公司负责筹建并管理，博物馆建筑面积 8000 平方米，展陈面积 4000 平方米。开滦国家矿山公园东南是唐山重要的旅游景点——南湖生态园和唐山影视基地，开滦国家矿山公园的开放也为唐山旅游业增添了独特的景观。

图 4－17　1878 年 10 月 20 日在唐山钻探第一口煤矿井的历史照片

（作者摄自开滦博物馆展厅）

（一）选此案例的理由

首先，该馆作为开滦"国家矿山公园"的主体，在近年我国国土资源部推出的 60 多家国家矿山公园中具有代表性。从博物馆角度看，国家矿山公园本身可以作为一种大型的工业遗址博物馆类型，其展览有露天遗址展览和室内展览（我们在前面工业遗产博物馆类型中把室内博物馆展览部分称为"馆中馆"）两个部分，其藏品涵盖两类文物，既有可移动文物，又有不可移动文物（遗址）。

其次，开滦博物馆所属的开滦集团是一家上市公司，开滦煤矿至今仍然在生产。与国内其他企业一样，在工业旧址上建设博物馆，开滦博物馆属于企业博物馆。对旧址中的部分厂房实行保护和再利用，开发成"中国音乐城"等为主的文化创意产业园区，这在目前许多工业遗产保护区也具有代表性。

再次，开滦煤矿的产生与发展与城市发展关系密切。国内有不少工业城市的兴起都是由于矿业的发展而形成城市，如阜新煤矿之于阜新市、冷水江锑矿之于冷水江市等，均因"由矿而兴市"。开滦煤矿是"一座煤矿托起两座城市"（唐山市和秦皇岛市）。唐山由开滦煤矿而兴，秦皇岛作为开滦的煤码头而兴市，较一般城市更有代表性。国内一些资源型城市面临资源开采枯竭而进行产业转型，唐山开滦也面临这样的形势，并正在进行产业结构调整与转型。

最后，开滦煤矿是近代中国最早的煤矿之一，发展历史长，由煤矿业派生出交通运输业（铁路、公路、船运等），因生产发展的需要又派生出水泥业、电力产业等中国最早的相关产业，成为多元发展的综合体。最早从国外引进人才和先进生产技术和设备，是洋务运动以来至今依然存在的近代工业代表性企业，是唐山城市其他产业的源头。由于涵盖上述四方面的历史文化背景以及工业遗产保护与利用的实践，因此可以认为开滦博物馆是具有代表性的案例。

（二）开滦博物馆建设的缘由

2005 年国土资源部发出通知，要求各地资源枯竭型矿山实行经济转型，发展国家矿山公园。开滦国家矿山公园是国土资源部批准的首批 28 家国家矿山公园建设项目之一。在矿山公园建设标准中，要求有博物馆，还要有一定的科普展示内容。这是开滦博物馆建设的外部因素。就内部因素而言，开滦煤矿有 100 多年的历史，开滦集团内部的开滦档案馆收藏有几十万件的档案，档案馆内有一批文史专家，经过几代人的努力，已经对开滦煤矿的档案研究取得了丰硕的成果。每当开滦集团有重要活动时，就会把开滦煤矿的发展历史展示出来，以宣传开滦煤矿历史文化与企业精神，这就为开滦博物馆煤矿发展史的陈列提供了基础，而建立开滦博物馆也为宣传开滦煤矿的企业历史与文化提供了固定的平台与窗口。于是开滦集团乘建设国家矿山公园的东风，着手筹建开滦博物馆，并将这一项工程定为提升企业软实力的重要举措，从开滦集团内部各个部门抽调人员组成博物馆筹备专家组，分别从事陈列大纲编写、文物调查与征集以及陈列展示设计等工作。在纪念开滦煤矿建矿 130 周年之际，开滦博物馆顺利落成并开馆。可以说，开滦博物馆的建设是内因与外因共同促成的结果。

二、基本陈列

整个开滦博物馆的陈列展览由室内展览、室外展览和地下展览三个部分组成，但以室内的基本陈列为主体。室内基本陈列由以下五个部分组成：森林与海洋曼舞；洋务运动与中国近代煤炭工业；一座煤矿托起两座城市；他们特别能战斗；百年开滦，基业长青。

第一部分介绍煤的由来与生成，追溯中国古代煤炭开发与利用，利用模型、图表等形式介绍了开平煤田的勘查与地质构造以及开滦矿区的煤层结构及煤炭储量等情况，煤矿知识的科学普及内容，并且以虚拟陈列技术再现了宋应星在《天工开物》中记载的中国古代煤炭的开采状况和宋代瓷窑烧造瓷器的煤炭应用与历史。

第二部分展现近代中国在洋务运动背景下开滦首开中国路矿之源的历史遗迹，有"官督商办"开平矿务局唐山"中国第一佳矿"的开掘和唐胥铁路的建设及延伸等工业史迹，有记载开滦煤矿发展史上的最大挫折——"胡佛与国际大骗案"的重要历史证据，以丰富的展品、翔实的史料向观众讲述了中国民族企业与外商激烈竞争市场的宏大叙事。

图4-18　开滦国家矿山公园工业博览园展示的矿井运输设备——天轮

（作者自摄）

第三部分展现了因煤而兴的资源型城市——唐山的历史与文化记忆，以丰富的展品重现中国近代最早建立的煤矿城市唐山和因运煤而兴的环港海湾城市秦皇岛，从商业、贸易、交通、文化、教育、娱乐、医疗、宗教等多方位展现了城市的功能，用缩微景观模型再现了城市发展的五大板块："西洋风韵"、"南土熏风"、"民俗全景"、"老唐山广东会馆"、"商业中心街"，重现难以抹去的唐山城市历史文化记忆。

第四部分展现的是开滦的"红色记忆"，以"中国北方工人运动的基地"、"中国工人运动第一次高潮的最高峰"、"民族危亡中的开滦工人运动"为三个展示单元，展现了开滦矿工在早期共产党领袖李大钊、罗章龙等领导下，发起的大规模的工人罢工运动，以及同日本侵略者斗争的历史，讴歌了"他们特别能战斗"的精神。

第五部分结合当前中国煤矿业的转型发展战略展现了开滦未来发展的宏图，以"加快产业结构调整"，实行"资源扩张"，延伸煤化工为主的产业链，"打造中国式鲁尔"等策略，达到"百年开滦　基业长青"的目标，展现新一代开滦人实现跨越式发展的豪迈状态。

博物馆在室外的展示内容有三部分：一是煤矿采掘的大型工业机械设备等；二是利用废旧工业材料（工具之类）创作的工业雕塑品；三是博物馆的主碑浮雕。展出的大型工业机械设备主要有"天轮"、"五号蒸气发电机组（1931 年英国茂伟公司制

图 4 - 19　开滦国家矿山公园工业博览园展示的利用废旧金属工具材料创作的工业雕塑作品：《新中国矿工》

（作者自摄）

造)"、"综合采煤液压机支架"等。每件展品都有清楚说明,观众可以像在馆内参观展品一样,了解该实物的年代、功用等知识。利用废旧工业材料创作的工业雕塑品有"煤矿工"、"梅兰竹菊"四君子等,这些反映煤矿工业题材的作品与矿山公园主题相符合,丰富了展示内容,同时也变废为宝,充分利用了废旧工业材料。

图4－20　开滦博物馆展示的1881年开平矿务局修建唐胥铁路
时的地界石,见证中国第一条铁路修建的历史
(作者自摄)

博物馆的主碑浮雕《世纪追梦》是一件以现实主义艺术手法创作的杰作。在黑色花岗岩上雕凿的三代矿工形象,伟岸、坚韧,诉说着开滦经历百年,矢志不渝地追求强国富民、民族复兴的世纪梦想,彰显出几代开滦人薪火相传的"特别能战斗"的精神。这些大型工业机械设备与现代艺术创作

作品一起在国家矿山公园工业博览园内组成了博物馆的另一道展览景观。

此外，开滦博物馆还有一个利用已停止作业的地下老矿井遗址建设而成的"井下探秘游"展区。该矿井位于地下 600 米的古老巷道中，展示面积达 5500 平方米，巷道纵横交错，宛若一个地下迷宫。展线长 1500 米，分为"时空画廊"、"掘采再现"、"矿灾历险"、"地质世界"、"地心穿梭"和"地下休闲吧"、"备战备荒遗存" 7 个部分，是一个地下矿井的原状展示。"井下探秘游"展区集展示、体验、休闲娱乐三大功能于一体的项目，既是一座地下矿井博物馆，又是一座煤业科普馆，其创意设计、展陈布局、数字化设施及高新科技在井下环境中的成功应用，可成为目前国内同行业博物馆的典范。

博物馆室内展示、室外展示以及地下矿井遗址的展示使整个展览形成地上地下、室内室外融合一体的格局。博物馆的基本陈列初次参加全国十大精品陈列评审就荣获最佳综合效益奖，得到博物馆界的认可。开馆迄今已有 17 位国家级领导和 500 多位省部级领导人先后参观了该博物馆，在社会上有一定的影响力。该馆现已成为国家 4A 级旅游景区、全国科普教育基地、河北省爱国主义教育基地、河北省工业旅游示范点以及国家文物局认定的"工业遗产保护实验示范点"。

三、藏品征集

许多新建博物馆在筹建中面临的一个重大难题是藏品不足，人物类、历史事件类纪念馆和工业遗产博物馆尤其如此。因此，征集藏品是博物馆筹建的紧迫任务。我们不苛求新建的博物馆一下子就具备丰富的实物藏品，但是至少要有能够支撑起整个陈列体系的基本藏品（开馆后还可不断收集、充实藏品）。现在不少新建的博物馆太缺少实物藏品，于是依靠大量艺术创作品、复制品和各种模型等辅助展览，使博物馆"以原真性实物说话"的特性大为减弱，引起社会众多观众的不满。

博物馆与一般展览馆的最大不同之处就在于博物馆拥有典藏，而展览馆在展览活动结束之后其展品就物归原主。开滦博物馆的建立，其藏品一方面来自于矿上遗留的煤矿生产的旧物——淘汰的（被置换或废弃在仓库中的）老旧生产设备（集团公司所属各单位、各部门无偿调拨大型矿业文物千余件给博物馆）及生产工具等，来自废弃的矿井遗址、来自向矿上员工和社

图 4 -21 开滦煤矿集团员工捐赠的各种矿灯

（作者自摄）

会征集的相关实物，如铁路车站信号灯、地界石、检查矽肺的 X 光机，还有矿工的矿帽、矿灯及劳模的奖状等；另一方面来自开滦档案馆长期保存的历史文件、照片等资料。开滦博物馆藏品征集组成员以开滦档案馆文史研究专家为主体，他们在档案馆经过长期的档案研究，对开滦档案馆收藏的文献（包括历史照片）等资料相当熟悉，也熟悉开滦煤矿的历史，了解不同时期的生产设备与生产工具，了解矿上不同时期发生的重大事件等，因而，开滦博物馆一些重要的展品（如文件、图表、照片、手稿等资料）均来自开滦档案馆。

图 4 -22 唐山开滦博物馆与开滦国家矿山公园主碑

（作者自摄）

我们在调研中发现，企业档案馆往往收藏着本企业发展史的基本资料，许多企业重要的科学技术资料也保存在企业档案馆。这些以文献、文件、图表、照片等资料形式存在的真实遗物，具有一定的历史价值和科学技术价值，可以直接为博物馆所用。因此，许多企业在筹建博物馆中，藏品的征集与研究工作首先依靠本企业的档案馆。企业档案馆的资料和研究人员对企业博物馆都至关重要。开滦博物馆的筹建首先也得益于开滦档案馆丰富的文献资料和训练有素的档案研究人员。该档案馆保存的开滦煤矿近代历史档案多达4万余份，光全英文的"大账本"就有一千多本。开滦博物馆的展品以大量历史档案（文献、照片）和部分生产设备设施实物为主体。由于开滦档案馆资料保存丰富和档案研究人员的强大实力以及前期的丰硕研究成果，使开滦博物馆陈列大纲的编写工作进展十分顺利，在短短几个月内就完成了大纲内容编写。不仅时间短，而且质量高，陈列主题把握准，陈列体系逻辑性强，陈列内容充实，受到陈列形式设计专家的高度赞扬。

在博物馆筹建阶段，以开滦档案馆文史专家为主的藏品征集组首先展开对开滦煤矿工业遗产的调查，对可能征集（包括借展）进入博物馆的文物列出清单。开滦档案馆拥有的许多实物文献资料首先进入清单之中。另有些矿上生产设备实物，虽历史价值不高，但也是历史遗物一部分。在初步摸清可供博物馆收藏展览的实物之后，确定并公布了文物征集办法，向社会公开征集文物。对于社会捐赠或向私人收藏者购买文物，由藏品征集组专家讨论定夺，评判中遵循"相对性、稀缺性、科学性"的原则，决定是否入藏博物馆。

与有些工业遗产博物馆不同的是，由于开滦煤矿历史上发生过重大革命活动和抗日运动，开滦博物馆的基本陈列不仅仅是单纯反映开滦煤矿的发展史，还要全面展现开滦的城市与社会史等多方面。因此，开滦博物馆的藏品征集范围不限于见证开滦煤矿工业发展史的物品，还包括反映城市社会生活史和革命斗争史，见证"城市记忆"与"红色记忆"的实物。

四、陈列设计

（一）编写陈列大纲

博物馆的陈列设计包括陈列大纲编写与陈列形式设计。陈列大纲要首先完成，陈列形式设计人员根据陈列大纲内容进行展陈的艺术形式设计，最后由负责施工的团队根据陈列设计稿进行施工制作并完成展览布置。在上述环节中，陈列大纲的编写质量直接关系到陈列形式设计的水平。为了确保陈列大纲的质量，开滦博物馆在筹建中组建了由开滦集团宣传部领导和开滦档案馆文史研究专家组成的陈列大纲编写组，负责整个陈列的策划与大纲内容的编写。

大纲编写专家组经过深入细致的研讨，将基本陈列的主题确定为"黑色长河"。黑色，代表稳重、深沉，可寓意煤炭的品格。"煤文化从古至今，就如一条黑色长河，从远古的'森林与海洋曼舞'发源，从引发世界工业革命的蒸汽机启程，从溯木寻根，梳理和解读唐山城市文化的基因，走进开滦，就如同置身于一条'黑色长河'之中。"[①] 该陈列主题寓意深刻，既蕴含了开滦煤矿与唐山城市发展的历史关系，又突出了煤矿这一行业特性。

开滦集团是一个首开中国路矿之源，在中国近代工业史上具有里程碑意义的企业，因承载着中国煤炭工业的崛起与艰辛、发展与繁荣，而被誉为中国近代煤炭工业的摇篮。开滦博物馆的展陈内容既要展现从两亿多年前煤的形成到汉唐宋时代中国煤的利用和开采到近代中国工业从这里走来的历史脉络，也要凸显开滦矿工"特别能战斗"精神的"红色经典"和一座矿托起两座城市的历史记忆。在基本陈列的结构上，专家组虽以时代先后为顺序，但不是平铺直叙，而是以点带面，覆盖整个煤矿业以及唐山城市的发展。这个点就是开滦煤矿发展史上的"三最"（即重大事件、重要转折、重点人物）。专家组从开滦煤矿发展史中选取最重要的"三最"，以"煤文化"作为主线，用"串糖葫芦法"穿起来。

就中国近代工业发展史而言，开滦煤矿史上震惊世界的最重大事件非"开平矿务局被外国人'骗占案'"莫属。唐廷枢创办（"官督商办"）的开平矿务局（开滦煤矿）在张冀任总办时，发生了被英国墨林公司骗卖事件。后清廷派严复等人与墨林公司代表胡佛在英国伦敦高等法院对簿公堂。中国虽胜诉，却未能收回开平煤矿。辛亥革命后，袁世凯派周学熙创办滦州煤矿，欲通过发展滦州煤矿来挤垮开平煤矿的市场，从而收回开平煤矿。滦州

---

① 李军：《卷首语》，《开滦文博》第4期，第2页。

图4-23　1901年清廷就英国墨林公司骗占开平煤矿向英国伦敦
高等法院起诉的诉讼记录

（作者自摄）

煤矿与开平矿展开了激烈竞争，最后在外国财阀势力的联手围攻下，滦矿非但没能收回开平矿，反而被迫为开平矿所收并。专家组将开平矿务局被外国人"骗占案"作为叙事重点，反映在半封建、半殖民地时代，在帝国主义列强相互勾结、联合压迫之下，中国的民族工业发展走过的是一条十分艰辛的道路。

在民族独立与民族解放战争史上，民主革命先驱孙中山先生早年曾两次来到开滦煤矿，拜访其广东族属、同乡，组织民主革命活动。中共创始人李大钊、罗章龙等人在中国共产党建党早期，在开滦组建了中国北方最早的工人党支部——开滦煤矿工人党支部，并领导中国早期工人运动以及开滦矿工的"五矿"大罢工等。毛泽东曾高度赞扬开滦矿工"他们特别能战斗"精神。这些也都成为开滦煤矿"红色经典"的一部分。另外，开滦矿工踊跃参加抗日游击队和八路军，英勇抗击日本侵略军，谱写了许多可歌可泣的英勇事迹。专家组选择以抗日英雄节振国事迹为代表，展现开滦矿工抗击日军的斗争精神，成为开滦煤矿史上"红色经典"的又一部分。

图 4 - 24　开滦博物馆展示的抗日英雄节振国铜像

(作者自摄)

在工人创业史上，专家组选择了新中国成立后一心扑在煤矿生产的全国劳模侯占友为代表。侯占友十分勤劳，不计较个人得失，参加义务劳动几十年，不取任何经济报酬，被工友称为"地球转一圈，他转一圈半"的"矿山铁汉"。退休以后，他又一心扑在开山造园上，起早贪黑不停地干，花了10年时间，硬是将一座荒山建成鸟语花香的公园，被誉为"当代愚公"。工业战线曾有"学大庆，赶开滦"口号，以侯占友为代表的开滦煤矿劳模是社会主义建设时期的新一代标兵。

图 4-25　开滦博物馆展示的"中国近代煤矿之父"、开平矿务局
创始人唐廷枢早年形象

（作者摄自开滦博物馆展厅）

　　开滦煤矿 100 多年的历史中，曾发生过许多事件，涉及人物也很多，陈列大纲编写的专家组在纷杂的历史事件和众多历史人物中选择了"中国近代煤矿之父"唐廷枢、近代中国北方工业巨子周学熙、抗日英雄节振国和新中国劳模侯占友这四位人物作为开滦煤矿史上最重要的代表，力求以精练的实物资料，深刻地反映开滦的历史文化。

　　（二）陈列艺术设计

　　陈列的艺术设计是在陈列大纲的基础上进行再创作，力求达到完美表现陈列内容的效果，为陈展内容"锦上添花"。陈列形式设计人员与陈列大纲编写组人员"分工不分家"，通力协作，确定基本陈列的色彩主基调，确定整个展览的节奏、高潮与转折，确定重点展品的位置以及观众参观流线等。在陈列内容中缺乏原真实物的部分，采用复制品替代或采用艺术创作品辅助表现。如展示中国路矿史上具有标志性意义的"百年达道"（中国最早的铁路公路立交桥涵），根据历史照片制作了一条模拟"达道"，观众进入达道的拱形门洞，脚下是透明的玻璃地板，地板下铺着旧铁轨，达道里面的两边有开滦煤矿发展历程的历史图像，踏着玻璃地板穿过达道，就如同走过了百年历史。又如展示中国煤矿史上第一辆运输煤炭的蒸汽机车头——"龙车"（今天"龙车"的实物已经无法找到），陈列设计人员参考文献照片复制了

图 4 - 26　中国煤矿史上第一辆运输煤炭的蒸汽机车头——"龙车" 复制模型
(作者自摄)

"龙车"模型，使人看了有真实的感觉。英国墨林公司的"骗占案"是开滦煤矿历史上一个叙事的重点。曾为美国第 31 任总统的胡佛，在"骗占案"时是英国墨林公司的代表被派到开平矿务局任总办。展览中复原了胡佛当年任开平矿务局总办时的一间办公室，对室内用具等布置采用了许多手段，值得一提的是，除了用一些同时代器物替代原物外，内有当年的一件青花冰梅纹将军罐原物（系胡佛后人送拍卖行拍卖时为华人所拍得后捐赠给开滦博物馆的）。

博物馆序厅一幅高 6 米、宽 14 米的巨型青铜浮雕《矿魂》，是一件以现实主义的艺术表现手法创作的作品，气势磅礴，将开滦 130 多年跌宕起伏的历史凝固在史诗般的画卷上……自中国第一佳矿、第一条准轨铁路、第一台蒸汽机车起始，从蜿蜒的黑色长河中健步走来一群煤海精灵：他们果敢刚毅、蓬勃向上、继往开来，她向人们展示了 130 年来，开滦矿工与大自然抗争、与反动派斗争，为民族复兴和祖国建设浴血奋战、奋力拼搏的精神！她

图 4 -27　美国第 31 届总统胡佛在外国 "骗占案" 事件中曾是
英国墨林公司代表被派到开平矿务局任总办

（作者摄自开滦博物馆展厅）

是《黑色长河》主题展览的高度概括，是开滦文化精髓的集中体现，更是
开滦人的灵魂写照！整幅雕塑给人一种扑面而来的震撼。[①]

图 4 -28　开滦博物馆序厅巨型青铜浮雕《矿魂》是一幅高度概括
《黑色长河》主题陈列的艺术作品

（作者自摄）

[①]　刘志民：《热血铸矿魂》，《开滦文博》第 4 期，第 33—38 页。

露天展示是大型工业遗址博物馆的特色之一。露天展示的展品一般都是巨型工业设备之类，诸如运输煤炭铁矿的机车、煤矿挖掘机、大型的发电机组等，如果这类庞然大物放在室内展示，那么博物馆建筑需要巨大空间，作为展厅的运营成本就会很高。国家矿山公园一般都设有一个与环境一体化的工业博览园，园区内有巨大的露天空间，各种大型机器设备置于工业博览园内展示，周围伴之以绿化与水池，既丰富了园内环境，也为这些在室内无法展出的庞然大物找到了合适的展示场地。

工业遗址的保护和利用是工业遗址博物馆建设绕不开的话题。旧工业建筑（厂房车间）的再利用在国内外工业遗产保护中已较为普遍，矿业系统如何保护和利用旧矿井是一个颇费脑力的问题。在废弃的矿井中挑选出一段经过适当的改造和加固后成为一个可向公众展示开放的区域，这是许多矿山公园和矿业博物馆都在努力做的事。开滦博物馆将"中国第一佳矿"的唐山一号矿井，作为博物馆整个展览的一部分，辟为"井下探秘游"展区（又称"第一佳矿"分展馆）。井下展区保存着开滦煤矿各个年代开矿的工具，在不同的作业区安置着各种机器采掘设备，重现矿业开采技术的发展史。工程技术人员经过对旧矿井的改造，将开放展示区与井下生产区域完全隔断，独立的通风、排水系统，保证了观众在井下参观的绝对安全。

从博物馆展厅四楼乘坐模拟罐笼电梯，可直达地下 600 米深的矿井大厅。首先跳入眼帘的是灯光迷离的"时空画廊"。沿着阶梯拾级而下，头顶是色彩斑斓的《黑色长廊》抽象画，两旁是用意向手法展示的开滦矿发展典型符号，犹如穿行于开滦矿业文化的时空隧道。拐过几个巷道，便进入"采掘再现"区。这里展现的是井下矿工生产、工作场景。在长达 200 米的曲折巷道两侧的硐室中，分别展现了中国古代的"原始采煤"、近代的"落垛采煤"、"爆破采煤"、"普通采煤"、"高档普采"、"岩巷开拓"、"普通掘进"和现代化的"综合机械化掘进"、"综合机械化采煤"等九个真实工作场景，可以目睹煤矿早期井下骡马运输的生动场景，看到各种不同的真实机器设备形成的不同采掘工作场面，了解煤炭开采、运输、支护的工艺流程，感受煤炭开采技术与设备的历史演变过程，同时也能切身体验矿工在地下深处生产劳动的艰辛。

与一般矿业博物馆单纯的"井下探秘"不同，开滦博物馆的井下展示区还有一些采用多媒体技术的科普知识互动项目。如"地质世界"，观众可追逐着移动电视浏览色彩斑斓的"煤层地质画廊"，了解向斜、背斜、断层

图4－29　开滦博物馆"井下探秘"展区的现代综合机械化采煤工作场面

（作者自摄）

图4－30　开滦博物馆"井下探秘"展区的多媒体"宝藏寻踪"互动项目

（作者自摄）

等奇异构造；在"节能环保多点触摸台"前，观众在把玩拉伸"知识卡片"的同时，获得绿色环保知识的乐趣；在"宝藏寻踪仪"旁，观众可直接用手在触摸屏点击闪着梦幻色彩的巨大地球仪，能浏览世界各大煤田储量、风土人情、城市风光等……

在"矿灾历险"景区，采用数字化多媒体技术和 4D 手段模拟再现了"煤矿四大灾难"（煤层发火、透水、瓦斯爆炸和冒顶）伴随着"地震床"的无规则摇晃，戴着立体眼镜的观众仿佛置身于矿井灾害发生现场，不仅能切身体验矿难发生时的惊悚，而且也加深了对煤矿井下规避煤矿灾险、安全生产重要性的认识。

开滦煤矿中留下了在十年"文化大革命"期间的"备战备荒"特殊背景下的历史遗存。在"备战备荒遗存"区，观众可看到这个古老巷道 20 世纪六七十年代被改造成"人防工程"的大量遗存：可供百人同时用餐使用的大锅、大灶、洗漱池、老马厩，以及战时指挥所、急救室、语录影壁等遗迹，从中可体味"深挖洞、广积粮、不称霸"的群众运动火热场景，感受那特定岁月留下的不寻常氛围。

井下 1500 米的展线末端，设有一个幽雅温馨的"地下休闲吧"，可供观众在观览后稍作休息之用。耳边聆听着舒缓的音乐，在梦幻的灯光下啜饮芳香，可消除浏览的疲劳。井下参观完毕，观众再上站台乘小电机车返回地面。在机车行驶中两侧或明或暗，观众在车厢内通过电视屏幕，感受一段惊心动魄的"地心穿梭"后返回地面。

五、藏品研究

藏品研究是博物馆业务工作的重要组成部分。编写一份高质量的博物馆陈列大纲，不仅要有丰富的藏品，同时也要以深入的藏品研究成果为基础。开滦档案馆研究人员早在建开滦博物馆之前就已对档案馆的馆藏做了大量研究，发表了许多研究成果，如洋洋五卷本的《开滦煤矿志》、上下两册的《开滦史鉴文萃》、《开滦工人运动史》、《开滦 130 年重要历史事件》、《开滦 130 年人物记事》以及《开滦百年纪事》和《开滦年鉴》等。这些前期研究成果为开滦博物馆陈列大纲编写提供了扎实的学术基础。

在开滦博物馆的基本陈列中，档案馆文史专家对开滦博物馆藏品研究的成果得到了较为充分的体现。有些展品内容反映的是"红色经典"，有些则反映开滦煤矿业与中国早期工业发展史，还有的是反映城市发展与社会生活史的内容。从节振国等矿上员工的工资卡上，直接反映了处在社会底层的矿工、技工的工资收入状况，从而说明为何矿工反抗性强，斗争性强，"特别能战斗"的原因。

反映开滦煤矿与中国早期工业发展史的展品中，以开平矿为外国"骗占案"系列资料、"羊皮蒙面大账本"、《李鸿章呈光绪皇帝奏折》、"开平矿务局股份票"等最为重要。外国"骗占案"事件既反映了帝国主义掠夺者为追求经济利益，不惜实施诈骗手段，在其虚伪的外表下，隐藏着侵占与掠夺中国人民财富的罪恶本性，也反映了当时国内政界、商界对国际金融知识与法律知识的无知，被洋人任意玩弄、蒙骗而上当以及晚清吏治极其腐败的状况。"羊皮蒙面大账本"资料的展示，西方资本主义国家对公司财务管

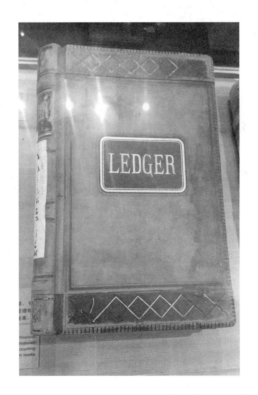

图4-31 开平矿务局的百年"羊皮蒙面大账本"

（作者自摄）

理的严谨和科学性。从《李鸿章奏折》及"开平矿务局股份票"等展品，可透视近代中国洋务派人士学习西方近代科技的心态以及开平矿务局"官督商办"的创办手段。对开滦煤矿早年引进的德国煤矿绞车设备、英国标准铁轨、英国、德国发电机组以及煤矿采掘机等实物与文献资料的研究成果，不仅反映中国煤矿工业技术发展史，而且展现了由煤矿采掘、运输而引发的铁路电力、船运以及水泥制造业的产生，从多个产业反映中国早期工业史的足迹。

六、运营管理

（一）机构设置

在领导管理体制上，开滦博物馆为开滦集团下属一个单位，采取"馆园合一"管理，即开滦国家矿山公园管理中心与开滦博物馆合二为一，博物馆馆长同时又任管理中心主任，"两块牌子一套班子"。国家矿山公园的主要核心内容是博物馆和矿山遗址，两者结合周围环境修复形成一个矿山公园主体，故采取"馆园合一"。这样做的好处是在工作中两者不会发生推诿扯皮的现象。如果把矿山公园本身看成一个大型露天工业遗址博物馆，那么其中的开滦博物馆就是矿山公园博物馆的"馆中馆"，矿山公园中的工业博览园也是露天博物馆的一部分。

开滦博物馆的机构设置为"四部一室"，即由"综合办公室"、"文物征集与展览部"、"宣传教育部"、"运行保障部"和"开发运行部"组成。综合办公室类似事业单位的行政办公室，是馆务活动的组织安排协调中枢，主要从事单位的行政管理职责。文物征集与展览部负责博物馆藏品征集、保护与博物馆展陈设计与布置，这是博物馆中主要业务部门，也包括对藏品的研究职能。由于开滦博物馆借助开滦档案馆的研究力量，故博物馆内的藏品研究未另设专人。宣教部主要为社会公众服务。博物馆有一支专职讲解员队伍，接待团体与个体观众。博物馆不仅重视对讲解员的培训，还经常组织他们参加各种不同层次的讲解比赛，几名优秀讲解员曾在全国和省级讲解大赛中多次获得名次。运行保障部的职能是主管园区的运营，包括井上井下相关设备、博物馆的设备、多媒体设备的正常运营以及园区内安全保卫系统的运营。这部分的工作与许多博物馆一样，实施后勤社会化，借用了部分社会力量来承担。开发运行部主要为博物馆和园区的财务运营、融资以及项目运行开发，为园区提供经济保障，也包括文化产业的开发、建设开发大车间（机械修造厂）的旧厂房再利用项目等。开滦博物馆的机构设置既考虑到博物馆专业管理的要求，也吸收了企业运营模式中的特点，强化运营开发部分，为行业博物馆中常见。

（二）藏品管理与保护

开滦博物馆在博物馆陈列设计和征集藏品资料的同时，也对博物馆藏品的管理与保护做了一些基础工作。如参照文物系统博物馆的藏品登记表项目，进行了藏品的登录与编目，并设立藏品总登记账，还有电子版的藏品文档等，这些都为以后博物馆藏品管理的信息化建设提供了基础。

1. 藏品的定名。开滦博物馆的藏品（展品）有档案馆中大量文献资料为基础，因而在筹建博物馆中藏品不足的问题并不显得十分突出。但也带来了另一个问题，即博物馆藏品定名的规范性。对于来自档案馆的展品（藏品），基本沿袭收藏在档案馆中的定名，如"羊皮蒙面大账本"、"英国伦敦高等法院诉讼记录"等，都是原开滦档案馆收藏中的档案名称，这些物品到博物馆中依然保持使用。对于博物馆另外征集到的实物，由以开滦档案馆文史专家为主的藏品征集专家组负责定名。

国内博物馆界对人文艺术类博物馆的藏品分类标准一直存有争议，至今未有一个全国统一的分类标准，但对博物馆藏品的定名，似乎未见多大分歧，基本都参照国家文物局 1991 年颁布的《馆藏文物档案填写说明》中的藏品定名原则。工业遗产博物馆作为晚近出现的博物馆类型，其藏品定名也可参照国家文物局的文件规定。开滦博物馆对征集而来的藏品，尚未做过详尽分类，仅仅分为"重要"与"一般"两类，藏品定名也是由征集组专家研究讨论确定。如在展厅中陈列的被作为博物馆镇馆之宝的两段唐胥铁路铁轨，一段名为"第一条准轨铁路老铁轨"、另一段名为"英国 BV 公司 1887年生产的用于唐胥中铁路向芦台延伸的铁轨"。这两段铁轨是由英国生产的中国迄今所见最早期的铁轨实物之一。世界上首条铁路于 1825 年在英国诞生，我国是最早从英国引进钢轨的国家之一。1881 年，开平矿务局（开滦矿务局前身）集资修建了一条自唐山至胥各庄一线的"唐胥铁路"，全长16.4 华里，该铁路由英国工程师金达设计，采用 1435 毫米轨距的英国标准铁路钢轨，作为开平矿务局运煤的专用铁路。以后在清政府支持下，该铁路

图 4－32　19 世纪 80 年代开平矿务局从英国进口的唐胥铁路
铁轨是中国最早的标准轨距铁轨
（作者自摄）

又向东、西两个方向延筑，最后形成京山铁路。在此期间，开平矿务局继续
从英国进口了大量铁轨。现代铁路两条铁轨之间的标准距离依然参照英国标
准的 1435 毫米，开滦博物馆的这两段铁轨实物向人们见证了 100 多年前唐胥
铁路的历史，也是中国铁路走上正规发展道路，大批从国外进口铁轨的重要
历史佐证。这两段唐胥铁路铁轨，一段名称中有年代、制造商、国别和用途，
但文字太长，不够简练；另一段名称中则缺少铁轨的制造国和制造厂商。

又如对开滦煤矿早期股票的定名，参照实物上的标题为名称，总称为
"开平矿务局股份票"。由于开平矿务局有不同时期发行的股票版本（展厅
中有同为壹仟两的两张股票，一为光绪七年六月初一发行，另一为光绪七年
闰七月发行），为了区别之，博物馆在陈列展示中采用了"蓝字直版股票"、
"黄字横版股票"、"黄字直版股票"的名称。这种定名方法未从年代上直接
点出不同版本股票。人文、艺术类博物馆藏品定名，年代是一个十分重要的
表述项，是藏品定名的要素之一，也是与其他同类实物区别的一个时代标
志。对上述开滦煤矿三种不同字体颜色与版式的股票定名，每一种版本的股
票前面应当加上其发行年代。

档案馆的档案分类定名与博物馆藏品分类定名并不是同一个系统。前者
主要按照档案内容的职能、用途分类与定名，后者则主要以藏品质地、用
途、形态等综合分类与定名，因此当档案馆中的一些档案被用作博物馆展
（藏）品时，其原来的定名是否就适合直接作为博物馆藏品的定名，这是有
存疑问的。虽然国内人文类博物馆藏品定名原则在全国并没有统一，有些大
型的博物馆依然都按照传统的原则方法来为藏品定名，但博物馆藏品定名的

图4-33 开滦博物馆展示的光绪七年闰七月开平矿务局发行的股票

（作者自摄）

图4-34 开滦博物馆展示的光绪七年六月初一开平矿务局发行的股票

（作者自摄）

一些基本要素在博物馆界是被认可的。随着网络技术的快速发展，将来博物馆的藏品信息要实现全国联网、资源共享，这是必然的趋势，但各博物馆藏品定名原则的不统一将来会给藏品信息的检索与读取带来困难，造成博物馆藏品信息的国内联网、资源共享的障碍。这不只是开滦博物馆遇到的问题，国内其他一些采用较多档案资料为展（藏）品的工业遗产博物馆也同样面临这一问题。

2. 藏品的库房保护。开滦博物馆对于陈列展示的展品，有较强的保护意识。如在展厅中展示重要文献（文件）"羊皮蒙面大账本"、"开平矿务局股份票"等，在其玻璃展柜中放置了温、湿度表，监视展柜中的温、湿度变化情况，随时可以调控玻璃展柜中温、湿度。对置于矿山公园工业博览园中露天展示的"五号蒸汽发电机组"、"天轮"、"采掘机"等部分煤矿业的一些大型工业设备，也都分别做了防锈处理。尤其对已被认定为一级文物的"五号蒸汽发电机组"，专门在该机器底下用砖砌起一个台座，给予必要的保护措施。但其上无任何遮挡措施，任凭日晒雨淋，置于电力纪元分展馆门口，仅仅这样对一级文物的保护还是不够的。应当在其上方设置透明天棚之类，这样既可挡风遮雨，防止日光曝晒，又不影响观瞻。

图 4-35 开滦国家矿山公园工业博览园露天展示的英国茂伟公司
制造的"五号蒸汽发电机组"

资料来源：《开滦文博》第 4 期。

开滦博物馆藏品库房保护条件相对较为简陋，对一些重要藏品尚未精细保护。由于经费的不足，库房保护设备有限，对一般文物的保护仅有空调恒温控制条件，没有除湿与控制湿度的设备，亦无空气清洁、防微生物等设备。开滦博物馆曾邀请河北省文物局组织的专家组对馆内上万件藏品进行了鉴定与定级，确定其中一级文物 48 件，二级文物 72 件，三级文物 326 件，其余多为一般文物。在保护措施方面，定为珍贵文物的大多都来自开滦档案馆，仍由档案馆保护。档案库房有温、湿度控制设备，还有防火、防盗、空气清洁、防微生物等措施，保护条件相对较好。博物馆对一般文物的保护存在明显不足。

开滦博物馆藏品中，有一些晚清的古玩类器物，如瓷器、青铜佛像、珐琅器、缂丝、象牙雕刻品等不同质地的工艺品（多系晚清朝廷命官与当时矿上领导层交往赠送的礼品）。这批藏品数量不很多，未按质地分库保管。就博物馆藏品保护要求而言，纸质类藏品、缂丝、丝绸、绢帛、漆木器、象牙器与瓷器、金属器等各类的库房存放，温度与湿度的要求是各不相同的。按质地分库存放是大多数博物馆藏品保管的一条基本原则，但初创期的博物馆一般都不重视藏品保护，其主要原因不外乎在两个方面：一是缺乏资金，前期资金投入都集中在博物馆建筑和陈列展览设计与制作中，没有财力购买必要的藏品保护设备；二是缺乏藏品保护专业人才，不懂得文物科学保护与管理的条件与方法。

对藏品进行定级是国家文物局从藏品保护需要出发对全国博物馆提出的要求。开滦博物馆对藏品进行定级后发现，被定为一级文物的藏品，主要都借自于开滦档案馆，在物品的权属上并非为博物馆所有。因此，对一级文物的库房保管依然归开滦档案馆。档案馆对档案的保管虽然也有类似于一般博物馆文物保护的要求，但未对特别重要档案有特殊保护要求（如参照国家文物局规定的博物馆文物保护标准，博物馆对一级文物要有保护专库（专柜）实施单独保护）。在我国档案管理系统，对不同价值的档案有不同保存期限的规定，即永久保存、长期保存与一般保存。对于"永久保存"的档案又分为一二三级管理，档案馆中一般并未有类似博物馆一级文物保护的专库或专柜的要求，也就是说档案馆对档案保存期限的区分在保护手段与标准上并不能与博物馆文物定级直接对接。

如果开滦博物馆中的一级文物由开滦档案馆调拨给开滦博物馆归博物馆所有，那么开滦博物馆就应该按照一级文物的保护条件进行保护管理。但目前开滦博物馆对一级文物的库房保护还缺乏必要的设备条件，达不到国家文物局规定的保护要求。这给开滦博物馆的评估定级申请也造成了困难。全国博物馆评估指标要求博物馆要完善藏品管理体系，对定为一级文物的藏品要实施特殊的保护措施。由于开滦博物馆定级文物权属的特殊性以及库房条件尚未达到一级文物保护的标准，开滦博物馆至今未将馆内几十件被定为一级的文物，上报国家文物局备案，因而影响了开滦博物馆的评估定级工作进程。

　　总之，开滦博物馆在建设中有不少亮点，尤其是博物馆的基本陈列设计做得最为精彩。一般在筹建一座新馆时，藏品征集与陈列大纲编写往往是工作重心所在。相比之下，博物馆藏品的管理与保护就不那么受到重视。一直要到新博物馆建成并开放之后，规范藏品管理与保护的工作才会被提上议事日程。开滦博物馆开馆至今，前期在博物馆基本陈列以及社会服务方面着力较多，现在已把工作重心扩展到提高藏品管理和保护水平方面。我们热切期待开滦博物馆在这方面取得新的进展。同时也期望开滦博物馆建设的实践能给正在新建和即将要兴建的工业遗产博物馆带来一些有益的启示。

第　五　章

英美德法四国工业遗产博物馆的经验

　　从 19 世纪后半叶起，伴随着世界工业革命的历史进程，在西方国家中，科学与技术（工业）博物馆逐渐发展起来。一个世纪以后，进入后工业化时代的欧美国家，首先将近现代工业遗产纳入文化遗产保护范围，并且在保护工业遗产的实践中，产生了工业遗址型博物馆模式，成为科学与技术（工业）博物馆的一种新类型。

　　我国目前正处于城市化快速发展进程中，经济结构的调整与产业的升级转型，使工业遗产保护成为我们面临的一项重要而紧迫的任务。许多地方把工业遗产博物馆的建设作为工业遗产保护的重要方式之一。鉴于发达国家在这方面已经有先于我们几十年的实践，其经验可供我们借鉴。在发达国家中，以英国、美国、德国和法国的工业遗产博物馆影响最大，在此，我们对这四国的工业遗产保护实践做一个简要的梳理，并对其经验和最具代表性的工业遗址博物馆特色作一阐述。

第一节　英国的工业遗产保护与工业遗址博物馆

一、英国的工业遗产保护

（一）英国的历史建筑保护

　　英国的工业遗产保护源头来自于早先对古建筑（历史建筑）的保护，保护技术与方法也与古建筑的保护密切相关。与欧洲其他国家相比，英国的古建筑保护并不属于起步最早的，根据安东尼·戴尔 1982 年出版的《外国古建筑保护》一书的观点，英国的古建筑保护甚至比法国晚了整整半个世纪。英国最初的古建保护是一种民间自发性的运动，它的产生在很大程度上是由于不满法国建筑和艺术品修复巨匠勒·杜克（Eugene Emmanuel Viollet-le-Duc）的"风格性修复"激进观点而激发的。[①] 1877 年，被称为英国历史古迹保护先驱的建筑师、社会活动家威廉·莫里斯与拉斯金等社会知识精英共同创建了英国第一个古建筑保护民间组织"古建筑保护协会"（The Society for the Protection of Ancient Buildings，SPAB），它标志着英国古建筑保护运动的开始。广泛的民间保护运动在英国蓬勃展开，敦促英国政府在 1882 年通过了《古迹保护法》（Ancient Monuments Act），首次对英国杰出的历史古迹进行法定保护。第一批受到保护的 68 个历史纪念物可谓凤毛麟角，并且其中绝大多数都是史前遗迹，但对英国文化遗产保护却具有划时代的意义。1900 年政府对《古迹保护法》进行了修订，在原有的基础上，将受保护的对象扩大到中世纪建筑。

　　第二次世界大战的爆发促进了英国扩大保护古建筑的范围，促使人们开始关心被空袭所破坏的建筑。1947 年在对 1932 年颁布的《城乡规划法》（Town & Country Planning Act）修订中加进了一项新条款，引进了具有特殊建筑或历史意义的古建筑综合名单，该法案是在全国范围内对古建筑进行整理与分级保护的基础。[②]

　　1953 年《历史建筑和古迹保护法》 （Historic Buildings and Ancient Monuments Act）的颁布，进一步确立了历史建筑保护的制度。同时，"英格兰历史建筑委员会"（Historic Buildings Council for England）成立，负责管理历史建筑和古迹，并提供修复补助。在一些历史古迹数量众多的城市，往往建筑与建筑之间、建筑与道路之间、道路与开放的空间，都具有很强的关联

---

　　① 勒·杜克是欧洲中世纪著名的建筑权威，曾任法国历史性纪念建筑总检察官的首席建筑顾问。在古建修复中，他强调保持建筑结构、外表和风格完整性的修复，主张在历史上从未修建而成的部分也可能根据建筑师的考察重新建立起来。其学说不仅主导了法国早期的古建筑维修与保护，而且对日后的世界古建保护产生深远的影响。参见吕舟：《欧洲文物建筑保护的基本趋向》，载杨鸿勋、刘托编：《建筑历史与理论（第 5 辑）》，中国建筑工业出版社 1997 年版，第 140 页。

　　② 1947 年，《城乡规划法》要求对战后的古建筑进行注册登记，并提出了登录建筑的保护标准，按照其价值分为三种保护等级登录。被划为第一保护等级的建筑，因其具有极其重要的价值，在任何情况下都不许被拆毁；列为第二等级的建筑，一般情况下也不允许被拆毁，除非有十分特殊的原因；属于第三等级的建筑，其单独建筑虽没有真正的建筑或历史价值，但它们有群体价值，因而也被登录保护。

性，有些建筑并不是保护对象，但却是历史环境中不可分割的一部分，这对一组组连续的住宅建筑修复计划的实施造成困难。于是 1958 年英格兰历史建筑委员会明确提出了历史建筑的"群体价值"概念。

1967 年，《城市美化法》（Civic Amenities Act）颁布，正式提出历史建筑"保护区"概念。它要求地方政府列出具有特殊建筑或历史意义的区域，并命名它们为历史建筑保护区。1974 年《城乡美化法》（The Town & Country Amenities Act）的颁布，推进了保护区的实施。《城乡美化法》规定，对于保护区内的任何建筑（货棚与街墙例外）的拆除或改建（动），一律必须经过城市规划部门的同意。此后，陆续颁布的一些法规条例，有的关于城市更新，有的关于历史环境保护，有的则对 1953 年的《历史建筑和古迹保护法》进行调整，其中都有涉及对历史建筑登录与保护区的内容。今天历史建筑保护区已经成为英国最普遍的建筑保护形式。英国的历史建筑保护实践为工业遗产的保护奠定了基础。

（二）英国工业考古的兴起

工业革命是英国对世界工业文明的一项最伟大贡献。其早期阶段的工业遗物对于英国而言，其意义并不亚于那些经典古籍对于希腊，文艺复兴对于意大利北部城市的意义。因而英国人从历史纪念物的角度，首先提出了保护工业革命纪念物的理念，这也顺理成章。英国工业遗产保护运动的兴起，直接为英国的工业考古热潮所引发。20 世纪 50 年代，英国社会逐渐步入后工业化时代。面对新的经济变化与城市更新浪潮，产业转型势在必行。随着重工业、制造业的衰落和钢铁产业基地的快速转型，大量工业厂房、仓库以及工业设备、构造物等被废弃。当社会对这些现象还熟视无睹之时，民间对英国工业革命遗迹关心的有识之士已经关注到这一点。一位名叫瑞克斯（Michael·Rix）的英国伯明翰大学教育工作者在杂志上发表了以"工业考古学"为题的文章，指出在工业革命发祥地英国，"许多有关工业革命的历史遗迹都不受重视或被无故毁损，"呼吁人们应重视对这些工业遗迹的保护。[1] 他的呼吁得到了英国公众与政府的普遍响应。由于他使用了"工业考

---

[1]　Marilyn Palmer and Peter Neaverson, *Industrial Archaeology：Principles and practice.* London and New York：Routledge, 1998, p. 1.

古学"的术语，其文章的发表被作为英国工业考古热潮的发端。英国考古联合会（Council for British Archaeology，CBA）是最早介入工业革命纪念物保护领域的学术团体之一，1959 年，该团体建立了工业考古学研究委员会。1963 年，英国考古联合会与政府公共建筑与工程部（the Ministry of Public Buildings and Works）合作建立了"工业纪念物普查委员会"（Industrial Monuments Survey，IMS），通过对全国工业纪念物的普查，整理出一份"全国工业纪念物记录"（the National Record of Industrial Monuments，NRIM）的基本名录，为全国范围进一步开展工业遗产保护提供了基础。

图 5 - 1　英国曼彻斯特老火车站成为曼彻斯特科学与工业博物馆的一部分

此前，英格兰皇家历史纪念物委员会（the Royal Commission on the Historial Monuments of England，RCHME）已经将一些诸如麦芽作坊、水车等古代工业建筑，纳入其郡内的遗产清单（遗产目录），但将收入清单的工业遗产年代范围划定为 1700 年之前。[①] 随着工业考古学的兴起，评价工业建筑

①　英格兰皇家历史纪念物委员会是一个代表政府声音的职能机构。该委员会于 1908 年由政府任命的专家组成，隶属于政府的环境事务部，主要负责全国所有历史建筑遗址和纪念物的保护与管理事务。在战争年代，英格兰皇家历史纪念物（遗址）委员会曾建立了"国家建筑档案"，从保护与管理需要的角度，记录了属于国家级保护的各个重要建筑物。

（遗址）的标准发生了变化，人们逐渐认识到作为历史环境一部分的近现代工业建筑（遗址）其重要性日益凸显，于是，英格兰皇家历史纪念物委员会开始将工业遗产纳入保护名录。①

1981 年，"工业纪念物普查委员会"并入"英格兰皇家历史纪念物委员会"。1983 年，英国政府颁布的《国家遗产法》规定，英格兰皇家历史纪念物委员会是英国历史文化遗产保护名录的增补以及英国文化遗产管理的责任人，由此明确了该委员会对英国包括工业遗产在内的所有文化遗产的调查和保护的法定管理者身份。

二、英国的工业遗产博物馆

从 17 世纪后期世界第一座近代意义的博物馆（英国阿什莫林博物馆）产生以来，人们目睹了博物馆在遗产保存与知识传播中发挥的独特作用，因此在考虑对工业遗产的保护时，自然就想到了以建立博物馆方式保护工业遗产。1851 年，以展示工业革命成果为主要目的的首届万国博览会在英国伦敦开幕。博览会闭幕之后，组委会购买了部分展品，收藏起来作为博物馆的展品，由此产生了伦敦科学博物馆（其前身为南肯星顿博物馆）。以后英国又在伯明翰等各工业城市建立了工业博物馆和铁道博物馆等。于是在社会历史类、自然史类和艺术类博物馆之外，增添了科学工业类博物馆。但是从 20 世纪 60 年代工业考古运动以来兴建的工业遗产博物馆主要是工业遗址型博物馆，不同于传统的工业博物馆。因为作为工业遗产的工业建筑、巨型生产设备与构筑物以及包括工业遗址本身，无法（或不宜）放到传统的室内博物馆中保护与展示，于是人们就效仿瑞典斯堪森露天博物馆的方式，在野外展示与保护，这样就产生了露天工业遗址型博物馆。②

英国是世界工业革命最早的发生地，也是工业革命遗迹最多的国家之一，在英国首先出现对工业革命纪念物的保护运动，理所当然。随着工业遗

---

① 英格兰皇家历史纪念物委员会的主要工作是编制历史建筑遗址和纪念物的保护与管理规划，组织、实施对工业遗产的调查，组织专家对工业遗产的经济价值、社会价值、历史价值、科学技术价值以及美学价值进行评估，起草制定不同层次的保护政策，提出具体的保护与管理措施。

② 1891 年，瑞典首次将全国各地许多面临毁坏威胁的重要建筑物搬迁到斯坎森半岛上，在那里重建并露天向公众展示，以这种方式将历史建筑集中起来保护与展示，由此产生了世界上第一座露天博物馆（Open—Air Museum）。

图5-2　瑞典斯堪森露天博物馆

产保护运动的发展，英国第一座大型露天工业遗址博物馆的出现，也是水到渠成。英国露天博物馆有不少，但大型露天工业遗址博物馆并不多，铁桥峡工业遗址景观（Ironbridge Industrial Landscape）是其中的一个杰出代表。

（一）铁桥峡工业景观

铁桥峡位于英国英格兰西部希洛普郡（the County of Shropshire）塞文河（River Severn）下游的一个长约4.5公里、宽约1.5公里的河谷地带。18世纪前期，达比铁业公司（Abraham Darby Company）在那儿发明了以焦炭炼铁的新技术，生产制造了各种坚固耐用的铁制品，包括铁轨、铁车轮、铁船、蒸汽火车头和蒸汽引擎气缸等重要的运输或生产工具，一跃成为当时英国最大的制铁业公司，并因此推动了英国乃至欧洲及其以外地区工业革命。18世纪后期，铁桥峡区域的塞文河两岸已经成为一个人口密集的工业园区，有了一系列的煤铁矿区、铁工厂、瓷器和装饰用瓷砖工厂等。为了方便河谷两岸的交通，1779年，达比公司在塞文河上建造了一座完全用铁为材料的铁桥，被工业史学家公认为是世界上第一座铁桥，成为工业革命的象征。而这一区域也被以"铁桥峡"命名。

铁桥峡区域经过近百年的辉煌之后，工业渐趋衰落，逐渐为人们所遗忘。到20世纪60年代，随着工业考古热潮在英国的兴起，人们目光又回到了这个工业革命的发源地。1967年，"铁桥峡博物馆基金会"（Ironbridge

Gorge Museum Trust）成立，开始对铁桥峡区域的工业遗产进行调查并实施保护。今天，在铁桥峡工业遗址区，已建立起九个包括博物馆与历史纪念地在内的工业遗产旅游景观，成为一个大型露天工业遗址博物馆。[①] 其中的主要博物馆如下：

图 5-3　英国铁桥峡工业遗址景观区的世界上第一座铁桥

1. 铁博物馆（Museum of Iron）。该博物馆由达比公司建于 1838 年的一座旧仓库改建而成。该馆的镇馆之宝是 1758 年的达比高炉（Abraham Darby Furnace），系 20 世纪 50 年代在杂草丛生、残墙断垣的工业废墟中被工业考古人员挖掘出土。该高炉是当时焦炭炼铁新技术的历史物证。另外，博物馆还包括达比故居（Darby House）（主要在 70—80 年代复原的达比家族所居住的庭院）、原达比公司的员工宿舍（系达比公司为其员工所盖）、四座以原木为框架的铁匠铺以及 19 世纪末一些制铁公司的厂房等，重现当时业主与雇员的生活环境，反映与工业有关的社会史内容。

2. 科尔坡瓷器博物馆（Coalport China Works Museum）。由原来的瓷器工厂改建而成，展出该厂生产的精致瓷器以及瓷器的制作技术等，反映瓷器

① Barrie Trinder. *Industrial Conservation and Industrial History：reflections on the Ironbridge Gorge Museum.* History Workshop, No. 2.（Autumn, 1976）, Oxford University Press. pp. 171－176.

厂150多年的发展历史。

3. 布利兹山岗户外博物馆（Blists Hill Open Air Museum）。布利兹山岗户外博物馆坐落在一片山坡林地上，保护与展示内容分为两部分：一为原工业遗址上的工业遗产，如三座19世纪早期的鼓风炉与机房，一座煤矿坑，都经修复后在原地展示；二为从铁桥峡以外的各地搬迁而来的各种早期工业设施与机械，有锯木机、铸币厂、冶炼熟铁的铁工厂等，在此集中保存与展示。如山岗斜坡下的一个工厂钢铁结构建筑，系1815年设计建造。该工厂原位于博尔腾（Bolton），1974年关闭后，其主要厂房建筑与设备被迁移到这里，它们是一座轧钢厂的历史见证。①

另外，铁桥峡工业遗址区还有塞文河博物馆（Museum of the Severn River），杰克菲尔德瓷砖博物馆（Jackfield Tile Museum），烟斗博物馆（Clay Tabacco Pipe Museum）以及铁桥与柏油隧道历史遗迹、遗物等。1986年，铁桥峡被联合国教科文组织列入世界文化遗产名录，成为世界第一个近代工业遗产保护的成功典范。

（二）布莱维恩工业景观（Blaenavon Industrial Landscape）②

在英国，与铁桥峡工业遗址景观一样被列入世界文化遗产名录的还有布莱维恩工业景观。布莱维恩工业遗址景观位于英国南威尔士，也是一个大型露天工业遗产博物馆。其整体性保护方法反映了英国对工业遗产保护理念的发展。

布莱维恩工业遗址见证了19世纪英国南威尔士地区作为当时世界钢铁制造业和煤炭采掘业最显赫时期的历史。包括早期的铁路系统、炼铁大高炉、煤矿和铁矿的矿井、采石场、工人住宅区以及社区的基础设施等在内的所有的遗存，至今依然保存完好。工业遗址区有一座位于矿井中的博物馆——大矿井博物馆。该矿井从19世纪开始出矿，一直到1980年才停止生产，成为一座对外开放的遗址博物馆。观众能直接下矿井中参观，直面感受当年矿工们在井下的作业和生活。大矿井博物馆是该工业景观区最受人欢迎的旅游点之一。遗址区还有一座建于1788年的炼铁厂高炉。1810年该铁厂

---

① The Iron Bridge Gorge Museum Trust Ltd. *The Iron Bridge and Town* ［M］. Great Britian: Jarrold Publishing, 2000, p. 23.

② 《布莱维恩工业景观资料》，http: //www. museumwales. ac. uk/en/bigpit/。

已拥有四座用蒸汽作动力的高炉（当时这属于世界最先进的技术），成为世界上最大的钢铁企业。今天，布莱维恩工业遗址代表了早期工业革命幸存下来的最重要的纪念遗物之一，是世界上此类遗物保存得最好的钢铁联合体。

图5-4　位于英国布莱维恩工业景观区的大矿井博物馆

布莱维恩工业景观区还有两个"馆中馆"①：考戴尔（Cordell）博物馆和钢铁工业史博物馆。前者收藏和展示早期布莱维恩城镇历史的文物，博物馆拥有大量通过工业考古而获得的历史照片、家具、服装、钱币等等物品；后者展示世界钢铁工业的发展历史。

就工业遗产的原属地而言，铁桥峡工业遗址区展示的工业遗产属于混合型，有原铁桥峡产生的工业遗存，还有从国内各地搬迁过来的工业遗产，为避免使之被毁弃，也一起放到铁桥峡区域实施保护与展示。有学者认为工业遗产最好是放在原生地保护，从别处迁移搬迁过来的工业遗产离开了它的原来环境，相关的历史信息也就丢失了，虽在博物馆的展示中，它们的信息价值可能保存着，甚至在某种程度上是扩大了，但是它们令观众产生联想的价

---

① "馆中馆"是作者自创的一个名词，指露天工业遗址博物馆中，另有利用原工业建筑设立的室内博物馆，展示与收藏该工业遗址有关的遗存。

值却失去了。① 也有学者认为，这种文化遗产的再现只是一种人造的形式，呈现的历史文物被放置到原不属于它所重建的环境中，所以这种文化遗产景观往往是一种"伪造的拟像"（spurious simulactrum）。② 布莱维恩工业景观虽建立的时间晚于铁桥峡工业遗址，但它是英国近代工业遗址保护与周边环境修复、整治结合业绩凸显的一个典范，它向公众展示的工业遗产完全是在原生地产生的，与周围环境联系在一起，最大限度地保存了其原汁原味。

（三）利用旧工业建筑建成的非工业主题博物馆

在英国的工业建筑遗产中，除了一些被登录为重要保护等级的历史建筑之外，还有许多被列入一般保护等级或未进入保护名单的一般性工业建筑。这些旧工业建筑中，有的年限不长，但是建筑本身结构坚固耐用，空间跨度较大，可以改作他用。对旧工业建筑的改造再利用，保持其建筑的原始外貌，内部经过适当改造，融入新的元素，既利于环境保护，又可减少投资成本。因此，利用旧工业建筑建设博物馆，成为工业遗产保护的一种常见方式。20世纪90年代，英国政府确立以发展文化（创意）产业拉动国民经济的战略，文化产业的发展一定程度上促进了工业遗产的保护与再利用，大量经过改造后再利用的旧仓库、厂房、车间等工业建筑，成为创意产业园区的主要办公用房，有的甚至直接改造为博物馆（美术馆）。英国伦敦泰特家族的泰特系列美术馆：伦敦泰特当代美术馆、利物浦泰特美术馆和泰特美术馆就是这种"旧瓶装新酒"型博物馆的代表。③

1984年，利物浦市政府投资1000万英镑，以泰特为首的私人机构投资200万，将利物浦废弃的阿尔伯特码头旧仓库改建成了利物浦泰特美术馆。1988年利物浦泰特美术馆落成，这一改造带动了整个码头区的改造，博物馆成为生活气息浓郁的城市文化中心。1993年，英国南部海滨优美的艺术小镇塞尔维斯（St. Lves）诞生了塞尔维斯泰特美术馆，它利用当地废弃的

---

① Marilyn Palmer and Peter Neaverson. *Industrial Archaeology-Principles and practice*. London：Routledge，1998，p. 1.

② Walsh Kevin. *The Representation of the Past*：*Museum and Heritage in the Post-modern Word*. London/New York：Routledge，1992，p. 103.

③ "旧瓶装新酒"式博物馆，系作者自创的名词，指旧工业建筑再利用型博物馆，博物馆的藏品内容与旧工业建筑本身毫无关系。详见本书第二章中关于工业遗产博物馆模式的相关内容。

图 5－5　英国利物浦阿尔伯特码头旧仓库改造而成的泰特美术馆

（黄洋摄影）

煤气站改造而成。1997 年，在英国同盟、英格兰艺术委员会、千年委员会、国家彩票基金等机构的高额赞助下，耗资 1.2 亿英镑的泰特当代美术馆项目启动。泰特当代美术馆位于英国伦敦市区泰晤士河南岸、由废弃的发电厂建筑改造而成，内部总面积达 34500 平方米，其中陈列展览大厅 7800 多平方米，特别展厅 1300 平方米，公众集散大厅和共享空间 3300 平方米，教育空间约 400 平方米，办公用房 1350 平方米，后勤服务和艺术品管理空间 1500 平方米，其余面积为大型报告厅、数个咖啡厅、酒吧和商店等。2000 年，泰特当代美术馆向公众开放。它与莎士比亚环球剧场相邻，电厂高大的烟囱与厂房建筑又与河对岸著名的圣保罗大教堂遥遥相对，成为伦敦市中心的一个新地标景观。旧厂房内部高大而宽敞的结构，留给美术馆设计师充分的改造再利用空间，成就了设计师的梦想。泰特美术馆成为当今欧洲最著名的艺术馆之一，每年的观众量都在 400 万以上。泰特当代美术馆的诞生也带动了伦敦泰晤士河南岸整个南沃克区的旅游业，增加了几千个工作岗位，成为伦敦城市文化与经济复兴中的一个至关重要的角色。①

———————————

① Rowan Moore and Raymund Ryan. *Building Tate Modern*. London：Tate Gallery Publishing，2000. p. 19.

图 5－6　英国伦敦泰晤士南岸旧发电厂房改建而成的泰特现代美术馆

　　泰特当代美术馆的成功不仅仅是一次成功的工业建筑遗产的改造实践，还为其他类似的改造实践树立了典范。在英国，类似的成功经历还有纽卡斯特（Newcastle）的巴勒特当代艺术中心（Contemporary Art in Gateshead），它利用城市中一个 20 世纪 50 年代的旧仓库，改造成一个集艺术收藏、研究、展示和教育的中心，博物馆所创造的公共文化空间对历史、现代与未来的包容性很强，该艺术馆成为振兴英国东北部后工业时代城市经济文化振兴的契机。

　　泰特美术馆的成功运作也给我们以启示。如 2010 年中国上海世博会浦西园区的"城市未来馆"系利用原上海南市发电厂的主厂房改造而成。世博会后，该工业建筑的功能再次被开发，改造利用为"上海当代美术馆"，建筑内部宽敞的空间给设计师的改造提供了很好条件，建筑外表高大的烟囱与冷峻的发电机房组合，成为黄浦江边一个由工业遗产改造而成的独特的地标性建筑。

　　在对旧工业建筑遗产的再利用中，尽管较多的是将原来的旧工业建筑利用为艺术馆，但也有一些利用为城市某种工业博物馆的事例。如 1976 年，英国谢菲尔德城市博物馆部门获得一个凯尔汉姆岛上的旧发电站建筑（该发电站建于 1899 年，专为谢菲尔德城市的公交电车提供电力，位于城市一英里之内的制造业区域)。该旧供电站被改变为工业博物馆,其旧建筑内的陈列展示、库房以及生产车间都在底楼,进口处前厅旁边为临时展厅,还有咖啡厅和图书馆。该博物馆主要收藏与展示刀剑制造工业,这些是谢菲尔德城市工业的开始。谢菲尔德制造的系列刀剑餐具等,曾在1851年的伦敦首届万国博览会上展出,当时除了伯明翰之外,英国没有第二个城市能像谢菲尔德这样生产如此丰富的刀剑产品。①

图5-7　英国谢菲尔德市凯尔汉姆岛上旧发电站改造而成的工业博物馆
(Kelham Island Museum)

三、英国工业遗产保护的经验

英国是欧洲最早发起工业遗产保护运动的国家,在没有前人经验可资参照的情况下,根据本国国情进行探索与实践,开辟出一条工业遗产保护与再利用之路,对欧洲其他国家都产生了影响。英国对工业遗产的保护经验主要集中在制定相关的法规制度、建立专门的保护组织、实行有效的保护与管理措施、利用工业遗产资源促进经济文化的发展等几个方面。

---

① Geoffrey Tweedale. *Steel Metropolis*: *A View of Sheffield Industry at Kelham Island Industrial Museum*. Technology and Culture, Vol. 33, No. 2 (Apr., 1992), pp. 328 – 335.

（一）颁布相关的法规制度条例

在欧洲，英国是一个以管理法规制度完备而著称的国家，早在 1882 年英国就有了《古迹保护法》，首次对英国杰出的历史遗迹进行法定保护。以后政府对《古迹保护法》进行了多次修订与增补，逐步将受保护的对象扩大到中世纪和近代历史建筑，并对历史建筑引入群体保护的概念。20 世纪 60 年代，社会对工业纪念物的保护呼声日益高涨，政府部门及时听取民意，制定相关政策法规。20 世纪 70 年代后英国颁布的一些法案，如 1979 年的《古迹与考古区法》（Ancient Monuments and Archaeological Areas Act）、1983 年的《国家遗产法》（National Heritage Act）、1990 年的《规划（登录建筑和保护区）法》（Planning（Listed Buildings and Conservation Areas）Act）和 1994 年的《历史环境和计划法案》（Planning Policy Guidance：Planning and Historical Environment）等，其中都有涉及对工业历史建筑登录与工业遗产保护区建设的内容。今天工业遗址博物馆与工业建筑遗产保护区已经成为英国工业遗产保护的重要形式之一。

在操作层面上，一些具体的管理法规对工业历史建筑的保护与再利用具有直接的推动作用。如《城市规划条例（用途类别）》界定了土地和建筑物的用途类别，以及每一类别的具体内容。20 世纪 80 年代，撒切尔政府颁布了为便于对工业建筑遗产的保护与再利用而采取的"使用类别规则"，规定在保护区内将建筑类型从一般工业或仓储转变为商业类型，不再需要规划许可。扫除了长期废弃的厂房、仓库等再利用，要变更使用性质手续烦琐且不易被批准的法律障碍。① 该举措为工业历史建筑寻找新的用途开了方便之门。如在伦敦巴特勒码头（Butlers Wharf）的改造中，致力于工业设计的"康然基金会"（Conran Foundation）利用一个 20 世纪四五十年代的旧仓库改建成设计博物馆（Design Museum），内有展厅、藏品库房、图书馆、讲演厅、商店和咖啡厅，旁边还开辟了"茶和咖啡博物馆"（茶和咖啡曾为该码头的主要贸易商品）。又如诺丁汉市政府在"蕾丝市场更新"（Lace Market Renovation）的改造中，将一批维多利亚时代的高大坚固、采光面大，质量上乘的产业建筑改造为商店、咖啡屋、书店、公寓或学校等商业用途，还建设

① 朱晓明：《当代英国建筑遗产保护》，同济大学出版社 2007 年版，第 125 页。

了两个利用历史建筑改建的博物馆：纺织博物馆和审判博物馆。① 类似的例子在英国还有很多，都得益于政府的相关法规的支持。

（二）非政府层面力量的支持

英国很早就有民间组织保护文化遗产的传统。20 世纪 60 年代，诸多民间团体和志愿者自觉参与到工业遗产保护中来。在非政府层面，形成了两种非正规组织对工业遗产主动承担起保护的责任：一是英国的许多志愿者团体。他们在各个地方自发地组织起来，筹集资金，保护地方上的工业遗产。如铁桥峡工业遗产区的保护，就是有当地人士自发承担的。鉴于铁桥峡作为世界工业革命发源地的重要历史地位，1967 年，铁桥峡所在地的泰尔福（Telford）地方人士自发组织成立了铁桥峡博物馆基金，勘定工业遗址与建筑，并加以修复，以建立工业遗址博物馆的方式对该地区的工业遗存进行保护，并通过开展旅游业使该地区得到发展。该基金组织明确指出其经营理念："铁桥峡博物馆日常营运所需费用将来自观众的营收"，"不依赖来自地方或中央政府的资助"，"铁桥峡博物馆将不是一座限于单栋有形建筑的传统博物馆，而是一系列以铁桥峡原来工业遗址所发展出的博物馆群所组成的综合体"。②

二是有学术界专家组成的专业保护组织。虽然他们中也有一些人参与到志愿者队伍中，但他们更多的是从学术的角度，与政府责任部门打交道，代表着学界的声音。譬如苏格兰古代和历史纪念物皇家委员会（The Royal Commission on the Ancient and Historial Monuments of Scotland，RCAHMS）早在 50 年代准备的遗产保护名录中，就已经把 19 世纪工业建筑纳入了清单之中。20 世纪 60 年代以后，在英国考古学联合会顾问小组的推荐下，大量的工业纪念物被增加到计划表中。顾问小组提供的工业遗址名单中，有许多都是由志愿者们自发地参与各地的工业遗产普查而获得的信息，包括灯塔、供水蒸汽工厂、污水排放站等。

1963 年，英国考古联合会与政府公共建筑与工程部（the Ministry of Public Buildings and Works）携手共建工业纪念物普查委员会（Industrial

① 朱晓明：《当代英国建筑遗产保护》，同济大学出版社 2007 年版，第 94、127 页。
② 张誉腾：《世界第一座铁桥——铁桥峡博物馆的成功与危机》，见王玉丰主编：《揭开昨日工业的面纱——工业遗址的保存与再造》，"国立"科学工艺博物馆 2005 年版，第 48—49 页。

Monuments Survey，IMS)，开始实施工业遗产普查，承担起工业遗产保护的主要角色。1969 年，再次进行的全国性历史遗产调查，将许多工业历史建筑和工业遗存都纳入调查范围。至 1990 年调查结束，大约共有 45 万座建筑物被列入保护名录，其中就有大量工业历史建筑列入登记名单。

从全国的角度而言，英国考古联合会是开辟工业考古这一新的考古学领域的第一个学术组织，后来鉴于英格兰历史纪念物委员会已全面介入工业遗产保护这一领域，负责维持并发展此前创立的工业纪念物登录制度等，英国考古联合会才逐渐从工业遗产保护这一领域退出。

(三）采取有效保护与管理措施

1. 实施分级保护与登录制。英国是对历史建筑遗产较早实行分级保护与登录制措施的国家，这种保护与管理措施对欧美其他国家也产生了影响。早在 1947 年英国颁布的《城乡规划法》（Town & Country Planning Act）中就要求对战后的历史建筑进行注册登记，使之免于被拆毁，并提出了登录建筑的保护标准，按照其历史价值、科学价值和建筑价值分为三种保护等级登录，由此开创了历史建筑遗产的分级保护与登录制。20 世纪 60 年代后实行全国工业遗产普查，工业建筑遗产也列入范围，然后从历史价值、科学价值、技术价值以及建筑价值等方面进行价值评估，将不同价值的工业建筑遗产划定为三个不同的保护等级并登录。第一级为具有杰出的或卓越的价值，以及具有非同寻常的代表性的建筑物，占历史建筑遗产清单总数的 2%；第二级为具有重要地位、但不能列入第一类建筑清单中的建筑物，占建筑遗产清单总数的 4%；第三级为遗产清单上剩余的具有特殊价值的，但不足以成为最精华部分的建筑物，占历史建筑遗产清单总数的 94%。[①] 对于第一、第二级的工业建筑遗产的保护，在修复过程中不允许改变其任何部分，包括外观和内部结构等，一切按照原样修复，对于属于第三级的工业建筑，实行改造再利用的保护方式，但不能改变其建筑的外貌，主要进行内部的改造，以适合新的使用功能。在这种保护政策与措施之下，英国的许多旧工业建筑得到了适当的保护与再利用，或改建为博物馆、图书馆、剧场影院等文化设

---

① 张艳华：《在文化价值和经济价值之间：上海城市建筑遗产（CBH）保护与再利用》，中国电力出版社 2007 年版，第 2 页。

施，或改造为办公楼、旅馆、大卖场等商业用途，或建设为创意产业园区，旧工业建筑发挥了新的功能，成为推动城市经济与文化发展的另一类资源。

2. 建立建筑遗产"保护区"。在英国过去的相关立法中，考虑处理历史建筑和构建物时，常常是在指定其为一个纪念物（遗迹）的同时，忽视了其相关的历史联系，没有考虑到对整个城市区域的特殊利益的保护。20世纪60年代，当约克郡、曼彻斯特郡等一些地方政府的调查报告中都不约而同地提到了如何减轻城市经济压力、防止普通建筑物的衰坏以及如何再利用的问题时，英国政府就想到了用创建"保护区"（具有历史影响的特殊建筑的保护区）的办法来解决。1967年，英国颁布《城市美化法》，正式提出历史"保护区"概念。在保护区域中，有些单体建筑本身并不具备列入被保护名录的条件，但多个建筑集合起来成为一个群体，就有了保存价值。所以保护区的建立，可以将历史建筑整体性地保护。英国建于早期的一些相似的棉纺织工业社区，如达比郡的贝尔拍和克罗姆福特（Belper and Cromford，Derbyshire），切郡的斯达尔（Styal，Cheshire），以及苏格兰的新拉纳克（New Lanark，Scotland），都是建立"保护区"措施的受益者。英格兰中部的德文特山谷棉纺织厂博物馆（Derwent Valley Museums）的建立，也是这一概念的提出以及这一方法实施的直接受益者。德文特山谷中建有大批18—19世纪的棉纺织厂，这一座座旧厂房及其工人住宅，从单座的建筑看，其历史价值和技术价值都不大，但作为整个纺织工业建筑群的一部分来考量，其意义就非同一般，它们形成了具有较高历史价值和技术价值的工业景观，因而被登录为保护单位。2001年，德文特山谷棉纺织厂（Derwent Valley Mills）被列入世界文化遗产名录。英国许多地方类似的棉纺织厂建筑改建成为纺织博物馆的有不少，一些重要城市的多种综合企业，也以这种保护区的形式得到了保护。

（四）建设工业遗产旅游景观区

遗产保护需要资金，单纯的遗产保护，只有投入，没有经济产出，这样长期下去将会成为社会的沉重负担。如何在保护中适当再利用遗产，使之产生一定的经济效益，回馈社会，这是遗产保护必须解决的问题。英国首先实施对工业遗产的保护，也就首先面临了这样一个问题。英国的主要方法是建设工业遗产景观，使之成为旅游景观的一部分。

过去的旅游主要浏览自然景观，人文景观也是以历史上的名胜古迹和博物馆为主要，工业遗产作为景观是晚近的事。如今，工业遗产旅游已经成为发达国家旅游业的一项重要内容。这一创意的最早发生地是在英国。铁桥峡工业遗产景观区，除了将旧工业建筑保留再利用之外，对整个工业区进行整治，在传播工业历史的过程中，形成新的服务产业，工业遗产与工业遗址博物馆是旅游者的重要景观。在一些工业遗址区（尤其是在产业遗址博物馆中），一些志愿者团体利用旧工业机械设备进行商业生产，其产品如袜子、披巾等，在反映历史记忆的同时，也出售给观众，于是带来了经济效益。据有关方面的统计资料，1992 年在英国，以吸引 1 万名游客作为最低标准，在列出来的 1229 个吸引景点中，除了铁路之外，约有 22% 可以被归类为工业遗址的景点。前 20 个收门票的景点中，10 个有"历史的遗址"基础。①在英国，工业遗产走向市场已成为文化资源管理一个重要的因素。大力发展包括旅游业在内的现代服务业是英国在后工业时代实施产业结构转型、振兴区域经济的重要战略。

第二节　美国的工业遗产保护和工业遗址博物馆

一、美国的工业遗产保护

美国工业遗产的保护的活动可以追溯到美国早期的历史保护。1906 年美国国会通过《古物法》（The Antiquities Act of 1906），授权美国总统宣布"历史名胜、历史和史前建筑和有历史和科学价值的其他物品"为受保护的国家古迹，对美国早期的历史保护产生了巨大影响。在历史考古学成为美国独立的学术分支之前，考古学家在与国家公园管理局合作的对詹姆斯城（Jamestown）的一次考古发掘中，发现了玻璃和陶器的制造工场、生产砖块和石灰的窑炉以及部分炼铁的痕迹。②于是，考古学家们开始了对美国工业遗迹、遗物等的研究。

在 20 世纪 30 年代的美国经济大萧条时期，为缓解社会就业压力，美国联

---

① 杨凯成：《一份产业文化资产分析构架的尝试》，见杨凯成主编：《废墟的再生：工业遗址再利用国外案例探索》，文建会 2006 年版，第 194—205 页。

② Patrick E. Martin. *International Handbook of Historical Archaeology Part 1*. 2009, pp. 285 – 297.

邦政府建立了"美国历史建筑普查"组织（Historic American Building Survey, HABS），雇用了大量失业的建筑工程师、摄影师等，测绘并记录了当时有代表性的美国部分历史建筑遗产。这些普查资料后来成为美国工业遗产保护运动的重要资料来源。[1] 1935 年美国国会颁布了《历史遗址法》（Historic Sites Act），这项法案的目的是为保护具有一定意义的公共历史遗迹，建筑物和物件（这其中也包含了一定数量的工业历史遗迹）而特别制定的一项联邦国家政策。

20 世纪 60 年代初，欧洲的工业遗产保护理念传播到了美国，而此时美国社会正掀起的历史保护热潮，工业遗产的概念也切合了美国历史保护的需求。1966 年，经过对城市更新运动的反思，并在借鉴欧洲相关经验的基础上，美国联邦政府通过了《国家历史保护法》（National Historic Preservation Act），这是美国有史以来涉及最广的保护法律，也是美国针对包括工业遗产保护工作在内的历史保护工作的专门法律。该法律构建了美国工业遗产保护的基本制度，如"国家历史场所"登录制度（National Register of Historic Places）、"国家历史地标"（National Historic Landmark）、"国家遗产区域"（National Heritage Area）等；规定了联邦与州政府的管理机构，如国家公园管理局，联邦历史保护咨询委员，州历史保护办公室等；同时也为刺激工业遗产保护活动的发展，提供了一些经济政策。该法律设定了对于各州 50% 的援助拨款，用于历史建筑调查测绘、保护规划、国家历史场所登录制度的提名，以及对于历史建筑的购买和保护等内容。各州与联邦政府相呼应，开始扩大自身的遗产保护计划，由此导致各州遗产保护的财政激励制度与登录制度的建立。该法律还确立了由联邦政府，地方政府和民间组织共同承担义务对历史资源进行保护和管理，民间的工业遗产保护组织提供了法律保障。美国历史保护信托组织成为《国家历史保护法》唯一指名的非政府组织，[2]《国家历史保护法》建立了美国历史遗产保护的体系，成为美国历史遗产保护运动的里程碑。

1967—1968 年间，美国 HABS 展开对新英格兰纺织厂的调查测绘，成

---

[1]　Patrick E. Martin. *International Handbook of Historical Archaeology Part* 1. 2009, pp. 285 – 297.

[2]　美国历史保护信托组织（National Trust for Historic Preservation）于 1949 年 8 月 31 日成立，该组织现在已是美国规模最大、影响力最强的民间的涉及工业遗产保护与再利用的组织。

为美国工业（建筑）遗产调查的先例。认识到工业遗产和工程遗产的相似的脆弱性，1969 年，美国国家公园管理局下建立了"美国历史工程记录"（Historic American Engineering Record，HAER）组织，对国家和地方上具有重要意义的历史工程和工业遗迹建立文档。HAER 组织很快得到美国机械协会、电子和电气工程师学会、美国化学工程师学会、美国矿业、金属和石油工程师学会等专业团体的认可。同年，HAER 组织接手了 HABS 对工业建筑遗产调查测绘登录的项目，采用与英国"工业遗产国家登录制度"相似的方法，继续进行工业（建筑）遗产的登录，成为美国工业遗产保护中的"国家队"。美国历史工程记录（HAER）的文档包括对登录对象所做的测量数据和解释性的绘图、大规格的照片以及文字记录的历史等，以档案形式被保存在国会图书馆，并对公众开放。

1978 年，在国家公园管理局的领导下，美国成功建设了第一个由联邦政府出资的大型工业遗产保护项目：洛厄尔工业遗产公园，标志由政府支持的工业遗产保护与再利用项目在国内全面展开。1987 年美国政府发起了"绿色通道"计划，国会指定的伊利诺伊和密歇根运河国家遗产廊道建设成为一个范例，促进了区域生态环境改善，促进了历史遗产的适应性再利用，也促进了当地旅游业和娱乐业的发展，带动了当地的就业，引发了许多州都制订了遗产廊道计划，将工业景观与地方文化遗产保护结合在一起，建设文化景观成为各州地方遗产保护的一个新方向，也促成国际上的线型文化遗产保护新趋势。

二、美国的工业遗产博物馆

美国的建国历史虽不长，但美国的工业遗产却不少，第一次世界工业革命（蒸汽时代）的中心在英国，第二次工业革命（电气时代）的中心转移到了美国，发达的工业制造为美国留下了丰富的工业遗产，在此基础上，美国建立了一些工业博物馆。20 世纪上半叶是美国博物馆增长较快的时期，其中也包括了许多工业博物馆的诞生。20 世纪下半叶，工业考古热潮开始在欧洲出现，影响扩大到美国，推动了美国工业博物馆的发展。但工业考古对博物馆的推动更多的是催生露天工业遗址博物馆的出现。今天美国工业遗产的博物馆保护，主要有传统科学工业博物馆和露天工业遗址博物馆两种形式，而后者由于是对工业遗址的整体性保护，在工业原址上的陈列展示，原汁原味的氛围更浓，因而更具有历史的感染力。

（一）传统科学工业博物馆

"传统科学工业博物馆"是相对于工业遗址博物馆而言，专指以收藏与展示科学与工业技术发展史内容为主旨的博物馆，是工业化时代的产物，这类博物馆早在19世纪50年代就已经产生，而遗址性工业博物馆的产生则要晚100年，是后工业化时代的产物。由于美国工业发达，社会对科学技术的普及教育十分重视，并且很早就注意到工业遗产在科学技术史上的价值，因而美国传统科学工业博物馆的数量较多。当一些旧工厂关闭、工业遗址被废弃时，就将其中一些重要的工业设备和产品送到工业博物馆保存。有的企业甚至将自己工厂生产的第一件新产品送到博物馆，而不是在市场上销售。传统工业博物馆是欧洲工业考古运动出现之前美国工业遗产保护的重要方式。

传统工业博物馆除了保存工业遗产之外，还是科普教育的重要课堂。在许多工业博物馆中，科普教育较著名的有美国芝加哥科学与工业博物馆。1933年，美国在重要工业城市芝加哥举办世博会，在世博会结束后，许多由联邦政府提供的重要工业展品被送到博物馆，成为芝加哥科学与工业博物馆重要的藏品。还有如史密斯机构下属的美国国家航空与航天博物馆等，收藏着航天工业约4万余件藏品，展示世界上最早的和最先进的航空与航天飞行器。美国其他城市的工业博物馆较有影响的是巴尔的摩工业博物馆、波士顿科学博物馆、宾夕法尼亚工业博物馆、俄勒冈科学与工业博物馆、布法罗科学博物馆等。建于20世纪30年代的亨利·福特的"绿野村庄"（Greenfield Village）和汽车博物馆也是美国进入工业化时代工业遗产保护的例子。

图5-8　美国芝加哥科学与工业博物馆

图5-9　美国巴尔的摩—俄亥俄铁路博物馆

"绿野村庄"位于底特律市郊的福特汽车公司重镇——鹿生（Dearborn）市，系亨利·福特亲自规划。绿野村庄里有福特汽车公司最老的厂房，还有从别处搬来的爱迪生的实验室，以及福特小时候的居所和很多名人的故居。这些名人包括发明飞机的莱特兄弟、大发明家爱迪生、韦氏字典创始人Webster等。亨利·福特将福特汽车公司的老厂房以及爱迪生的实验室搬到博物馆，虽主要是为了展示，但同时也将这种见证工业文明史上最伟大的发明创造者的工作场景保护了下来，这种文化遗产十分珍贵和稀有。

图5-10　美国汽车大王亨利·福特汽车博物馆

与"绿野村庄"毗连的汽车博物馆收藏并展示福特公司历史上最著名的车型，从享誉世界的 T 型车到福特野马（Mustang）到畅销北美的金牛座（Taurus），还有历任美国总统的座驾，豪华型林肯（Lincoln）。从罗斯福到杜鲁门，从艾森豪威尔到肯尼迪，从约翰逊到卡特，再到里根，他们的座驾都一一排列。那一辆辆林肯总统专车浓缩了美国近 60 年的历史。此外，汽车制造业中众多竞争者如通用汽车（GM）、克莱斯勒（Chrysler），甚至日本本田（Honda）的经典车型，作为汽车工业历史上各个阶段性的代表车型在博物馆里也都有收藏与展示。连福特管理层的"死对头"——美国汽车工人联合工会（UAW-United Auto Workers）的形成、崛起以及它们与福特之间的激烈斗争的历史都有展示。从某种程度上说，汽车博物馆呈现的不仅仅是世界汽车工业发展历史，还包括汽车制造厂工人们的生活和斗争史。

（二）近现代工业遗址博物馆

在美国，大规模的工业遗产保护行动虽然晚于欧洲一些国家，但是零星的工业遗产保护活动在美国出现并不晚。譬如 1924 年，美国一个私人组织保护了位于罗得岛州波塔基特（Pawtucket）市的塞缪尔·斯莱特（Samuel Slater）建于 1793 年的工厂，[①] 抢救了美国早期的一座棉纺织厂。这是美国最早的工业遗产保护项目。这座真实的旧工业建筑，被作为美国企业家精神的纪念物而保护起来。它后被封存了 30 年，经过修整后，于 1955 年作为一个工业遗址博物馆而向公众开放。

20 世纪七八十年代，随着工业遗产保护运动的兴起，许多工业遗址博物馆纷纷出现，成为美国工业博物馆发展的有生力量。如 1977 年建设的亚拉巴马州伯明翰市露天工业遗产博物馆：斯洛斯高炉群国家历史地标

---

① 塞缪尔·斯莱特（Samuel Slater 1768—1835），美国早期的一名工业家，被人们称为"美国工业革命的奠基者"。塞缪尔·斯莱特出身于英国英格兰德比郡一位富裕的农民家庭，早年曾在当地的一家纺织厂当学徒 7 年，学习了阿克莱特纺织机技术，1789 年到美国，1793 年与人合作创办纺织厂（艾尔玛－布朗－斯莱特公司），即后来的斯莱特纺织厂（the Slater Mill），今天已被改造为一座美国纺织工业博物馆。百度百科，http://baike.baidu.com/view/7112875.htm。

(Sloss Furnaces National Historic Landmart)、① 2003 年建成并开放的明尼苏达州明尼阿波利斯工厂城市博物馆（Mill City Museum）等。在美国露天工业遗址博物馆中，洛厄尔国家历史公园（Lowell National Historical Park）可以说是最为典型的代表。

　　洛厄尔是美国第一个工业城市，位于美国东部的马萨诸塞州，最早以纺织工业而闻名于世。19 世纪早期，资本、劳动力、水力和创新技术汇集到洛厄尔的梅里麦克（Merrimack）河岸，产生了洛厄尔的纺织工厂，一个传统农场社区向工业城市发展的进程由此发端。1826 年洛厄尔建立工业城镇，年轻的新英格兰农场妇女成为纺织工厂的主要劳动大军。到 1880 年，全美超过一半以上的纺织工人都在新英格兰地区。

　　洛厄尔纺织工业的繁荣持续了一个多世纪。第二次世界大战以后，伴随着美国纺织工业整体的下滑，洛厄尔也开始走向衰落。20 世纪 50 年代，洛厄尔的布特棉布厂（Bootte Cotton Mills）和梅里麦克工厂（Merrimack Mill）先后关闭。到了 60 年代，一些倒闭的旧工厂成为城市更新项目的牺牲品。梅里麦克工厂被全部拆除，原工厂区没有留下任何历史痕迹。为了在城市商业区进行更多的房地产开发，有些人甚至提出要将洛厄尔城市的里程碑——运河也填埋了。这时，洛厄尔的一些有识之士提出了刺激城市经济、使城市再生活力计划，其中建设一个以劳动和工业历史为基础的工业历史公园是该计划的核心。这项计划的主要倡导者、教育家莫根（Patrick J. Mogan）坚持认为，"任何城市的振兴，应当建立在其工业和民族遗产的基础之上，这是城市的精神根基，是拯救城市经济的关键"。②

　　城市议会经过对莫根计划的多年研究和讨论，最终达成共识。1974 年，洛厄尔州立工业遗产公园（Lowell industrial Heritage State Park）落成。1978年，美国国会确定了建设洛厄尔国家历史公园（Lowell National Historical

---

　　① 位于美国阿拉巴马州伯明翰市斯洛斯高炉公司（Sloss Furnace Company）原址的两座 400 吨重高炉和 40 座工厂建筑物构成了露天工业博物馆的展（藏）品，其中部分建筑经过修复加固，用作伯明翰文化中心，举办各种社区活动、庆典以及文娱节目等，还有部分老厂房建筑设施用于"金属技术计划"项目。参见［美］贝伦斯（Carol Berens）：《工业遗址的再开发利用：建筑师、规划师、开发商和决策者实用指南》，吴小菁译，电子工业出版社 2012 年版，第 153—155 页。

　　② Thomas Dublin. *Lowell National Historical Park and Lowell Heritage State Park*, U. S. National Park Services. Division of Publications. 1992, p. 86.

Park）和建立洛厄尔历史保护委员会的项目，① 将原来的州级工业遗址公园提升到国家级历史公园，集合联邦政府机构与许多团体的精力、资金与智慧，创建一种以保存与诠释工业遗产为主题的新型国家公园。这也是美国第一个大范围计划建设的工业历史社区。它通过保护和修复一些重要的工业建筑遗产、大型生产设施和其他商业、文化住宅，保存多种类型的工业遗址来诠释该城市的纺织工业遗存。"它不是单个的工业设备或纺织厂，也不是工人住宅，而是呈现完整的历史故事。它把城市中不同的历史遗址串联起来，以"历史在那里发生"（history where it happened）的各个场所，向公众提供一种强大的历史场所感……"② 整个洛厄尔城市就是一座露天工业遗址博物馆。

　　洛厄尔国家历史公园由分布于城市的 19 个历史遗址所组成，有的建设为工业遗址博物馆，有的利用旧建筑改造为其他文化设施，还有的则保持着遗迹原貌，作为地方历史遗产被保护起来。如圣安妮教堂（St. Anne's Church）是 1825 年梅里麦克工厂为其工人及新来的居民建造的教堂，保持原貌；莫根文化中心（Mogan Cultural Center）坐落在一座 19 世纪 30 年代布特棉布工厂建造的联排工人住宅中，20 世纪 80 年代经修复后成为文化中心，展示"劳动人民：工厂姑娘、移民和劳动者"的主题陈列；现工业遗址公园的总部曾是布特棉布工厂建于 19 世纪 40 年代的办公用房，20 世纪 80 年代经过修复；萨福克工厂水轮机展示（The Suffolk Mill Turbine Exhibit）占用原萨福克制造公司（Suffolk Manufacturing Company）19 世纪建造的厂房。③ 在这些遗迹中，其核心是布特棉布工厂博物馆（Boott Cotton Mills Muesum）。它是一座工业遗址博物馆，陈列展览占据了原工厂 6 号厂房的两个楼层。④ 第一楼层是一个原状陈列的 20 世纪 20 年代的编织车间，安置着

---

　　① 洛厄尔历史保护委员会的目的是帮助国家历史公园的发展，激励对洛厄尔城市商业区建筑和运河的历史保护，发展与该公园主题相关的文化项目。

　　② Thomas E. Leary and Elizabeth C. Sholes. *Authenticity of Place and Voice*: *Examples of Industrial Heritage Preservation and Interpretation in the U. S. and Europe* [J]. The Public Historian, Vol. 22, No. 3（summer, 2000）, pp. 49 – 66.

　　③ Thomas Dublin. *Lowell National Historical Park and Lowell l Heritage State Park*. U. S. National Park Services. Division of Publications. 1992, p. 113.

　　④ 该厂房建造于 19 世纪 70 年代早期，是 1835—1954 年一直在生产的庞大综合体。

55 台可以运作的"布商 E 型"（Draper Model E）织机，再现当年的生产场所。其中有一部分采用动态展示，伴随着编织机械运作中发出的杂乱而又有节奏的声音，参观者能体验编织车间纺织工人在工作场景的真实感受。二楼有两个主题展览，一个是关于"劳工历史"的展览；另一个题为"洛厄尔：美国工业的梦幻"的展览。展厅内窗子密封，纺织机静态陈列，安静无声，解说员以第一人称讲解，显得真挚而亲切。二楼安静的展示方式与一楼热闹的动态陈列形成明显的对比。[1]

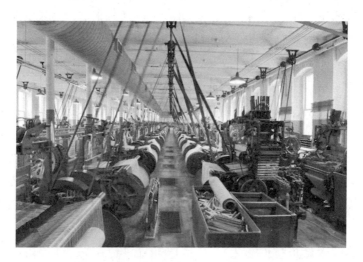

图 5 - 11　美国洛厄尔布特棉纺织博物馆车间纺织机

洛厄尔国家历史公园还有一座新英格兰被子博物馆（The New England Quilt Museum）和一座美国纺织历史博物馆（The American History Textile Museum）。前者坐落在一栋历史建筑中，展厅除了陈列许多"古董"级的被子（如一些 19 世纪生产的被子）之外，还展示新英格兰艺术家的 100 多件被子设计作品；后者由洛厄尔的原 Kitson 机器厂（Kitson Machine Shop）改造而成。该建筑物外部保持原貌。博物馆基本陈列以"纺织业在美国"为主题，展览包括一个 19 世纪 60 年代建立的毛纺织厂和一个 20 世纪 50 年代

---

[1]　Carolyn M. Goldstein. *Many Voices，True Stories，and the Experiences We Are Creating in Industrial History Museums：Reinterpreying Lowell，Massachusetts*［J］. The Public Historian, Vol. 22, No. 3（Summer, 2000），pp. 129 - 137.

的编织车间，还有建于 1866 年的 Kitson 机器厂制造的纺织机械设备等。该博物馆凭借收藏的著名纺织机械和纺织品，呈现美国纺织工艺的发展和纺织生产的故事，向观众展示纤维、纺织原料以及美国纺织工业历史。精彩的展览设计，丰富的影像资料和图片、文献等，使观众能够对美国农业与技术的历史有一个全面的了解。

图 5 -12　美国马萨诸塞州洛厄尔工业遗址公园内的被子博物馆外墙

三、美国工业遗产保护的经验

美国具有历史建筑保护与再利用的传统与经验，因而很容易将这方面的经验直接运用到工业建筑遗产的保护与再利用上来。20 世纪 70 年代开始，由于环境保护运动的影响，以及联邦政府税收政策对历史建筑遗产保护再利用的推动，美国对历史建筑再利用逐渐形成一种潮流，历史环境保护成为城市复兴的重要手段。之前联邦政府建立专门的 HAER 组织，与之紧密相配合，在调查和整理、登记的基础上，为工业遗产的价值评定提供可靠的资料依据，从而为实施工业遗产的有效保护与再利用，推动历史工业城镇的振兴与可持续发展，做出了重要贡献。

（一）以相关法规为保护依据

在美国工业遗产保护过程中，国会颁布的一系列相关的法律是它的基石。从 1906 年的《古物保护法》至 1935 年的《历史遗址法》（The Historic Sites Act），再到著名的 1966 年《国家历史保护法》，以及后来的《环境政策法》（National Environmental Policy Act）、《考古资源法》、《经济复苏法》、《国税法》及其修正案等，联邦政府对历史遗产保护的范围从最初的古物到历史遗址，再扩大到后来的工业遗产，通过立法对遗产保护行为进行指导与约束，规范美国国内的工业遗产保护活动。

《国家历史保护法》的保护范围，涵盖了包括工业遗址、工业建筑和工程技术等在内的工业历史遗产。《环境政策法》的实施使得各部门在从事各种计划和工程建设时，无法回避保护文物的义务，这使得在美国对工业遗产的调查、保护、开发以及再利用成为基本建设的先决条件，成为一种法定的程序。[①] 20 世纪 80 年代以后，经过不断改进和完善的"国家历史场所登录制度"将大量的工业遗产列入登录名单，扩大了工业遗产保护范围，使美国工业历史上许多重要见证物的保护与管理有了法规制度的保障。

（二）建立专门的工作机构

20 世纪 30 年代建立《美国历史建筑普查》组织（Historic American Buildings Survey，HABS），其初衷是为应对经济大萧条时期解决就业问题而对美国历史建筑实施普查，但其所作的工作却为后来的历史建筑遗产保护打下了基础。七八十年以后的今天，美国有了一个全面的历史建筑档案，为尚缺乏经验的历史保护运动提供了初步材料资源的数据库。不可否认 HABS 对历史建筑保护做出了贡献。但到 20 世纪六七十年代，随着工业遗产保护运动的逐渐兴起，HABS 所做的测绘文档资料在对工业遗产保护中存在的缺陷开始显现。美国 HABS 组织登记建档的仅仅是那些工程意义重大的孤立建筑，而不包括其机械部分或工艺流程。在欧洲工业考古学的影响下，工业遗产保护受到社会关注，于是产生了建立工业（建筑）结构的特殊文档的需求。以往由 HABS 组织提供证明的大多数工业建筑遗产，在工业遗产保护中使用存在明显的不足。

1969 年 1 月 1 日，美国民用工程协会（the Americian Society of Civil Engineers ASCE）与国会图书馆、国家公园管理局三方达成创建《美国历史工程记录》（The History of American Engineers Record ，HAER）组织的协议。

---

① CHAPTER V-COUNCIL ON ENVIRONMENTAL QUALITY, Parts 1500 to 1508, http://www.access.gpo.gov/nara/cfr/waisidx_ 07/40cfrv31_ 07. html.

HAER 归属于国家公园局领导。作为 HABS 组织测绘历史建筑工作的补充，《美国历史工程记录》的工作目标是记录那些具有重要工业和工程特征（面貌）的建筑物（构建物），负责为工业遗产提供（文档等）证明，建立一个具有历史影响的工程建筑（结构）物的国家记录。① HAER 记录的档案看上去与 HABS 相似，绘图、照片、简洁的历史概要以及其他文字说明等，但是这些记录媒介在实际的应用上并不相同。这些都为工业遗产保护以及再利用（诠释工业历史等）提供了详细的资料。

HAER 建立后，首先借鉴英国皇家历史纪念物委员会的方法，HAER 首先完成了一份美国各州工业遗址分布名单索引，在此基础上展开了对巴尔的摩、俄亥俄和伊利诺伊州铁路的调查，为铁路的建筑（构建）物提供了证明。到 20 世纪 70 年代中期，HAER 完成了包括在马里兰州与华盛顿特区的切斯皮克（Chesapeake）和俄亥俄运河的调查；弗吉尼亚乡村的桥梁、新泽西州佩特孙（Paterson）地区的工厂，犹他州与印第安纳州州际范围的以及跨越州际的无数私人所属的工业遗迹的调查。HAER 组织还与马萨诸塞州共同调查了洛厄尔的美国早期纺织工业遗址，与亚拉巴马州伯明翰市共同调查了创办于 1882 年的斯洛斯高炉公司（Sloss Furnace Company）遗址，为确定这些工业遗产（遗址）的历史价值提供了重要依据，使这两处的露天工业遗址博物馆的建设项目（即亚拉巴马州伯明翰市的"斯洛斯高炉群国家历史地标"以及马萨诸塞州洛厄尔市的"洛厄尔国家历史公园"）得到联邦政府巨大的经费支持。到 2004 年 3 月，HAER 组织收集、记录物的条目已达 19.5 万个，包括超过 4500 幅测绘图、8.6 万张照片、9.3 万页记录历史资料，涉及 7600 个工业建筑、遗址和生产制造工艺流程等。遗迹范围从小的铁路构建物到大的工业联合体，从桥梁到铁路运输线、运河等。② 这些都为工业遗产保护及其再利用提供了详细可靠的资料。

（三）利用发行债券和税收杠杆推动工业遗产的保护

美国很早就有民间发起的保护文化遗产的传统。著名的案例如弗农山庄

---

① Emory L. Kemp. *The Preservation of Historic Engineering and Industrial Works*：*History*，*Pertinent Literature*，*Status*，*and Prospects*［J］．The public Historian，Vol. 13，No. 3：pp. 131 - 137.

② 美国国会图书馆网站：《美国历史工程记录》组织收集的资料。Historic American Engineering Record Collection. http：//www. loc. gov/pictures/item/99472552/.

华盛顿故居的保护、威廉斯堡的修复、福特汽车博物馆的建造等，都是首先由私人发起保护并进行实施。但20世纪70年代以来，某些重要的代表国家性的工业遗产保护，则主要由政府出资保护。"洛厄尔国家历史公园"就是由联邦政府资金主导建设的。为纪念与诠释洛厄尔作为"美国工业革命的发源地"，保存该城市在美国工业革命中萌芽地位的历史见证，1978年，联邦政府出资主导洛厄尔建设国家历史公园的工业遗产保护项目，当地的一些社区基金会组织、洛厄尔金融与发展公司以及商业银行团体等，也以合作伙伴的身份参与这一振兴城市的项目。但是美国大多数的工业遗产保护和工业遗产博物馆的建设，其资金的筹集则主要是利用发行政府债券和实行税收优惠等政策来调动民间投资，吸引社会各界参与对工业遗产的保护与再利用，这是美国工业遗产保护的重要经验之一。

与英国热衷于发行遗产彩票来筹集遗产保护资金的方式相比，美国更青睐发行政府债券。今天美国发行的国债数额在世界上位居第一，是世界上最大的负债国。美国政府充分利用债券这一金融工具向国际国内借钱，用于解决各种发展需求的资金不足问题。在工业遗产保护方面，美国各级政府也经常通过发行政府债券方式融资，用以支持一些重要的工业遗产保护项目。如亚拉巴马州伯明翰市露天工业遗产博物馆：斯洛斯高炉群国家历史地标（Sloss Furnaces National Historic Landmart）的建设，就是一个例子。斯洛斯高炉公司（Sloss Furnace Company）创办于1882年，曾经是世界上最大的钢铁厂之一。1970年年初，斯洛斯高炉（钢铁公司）关闭。1976年，经内务部"美国历史工程记录（HAER）"组织与伯明翰市对斯洛斯钢铁厂进行的联合调查，明确了该工业遗址具有重要的保护价值。1977年，伯明翰市政府通过向市民发行债券方式，募集到330万美元资金，用来保护工厂遗址并将其改造为露天工业遗产博物馆。又如马萨诸塞州的马萨诸塞当代艺术博物馆（Massachusetts Museum of Contemporary Art，MASS MoCA）系利用斯普拉格电力公司部分旧电厂建筑改造而成，马萨诸塞州政府曾发行3500万美元的债券为其筹资，改造与修复了25座不规则的旧建筑。今天它是美国最大的当代艺术中心之一，它包含了10座美术馆、2座剧院、多媒体功能的排练和辅助空间以及露天电影院和其他表演空间等。还有马萨诸塞州沃尔瑟姆的查尔斯河工业和创新博物馆（Charles River Museum of Industry Innovation），

1980 年利用政府补贴的 1000 万美元拨款，将一家制造业公司的旧建筑（原蒸汽发动机房和锅炉房）改造为查尔斯河工业和创新博物馆，向公众开放（该公司早年的工厂建筑在 1977 年被认定为"国家历史地标"）。

在利用税收杠杆调节的市场因素方面，联邦政府 1976 年公布了《税务改革法》，取消此前税收政策中对于拆除旧建筑有一定费用补贴的做法。相反，对包括工业建筑在内的历史建筑遗产再利用进行了适度激励。两年后，政府又公布《建筑更新税额抵扣计划》，规定为那些以买卖或经营为目的的历史建筑遗产修复提供 10% 税额抵扣。1981 年颁布的《经济复兴税收法》，进一步增强对历史建筑再利用的经济激励，规定私人业主对列入"国家历史场所登录"（以及"指定国家历史地段"）名单之内的历史建筑遗产进行保护与修缮，将获得 25% 的税额抵扣。对不在登录名单之列的建筑遗产保护更新也有优惠，对 30 年以上旧建筑修复投资可 15% 税收减免。对 40 年以上建筑遗产修复，可 20% 的投资税减免（1986 年以后由于政府财政赤字大增等原因，税收减免优惠力度有所下降）。[①]

在经济利益的驱动之下，大量私人业主和投资商参与了对旧工业建筑进行修缮或修复的项目，其中有一些被改造再利用为博物馆，有力推动了美国工业遗产保护与利用。如耗资 5000 万美元的纽约迪亚毕肯艺术博物馆（Dia：Beacon Museum of Art）建设项目，系利用纽约原纳贝斯克包装盒厂旧厂房改造而成，其资金来源主要有基金会和个人投资，还有慈善捐赠以及政府提供的补贴。[②] 又如明尼苏达州明尼阿波利斯工厂城市博物馆（Mill City Museum）的建设，受到了州政府"历史建筑税收抵免"政策的优惠。该博物馆位于密西西比河西岸被称为"工厂遗址公园"的滨水工业区中心，博物馆的建筑曾经是美国很大的一家面粉公司的旧厂房，经改造而为博物馆所

　　① Norman Tyler. *Historic Preservation*, *An Introduction to Its History*, *Principles*, *and Practice* [M]. New York：W. W. Norton & Company, 2000. 转自王红军：《美国建筑遗产保护历程研究——对四个主题性事件及其背景的分析》，东南大学出版社 2009 年版，第 239—242 页。

　　② 纽约的迪亚毕肯艺术博物馆（Dia：Beacon Museum of Art）位于纽约的原纳贝斯克包装盒厂建于 1929 年，为纳贝斯克的饼干和其他产品做包装盒，其厂房为砖钢混合结构体，2003 年利用其旧厂房改造为艺术博物馆，展示迪亚艺术基金会收藏的美术作品。详见 [美] 贝伦斯（Carol Berens）：《工业遗址的再开发利用：建筑师、规划师、开发商和决策者实用指南》，吴小菁译，电子工业出版社 2012 年版，第 169 页。

用，2003 年向公众开放。该博物馆收藏有公司当年的人工制品和一些加工
机械设施等，展示了 19 世纪以来美国谷物耕种、加工、食品产品开发以及
劳工和移民经历的历史。

（四）开展工业遗产旅游

发达国家的工业遗产保护一直在寻找一种可持续的发展战略，即对工业
遗产保护的同时还要再利用，使之产生经济效益，反哺于遗产保护，形成良
性循环，使工业遗产保护可持续发展。露天工业遗址博物馆与发展工业遗产
旅游结合，这是一种较为理想的选择。20 世纪 70 年代，英国铁桥峡博物馆
首先开创了工业遗产旅游活动，在展示工业文明、提供历史体验的同时，也
获得较好的社会、经济收益，年观众量始终保持在 30 万—50 万，成为这方
面成功的典范。

洛厄尔国家历史公园借鉴英国铁桥峡露天工业遗址博物馆经验，开展工
业遗产旅游。以"美国工业革命发源地"为品牌，同时又以美国最早的纺
织工业历史为特色。历史公园囊括了整个工业城市，有水陆两条工业遗产旅
游线路。陆路是历史公园重建的一条"遗产铁路"的有轨电车线路。营运

图 5-13　美国洛厄尔工业遗址公园运河旅游线

的电车以 19 世纪城市中的公交车为原型，不仅再现了当年的城市交通面貌，
同时把城市中的各个历史遗迹连接起来，游客乘坐有轨电车可以参观各个历
史遗迹。水路是洛厄尔城市四周由自然河流与人工开挖河流形成的运河网。

这条著名的 19 世纪运河网在以蒸汽作为纺织工业生产动力之前，是城市纺织工厂生产唯一的动力能源。今天，运河又是游客参观工业遗迹的水上交通线，沿着运河两岸依然存留的历史遗迹都竖有明显的标记，游客可以乘坐游船参观各个工业遗址。每年有几十万的游客从世界各地慕名而来。今天洛厄尔国家历史公园已成为美国最为成功的露天工业遗址博物馆。①

图 5-14　美国洛厄尔棉纺织厂博物馆和有轨电车游览

第三节　德国的工业遗产保护和工业遗址博物馆

一、德国的工业遗产保护

德国在工业遗产保护方面，与英、美等国家相比，有其自身特殊性。德国工业革命大致开始于 19 世纪 30 年代，比英国晚了许多年。但是自从 1871 年德国统一之后，工业经济飞速发展，作为时代标志行业的煤炭和钢铁工业发展尤为迅速。到 19 世纪末 20 世纪初，德国的钢铁产量已超过英国，居于欧洲之冠，成为仅次于美国的世界第二大工业强国。② 但是德国先后两次发

①　Charles Parrott. *Lowell Then and Now*: *Restoring the Legacy of a Mill City*. Lowell, Mass,: Lowell Historic Preservation Commission, 1995. p. 55.

②　李世安:《欧美资本主义发展史》，中国人民大学出版社 2004 年版，第 147 页。

动世界大战，尤其是二战中，德军狂轰滥炸了交战国的城市和工业，自己国内的许多重要工业设施、兵工厂也遭到对方报复性轰炸而严重破坏。德国作为战争的发动者与战败国，战后其军工发展受到制裁，苏联红军占领柏林后，对主要发电厂进行迁移或拆除，直接导致德国电力产量的迅速锐减，如柏林 7 个大型发电厂中的 6 个被苏联军队拆运走了，有 55% 的锅炉被拆除，战后柏林城市的总电力产量只剩下战前的 39%。① 战后德国在废墟上重建家园，建设了一批工业基地，经过半个世纪的发展，德国的综合实力很快赶了上来，又排在了世界的前几位。

早在 20 世纪前期，伴随着工业发展而繁荣起来的工业建筑，德国已经关注与保护工业建筑遗产。如 1910 年，"文物和家园保护莱茵河协会"主办了一次以"工业建筑"为主题的展览活动。1915 年，德国慕尼黑科技博物馆在举办的"技术化艺术文物"展览中，首次展出了象征前工业时代文明的水轮、风车、桥梁、纺车等构筑装置，在公众中产生了广泛影响。1925年，德国莱茵州文物管理者指出，"高层建筑不是过去历史的代表，相反，工业厂房和车间具备了最根本的文物纪念特征"。②可见工业遗产在当时的一些人眼中已经具有文物的历史价值，最能唤回工业历史记忆的，莫过于那些厂房建筑、井架、烟囱、输送带和机械设备装置等。

1960 年，联邦德国提出了城市发展规划的概念，颁布了第一部全国性城市规划法《联邦建设法》，随之加快了城市化进程，使部分城市的旧城区面临大量被拆迁的命运。20 世纪 70 年代，世界石油危机促使城市产业结构发生变化，城市新开发项目的资金不足，迫使人们开始考虑将旧城区原有的设施和资源（包括工业建筑遗产）进行整合再利用。1973 年，《巴伐利亚州文物保护法》出台，慕尼黑老城区被作为保护对象，实行"建筑群整体保护制度"，该《文物保护法》在保护城市建筑遗产方面起了创新作用。1975年，欧洲议会通过《建筑遗产的欧洲宪章》，明确了对历史遗产保护的意义和责任。为振兴衰退中的欧洲历史城市，又发起"欧洲建筑遗产年"的活动，这些都对德国产生了重要影响。1976 年，德国对《联邦建设法》作出

---

① 左琰：《德国柏林工业遗产的保护与再生》，东南大学出版社 2007 年版，第 54 页。
② 左琰：《德国柏林工业遗产的保护与再生》，东南大学出版社 2007 年版，第 25 页。

修订和补充，强化了历史保护的内容，并重视环境保护，又先后出台了《自然环境保护法》和《文物保护法》等法规。

　　1977年西柏林首次颁布的《文物保护法》已经关注到工业遗产保护，贝伦斯设计的AEG高压电厂涡轮机车间被列入文物保护建筑名单中。接着柏林博鲁能大街AEG老工业基地上的建筑群受到保护，并对其历史价值和艺术价值展开研究。1980年以后对克罗依茨贝区"谨慎的城市更新"政策，开始对内城中的多层工厂进行保护与管理。在接下来的10年中，对城市中原有的煤气、电力等历史工业建筑及设施开始了大范围的登记（录），对保存较好的工业遗存，在其旧址上建立工业遗产博物馆。柏林的工业遗产博物馆主要有两类：一类为企业博物馆形式，即利用工业遗址上的企业旧建筑为博物馆，这类博物馆主要由企业自己建立并负责运行，如柏林市的一些电厂博物馆、水厂博物馆；另一类虽也利用工业遗址及其旧工业建筑建设为博物馆，但开办的主体不再是原来的工厂企业，而是由当地政府出面，委托相关公司或机构规划并建设，资金主要来自地方政府和民间。

　　从20世纪80年代起，德国改变了六七十年代在城市旧城区大面积拆旧建新的做法，转为小步骤、谨慎的城市更新模式。1986年，德国颁布了新的《建设法典》取代《联邦建设法》，新法典中对于城市生态环境保护和文化遗产保护给予了相当的重视，对城市旧区中的工业建筑遗产保护以及旧建筑的修缮等，也做出了相应的规定。经过努力，成功改造了一些旧城区和工业遗产地，如弗尔克林根钢铁厂的改造再利用就是从那时开始的。以后又展开对鲁尔工业区的改造，使弗尔克林根钢铁厂与埃森的"关税同盟矿区"先后被列入联合国教科文组织《世界遗产名录》，成为世界著名的工业遗产保护地。

　　1995年，在修订后的柏林《文物保护法》中，德国的文化遗产概念有了扩展，由原先的仅为单体历史建筑发展到建筑群、历史街区、工业遗址、园林景观等容纳更多建筑与空间的范围，实施遗产保护的范围也扩大了，不仅从保护个体建筑发展到保护建筑群、历史街区、工业景观等。而且保护历史文化遗产也从物质实体扩展到非物质遗产，扩展到与遗产相关的环境，遗产的"周边环境"也连同一起保护。

二、德国鲁尔的工业遗产博物馆及其经验

德国的工业遗产博物馆在德国的柏林、法兰克福、科隆、汉堡等各重要工业城市都有分布，但以鲁尔区的工业遗产博物馆最为著名，由于历史上鲁尔工业区在德国工业中的举足轻重地位，在鲁尔区城市结构转型与工业遗产保护中产生的工业遗址博物馆，成为德国工业遗产保护博物馆模式的一个典型。工业遗产保护与博物馆发展相结合，与文化产业发展相结合，与旅游发展相结合，是鲁尔区城市振兴的重要特点。

（一）鲁尔工业遗产保护的原因

鲁尔区位于德国中西部的北莱茵——威斯特法伦州，地下大约蕴藏着500亿吨煤炭储量，早在19世纪上半叶，这里就已有了大型钢铁联合企业——康采恩克虏伯公司和蒂森公司、鲁尔煤矿公司等一批矿业和钢铁公司。第一次世界大战后，战败的德国要用鲁尔的煤向法国进行战争赔偿，于是鲁尔区大量引进矿工。庞大的移民计划给鲁尔区带来了第一次经济飞跃。大规模的煤矿开采和钢铁生产，使鲁尔区逐渐成为世界上最大的工业区之一，并产生了埃森、多特蒙德、杜伊斯堡、波鸿等著名工业城市。在丰富的煤炭资源、先进的工业技术以及创业精神的基础上，鲁尔区的煤矿、钢铁、机械工业得到全面发展，形成强大的"采矿冶炼生产综合体"，并成为德国的工业中心。然而，经过一个多世纪的发展，鲁尔区的传统工业繁荣不再。20世纪60年代起，由于受廉价的石油、天然气和进口煤的冲击，鲁尔工业区的煤钢工业受到严重挑战。到70年代，鲁尔区的煤炭工业和钢铁工业已经出现明显的衰退，到80年代中后期，鲁尔区的传统工业几乎走到了尽头，大批工厂企业纷纷破产、倒闭，或外迁、转行，留下了城市破败的工业景观（包括道路、铁路、水道、输油管和污水管，以及大量的棕地等）。使它无法再与慕尼黑、法兰克福等繁荣的德国城市相竞争。伴随着被污染的土地、水源以及烟尘漫布的城市工业景观，还带来了一系列的社会问题：失业率居高不下，城市的劳动力向别的城市转移，城市内人口下降，城市税收减少，城市吸引力骤降。

在全球化时代，鲁尔区面临的产业转型问题与世界上大多数逆工业化地区相似。煤炭和钢铁大型联合体走向衰落，位于废弃的工业用地和产业工人聚居区，不受现代服务业的青睐，鲁尔区严重缺乏内向型投资。曾经的德国

经济增长的领头羊成了北威州经济的一个大包袱。如何处置大量废弃的矿山与工厂，处置淘汰的工业建筑与设施，成为鲁尔区发展无可回避的问题。

德国鲁尔区的改造，最初还是按照常规思路，主要进行以清除旧工厂为主的更新和改造。但是面对如此巨大面积的工业废弃地，旧工业建筑的拆除以及土壤中工业污染物的整治清理，都需要付出极其昂贵的成本代价。在巨大的经济开支缺口面前，逼迫人们去探索新的途径。在借鉴英、美等国的经验基础上，人们开始谨慎尝试工业遗产保护与再利用结合的路子，将部分旧厂房与工业废弃设施改造为非工业用途（如将旧厂房、仓库改造为音乐厅、会议厅、饭馆或展览馆等之类）。结果证明这种方法有效，于是鲁尔区结合本地的实际情况确定新的开发战略，即以"工业遗产旅游之路"（区域性专题旅游线路）项目为建设目标，通过国际建筑展览（IBA）规划的运作，实现整个鲁尔区的综合整治与发展。

（二）鲁尔工业遗产保护的博物馆模式

鲁尔区的工业遗产保护与再利用有多种模式，有学者在经过对鲁尔区的实地考察后提出有五种模式，博物馆模式是其中之一。[①] 鲁尔区的工业遗产博物馆与传统工业博物馆有一些不同之处，其最明显的区别在于这种博物馆几乎都是遗址性博物馆。出于保护工业遗产的需要，旧厂房、仓库等工业建筑遗产如果现存条件还很好，厂房、车间中的工业机械设备等遗留物也保存较多，足以反映工厂的发展历史，这些旧厂房、仓库的保护改造的用途，以建设工业遗产博物馆为首选。即使厂房中的工业机械设备等已经不存在，只要工业建筑遗产的现存条件还很好，亦可改造为其他内容的展览馆（如城市社会与文化的历史博物馆、当代美术馆之类）。一些在野外露天生产使用的巨大工业设施，如钢铁厂的高炉、焦化厂的巨大管道、矿山的矿井井架、采矿运输设备等，由于体量巨大，无法置于室内展示，一般经过修整后就在原地展示。经过对厂区以及周边环境的修复，一个大钢铁厂或整个矿区，就成为一座大型露天工业遗址博物馆。

在工业生产区域，由于大量的矿物开采、金属冶炼以及煤炭运输等，往

[①] 李蕾蕾：《逆工业化与工业遗产旅游开发：德国鲁尔区的实践过程与开发模式》，《世界地理研究》2002年第3期，第57—65页。

图 5 – 15　德国鲁尔埃森市旧煤矿机械的露天展示

（作者自摄）

往对周围的自然环境造成了破坏，空气污染、河流污染以及对自然生物（如动物、植物）的破坏，威胁着人类生存的生活质量。因此，对工业遗产保护必须与对自然生态与环境的整治修复结合起来。许多国家将经过环境治理与修复的工业遗产区域命名为国家工业景观公园，从城市景观的角度或旅游业角度而言，这一名称是符合实际的。从博物馆学的角度考察，这种工业遗址类的景观公园具有博物馆的收藏（保护）、展示和社会教育功能，可以视为"露天工业遗址博物馆"。

鲁尔区在工业遗产保护与再利用中建成的"露天工业遗址博物馆"，以下面三个最为著名。

1. 北杜伊斯堡工业景观公园。该公园面积约 2.3 平方公里，80 年来，该区域一直是蒂森（Thyssen）钢铁公司北杜伊斯堡钢铁厂所在地，1985 年停产，这个曾经一个集采煤、炼焦、钢铁于一身的大型工业基地，经过改造与环境修复，成为著名的露天工业遗址博物馆。高炉、煤铁输送管道等是钢铁厂的主要生产设施，成为钢铁工业遗址的标志性建筑，都在原地保留并展示。与原钢铁厂配套的铁路，停在铁轨上的铁水包和能耐 1000 多度高温的铁水槽车（将未冷却的铁水直接送炼钢厂炼钢，可节约铁锭再加热的能量）

也作为展品向公众展示。其他各种工业建筑与设施在受到保护的同时，都改造再利用为新的用途。如巨大的储气罐已经改造为欧洲最大的室内潜水俱乐部的潜水池。原来用于堆放铁矿砂等原材料的堆料场，被改造成为攀岩者的训练场。原来的工厂变电站在改造为旅游咨询中心后，变电站原来的许多设施依然存在。还有几处旧厂房被改造成演出场地。如有一个半开放式"剧场"，曾经是钢铁厂高炉前的工作场地，当年高炉底部铁水奔流之处正好是剧场的舞台。邻近有一个封闭式的"音乐厅"，用木地板做成的斜面将其分割为两个空间，斜面之上为观众席，斜面之下为观众休息场所，依然保留着原厂房内的许多设施，体现出厂房的特征。还有一块名为"金属广场"的空地和它的围墙、管道与焦炭炉一起构成了独一无二的摇滚音乐会演出场地。在80米高的5号高炉上面建起了观景台，登上高炉顶部，可眺望厂区全景以及鲁尔地区的整个工业面貌。当年在这儿工作过的工人当起了志愿者，为观众导览讲解，为博物馆增添了真实感和历史感，同时也激发了社区参与感和认同感。工业遗产是景观公园的主角，冷峻硬朗的巨型工业设施与温馨柔美的花草树木在遗址博物馆中融合一体，相辅相成，相得益彰，体现了人文与自然和谐相处。

图5-16　德国北杜伊斯堡工业遗址公园中展示的停在铁轨上的
铁水包和耐1000多度高温的铁水槽车

（作者自摄）

图 5 -17　德国北杜伊斯堡工业遗址公园中原巨大的储气罐（左边）
被改造为欧洲最大的室内潜水俱乐部潜水池

（作者自摄）

图 5 -18　德国北杜伊斯堡工业遗址公园中原堆放铁矿砂的
堆料场被改造成为攀岩训练场

（作者自摄）

2. 埃森市的"关税同盟矿区"（Zollverein）。"关税同盟矿区"是德国第三个被联合国教科文组织列为世界文化遗产的工业遗产地，它是一个将20世纪二三十年代工业遗迹进行整体保护的范例，也是一座较为完整地保存了反映30年代世界采矿业先进水平遗存的露天煤矿工业遗址博物馆。

图5-19　德国鲁尔关税同盟矿区门口标志

（作者自摄）

埃森的"关税同盟矿区"从1847年建厂到第一次世界大战结束，采煤的竖井从最初的两个扩建到40个。20世纪二三十年代，围绕12号竖井修建了一个能系统处理煤区来煤的洗煤、选煤厂。建筑师应用包豪斯建筑理念对洗煤、选煤厂的工业建筑进行整体设计，艺术与功能结合，工业建筑与它的生产流程配合得天衣无缝，充分显现了现代派建筑的功能主义。1986年煤矿因入不敷出而被迫关闭，这时民间发出要求将其整体保护的呼声，北威州政府买下了全部的工矿设备。几年以后，煤矿被州政府列入历史文化纪念地，厂房和设备得到了重新翻修。2001年该地成功进入世界文化遗产名录。

"关税同盟矿区"不仅较为完整地保护了整个工业遗迹，而且在工业遗产的再利用方面也很成功。部分改作博物馆，部分结合旅游活动内容，给工业设施配上游乐设施，使之成为旅游项目。如煤矿的原动力车间（锅炉房）

改建为红点设计博物馆（Red Design Museum），展示国际上获奖的各种设计作品。鲁尔博物馆（Ruhrmuseum）利用原来的洗煤车间改造而成，展示鲁尔地区工业化的历史，展厅中保留着洗煤设施等生产流程的机械，车间外貌依然是包豪斯建筑风格，博物馆入口处修建了长达50余米的现代自动扶手电梯。

　　稍晚于煤矿关闭的炼焦厂也是世界遗产地"关税同盟矿区"的一部分。这个巨型炼焦厂约有200个炼焦炉，都被整体保护下来。气势宏伟的巨大炼焦厂成为露天展示的庞然大物，炼焦炉旁安装了巨大的摩天轮，给观光浏览客带来旋转的乐趣，同时也可鸟瞰厂区全景。炼焦炉前的巨大焦炭冷却池在冬天成为热闹的溜冰场。旧工业设施改造成游泳池，冲压车间改造成为餐厅，钢铁厂的制造车间改造成为大型剧场。那些巨大的铁铸房梁，原始笨重的机床，纵横交错、缠绕复杂的各种形状的管道让人联想起法国巴黎蓬皮杜文化中心的建筑外貌。

图5－20　德国鲁尔区埃森炼焦厂约有200个炼焦炉成为露天展示的庞然大物，炼焦炉前的巨大焦炭冷却池冬天成为热闹的溜冰场

3. 多特蒙德市的措伦煤矿。现在的措伦煤矿有大量的露天展品，是一座露天煤炭遗址博物馆。如专用铁路线的龙门吊车、原厂区的许多工业建筑遗产等都是露天博物馆的组成部分。这些建筑大量运用古典建筑语汇，呈现出一种折中主义建筑风格。这些工业建筑本身既是展品，又是室内展览的馆舍。在措伦煤矿院内西侧靠近门口有一座像教堂一样的建筑，这里曾经是企业向工人发工资的地方，现已经改为博物馆。原来的动力车间也改建成博物馆，展示动力设备，并展示"矿工给人们带来了光明"广告宣传画，在"教堂"建筑的博物馆内，在彩色大玻璃窗两侧接近屋顶处，镶嵌着一些鼓励人们勤奋工作的诗一样的警句。这些都反映当时提倡尊重劳动崇尚良好职业道德的传统。这些工业建筑内的博物馆成为露天煤矿遗址博物馆的"馆中馆"。

图 5-21 德国鲁尔区多特蒙德市措伦煤矿博物馆的古典主义建筑

措伦煤矿建于 19 世纪末 20 世纪初，是德国重要的煤炭基地。鉴于工业建筑遗产的审美价值以及该煤矿在德国经济发展中的重要性，整个工业遗址经过重新整修，成为一个以煤矿为特色的露天矿业遗址博物馆。措伦煤矿还是威斯特法伦州工业博物馆（Westphalian Industrial Museum，WIM）的总部所在地。被保留的措伦煤矿 2 号、4 号煤矿，经过修整成为矿井博物馆，游客观众乘坐用当年运煤斗车改造的小火车车厢深入矿区参观，戴上安全帽、

矿灯等安全装备，可直接下到矿井深处，参观与体验矿工采矿的工作与
生活。

图 5-22 德国鲁尔多特蒙德市措伦 2 号、4 号煤矿博物馆展厅

图 5-23 德国鲁尔多特蒙德市措伦煤矿博物馆准备下井参观的小观众在排队等候

（三）鲁尔工业遗产博物馆保护的经验

鲁尔工业区产业转型的重点战略之一是发展旅游业为主导的服务行业，
为此，将旅游资源的开发投向那些工业化时代留下来的大批旧厂房、仓库和

机械构架等工业纪念物。从废弃的空置厂房，到工业遗产博物馆，再到工业遗产旅游景点，很大程度上得益于一个多目标的区域综合整治与振兴项目，即埃姆歇公园国际建筑展（International Building Exhibition，IBA）。该项目经过长达 10 年的实施，达到了初步目标。紧接着鲁尔区域管理委员会（KVR）又制订了建设一条整合鲁尔区内主要工业遗产旅游景点的区域性工业遗产旅游路线（即"工业遗产旅游之路"）的计划。该线路以代表性工业遗产为核心，包含 19 个工业遗产旅游景点、6 个国家级的工业技术和社会史博物馆、12 个典型的工业聚落以及 9 个利用废弃的工业设施改造而成的瞭望塔。这条区域性的工业遗产旅游路线中，工业遗产博物馆充分展现了其遗产保护与社会教育、娱乐功能的特色，成为该区域综合治理成果的主要代表。

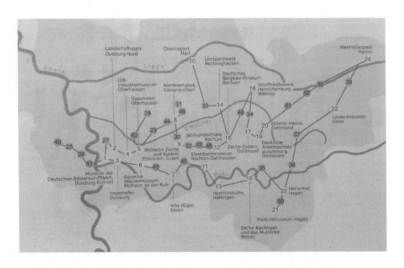

图 5 - 24　德国鲁尔区"工业遗产旅游之路"线路图

埃姆歇公园国际建筑展的成功有其特殊性，其经验不能盲目照搬，但可以给我们一定的启示。主要有以下四个方面。

1. 自上而下的战略。还在 20 世纪六七十年代，鲁尔区工业已经快速衰退，一些地方工业企业缺少有效的发展战略与手段，挽救整个鲁尔区传统工业的崩溃。1980 年，北莱茵—威斯特法伦州政府建立了专项滚动资金 2.5 亿美元，用于鲁尔区的再开发，由北莱茵—威斯特法伦州发展有限公司管理，地方政府可以提出使用申请。但是地方政府和鲁尔区管委会对工业废弃地的再开发一直拿不出整体成功的面向未来的发展计划。直到 20 世纪 80 年代后期，在州城市规划和交通部部长及其顾问的推动下，发起了为改变鲁尔区域落后面貌的区域发展创新行动。这一宏大的州级项目被称为"面向工业区域未来的实验场"。①为此专门成立了一个新的独立的开发机构（工作人员不到 30 名，内分 4 个部门），州政府指派了一位没有区域政治背景的管理者担任机构的领导人，其他成员分别来自相关的州政府部门、区域机构、地方政府，以及代表和专家。由于地方政府固有的部门分割和条块划分，面对不断发展变化中出现的一些复杂问题，难以自觉主动地进行紧密协调与处理，建立这样一个独立的机构，避开了传统的区域政治网络，使创新发展计划能够不受地方政府以及企业界传统势力的影响而得以实施。

2. 国际建筑展的创新理念。"埃姆歇公园国际建筑展"（IBA Emscher Park）是一项由北莱茵—威斯特法伦州政府策划并制订的持续 10 年之久的计划（1989—1999 年），其主旨是"以城市发展、社会、文化和生态标准作为衡量旧工业区经济变革的基础"，对位于鲁尔工业区中心 1000 多平方公里范围的工业衰败地带进行改造，使之得到再生。② 国际建筑展设计了 7 个方面的创新提案，主要建设目标包括对被废弃的工业地段进行生态改造和重构，恢复埃姆歇河的自然环境，转化废弃的工业土地（棕地再开发），保护工业遗产，促进文化产业和艺术发展，加强区域文化氛围，创造性的就业机会等。国际建筑展的提案中强调，保护和再利用工业遗产不仅是弘扬文化和城市特色的需要，也是提高当地社会、经济与文化的活力之所在。

国际建筑展通过完成一系列独立的项目来实现这些目标。这些项目主要有：

（1）通过开展建筑师、城市设计师和景观建筑师参与的国际竞赛，征集最有创造力的棕地解决方案；

（2）在公共部门的保护专家和工业史学家的帮助下，将优秀工业建筑物

---

① ［德］克劳兹·R. 昆斯曼：《埃姆歇公园国际建筑展的创新精神》，麦贤敏译，《国际城市规划》2007 年第 3 期，第 23—29 页。

② ［德］Kirsten Jane Robinson：《探索中的德国鲁尔区城市生态系统——实施战略》，《国外城市规划》2003 年第 9 期，第 3—25 页。

登录编册，从而对它们进行保护；

（3）让地方市民团体参与棕地的再利用和维护，使他们感觉到自己是主人并负有责任；

（4）将一些拥有较高建筑价值的工业场址改造为工业遗产博物馆（保护工业建筑根植于经济和文化用途的理念，但不排除过渡性的使用，也不排除最终对其进行拆除）；

（5）通过灯光表演、节庆活动、露天音乐会和艺术展览等媒体关注并报道的事件，提供人们进入那些利用旧工业设施改造为文化娱乐活动场所的机会并提高这些地方的知名度等。

国际建筑展在项目的选择和实施中，始终明确表达并贯彻了关于可持续发展的理念，从而得到州政府的认可与支持，获得了长达10年的经济支持。

3. 政府与私有业主的合作投资。国际建筑展项目的开发，通常由政府部门与私有业主投资合作完成。在对鲁尔工业区的改造中，虽以政府部门投资为主，但也积极发动私有企业参与投资，形成公私合伙制关系。在国际建筑展计划实施过程中，共进行了120个改造及建设项目，投资总额高达40亿马克，其中2/3为公共投资（除北莱茵—威斯特法伦州政府在10年中投资了20亿美元外，还包括了来自欧盟的公共性资金），1/3为私人投资。根据德国法规，业主对其拥有的工业用地必须支付物业税，而且如果工业用地要开发为其他用途，必须采取措施消除工业地段的环境污染，这对持有空置的并且没有经济效益的工业用地的业主是很大压力。因为过去的工业地段与厂房经过数十年的使用，往往造成严重的环境污染，要整治环境需要庞大的经费。许多业主承受不了如此的经济压力，愿意以象征性的价格，甚至是附带一笔捐款，也愿意"烫手的山芋"——土地问题移交给政府或相关机构来处理。如蒂森钢铁公司业主将其公司冶炼厂连同下属矿区和炼焦厂共200多公顷厂区所有权以1马克的价格移交给了北威州土地基金会，并同意提供250万美元作为开发该工业地段整治与工业遗产保护的启动资金。[①]

---

① 许健：《时空中的色彩变换——北杜伊斯堡景观公园工业遗产改造》，《城市环境设计》2007年第5期。

　　在国际建筑展项目的开始阶段，一些私人部门，尤其是大型能源和钢铁企业的中间管理层与政府在这方面的合作态度并不热情。后来目睹了改造过程以及媒体对国际建筑展项目的积极报道，态度变得积极起来，不仅参与废弃工业地段改造的投资项目，而且纷纷在改造后的工业建筑中举办各种塑造本企业形象的活动。在鲁尔区域复兴项目中，与政府部门合作的私人企业主要是 30 多年前成立的煤矿企业联合体——掌控着 15000 公顷工业用地的鲁尔集团（RAG）及其下属的分公司，如鲁尔集团房地产公司（RAG Immobilien AG）、MGG 有限公司（Montan-Grundstucksgesellschaft mbH）和德国煤炭股份有限公司（Deutsche Steinkohle AG）等。[①] 在国际建筑展开展的活动项目中，还建立了一个工业遗产保护的公私合作基金，用于维护这些尚未确定新用途的工业建筑遗产。政府部门与私人部门共同投资的方式，不仅使创新活动的资金得到保证，而且激发并培育了创造性和想象力。

　　4. 因地制宜的灵活创新。对工业遗产地的保护与再利用没有固定的模式，一切因遗产状况以及遗产地的条件而定。如北杜伊斯堡露天工业遗址博物馆和埃森"关税同盟煤矿"露天工业遗址博物馆的建设，都是在客观分析了当地的市场因素和工业遗存现状之后，才确定的工业遗产保护再利用计划。

　　埃姆歇公园国际建筑展首先关心的是用商业模式对原来的煤炭和钢铁产业的废弃工业建筑遗产进行保护与再利用。但由于这些产业的场地所处区位缺乏优势，缺少市场需求，所以按照一般商业优先的投资思路，采取商业用途的保护再利用模式就有很大困难。因为面向白领的服务业倾向于在多特蒙德和埃森城市中心附近投资，而批发市场和购物中心之类的商业店铺在这个区域早已饱和，出于多种健康原因的考虑，投资者或房地产开发商不愿意在废弃的工业地段建设居民住宅。这些市场因素逼迫国际建筑展拿出创新行动。于是北杜伊斯堡露天工业遗址博物馆、埃森"关税同盟煤矿"露天工业遗址博物馆以及其他许多室内博物馆的博物馆模式就应运而生。

　　从 1989—1998 的 10 年中，在埃姆歇公园国际建筑展的推动下，鲁尔区

---

① ［德］汉斯·彼得·诺尔：《鲁尔区棕地再开发》，黄剑译，《国际城市规划》2007 年第 3 期，第 36—40 页。

图 5-25　德国鲁尔奥伯豪森市改造后的煤气储气罐博物馆

的许多旧工业建筑再利用为音乐厅、演艺剧场等文化设施的同时，也有许多被改造成为展示各种内容的室内博物馆，其中有很多为现代艺术馆。如位于多特蒙德的东墙博物馆（the Museum am Ostwall）专门收藏与展示德国表现派画家的作品；靠近多特蒙德火车站的一家有上百年历史的酿酒厂，被改造为附属于柏林国家美术馆的艺术博物馆（Dortmunder Union）；位于杜伊斯堡的 Wilhelm Lembruck 博物馆专门收藏全球 20 世纪的雕塑作品；杜伊斯堡内港的 Kuppersmuhle 博物馆，曾经是一个旧粮仓，改造为一个新型的现代艺术博物馆，主要收藏与展示私人收藏的现代艺术品；杜伊斯堡内港的另一个旧仓库，改建为"城市文化和历史博物馆"，添加了以钢铁和玻璃为主的新建部分，从而达到新老建筑的完美统一。① 位于波特洛浦（Bottrop）的 Quadrat 博物馆专门收藏著名包豪斯学派艺术家的作品；位于奥伯豪森（Oberhausen）的巨型煤气罐，被改造为展示新科学技术的博物馆。鲁尔区有 200 多个博物馆，致力于保存与弘扬鲁尔区在美术、经济、考古及工业发展等方面的历史。鲁尔区通过对工业棕地的改造，发展艺术与文化产业，实

---

① ［德］Theo Koetter：《杜伊斯堡内港：一座在历史工业区上建起的新城区》，常江译，《国外城市规划》2006 年第 1 期，第 12—15 页。

现后工业社会产业结构转型和城市重建的模式，为欧洲其他地区提供了成功的范例。2006年，鲁尔区中心城市——埃森市被欧盟评选为2010年欧洲文化之都（Cultural City of Europe）。①

图5-26　德国鲁尔奥伯豪森市改造后的煤气储气罐博物馆内的科技展厅

　　国际建筑展把以文化产业和艺术作为鲁尔区煤炭和钢铁产业基地合适的后续用途，这与美国匹兹堡、宾州或英国伦敦码头区等城市和地方所采用的以发展商为主导的城市复兴方式有很大的不同。对于鲁尔区的工业遗产保护和工业转型，评论者褒贬不一。②

　　①　［德］拉尔夫·埃伯特等：《鲁尔区的文化与创意产业》，刘佳燕译，《国际城市规划》2007年第3期，第41—46页。
　　②　褒者如是说："德国鲁尔区正在发生的巨大变化之一，就是在逆工业化之后所开展得如火如荼的、有声有色的工业遗产旅游开发。这项覆盖4000多平方公里的土地、500多万人口的区域型社会实践工程，成为德国鲁尔区之环境综合治理、经济结构转型、社会空间重构以及迈向后工业、后现代社会发展的引人注目的表征。"李蕾蕾：《逆工业化与工业遗产旅游开发：德国鲁尔区的实践过程与开发模式》，《世界地理研究》2002年第3期，第57—65页。
　　贬者则如是说："尽管鲁尔区转型过程中不乏成功经验，但由于国家地方政府采用补贴维持和掩盖问题与矛盾的做法，转型的力度和改造的范围都还比较有限，从而使老工业地区的形象并未得到彻底改观，而转型带来的一系列社会问题又使地区发展雪上加霜，举步不前。鲁尔工业地域结构转型到底成功与否至今难以定论。"冯革群、陈芳：《德国鲁尔区工业地域变迁的模式与启示》，《世界地理研究》2006年第3期，第93—98页。

尽管学界对鲁尔区转型模式有不同评论，埃姆歇公园国际建筑展也尚未使鲁尔区完全恢复到以前作为德国经济动力中心的地位，但是有一点应当肯定：那就是鲁尔区的振兴发展，使鲁尔成为区域转型和地方潜力的象征。鲁尔区结构转型的经验和工业遗产保护的博物馆模式实践，对当前工业化和现代化过程中的中国，依然有借鉴的意义。

第四节　法国的工业遗产保护和工业遗产博物馆

一、法国的工业遗产保护

（一）法国的历史遗产保护

1. 法国早期的历史遗产保护。和英美国家一样，法国对工业遗产保护，首先也是在历史建筑遗产保护的传统上发展起来的。而历史建筑遗产保护从最初的私人所属及保护发展到由国家保护，也经历了一个漫长的过程。在欧洲，法国是较早提出对历史遗产实施保护的国家之一。早在法国大革命时期，在那些领导者中就有人开始关注历史性纪念建筑，认为它们不仅是私人所有，还是民族及其文化的反映，应根据"普遍利益"的名义，对历史性纪念物及其周边环境予以特别的关注。这是"国家遗产"概念产生的开始。1790 年，国民议会决定建立历史性纪念建筑委员会，以组织普查那些应受保护的历史纪念物。1794 年，国民议会建立的艺术委员会取代了历史性纪念建筑委员会，并出版了一本如何进行历史性纪念建筑与艺术品普查和保护的小册子。

1810 年，拿破仑时代的内政部长亚历山大·德·拉博德要求各省长编制一份在大革命浪潮中幸免于难的历史性纪念物清单，并于 1816 年出版了该历史性纪念建筑目录清单。以后，随着欧洲工业化的迅速发展和铁路运输建设，出版的历史性纪念建筑目录促进了欧洲旅游的产生与发展。一些博学之士组织了以考察那些被公布的历史性纪念建筑为目的的"远足"活动，激起了人们的探知欲望，并且也推动了对其他景观地和区域的考察热潮。

19 世纪 30 年代路易·菲利普统治时期，历史学家佛朗索瓦·吉佐出任内政部长，在内政部下设立历史性纪念建筑总监一职，旨在通过国家的力量保护法兰西历史上每一个重要阶段的伟大建筑。1834 年，著名作家梅里美担任国家文物建筑总监。此前，他曾花费 10 年时间进行了调研，走遍了法国各省，访问名川大山和穷乡僻壤，发现许多古建筑物损坏非常严重。他上任后的第一件事就是给各省长们发出一项指令，要求各省编制中古代历史性纪念建筑清单，并根据其重要性列为不同的等级。1837 年法国内政部下建立历史性纪念建筑委员会，由历史性纪念建筑总监领衔，开始用科学方法研究普查清单中列级的历史性纪念物，同时负责对其进行修复。1840 年文物建筑委员会出台了一份历史性纪念建筑普查清单（被称为"梅里美清单"），目的是对中古代以来的重要历史建筑遗产实施国家保护，并对公民进行教育。在清单里的 1076 幢建筑物中，包括了许多重要的历史性纪念建筑。梅里美怀着极大的热情履行工作职责，拯救了无数濒危历史纪念物。正如米歇尔·丹钮尔在 1970 年的《世界杂志》中所评价的："他建立了纪念性遗产的整体政策，这对整个欧洲来说都是一个创新。"①

1860 年，历史性纪念建筑委员会提交了第一份要求立法保护历史纪念建筑的报告。1887 年，法国颁布了第一个保护法律——《历史纪念物法》，赋予历史性纪念建筑非常高的地位。该法规认为，应该从"历史或艺术角度"对具有"国家利益"的建筑物实施保护，从而将历史建筑纳入国家保护的轨道，对后来的建筑保护法规影响深远。1913 年，法国在对 1887 年的《历史纪念物法》修改之后，再次公布了《历史纪念物法》。1913 年的《历史纪念物法》奠定了现代法国历史纪念物保护的法律基础，以后又经多次修订，一直沿用至今，具有里程碑意义。

2. 法国近现代的历史遗产保护。20 世纪前半叶，法国成为两次世界大战的主要战场之一，战争不仅夺去了上百万法国人的生命，也给法国城市带来了严重创伤。1945 年，全法国 20% 的建筑遭到毁坏，80% 的港口设施遭到摧毁，大量重要桥梁、车站和铁路被炸毁。战后法国的首要工作就是重振经济，重建城市，在大力发展经济的同时，进行大规模的城市重建活动。面对城市中心被战争毁坏，街区残破与肮脏，尤其是大量城市中心的历史街区被定为"不卫生街区"，法国也同英国、德国等国家一样，把"拆除重建"

---

① ［法］Monum Merimee. *connaissance des Arts.* Paris：Editions du patrimoine，2003. 转引自邵甬：《法国建筑·城市·景观遗产保护与价值重现》，同济大学出版社 2010 年版，第 23 页。

作为根治城市问题的最佳方法。1958 年以后，全法国约实施了 300 个城市更新计划，但同时人们很快发现，伴随着大拆大建的城市重建政策，城市中心不同时期形成的历史街区以及城市的历史特色景观也快速消失了。为此，在文化部长安德烈·马尔罗的努力之下，1962 年颁布了《1962 年 8 月 4 日法》（又称《马尔罗法令》），建立了历史遗产的保护区制度，将保护范围从对单体建筑的保护扩展到对整个历史环境的保护，从法律意义上确认了把历史遗产的保护范围向其周边的历史环境扩展。该法令首次将城市发展和建筑、城市遗产的保护联系起来。

在对城市历史遗产的保护过程中，法国对遗产的观念也在逐步转变，由过去只重视中古时代历史性纪念建筑扩展到近现代建筑。虽然 1957 年的历史性纪念建筑列级保护清单中已经出现了第一座现代建筑——香舍丽榭大街剧院，[①] 但那时对历史性纪念建筑的登录列级还是比较保守，列入保护的历史性纪念建筑中几乎没有近现代的。根据 1913 年的法律，历史性纪念建筑必须具有较长历史年份，具有"考古"价值。因此，历史性纪念建筑委员会成员多次拒绝对有关"现代建筑"的登录列级进行裁决，这在很大程度上影响了国家或政府层面对具有重要价值的近现代历史建筑实施保护。为此，1961 年法国文化部发出修改这一法律条文的政令，允许近现代杰出建筑进入保护范围，于是 20 世纪遗产保护的法律框架由此开始建立。

1963 年，文化部长马尔罗组织人员编制了一份"现代主义运动"建筑清单，[②] 并启动对现代建筑的保护程序。1964 年 1 月，已有 5 座重要现代建筑列入历史性纪念建筑保护清单中。3 年以后，马尔罗清单中有将近一半的建筑已受到法律保护。1974 年，当时的文化部长米歇尔·葛又编制了 19—20 世纪建筑预备清单——《从 1830 年到今日的文物建筑》，改变过去"50 年"为遗产的时间限制，将 19—20 世纪遗产纳入遗产的国家保护范围，使历史性纪念建筑登录名单中 20 世纪保护建筑数量增加了 4 倍。

1984—1986 年间，法国对建筑遗产根据主题实施分类编制，不再像以往根据地域来登录，由此包括了工业建筑遗产，保护对象延伸到产业、铁路

---

① 香舍丽榭大街剧院由著名建筑师奥古斯特·贝瑞设计，1913 年建成，因其突出的建筑价值，1949 年申请列级保护，1957 年获得批准。

② 该清单又被称为"马尔罗清单"，主要是 1850 年以后建成的建筑。

等，这样使现代遗产数量较过去增加了 10 倍。1987 年起，法国决定步英、德等国的后尘，建立专门的组织——法兰西建筑研究院（IFA），作为法国 20 世纪建筑遗产（包括工业建筑）的资料收集和档案处理中心。这样，法国对 20 世纪建筑遗产形成了非常完善的专业研究和保护体系。

（二）法国的工业遗产保护

1. 有别于英国等欧洲国家。与英国相比较，法国大规模的工业遗产保护行动较晚些。但是在两个方面法国并不比英国晚多少。首先是法国对工业遗产的研究并不比英国晚，但法国更多的是将工业遗产放在产业历史中进行研究（英国更多地将工业遗产放入纪念物系列中），因而囿于书斋，并未大规模向公众宣传并实施保护措施，所以法国工业遗产保护的影响力在欧洲要远远小于英国。其次是法国对工业遗产保护的实践也不比英国晚，并且有其特色。20 世纪 70 年代初，在法国个别地方已出现对工业遗产（遗址）的保护实践，尽管当时没有像英国那样以大规模的工业考古为依托。由于法国当时对工业遗产保护的实践是以生态（社区）博物馆的名义出现，并且重点突出的是"新博物馆"，成为国际新博物馆学运动的一面旗帜，在国际博物馆界享有盛誉，但工业遗产保护实践的意义却被淹没在国际新博物馆学运动潮流中，因而未受到应有的重视和发掘。

在工业遗产保护的理论研究方面，法国也并不比英国落后。1998 年法国学者多米尼克·贝舍（Dominique Perchet）明确提出工业遗产的完整概念："工业遗产是反映一个地区的经济、技术或者人类社会历史上重要时期的遗产。工业遗产既包括有形要素（如建筑物、设备等），也包括无形要素（如技术、技艺、专利、商标符号等），还包括其在历史上的作用（生存、死亡、危机和矛盾），与地理、经济、社会和社会环境之间的关系……都显示出其重要性，并值得对其进行保护。"① 多米尼克·贝舍对工业遗产的定义为国际古迹遗址理事会所吸收，成为《关于工业遗产的下尔吉塔宪章》的中工业遗产概念内容的基础。

2. 启动全国工业遗产普查。1983 年，法国政府文化部之下的文化遗产

---

① ［法］Dominique Perchet. *Lamise en Valeur du Patrimoine economiq ue et industriel*. Paris：Edition Territorial，1998. 转引自邵甬：《法国建筑·城市·景观遗产保护与价值重现》，同济大学出版社 2010 年版，第 90—91 页。

普查局（该文化遗产普查局是专门从事文化遗产保护研究与管理的政府机构）成立了一个工业遗产普查小组，专门负责工业遗产的全国普查以及工业遗产的保护与管理，力图把握整个工业遗产保护的工作状况。普查局的工业遗产小组首先对工业遗产进行了全面的研究，从对各种类工业遗产的专项研究到不分类别的工业遗产的大型普查，为构建全国近现代工业遗产的数据库，做了大量基础性工作。1986 年开始，法国对工业遗产实施全国性普查。普查中，法国将工业遗产分为八类（这八类分别是：建筑物、机器和工具、能源、原材料、劳动力、资本、产品、企业内部组织与外部沟通的材料等），并分别确定了评价标准，其重要者列入文物登录名单。在时间上从 17 世纪制造作坊到 2000 年的高科技工业建筑，均列入普查范围。法国认为现在的重要工业建筑是当代和未来的产业见证，从现在起就应当关注并纳入调查范围。

2000 年年底，法国编辑出版了《工业遗产》一书，将从工业遗产普查中发现的一些重要工业基地（工业遗址）向社会作介绍。"这些基地被选择是因为其独一无二的建筑，因为其所体现的社会记忆，因为它们创造了景观，也因为它们是工艺技术的见证。"①

3. 对工业遗产的保护与再利用。20 世纪 70 年代起，法国就开始涉足工业遗产保护与再利用。初期主要将旧工业建筑改造为办公楼、住宅等商业用途，以后大量文化产业进入这些旧工业建筑，扩展为文化创意园区、工业遗址公园等，文化用途比例逐渐上升。在法国一些著名的工业建筑遗产改造项目中，很多是用于学校，也有部分用于办公，如报社的总部、律师事务所等，或者改造为图书馆、博物馆或艺术中心等。如 2007 年 2 月，位于巴黎市区东部 13 区塞纳河边工业聚集区的大面粉厂被改造成为巴黎七大的新校区。由面粉厂旧厂房改建而成的图书馆中心，外形简洁明快，室内空间尺度宜人，采光充足，因而迅速得到师生的认同。而由面粉厂旧仓库改造而成的教学中心，因部分教室和研究室自然采光不良，空间尺度有限，室内外空间关系乏善可陈而颇受微词。同年 4 月，巴黎塞纳河谷建筑学院也搬入工业聚

---

① ［法］Emmanuel de Roux. *Patrimoine Industriel*. Paris：Parigramme, 2000. 转引自邵甬：《法国建筑·城市·景观遗产保护与价值重现》，同济大学出版社 2010 年版，第 91 页。

集区，昔日的空压机厂厂房被改造成研究中心和图书馆，这个曾经机器轰鸣、环境杂乱的工业区，如今已成为安静整洁、花木成荫的大学校区。

巴黎奥赛火车站和波尔多港口旧仓库的改造，也是法国引以为骄傲的工业遗产保护与再利用的成功案例。奥赛火车站坐落于巴黎塞纳河的左岸，和卢浮宫隔河相望。这个曾经被废弃的火车站，现被誉为"欧洲最美的博物馆"。1898 年，法国为迎接巴黎万国博览会，在塞纳河边修建了奥赛火车站，并于 1900 年博览会开幕前顺利通车。在此后的近 40 年中，奥赛火车站是巴黎发往法国西、南部所有火车的起点站，每天从这里发出的列车多达200 列。后来由于科技的不断进步，电力火车越来越长，原车站的站台已不能满足使用需求。加之巴黎快速发展的地下轨道交通，四通八达的地铁线路争夺了大量的铁路运输客源，使这条火车线路的营运日益萎缩，直至最后停运。关于这座火车站的去留，巴黎民众争论了很多年。最终，把火车站改造成博物馆的建议受到了政府的支持。

图 5-27　1937 年时的因法国巴黎世博会而建的位于塞纳河畔的奥赛火车站外貌

原火车站由建筑师维克多·拉卢主持设计，为了与塞纳河对岸的卢浮宫和杜乐丽宫花园的高雅格调相呼应，将火车站主体建筑的主基调设计为古典艺术派，具有浓厚巴黎风情。结实美观的白色岩石上加载了精美的浮雕，对称的窗棂工整中不乏浪漫的修饰。内部结构结合工业时代的新元素，在保留主要承重柱子的基础上，加入了铸铁横梁以及仿大理石装潢。1978 年火车

图 5 -28　1986 年由火车站改建而成的奥赛美术馆外貌

站改造工程启动，采用了意大利女建筑设计师奥朗蒂的方案，给这座古典主义杰作加入了众多现代派元素，使之既保留了高雅古典的风格，又有现代艺术的内涵，成为古典与现代融合的典范。1986 年 12 月，这座乳白色的大厦以艺术博物馆的新面貌迎接来自世界各地的观众，昔日被废弃命运的火车站，今天变身成为欧洲著名的艺术博物馆。

图 5 -29　华丽的法国奥赛美术馆陈列厅

波尔多当代艺术中心——当代艺术博物馆位于法国波尔多市港口，由一座叫作"莱内"的旧仓库改建而成。该仓库建于 1824 年，当时用来储存许多从殖民地运到波尔多港口下船的外国货物，曾被称为"殖民商品的仓库"。20 世纪开始，港口沿岸增设了许多货场后，该仓库逐渐失去了作用。到 60 年代，该仓库几乎彻底关闭。在城市改造中，该仓库差点被拆除。幸亏一些有识之士的反对，波尔多市政府才开始意识到该仓库的价值。1973 年，该仓库被登录为文物建筑而受保护，并被用作临时展览场所。1974 年，当代艺术中心决定将其改建为永久展示场所，对旧仓库进行了保护性修缮和必要的设施添置，并举办了许多展览活动。1984 年又将其升格为当代艺术博物馆：在建筑西侧安排了 11 个展厅，在二层楼开辟了教育服务部，在屋顶层建起书店和咖啡馆；1989 年，又增加了 3000 平方米的展览面积，还增加了一个图书馆。"莱内"旧仓库的整个保护工程始终遵循"尊重原有部分"和"新增添部分具有可逆性"的原则，即在对旧仓库建筑改造时，除了保持外立面原貌之外，尽量不去影响旧建筑的结构，以便以后随时可以把新的改造添加物拆去，恢复旧建筑的本来面貌，从而达到《威尼斯宪章》中指出的"使每个历史时代的面貌都可清晰了解"这一旧工业建筑改造的重要原则。波尔多当代艺术中心——当代艺术博物馆是法国工业建筑遗产保护与再利用的成功典范。[①]

二、法国克勒索—蒙特索煤矿社区生态博物馆[②]

法国的克勒索—蒙特索煤矿社区生态博物馆产生于一定的社会背景之下，它不同于英国、德国和美国的工业遗产博物馆，也不同于法国其他地方后来出现的工业遗产博物馆。法国对近代工业遗产大规模展开普查与保护是在 20 世纪 80 年代后期，而克勒索—蒙特索煤矿社区生态博物馆的建立及活动高峰期主要是在 70 年代中期到 80 年代中期，可以说是法国近代工业遗产保护的先驱者之一。它当时以社区生态博物馆命名，对社区文化遗产实施整

---

① 邵甬：《法国建筑·城市·景观遗产保护与价值重现》，同济大学出版社 2010 年版，第 107—108 页。

② 又翻译为"克勒索—蒙特索人与工业博物馆"（The Museum of Man and Industry, Le Creusot-Montceau-les-Mines）．张誉腾：《生态博物馆——一个文化运动的兴起》，台北五观艺术管理有限公司 2004 年版，第 46 页。

体保护，虽未刻意突出工业遗产，但也将工业遗产连同社区其他文化遗产一起加以保护。由于它在新博物馆学运动中的重大国际影响而掩盖了它当时对工业遗产保护的实践。今天，在我们追寻法国近代工业遗产保护走过的历程中，发现了这段不应被忽视的历史。随着20世纪90年代初该博物馆回归传统后，它作为国际新博物馆学运动旗手的光环已经消退，而当年在生态博物馆实践中包含的保护工业遗产的理念却逐渐浮出水面，引发了我们今天的思考。

（一）克勒索—蒙特索煤矿社区生态博物馆产生的背景

20世纪六七十年代以来，人类经历了工业革命带来的物质上的飞跃，却也开始吞咽自然生态破坏的苦果。工业文明把城市变成了钢筋水泥的森林，造成了人与自然的隔膜。同时，环境污染、物种灭绝、资源枯竭，人类为物质生活的进步付出了环境与生态的惨重代价，生存空间岌岌可危。于是，人类开始自我反省与自我批判，试图恢复异化的社会与自身。1972年，联合国教科文组织在瑞典首都斯德哥尔摩召开了人类环境会议，发表了《斯德哥尔摩宣言》，"保护我们的地球"成为人类的共同呼声。

与人类环境意识、生态意识觉醒的同时，世界民主化运动也蓬勃发展。从20世纪60年代开始，西方世界掀起了一场改造世界观的运动，以求反思和消弭现代主义对社会造成的种种弊端。在政治文化领域，提倡文化民主的呼声成为主流，知识阶层中反国家机器、反中央集权的呼声日益高涨。国际博物馆界也积极跟进，时任国际博协主席和秘书长的著名博物馆学家乔治·亨利·里维埃和雨果·戴瓦兰"提出了'博物馆非中心化'的观点，极力宣传博物馆应走向社会，走向民间，而不是中央集权下的产物，不应由中央政府统筹运作。"[①] 在博物馆学领域，出现了对传统博物馆社会角色的反思，博物馆的基本功能——收藏与保护，也遭到了强烈的质疑与批评。批评者认为传统博物馆的收藏方式破坏了收藏对象的原真性，博物馆把艺术与历史遗物从它们的原生地移走，放置在展厅中，切断了历史传统的生命血缘与整体社会文脉之间的关系，失去了相互之间关联性，也就失去了文化的意义。最好的方法应该是将历史遗产置于原生态环境中保护。批评者强烈呼吁博物馆

---

① 魏光：《"生态博物馆"探讨》，《中国博物馆》1996年第3期。

应当摆脱"精英化"倾向，从象牙塔中走出来，对传统博物馆概念和功能进行改革，使博物馆真正变得民主并突出其社会作用。"博物馆必须找到更有力、更有效的研究、传播和行为途径，以便在社区、文化和经济全面发展中占有一席之地。但这一目的唯有在博物馆、博物馆专业人员、博物馆相关管理部门对博物馆理论与实践、博物馆功能、博物馆方法以及在整个社会中的作用进行调整，从而引导出富有活力的博物馆学和博物馆技术时方能实现。"①

伴随着博物馆学领域对传统博物馆社会角色的反思，1974 年第十届国际博物馆协会对博物馆章程中的博物馆定义也作了修改，铸入了博物馆"为社会及其发展服务"的宗旨，强化了博物馆服务社会的使命，表明了博物馆对其肩负的社会使命认识的升华，这是"国际博物馆界服务社会的认识从自在达到自觉的标志。"② 今天，博物馆应根据社会发展的变化而不断改变自己，使之适应社会不断变化的需求，已成为国际博物馆界的共识。

另外，20 世纪六七十年代，发端于英国的工业遗产保护热潮波及法国，使法国对文化遗产的认识发生了变化。不少法国学者都认为，遗产保护范围的扩大，保护和价值体现已不可能光靠国家来实现，应将重点放在遗产保护与公民生活空间的环境品质联系起来，同时将遗产保护与城市社区经济发展、公民就业机会等结合，改革原来以"国家"为核心的遗产保护制度，充分发挥地方政府和社区居民的作用，尤其要以社区居民为核心，使遗产保护从"精英"回归到"大众"。正是在全球环境保护运动和欧洲社会变革、民主化思潮激荡、工业遗产保护热潮兴起的重要社会背景之下，在博物馆内部反思博物馆的社会角色、质疑博物馆功能、谋求变革的呼声中，克勒索—蒙特索煤矿社区生态博物馆诞生了。

（二）克勒索—蒙特索煤矿社区生态博物馆的产生、发展与变化

克勒索—蒙特索煤矿社区生态博物馆位于法国东南部勃艮第省（Burgundy）的中心地区，包括克勒索（Le Creusot）和蒙特索（Montceau-les-Mines）两个城镇，面积约 500 平方公里。这是个一半为工业区，一半为

---

① ［法］Hugues de Varine. *Rethinking the Museum Concept*, *Okomuseumsboka-identitiet*, *Okologi*, *Deltakelse*, The Norwegian National Committee of ICOM, 1988: 33. 转引自安来顺：《生态（社区）博物馆与变革中的博物馆》，《中国博物馆》2011 年总 106 期，第 16 页。

② 苏东海：《博物馆服务社区思想的由来》，《中国文物报》2014 年 4 月 5 日。

乡村的地区，居民人口约 15 万。1780 年施耐德家族（Schneider Family）开始在克勒索创办企业，到 1836 年，该地区已成为法国最大的钢铁工业基地。施耐德家族在该地区开办钢铁工业，生产铁轨、大桥构件、钢铁机车和军火，经过其家族几代人的经营，逐渐形成一个规模宏大的军火工业王国，当时在法国工业界的地位犹如德国的克虏伯家族。随着企业的发展，施耐德雇用了当地大批的生产工人，该城镇几乎家家户户都有施耐德工厂的员工。钢铁制造业工厂位于克勒索城镇中心，施耐德公司在工厂周围还建造了公园、学校、教堂、医院、体育场馆、养老院以及工人住宅等，形成了多个中心。生机勃勃的工业生产以及与工人生活相关的各种教育、医疗、宗教信仰、娱乐休闲活动有关基础设施的建立，使该地区变得繁荣起来。由于施耐德家族在第二次世界大战期间与纳粹德国合作，第二次世界大战结束后，该家族身败名裂，制造业帝国开始走向衰落。1960 年后，施耐德家族企业的股权被转移到一个总部设在巴黎的多国集团手中，随之，许多制造业逐渐迁出了勃艮第地区，当地的工业从此一蹶不振。

蒙特索距克勒索约 20 公里，是一个以煤矿业发展而形成的城镇。蒙特索的煤矿主要供向克勒索，与克勒索的钢铁工业唇齿相依。随着克勒索钢铁制造业的没落，蒙特索的煤矿业也渐趋萧条。20 世纪 70 年代初，随着该两个城镇产业的崩溃，大量工人失业，对当地社会造成了巨大压力。地方当局寄希望于发展一个项目来创造新的就业方式，振奋该地区居民的生活信心，并促进经济发展。当时热衷于新博物馆运动的国际博物馆协会博物馆学委员会主席雨果·戴瓦兰受地方政府邀请，参与项目建设。1972 年年初，雨果·戴瓦兰开始有以此地发展博物馆，即建设一座"人与工业博物馆"（The Museum of Man and Industry, Le Creusot-Montceau-les-Mines）的构想，遂进行了该项目的实验。经过两年努力，终于有了初步雏形，于 1974 年正式以生态博物馆称之，即"克勒索—蒙特索煤矿社区生态博物馆"（Ecomusée de la Communauté le Creusot-Montceau-Les-Mines, Ecomuseum of the Urban Community Le Creusot-Montceau）[①]。

---

① Francois Hubert. *Ecomuseums in France: contradictions and distortions* [J]. UNESCO Museums, 1985, Vol. 148, No. 3: p. 187.

　　建立该博物馆的目标很明确：解决就业问题，振奋当地居民的信心。当时该区域失业问题严重，居民情绪非常低落。博物馆最初的任务是发现他们被遗弃的社区的历史，并加强它的精神根基，帮助居民通过认识历史的成功和灾难，发现通往新的未来的道路。雨果·戴瓦兰说，"我们决定这个项目建立在两件事上：家长制制度的终结和创建一个机构协助城市社区的诞生"。①

　　生态博物馆覆盖的城市社区包括以制造业为主的克勒索社区和以煤矿采掘为主的蒙特索社区。原施耐德家族居住在克勒索城镇社区中心的一座18世纪的城堡，成为生态博物馆的总部（资料中心），内设社区办公室与资料展示中心。另在辖属500平方公里范围内，设立五个卫星馆，总部（资料中心）与卫星馆形成一个网络，用以经营与管理社区内所有文化遗产，并以寻求社区发展为主要目的。生态博物馆营运范畴不局限于博物馆建筑本身或周边环境，而是扩展到整个社区所有自然景观与人文景观，包括工业遗产。在建立的五个卫星馆中，三个都与当地工业历史有关。如在的蒙特索社区"煤矿馆"，旨在保存并保护该地区煤矿业的遗迹，尽管该地的煤矿已经废弃不用了。"矿工住宅区"整体保留的旧住宅区建于1826年，当时为来煤矿做工的威尔士工人所建，具有独特的威尔士风格。"矿业学校馆"建在原当年为训练采矿工人而建的学校，经当地居民重新修整后，布置了当地采矿业方面的陈列内容，展示当地煤矿产业的历史。

　　生态博物馆的资料收集工作由社区年轻人组成的调查团队来完成。他们到居民家中或工作场所了解过去的工厂和工人住宅目前的状况以及相关物件、文献、工人家庭照片等，将调查或访谈收集的资料进行系统整理、登记、分类，包括口述史的记录。博物馆通过对社区内的文化遗产普查，了解各种类型遗产的分布与现状及其价值，为博物馆总部（资料中心）以及卫星馆的展览提供实物资料作准备。

　　克勒索—蒙特索煤矿社区生态博物馆没有围墙，社区就是博物馆。博物馆对在社区居民家中和社区工作场所发现的物品进行登记后，当博物馆需要

---

　　①　Octave Debary. *Deindustrialization and Museumification*: *From Exhibited Memory to Forgotten History* [J]. Annals of American Academy of Political and Social Science, Vol. 395, (Sep. , 2004), pp. 122 – 133.

这些物品时，它们就可以被用于陈列。平时这些物品不必放到博物馆资料中心来，社区居民家庭自身就是库房，每个居民家庭和每个生产组织都与博物馆保持着不间断的联系。博物馆的公众就是社区居民，居民同时又参与博物馆的事务，博物馆与公众不刻意分割开。社区的工业生产设备、设施、工业场所以及反映工人生活方方面面的各种建筑、设施等，都是博物馆的重要展示物件，是社区工业发展与社区历史的见证，也是法国东部地区 18 世纪以来的工业生态学重要的研究资料。

1974 年，在作为博物馆总部（资料中心）的城堡，一个关于克勒索地区历史（包括工业历史）的基本陈列在克勒索居民的参与下向公众开放了。博物馆除了特展或分馆外，常设展览的主题是克勒索地区钢铁工业和蒙特索地区的煤矿业，通过实物、标本、模型和原始文件等，反映该地区自然背景和社会形态以及煤矿与钢铁生产的关系。博物馆对不可移动的工业遗产（如厂房与生产车间、矿井等），置于原地原状保留并展示，部分可移动遗产放在资料中心进行集中展示和有效保护。如生态博物馆曾收藏并展示过去两个世纪以来该地区工业活动所遗留下来的许多文献和工业用铸模等。

克勒索—蒙特索地区曾是 19 世纪法国最重要的工业区之一，这里的许多钢铁厂所遗留下的厂房和设备，详细完整地记录了工业发展的过程，周边村庄和城镇居民的住家和生活方式，则见证了法国初期工业社会崛起和衰落的生态，它是工业史学者研究工业进程和社会发展的最佳样本。因此，博物馆在此成立了一个以工业发展为主题的科学研究中心，为外界的专家学者们前来研究提供条件。

1985 年，克勒索的社会状况和民众情绪发生了巨大变化。当地经济再次崩溃，所有振兴的努力都没有奏效。原先参与博物馆事务（活动）的"老一辈"居民在变化了的社区形势面前变得保守而束手无策，对拯救社区经济无能为力，具有不同思想与理念的新生代取代了他们的位置。克勒索—蒙特索煤矿社区生态博物馆原来的目标像乌托邦，已经明显不适合变化了的社区现状，不适应新生代所面临的社会需求，于是只能面临被新生代抛弃的命运。其实 1983 年以后，该博物馆的"只有居民没有观众"哲学理念和组织上的制度缺陷已经逐渐明朗化。1985 年，已疲态毕露的博物馆必须要依赖紧急援救计划的注入，不然就面临休馆的命运。但是博物馆并没有找到"灵丹妙药"，没有拿出任何有效的创新计划。20世纪90年代初起，包括雨果·戴瓦兰创办的克勒索—蒙特索煤矿社区生态博物馆在内的28座法国生态博物馆，均先后被整合到法国传统博物馆体系之中。一个曾经声名卓著的生态博物馆样板、国际新博物馆学运动的中心，就这样在人们的视野中悄然消失了。

（三）克勒索—蒙特索煤矿社区生态博物馆的教训

克勒索—蒙特索煤矿社区生态博物馆存在约20年的时间，就整个国际博物馆发展史而言，20年时间是短暂的，犹如昙花一现。但它的"实验"对国际新博物馆学运动产生了巨大影响，成为新博物馆学理论的基础之一。20世纪90年代以后，生态博物馆建设热潮在中国和其他发展中国家迅速兴起，形成国际博物馆发展潮流中的另一种景观。今天在研究生态博物馆的未来发展时，克勒索—蒙特梭矿区生态博物馆的经验与教训是值得研究与总结的。克勒索—蒙特索煤矿社区生态博物馆之所以失败，其原因主要有以下三个方面。

1. 后继者思想僵化。生态博物馆的创办者雨果·戴瓦兰认为，失败的主要原因是后继者没有跟上变化的形势。他在总结教训时首先强调，当社会状况和就业危机得到改善之后、新兴产业已替代旧产业，博物馆的构架和组织也要适时调整，必须随社区的变化而变化。它的存在是为今天的社区服务，而不是昨天的社区。由于后来的博物馆主持者未能意识到这一点，以后博物馆就不能适应社会变化的新情况，被淘汰也就在所难免。①

另外，雨果·戴瓦兰还认为，生态博物馆的民主化不够，家长制管理是导致生态博物馆实验失败的另一原因。"生态博物馆的特性，在于其民主性质，能确保地方族群的积极参与，并在博物馆各层次的营运过程中都能发挥其代表性。"与传统博物馆不同，生态博物馆要追求的是"文化活动的去中心化"（decentralization of cultural activities）和"集体成长"（development of collectivity）。民众的主动性参与、博物馆再现的民主性是生态博物馆理念的

---

① ［法］雨果·戴瓦兰：《未来的社区博物馆》，宋向光译，《中国博物馆》2011年总第106期，第57页。

核心。①

　　但有一位法国人类学家持另一种观点，认为家长制管理是博物馆失败的主要原因。生态博物馆是以批判"工业家长制"而出名，但恰恰是该博物馆馆长（Marcel Evrard）个人的家长制作风，导致与其雇员之间关系恶化，最终他只能离开博物馆。而同一年施耐德家族的工厂破产倒闭，给社区造成了新的失业压力。生态博物馆的后继者无能为力，博物馆在社区的影响力很快下降，以至于被人不屑一顾，最终博物馆的存在与否失去了意义。②这位法国人类学家的意见是对的。尽管生态博物馆理论上推崇民主化管理，但在实施中，并未自始至终真正体现民主。

　　2. 现有的文化管理体制所不容。生态博物馆之所以失败，还有一个更重要的原因，在于生态博物馆提倡民主化管理，挑战了现有的管理体制，为文化管理体制所不容。在欧洲，法国的文化管理体制属于集权程度较高的国家。生态博物馆在管理体制上采取一种完全私有的联合会组织结构，最上层的是主管联席会，其成员是由使用者委员会、科学技术委员会和管理委员会各选出同样数目的代表所组成。管理委员会由提供博物馆主要经费的地方政府部门、公立、私立企业或其他赞助团体的代表所组成，负责财务和行政监督。这样的管理方式，博物馆专业人员不再是唯一的权力核心，社区族群代表、义工、博物馆之友等，与专业人员形成一种伙伴关系，博物馆内部组织的权力结构从传统的金字塔形转变为扁平形式，使权力分散并均衡化。

　　在法国，文化事业历来是由政府主导的，独力于政府权力之外，以联合会形态管理的博物馆在法国文化体制中是少见的。克勒索—蒙特索煤矿社区生态博物馆的运作在法国文化事务传统中是一种"另类"，这种创新实验被视为是对既有的博物馆管理体制和秩序挑战的意味，自然遭到法国博物馆界中保守力量的抵制与反对。因此在法国博物馆界，一开始对生态博物馆不看好的就大有人在，反对者呼声较高，这也不足为奇。

---

　　①　张誉腾：《生态博物馆——一个文化运动的兴起》，台北五观艺术管理有限公司2004年版，第96页。

　　②　Octave Debary. *Deindustrialization and Museumification：From Exhibited Memory to Forgotten History.* Annals of American Academy of Political and Social Science, Vol. 395,（Sep.，2004），pp. 122 – 133.

1990 年，法国文化部长杰克·朗表态，认为生态博物馆的主要贡献在于将物件置于地区原始脉络中，为地区文化的特色和居民的生活方式提供了具体的见证。至于在经营管理方面，有鉴于生态博物馆的经费大半是来自政府，因此原先交由社区居民主导的理念似乎过于浪漫而不切实际，仍应纳入政府部门管理体系，由国家培养的并获得资格认定的博物馆专业人员来管理。① 政府文化部门最高官员的观点具有导向性，于是在 20 世纪 90 年代，政府开始了对生态博物馆的收编，使之回归于传统管理体制之下。

生态博物馆的民主化管理，作为未来的发展方向是可以肯定的。但是否就在 80 年代全面铺开，是否就首先在法国全面实施，这必须结合其外在的条件与基础进行客观的分析。实践证明，以生态博物馆为旗帜的博物馆民主化管理在法国条件并不成熟。雨果·戴瓦兰认为是博物馆民主化程度不高所致。就政府而言，恰恰认为是博物馆管理太民主化所致。这个以提倡社会民主化而建立的生态博物馆最终又为"民主"问题所困而失败。

3. 未形成经济上的"自我造血"机制。克勒索—蒙特索煤矿社区生态博物馆的后继主办者思想僵化是其丧失社会影响力的原因。但该博物馆是依靠社区自有资源发展起来的，没有地方政府足够的公共财政资助，在经济灾难面前，其抗灾能力极为有限。经济来源的不可持续性问题应是该博物馆走向衰落的一个不可忽视的重要原因。

雨果·戴瓦兰曾经说过："在克勒索—蒙特索煤矿社区生态博物馆里，只有居民没有观众。"宣称它是一座"只为当地居民存在的博物馆"②。这种浪漫的理念限制了博物馆发展为当地主要旅游景点、在促进地方经济上发挥重要作用的机遇。《生态博物馆：一种地方感》一书作者彼得·戴维斯一针见血地指出，"博物馆除了服务当地居民之外，也必须要能吸引外地的观众，才能创造足够的营收，保证其能永续存活。"③ 克勒索—蒙特索煤矿社

---

① 转引自张誉腾：《生态博物馆——一个文化运动的兴起》，台北五观艺术管理有限公司 2004 年版，第 64—66 页。

② 转引自张誉腾：《生态博物馆——一个文化运动的兴起》，台北五观艺术管理有限公司 2004 年版，第 64—66 页。

③ 转引自张誉腾：《生态博物馆——一个文化运动的兴起》，台北五观艺术管理有限公司 2004 年版，第 101 页。

区生态博物馆建立后，重点放在对社区成员的自信心重振，经济来源主要靠政府和社会团体以及公私企业的资助，一直未形成"自我造血"的机制，因而没有可持续性。20 世纪 70 年代，当时的法国财政宽裕，对经济前景充满乐观的期待，为生态博物馆运动开展提供了有力的社会背景。1985 年之后，欧洲经济大幅度衰退，各国财务紧缩，影响了政府对文化事业方面的经费支持力度。法国虽然还陆续有一些生态博物馆诞生，但它们再也无法像克勒索—蒙特索煤矿社区生态博物馆那样，"享有在经济上不虞匮乏，在管理上相对独立自主的地位了"。[①] 博物馆应当预计到一旦政府财政吃紧，社会资助力量下降，给予博物馆的经费支持力度会减弱，博物馆的营运将缺乏资金而陷入困境。但该博物馆在发展过程中，对旅游业带动地方经济发展、增加就业岗位的拉动作用没有足够的研究与重视，结果错失了良机。

　　而几乎在同一时期，在法国彼岸英国发展起来的类似工业生态博物馆——英国铁桥峡博物馆，却是这方面成功的例子。铁桥峡博物馆虽然并未使用生态博物馆的标签，但就其博物馆功能与使命而论，确与法国生态博物馆有相近之处。法国生态博物馆的创始人、国际著名博物馆学家乔治·亨利·里维埃曾高度赞扬铁桥峡博物馆，认为"它是具有分散性质，但企图述说一个整体故事的博物馆"，很符合生态博物馆的精神。[②] 铁桥峡博物馆原馆长劳尔曾这样表示，我之所以犹豫是否使用"生态博物馆"这个名词，主要是基于不愿意把一个像铁桥峡这样具体而实际的博物馆，转变成一个需要利用高卢人抽象哲学理论加以解释的事物。[③] 该博物馆在保护工业遗产方面，也近似于法国生态博物馆，但更注重实际，将博物馆的经济来源视为博物馆可持续发展的生命线，并且更多地依托于外来的观众。铁桥峡博物馆在保护工业遗产的同时，大力开展旅游服务，重点放在工业遗产再利用

---

　　① ［英］Kunneth Hudson. *The Dream and the Reality：Kunneth Hudson Discusses 20 Years of Ecomuesums and Ecomuesology.* Muesum Journal. April, 1992：28 转引自张誉腾：《生态博物馆——一个文化运动的兴起》，台北五观艺术管理有限公司 2004 年版，第 60 页。

　　② 张誉腾：《生态博物馆——一个文化运动的兴起》，台北五观艺术管理有限公司 2004 年版，第 100—101 页。

　　③ 张誉腾：《生态博物馆——一个文化运动的兴起》，台北五观艺术管理有限公司 2004 年版，第 100—101 页。

与旅游业结合方面，每年来自世界各地的 50 万观众，给铁桥峡博物馆带来了可观的消费收益，使博物馆依靠自身为社会的服务，获得可持续发展的潜力。

（四）克勒索—蒙特梭煤矿社区生态博物馆的历史意义

克勒索—蒙特梭煤矿社区生态博物馆的历史意义，至少可以从两个层面来考察，一是在国际博物馆学层面，它是 20 世纪七八十年代国际新博物馆学运动的一面旗帜；二是在工业遗产保护层面，它是法国最早进行工业遗产（包括工业遗址）保护的工业生态博物馆。

1. 克勒索—蒙特梭煤矿社区生态博物馆的国际影响。克勒索—蒙特梭煤矿社区生态博物馆属于第二代生态博物馆代表，它更强调文化民主，文化政策要为公民服务，为社区发展服务，强调社区公民的参与和拥有，迎合了当时国际社会的民主化思潮，因而在国际上产生很大影响，成为国际新博物馆运动的朝圣之地。从 1975 年创立到 1985 年该博物馆处于黄金时代的十年时间里，世界各地有心的博物馆界人士犹如朝圣者般纷纷来此取经，新博物馆学理念影响扩大到了全世界，在许多国家培养了大批追随者，他们在自己的国家建设了具有自身特色的生态博物馆。

新博物馆学运动也对传统博物馆产生巨大的冲击，促使传统博物馆反思，推动了传统博物馆"以物为中心"的传统理念向"以人为本"理念的转变，从而更自觉地服务于社会需求。克勒索—蒙特梭煤矿社区生态博物馆今天已经不复存在，但它的理念与精神依然鼓舞着人们继续不断地进行博物馆创新的实践。国际新博物馆学运动并没有退潮，各国的生态博物馆还在不断发展，尤其在发展中国家。正如创建者雨果·戴瓦兰所言，克勒索—蒙特索煤矿社区生态博物馆的真正价值"在于它是个研究实验室，在那里，新的博物馆理论和实践被发展、讨论和评价"。①

2. 法国最早的工业生态博物馆。就工业遗产保护而言，克勒索—蒙特索煤矿社区生态博物馆也有其不可忽视的重要意义。在博物馆总部所在地克勒索城镇，由施耐德家族建立起来的工厂、房舍、教堂、体育馆、学校和医

---

① ［法］雨果·戴瓦兰：《未来的社区博物馆》，宋向光译，《中国博物馆》2011 年总第 106 期，第54 页。

院等，共同构成了一个著名的欧洲家族企业的纪念地（遗址）。博物馆并不仅仅只有施耐德家族的遗物，社区居民的村舍、破布玩偶和皮鞋匠的工具等都和在那儿的高炉遗址、机器车间生产的产品、钢铁厂老板的豪宅一样重要，许多社区居民参与生态博物馆的建设与运行，收集、记录并展示他们自己的历史。该博物馆并没有特意突出社区的工业遗产，而是将其纳入对自然生态与人文生态的整体保护中，在工业遗产原生地进行原状的陈列展示，这在当时是比较先进的理念。对工业遗产连同其工业环境一起保护，开创了法国近代工业遗产在原址保护的先例。可以说克勒索—蒙特索煤矿社区生态博物馆也是法国最早进行工业遗产（包括工业遗址）保护的大型露天工业遗址性博物馆。

与城市中其他的工业遗产保护模式相比，以工业生态博物馆模式保护工业遗产，至少具有三个方面的创新。首先是对于工业遗产的整体性保护。传统的工业时代历史建筑和地段保护，仅能触及建筑风格、街区整体面貌等物质性层面，而工业生态博物馆模式则可以将社区内民风民俗、工业时代的重要工艺流程等非物质形态的遗产一并传承，保存独特的工业文化生态。其次，工业生态博物馆模式的保护和陈列方式是动态的，观众看到的不再是静态孤立的文物，而是融合工业历史与现实并且持续发展的一个动态社区的文化景观，并能与这个社区中的人进行交流沟通、参与互动，增加直接的感受。再次，工业生态博物馆模式可以通过发展"工业遗产旅游"等，发挥工业遗产的再利用及社会服务功能，增加社区就业岗位，为老工业社区的经济发展做出贡献。同时也有助于提升当地社区居民的文化自觉，增强把握自身发展和未来的能力。

如果对生态博物馆中再进一步细分，克勒索—蒙特索煤矿社区生态博物馆属于工业生态博物馆。该博物馆产生于进入后工业化时代的法国，不同于许多发展中国家在一般农业社会背景下诞生的生态博物馆。在老工业城镇建立生态博物馆，充分反映了人们对工业化的反思。生态博物馆是人类和自然的一种表现。它将人类置于其周围的自然环境之中，但又被传统的和工业化的社会按照其自身的设想所加以改造。克勒索曾是钢铁工业城镇，蒙特梭是以煤矿工业为支撑的城镇，两者的结合使生态博物馆第一次融合了工业文明与经过其大规模改造的自然环境，这也标志着生态博物馆走出狭义的自然生态范畴，进入到广义的自然与人文社会综合生态中，丰富了其内涵。克勒索—蒙特梭煤矿社区生态博物馆在保护上既重视自然环境，又加入了工业遗产这一工业社会带来的独特文化遗产，在功能上较一般农业社会背景下诞生的生态博物馆复杂得多。

第　六　章

城市化进程中的工业遗产保护战略

第一节　城市化进程中的工业遗产保护战略

近年来，我国政府提出大力发展文化产业的计划，将文化产业发展提升到国家战略的高度。国家"十二五"规划纲要中明确提出了要"推动文化产业成为国民经济的支柱性产业"战略。这样，文化产业的产值至少要达到国民经济总产值15%以上。作为文化产业的重要资源之一的文化遗产，怎样在国家发展文化产业战略中发挥其独特的作用，这是我们面临的课题。城市中的工业遗产作为文化遗产的一部分，怎样在城市化进程中成为经济与文化发展的新亮点，成为城市可持续发展的资源，这就需要我们对工业遗产的保护和再利用制定正确的战略。

一、辩证认识城市化发展与工业遗产保护的矛盾

我国城市和工业的发展经历了从晚清洋务运动时期，民族、外资、民国政府开办的工业时期，新中国成立后建设的工业时期和现在进入的后工业时期这几个阶段。当前中国的大多数城市还处于工业化时期，东部地区少部分经济发达的城市已经进入后工业时期，面临产业转型、调整结构、城市更新、规划城市新布局的历史进程。加快城市化发展是国家的战略，我们必须要充分认识到工业化、城镇化的深入发展与工业遗产保护的现实矛盾，其最核心的矛盾便是城市化建设对工业遗产保护的"挤出效应"。这必然注定了中国城市化进程中工业遗产保护问题的复杂性、艰巨性和紧迫性。

对城市化发展与工业遗产保护的矛盾，我们必须辩证地加以认识。就事物的自然法则而言，一切事物从生成、发展到消亡都是不可逆的。没有永存，只有新陈代谢才能生生不息。人类创造的城市，也存在于产生、发展、消亡的自然法则之中。在城市发展中，城市新功能的不断出现，新城市逐渐取代旧城市，这是城市的一种自然发展进程。当城市文明的进程突破了旧城功能的局限时，旧城将不得不逐渐退出人们的生活，逐渐缩小直至消失。"城市建设与文化遗产保护之间是一种对抗性的'逆关系'"。① 城市化发展的进程越快，文化遗产的消失也越快，这是城市发展中的新陈代谢规律所决定的，除非我们刻意保护它。城市发展需要空间，城市中的不可移动文化遗产占据着一定的城市空间，城市进入高速发展时期，这类文化遗产必然首先受到冲击，于是打着城市建设和开发旗号的毁坏文化遗产（包括工业遗产在内）的事件频频发生，并且屡禁不止。发达国家的一些城市曾经历过这样一个阶段，20 世纪八九十年代开始到现在，我国也经历着这样的过程。

城市化发展对文化遗产保护具有对抗性，这是矛盾的一个方面。另一方面，城市发展又需要文化遗产。伴随着城市文明而产生的城市文化，在城市发展过程中，也经历着一个新陈代谢的发展过程。城市的新文化在旧文化的基础上产生并逐渐取代旧文化，这也是一个自然过程。文化是精神领域的东西，其形成与演变比物质领域的变化要慢得多，旧的文化形态往往会对新生的事物产生一定影响。新的城市文化不是凭空生成的，而是在旧城市文化中孕育成胎，在其形成过程中，必然要吸收旧文化中的合理部分（即适合城市新情况、新发展的部分）。承前启后、开拓创新是文化新陈代谢的规律。城市文化延续性发展的客观需求，决定了城市文化遗产保护的必要性。文化遗产不能随着旧城的淘汰而一同消失，它应被保护。作为城市文化遗产重要部分的工业遗产，见证了城市工业文明的历程，是城市的历史文脉，蕴含着城市精神，是连接市民社会生活深层情感的纽带，是城市凝聚力的根基。工业遗产在城市化进程中应受保护，这一点也毋庸置疑。正是由于城市化进程中客观上存在对文化遗产的需求，这就为城市发展与工业遗产保护这对矛盾的化解提供了可能。

---

① 苏东海：《博物馆的沉思》卷三，文物出版社 2010 年版，第 57 页。

二、国际工业遗产保护经验给我们的启示

辩证法告诉我们，世界上没有一件事物是一成不变的，任何矛盾在一定条件下都有转化的可能，城市化发展与工业遗产保护这对矛盾也不例外。如何将这两者之间的矛盾由对立的关系转化为非对立，使之和谐相处？发达国家在这方面进行了几十年的探索与实践，积累了一定的成功经验，值得我们借鉴。

发达国家现在对城市发展与工业遗产保护，着眼于城市长期发展的战略，不刻意追求城市短期的经济效益，而注重城市经济与文化的可持续发展。对工业遗产保护，不是为保护而保护，或光讲效益而轻视保护，而是力求在保护中获得社会与经济的双重效益，使之产生经济再循环的"自我造血"机制，从而培育出工业遗产保护事业可持续发展能力。纵观发达国家工业遗产保护与再利用的模式，大致可归纳为以下五种：

一是工业遗产公园（展示工业历史遗址为主体的景观公园）。

二是各种文化设施（有学校、图书馆、展览馆、影剧院、博物馆等）。

三是各种商业用途（如大卖场、旅馆、餐馆、商务办公楼等）。

四是文化创意产业园区（如画廊、广告或艺术创作工作室、小商品店、咖啡厅、小酒吧等）。

图6－1　上海第十七棉纺织厂旧厂房改造为上海国际时尚中心

五是多种用途混合的多元化（文化、商业）。

上述五种模式又可进一步概括为商业用途与文化用途两类。不同的用途，对工业遗产保护与再利用的侧重与程度上有所不同。工业遗产的文化用途，偏重于保护中的利用，而工业遗产的商业用途，则偏重于利用中的保护。在城市发展中，采用哪一种工业遗产保护模式，首先应根据工业遗产本身的条件（即工业遗产保存的完整性、其价值的大小与确定为受保护等级的高低等）而定。同时，要结合城市发展的整体规划，寻找与城市发展需求的结合点，将工业遗产保护融入城市发展之中。旧工业建筑改造为合适的新用途，其基本原则是：因地制宜，与本地区经济文化发展相适应。

总结发达国家各种工业遗产保护模式的成功经验，其核心就是在城市化发展与工业遗产保护之间寻求达到一种平衡。在这种平衡的状态下，城市中的旧工业区域既得到了改造，更新为城市中新的文化空间和经济增长点，同时工业遗产也得到了适当保护与再利用。换言之，即城市发展与工业遗产保护同步并进，既有社会效益，又有经济效益。这方面成功的案例不少，前面章节中已经提到。

我国的工业遗产保护起步较晚，虽然从一开始就注意到发达国家走过的路程，并且在实践中也不断地学习发达国家的经验。但与发达国家相比，我国的工业遗产保护水平还较低，在借鉴发达国家经验中，在有些方面存在简单照搬国外的现象，只学到了一些皮毛，并没有真正学到经验的真谛。要结合国情走出一条符合中国特色的城市化发展与工业遗产保护之路，我们要走的路还有很长。

就目前从政府层面而言，毫无疑问，2006年国家文化遗产主管部门发布《无锡宣言》以来，工业遗产保护已经取得一定成绩，主要有：

如期完成了全国第三次文物普查，普查中将工业遗产纳入其中，发现了许多新的工业遗产；

在最近几年公布的全国重点文物保护单位，将工业遗产纳入其中，使全国重点文物保护单位中的工业遗产数量较快增长；

许多地方政府开始重视工业遗产保护，出现一些利用旧工业建筑（和旧址）改造而成的"创意园区"、工业遗产博物馆和其他用途的不同保护模式；

国家国土资源部系统在一些资源枯竭型城市和矿区发起并建设了部分的"国家矿山公园",既保留了一些矿山工业遗存,修复矿山周围的自然环境,又推动产业结构调整与转型,实施可持续发展战略,为矿山城市的经济转型与发展奠定了基础。

但在这些成绩面前,我们不能盲目乐观,应该看到当前中国的工业遗产保护还面临着严峻的形势,可以用保护与"无知性"、"建设性"破坏并存来概括。"无知性"破坏是指一些地方的领导、企业主等,不知道工业遗产的价值,在房地产开发中,偷偷摸摸地将工业遗产拆除;所谓"建设性"破坏,是指打着城市建设的旗号,堂而皇之地将工业遗产毁掉,即使是普查中发现的新工业遗产,只要尚未列入文物保护单位名录,就想方设法要去除,甚至有些是已经被列为县、区级保护的,也未能逃脱被毁命运。就现在看来,这种"建设性"破坏对工业遗产的杀伤力更大。[①] 由于在一些地方政府与企业的部分领导中,对工业遗产保护的重大意义认识不足,地方上对工业遗产的破坏行为依然存在。有些地方虽然对工业遗产实施保护,但方法与措施欠得当,使工业遗产再利用方面经济效益偏低,城市发展与工业遗产保护的矛盾依旧突出。从发达国家的工业遗产保护经验中,我们可以得到如下启示:

第一,必须坚持保护与再利用并举的原则,对列入不同保护等级的工业遗产,实施不同程度的保护与再利用政策。

第二,在合理保护、适当利用的基础上,充分发挥社会民间资本的力量,大力实施引进民间资本参与工业遗产保护的战略。

第三,建立和健全工业遗产保护的法律法规体系,建立工业遗产保护的专门组织。

第四,注重工业遗产保护模式的创新和工业遗产博物馆经营模式的创新。

第五,健全和完善政府对社会力量办工业遗产博物馆的直接补贴和其他政策扶持。

---

① 我国著名考古学家徐苹芳先生曾在十年前就发出感叹:"在近年经济建设的高潮中,地方政府将经济指标放在第一位,往往是基建部门压倒文物保护。因此,在执行文物法的过程中,遇到了来自各级政府的阻力。在建设工程中破坏遗址和文物的几乎都是政府行为。"李政:《徐苹芳谈基本建设与考古发掘和文物保护》,《中国文物报》2003年11月21日。

三、城市化进程中的工业遗产保护战略

改革开放以来，推进城市化发展一直是中国现代化建设的重要目标和重要任务。党的十六大以来，党和政府不断完善文化遗产保护和城市发展的政策，增加文化遗产保护的人力和财力投入，深化经济体制的改革，有力推动了传统城市向现代化城市加快转变，使我国城市的文化遗产保护发展取得了长足的进步。首先，城市中文化遗产保护的数量增加较快，工业遗产作为文化遗产的一部分，被列入遗产保护范围；其次，城市中一些重要的历史建筑得到了很好的维修保护和利用，工业建筑遗产的保护与利用成为城市旧建筑改造中一个新的亮点；再次，城市中利用文化遗产资源发展文化创意产业，形成新的经济增长点，推动了城市产业结构的转型；最后，城市文化管理体制机制的不断创新，城市发展的各项主要指标不断优化，使城市文化遗产保护的整体指标也得到了提升。但也要看到，与城市中的其他文化行业相比，文化遗产保护依然是薄弱环节，明显滞后于城市的现代化发展，尤其是工业遗产保护，依然面临着诸多的挑战。因此，有必要在国家层面进一步优化工业遗产保护战略，以推进我国工业遗产保护的持续发展。

（一）对工业遗产保护战略进行改革

要进一步优化我国的工业遗产保护战略，需对那些在实践中证明跟不上工业遗产保护发展的方面进行改革，具体包括以下三方面的内容：

1. 进一步提升领导层对文化遗产保护的认识。在很多地方发生工业遗产"无知性"或"建设性"破坏的现象，往往与一些地方政府的领导、企业领导的认识不足有关。因此，要对工业遗产保护战略进行改革，首先有必要升华对文化遗产保护的认识。对遗产的保护也包括利用，合理保护与适当利用是不应分割的。从某种意义上说，利用也是保护，尤其是对工业建筑遗产。光单方面地强调保护，或者过于强调保护，重保护轻利用，往往造成再利用不力，成为"封闭式"保护。过去在计划经济体制下的文物保护政策只是局限于为保护而保护，使"利用"成为点缀。过于强调"保护第一"的结果往往是只保护不利用，使一些被保护的文化遗产只有经济上的投入，没有经济产出，或远远没有达到其应有的经济效益，文化遗产保护成为政府的沉重负担。今天在市场经济的体制下，我们讲文化遗产保护，实际上是包含两个层次的概念：第一，使文化遗产得到有效保护；第二，使文化遗产得

到适当利用。我们的经济体制已经转变为市场经济，我们的遗产保护理念不能停留在过去计划体制时代，要适合新的市场经济体制，将过去被视为城市"包袱"的文化遗产真正转变为城市经济的宝贵"资源"，这是城市文化遗产保护的新理念，也是一种文化遗产保护的可持续发展战略。发达国家的实践以及国内部分城市的成功经验都证明这种转变是可行的，工业遗产保护的可持续发展关键（或核心）在于"合理保护前提下的适当利用"。昔日的工业要素——建筑、设施设备、遗址等转变为今天文化创意产业的资源，成为新型服务业——工业遗产旅游的要素，工业遗产作为新产业资源，依然可创造经济价值，同时还有文化上的意义。关键在于我们怎样认识和利用遗产资源。过度重视保护，就会抑制对遗产的利用，白白放弃一些在适当保护的同时能够获得的经济效益；而过度利用（或曰不适当地使用），必然会对遗产带来损害，造成不可弥补的损失。在国内的有些人眼里，只有对遗产的保护，没有利用，似乎利用不利用是小事，只有保护才是大事。这种思想认识是片面的。保护的确是大事，但利用并非是小事，在保护与利用问题上，任何的偏执于一方，都是不可取的。

2. 对工业遗产保护运行机制进行改革。国家文物局除了 2006 年发布的《无锡建议：注重经济高速发展时期的工业遗产保护》和《关于加强工业遗产保护的通知》之后，没有进一步出台实质性的保护政策与措施。在推进工业遗产保护方面，缺乏一个实实在在的抓手。这方面可以最急需、最关键、最薄弱的环节为重点，组织实施一批重大工程项目，建立工业遗产保护示范点，给予必要的经费支持。虽国家文物局已经将唐山开滦国家矿山公园等几个单位定为工业遗产保护实验示范点，但数量还太少。国家文物局应该像保护考古大遗址那样，系统编制全国"工业大遗址保护专项规划"，作为推进地方工业遗产保护的抓手。国家文物局对国内许多考古大遗址的保护，以建设考古大遗址公园的形式立项，已经有了初步的建设成果。2013 年 5 月公布的国家文物局和财政部共同编制的《大遗址保护"十二五"专项规划》中，计划建设 150 个考古大遗址公园，将投入经费数百亿，支持力度不可谓不大。工业遗产保护也需要实施大工业遗址的保护工程，除了国土资源部系统建设的"国家矿山公园"之外，国家文物局系统也应规划建设工业遗址公园，对那些基础条件较好的工业遗产（大型工业遗址），纳入"大遗址保护专项规划"，由国家文物局和地方文物局一起同地方工业企业合作，共同出资组建工业遗址公园。在数量上，可以先确定5—10个基础条件较好的大工业遗址为试点，在成功的基础上，总结经验再逐步向全国推广。

3. 对工业遗产保护管理体制进行改革。现行的文化遗产保护管理体制，在中国文化遗产保护发展的历史进程中起到了积极的作用，但其弊端越来越明显，必须实施相关改革，使之高效运转。在宏观管理的层面，必须提高行政效率，以满足现代社会文化建设的需求。

根据《中华人民共和国文物保护法》，我国现行的文化遗产（包括工业遗产）保护的行政责任主体是由国家文物局和各省（自治区、直辖市）、地、县的文物局（处、所、站），①但工业遗产（尤其是工业建筑遗产和工业遗址）的直接使用、管理权往往在企业，而企业往往属于国家或地方政府的国资委、经委或其他系统管理。在不少地方，政府的相关管理部门之间由于利益的关系，对工业遗产保护态度不一，相互推诿，一定程度上影响了工业遗产保护的实施。②"多龙不治水"。出现多头管理，必然会发生职能交叉以及管理效率不高等突出问题。这首先需要最大限度地避免政府职能交叉、政出多门、多头管理，从而提高行政效率，降低行政成本，以实现相对集中的统一化管理。发达国家的经验告诉我们，建立工业遗产保护的专门组织机构，可以避免产生多头管理的弊端，协调各利益相关部门的关系，提高工作效率。

就我国目前的管理情况，有必要进一步深化改革文物系统中阻碍文物事业发展的体制与机制，推广政府购买服务。宜由第三方建立一个专门的工业遗产保护与利用机构，吸收建筑师、城市规划师、考古学家、博物馆学家和工业史学家等一起参与，利用各学科专家的知识专长实现跨专业的合作。该

---

① 《中华人民共和国文物保护法》第八条："国务院文物行政部门主管全国文物保护工作。地方各级人民政府负责本行政区域内的文物保护工作。县级以上地方人民政府承担文物保护工作的部门对本行政区域内的文物保护实施监督管理。县级以上人民政府有关行政部门在各自的职责范围内，负责有关的文物保护工作。"

② 如曾有记者报道，在重庆，工业遗产保护存在着"多头管理、责任不明"的问题。文化局认为国资委、经委应该牵头；经委认为应该由规划局牵头，文化局具体执行；规划局认为应该由经委、文化局、旅游局多部门共同管理。工业遗产保护具体由哪个部门管，重庆市各相关部门的表述并不一致。详见文化传播网，《重庆工业遗产能否不留遗憾》，2009年7月27日，http://www.ccnh.cn/zt/ycbh/bhdt/3083198035.htm。

组织机构与国家文物局签订合同，承担原来由国家文物局相关部门负责的全国工业遗产保护事务，其工作目标是围绕工业遗产保护与再利用，从工业遗产调查、登记到工业遗产价值评定标准，再到对工业遗产制定保护措施，并对工业遗产保护状况实施监督责任。具体而言，该专门组织的工作主要有三：

一是负责指导各地普查、记录分布于全国的工业遗产，建立全国工业遗产的完整档案；二是制定工业遗产的价值评定标准体系，作为工业遗产价值认定的依据；三是在此基础上，组织各方面相关专家对普查登记在册的工业遗产进行价值评估，从而确定工业遗产的保护等级，并对采取不同保护措施的工业遗产的保护状况进行定期监督和检查。

（二）建立和健全工业遗产保护的法规以及评估体系

1. 建立和健全工业遗产保护法规。工业遗产保护涉及城市的规划、发展改革、基础建设、经济结构调整、产业转型等多方面。从工业遗产保护的法规角度而言，目前国家层面的仅有《中华人民共和国文物保护法》、《非物质文化遗产保护法》和国家文物局的《关于加强工业遗产保护的通知》，在地方上，除了北京、上海、杭州和无锡等几个城市之外，大多数省市都尚未出台专门的工业遗产保护的地方性政策法规。由于缺少法律保护，许多具有历史、科学与技术价值的工业遗产在城市建设（包括城市旧区改造）中依然面临被拆除与废弃的危险。

法规是管理、保护工作必不可少的，也是最具权威的管理依据和保障。但我国现行的文化遗产保护法规在有关工业遗产的保护方面不够明确和完善，有些法规条款中可包含或延伸到工业遗产内容，但由于这些法规都未明确提到工业遗产概念，个人在理解上见仁见智，容易发生歧义。文物管理部门在执行中也尽可能采取变通的办法保护工业遗产，常有"无所适从"、"有心无力"之感。因此，加强工业遗产保护的立法研究是当务之急。我们应尽快开展工业遗产保护相关法规、规章的制定工作，使经认定具有重要意义的遗址和建筑物等工业遗产通过法律得到强有力的保护。

工业遗产保护的法规编制有两种方案可选择，一是单独制定《工业遗产保护法》；二是在原有的文物保护法规中增添工业遗产保护内容。对工业遗产保护单独立法，可以有确切的法规可依，概念清楚，办事效率高，责任可认定，可避免相关单位对工业遗产的随意处置以及文物主管部门的管理不力诸问题。鉴于我国工业遗产保护研究还刚起步，缺乏基本的数据和理论知识，单独立法的基础还很薄弱。换言之，目前我国独立立法的条件还不够成熟。我们建议采取第二种选择，即对现有的文物保护法进行修订，将工业遗产保护内容增添到文物保护法规中去。其实在发达国家，工业遗产保护单独立法的也并不多，都是在其他各项法规中不同程度地涵盖或涉及了工业遗产保护的内容，这种方法同样具有法律的效应，可为依法保护和管理工业遗产提供依据。

2. 制定工业遗产价值评估标准体系。对工业遗产实施保护措施，首先需要经过价值评估，在此基础上，确定不同保护级别和不同保护手段。在第三次全国文物普查中，工业遗产被纳入普查范围，国家文物局下发了一个"工业遗产价值认定标准"供地方文物部门在普查中参考。由于该参考标准是很粗线条的框架，普查人员使用起来对其尺度的宽严不易掌握，各人对工业遗产认定的随意性较大，因而普查中各地方对工业遗产价值的认定水平参差不齐，差别较大，有些不太准确，甚至还存在原则性和概念性的错误。有些地方还参照"历史建筑保护法"对工业遗产进行价值评估的补充。虽工业建筑遗产也属于历史建筑范畴，但工业遗产不完全是建筑（尽管目前工业建筑遗产是主要的一部分），还有大量的机械与设备等物，甚至是非物质遗产。因此，工业遗产保护需要有全面的工业遗产的价值评估标准。

现在第三次全国文物普查虽已结束，许多工业遗产已被登记为普查中新发现的文物。但是登记在册并非就万事大吉了，接下去更艰巨的任务就是对这些工业遗产进行价值评估，划分保护等级，采取保护措施。由于我国目前"尚未按照等级、类型进行全国范围内的工业遗产调查、登录，未能形成清晰明确的工业遗产清单，因此无法精确划定我国工业遗产保护管理的对象范围。这种情况使得有针对性的保护、展示工业遗产工作成为空中楼阁。"①未划分保护等级，如何采取适当的保护措施？工业遗产价值认定评估指标体系未建立已成为掣肘工业遗产保护工作进一步展开的重要障碍。如果不抓紧做这项工作，一直拖延着，很多工业遗产得不到及时保护，将遭到被毁坏的厄

---

① 王晶：《英国工业遗产的公众开放与管理》，《中国文物报》2013 年 1 月 11 日。

运。我们建议由工业遗产保护与利用专门机构负责，组织城市规划、建筑设计、工业史、考古与博物馆等领域的各方面专家，在对北京、上海等城市的现有工业遗产价值评估标准研究的基础上，尽快制定出一份可供全国各地参考的工业遗产价值评估标准体系基本框架。

虽各地都翘首盼望着国家文物局颁布统一的工业遗产价值评估标准。实际上，由于国内各地方工业发展的不平衡，工业遗产的多样性以及工业遗产历史年代的先后不一等原因，在全国很难形成统一的、细化的工业遗产认定标准。即使国家文物局出台工业遗产价值评估指标体系，也不可能做到很细化，只能是一个较为科学的、具有可操作性的工业遗产价值评估体系框架，但原则性是明确的，各地可根据国家提供的工业遗产价值评估框架和原则精神，结合本地的工业遗产实际，制定本地方工业遗产价值评估指标，确定工业遗产的价值。

（三）构建工业遗产保护的资金保障体系

目前各地对工业遗产的维修保护资金投入普遍不足。工业遗产面广量大，由于思想认识、经济基础等方面的原因，一些地方对传统文化保护的投入尚显不足，对工业遗产保护的投入更难落实。如何克服工业遗产保护投入有效资金不足的问题？工业遗产保护需要有可持续发展的战略，长期靠政府单方面的财政经费来负担工业遗产保护是不行的，应建立起政府、公共资金和民间投资合作的有效机制，形成三方共同承担工业遗产保护资金的制度。就目前的情况来看，我国工业遗产保护中公共资金和民间资金的参与，明显不如发达国家。英美国家在利用公共资金方面有成熟的经验可供借鉴。

1. 发行文化遗产保护基金彩票。1994 年以来，英国遗产彩票基金会已出资 50 亿英镑用于包括博物馆、历史建筑、地方公园和自然景观以及工业遗产等在内的 3 万多个项目的遗产保护，对英国的整个遗产保护事业发挥了重要作用。英国的实践证明，发行遗产彩票是国家筹集资金发展遗产保护事业的有效方法。在现阶段，我国发行文化遗产彩票，至少有三个方面的意义：

首先，解决一些地方文化遗产保护经费不足的瓶颈问题。改革开放以来，我国的经济快速发展，取得了令世界瞩目的成就。但是由于我国原来的经济基础较为薄弱，东西部地区的发展也不平衡，在经济较为繁荣的东南沿海城市，政府对文化教育、公共服务及文化遗产保护方面的经费投入相对较多一些，而在我国其他地方，尤其是在经济欠发达的中西部地区，地方政府的财政收入本来就少，人均生活水平较低，在文化遗产保护的经济投入方面存在明显的不足。文化遗产彩票基金可以对全国各地包括工业文物在内的一些重要的、亟待保护的文化遗产给予资金支持。

其次，发行文化遗产彩票有利于增强公众文化遗产保护的意识。遗产彩票的发行不仅仅是为了筹集更多的资金用于遗产保护，而且对鼓励更多的人加入到遗产保护中来，让更多的人有机会了解遗产，有机会接触、欣赏遗产也有重要意义。遗产彩票的发行过程本身是对遗产保护事业的一种宣传，扩大遗产保护在社会各界的影响，购买遗产彩票可以提高公众的遗产保护理念，强化公众参与遗产保护意识和遗产保护的责任心。

再次，发行文化遗产彩票是实施文化遗产保护的一种可持续发展战略。我国目前社会整体上对遗产保护的意识还很薄弱，政府对工业遗产在内的遗产保护投入的资金也不多，社会资金的参与度较低，如果我们所有的遗产保护都要依靠国家财政来承担，这样势必给国家带来长期的负担。当国家经济发展较为顺利的时候，这个负担还不明显，一旦国家经济发展不顺或遭遇经济困难的时候，这个负担必然成为国家沉重的包袱。所以发行遗产彩票基金向公众集资，利用公共资金支撑文化遗产保护，这样就可以为文化遗产保护提供持久的经济支持。我们认为使工业遗产保护事业可持续发展，发行文化遗产彩票不失为一个有效的方法。

我国的彩票发行已经有了十几年的实践，福利彩票、体育彩票、足球彩票等的发行总体上是成功的（尽管个别城市发现有作弊事件被查处）。据有关学者的研究，我国前些年彩票发行额度每年约为 60 亿，返奖率 55%，约有 6% 的公众购买过彩票。[①] 在发达国家，购买彩票的公众一般达到全国总人数的 60%—80%，相比之下，我国发行文化遗产彩票具有很大的市场潜力。据经济之声《天下财经》报道，至 2012 年三季度末，我国居民储蓄存款余额已突破 40 万亿人民币，人均储蓄存款余额接近 3 万元。[②] 如果按照国

---

① 李树：《浅谈财政创新视野下的社会保障资金筹集》，《经济问题》2006 年第 8 期。

② 央广网经济之声，《我国居民储蓄存款突破 40 万亿 专家称不利拉动内需》，2012 年 11 月 22 日，http：//finance.cnr.cn/txcj/201211/t20121122_511386732.shtml。

际一般水平（人均收入的 1%—2% 作为购买彩票支出），那么我国发行彩票额度至少可以达到 2500 亿以上，尽管目前彩票发行已经超过 1000 亿，但是我国发行文化遗产彩票的市场潜力还是巨大的。

2. 发行文化遗产保护的公共债券。公共债券是由政府为筹集财政资金向投资者出具的、承诺在一定时期支付利息和到期偿还本金的债权债务凭证。政府发行公共债券的目的往往是为一些耗资巨大的公共建设项目筹措资金。由于公共债券以政府的税收作为还本付息的保证，因此风险性小，流动性强，利率也较其他债券低。如果说发行遗产彩票为文化遗产保护筹集资金是英国的经验，那么，发行公共债券为文化遗产保护融资，则是美国的重要经验。在工业遗产保护方面，美国各州政府发行公共债券，为一些重要工业遗址的保护与再利用筹集了资金，推进了工业遗产的保护与利用。发行债券是一种重要的融资手段。我国曾于 20 世纪 50 年代发行过"国家经济建设国债"，到 80 年代又发行过国库券，筹集建设资金，弥补财政收入的不足。现在还有许多地方政府发行了城市建设债券，不少企业也发行企业债券。对于文化遗产保护这样一个公益性的领域，发行公共债券，筹集专项资金，不仅能解决（或缓解）遗产保护中的资金"瓶颈"问题，还能提高公众对文化遗产保护的关注，这也是一种宣传。由于公共债券是政府信用的主要形式，安全性高，收益又可免征所得税，公众的购买可能性较大。尤其在近年国内股票市场连年下跌，持续低迷，房地产市场受调控政策打压，房地产投资受限，公众的投资渠道很少的情况下，发行为文化遗产保护融资的公共债券具有可行性。

3. 积极引导公众直接参股于工业遗产保护项目。在目前我们的工业遗产的保护与利用尚未建立相应的资金保障长效机制情况下，政府的财政投入与公众直接参股于工业遗产保护项目相结合，也是一个可以考虑的策略。早在 1995 年 8 月，中央领导李铁映同志在西安召开的全国文物工作会议上就提出了文物保护的"五纳入"思想（即将文物保护纳入当地经济和社会发展计划、纳入城乡建设规划、纳入财政预算、纳入体制改革、纳入领导责任制），以后国家正式作出规定并下发了文件。我们认为工业遗产保护经费也应纳入地方政府的财政年度支出中，至于纳入政府财政预算的比例占多少，可以根据各地财政收入状况来决定，比例不一定很高，但用法律效力予以明确,体现了政府保护工业遗产的姿态。工业遗产保护的资金不足部分,可以通过积极引入公众投资工业遗产保护再利用项目得到补充。发达国家在这方面有不少成功的经验可借鉴,国内有些地方也进行了这方面的探索。如苏州城市历史建筑保护中引入民间资本的实践,值得重视。又如上海静安区安义路63号的毛泽东旧居,这是上海第一家完全有民间资本负责保护开发和利用的历史建筑。该名人故居的保护与利用走的是一条由政府主导,企业参与,共同推进社会公共文化资源开发开放的新路子。① 我们认为工业遗产保护吸纳民间资本的投入,引导公众直接参股于工业遗产保护项目,这种方法是可行的。建议推行公众股权参与方式进行工业遗产保护与再利用的项目,以提高民间资本的积极性。

第二节　我国工业遗产博物馆的发展战略

尽管城市建设时常会与文化遗产保护发生矛盾与冲突,但是大量收藏文化遗产的博物馆却与城市建设是一种和谐的关系,两者相得益彰,协调发展。这可能有两个原因:一是博物馆作为一种社会公共文化机构首先诞生于城市,它在城市中发展起来是因为城市需要它。城市需要保存自己的记忆,保存自己的文化之根,于是城市博物馆就应运而生了。二是博物馆是为人服务的,城市是人口最主要的聚集地,越是人口多的城市,博物馆数量就越多。博物馆为城市市民的素质提高、为外人了解城市的文化精神做出了独特的贡献。博物馆是保存与弘扬城市文化精神的最佳文化形式。对城市文化遗产中的不可移动文物,以建立遗址博物馆的形式保护,这也是化解城市发展与文化遗产保护矛盾的一种理想途径。

城市的发展并不总是平缓的,有突进时,也有停滞时,当城市化进程加快时,抓住机遇就会出现一段大发展的局面。我国从20世纪90年代起,城市化发展进程加快了,城市建设迎来了大发展的机遇,也连带给了博物馆大

---

① 早在20世纪90年代初,包括毛泽东故居在内的整个地块就已批租给了某一家商业地产公司。上海市政府相关职能部门一直就旧居的保护修缮、开发利用与地块开发商进行沟通与协调。经过多年的努力,到2012年年初,旧居的保护与开发利用终于尘埃落定——开发商全额出资,政府有关职能部门全程参与包括专家论证、专业设计和施工在内的旧居修缮工程。

发展的机遇。20世纪90年代以来的20多年里，我国博物馆的数量以前所未有的速度在增长，这一点我们有目共睹。伴随着社会与城市发展从工业化逐渐向后工业化迈进，工业遗产保护的形势变得严峻起来。于是，以保护工业遗址为重点的工业遗产博物馆应运而生。尽管许多地方的政府和企业都认同博物馆保护工业遗产的功能，工业遗产的博物馆保护模式受到社会各界的青睐，但是我们的博物馆质量是否达到了社会预期的要求？达到了人们期盼的营运水平？是否真正能在工业遗产保护中起应有的作用？这些都还是个问号。如何能使工业遗产博物馆与城市发展齐驱并进，实践其"既服务社会，又为社会发展服务"的宗旨，还需要我们对工业遗产博物馆的发展战略认真研究。

一、我国工业遗产博物馆的现状和存在问题

（一）工业遗产博物馆的现状

1. 工业遗产博物馆开始在国内产生影响。通过对国内部分工业遗产博物馆的实地调研，并从网上搜集的资料分析，我们对国内工业遗产博物馆的现状有了大致的了解。目前国内已经建成与正在建设、计划建设的近现代工业遗产博物馆已有上百座，[①] 其中有些博物馆向社会开放并产生了一定的影响，特别在每年的"5·18"国际博物馆日，工业遗产博物馆参与了当地博物馆界组织的各种社会服务活动，使公众知道在工业遗产保护中有博物馆模式。有些工业遗产博物馆还通过当地报纸、电视台或其他媒体宣传，吸引公众参观博物馆。中国武钢博物馆等还在城市的大学生中招聘博物馆志愿者，作为博物馆的讲解员或其他方面的服务人员，扩大了博物馆与社会的联系。可以预见，一些在建的工业遗产博物馆在三五年内将先后竣工落成，这将对我国的工业遗产保护产生巨大推动作用，同时也将弥补我国博物馆类型中近现代工业遗产博物馆数量偏少之不足。

2. 有效保护了一些近现代重要工业遗存。工业遗产博物馆的建立，对近现代一些重要工业遗存实施了有效保护。在博物馆建设过程中，征集人员费尽周折，努力寻找征集线索，抢救与收集了一批重要的近现代工业文物。

---

① 根据截至2014年上半年收集的资料统计，目前已建成开放的近现代工业博物馆有30多座，详见本书附录《中国部分近现代工业遗产博物馆一览》。

如唐山开滦国家公园博物馆收藏的上万件工业文物中，有48件属于国家一级文物，72件二级文物，326件三级文物。① 其中，中国迄今存世最早的股票——开平矿务局股份票、中国第一条标准轨距铁路——唐胥铁路的老铁轨、尘封百年的"羊皮蒙面大账本"、"开平矿权骗占案"跨国诉讼的《英国伦敦高等法庭诉讼记录》等，都是该馆的镇馆之宝。天津北洋水师大沽船坞纪念馆搜集了19世纪末到20世纪前期大沽船坞制造的枪炮等兵器，还有收藏英国格拉斯考生产的剪床、多用汽剪床、车床等工业机械设备，并对具有一百多年历史的船坞以及法国人设计的大沽船坞轮机厂房等实施了保护，在大沽船坞遗址的整体保护中发挥了重大作用。② 无锡中国民族工商业博物馆除了对馆舍（原无锡茂新面粉厂厂房）与厂内的生产设备保护之外，还将原无锡市棉纺织厂的纺织机器等设备，也搬入博物馆内保护起来，使这些濒临消失的工业遗产免遭毁损的命运。柳州工业博物馆馆藏文物近三万件，其中有铸有"中英庚款"字样的牛头刨床、德国多特蒙德1910年制造的冲剪机、李宗仁、白崇禧命名的"朱荣章号"单座驱逐战斗机、1933年和1937年柳州制造的广西第一辆木炭汽车和第一架飞机等重要工业遗存。

图6-2　天津大沽船坞遗址纪念馆收藏的马克沁重机枪

（作者自摄）

---

① 李军：《黑色魅力》，《开滦文博（内刊）》2011年第4期。
② 王可有主编：《图文大沽船坞》，《天津造船厂（内部资料）》2010年，第78—87页。

图 6 − 3　无锡中国民族工商业博物馆展示的 1929 年英国进口的粗纺机

　　已经建成开放的国家矿山公园（就博物馆角度，将其视为大型露天工业遗址博物馆），在整治矿区环境的同时，保留了采矿遗迹，并对矿山工业遗迹实施了保护，建设成工业旅游景点。如黄石国家矿山公园露天铁矿采矿点"亚洲第一天坑"遗迹、阜新海州露天矿国家矿山公园亚洲最大的露天煤矿矿坑（该露天矿坑是我国大陆最低点，也是目前世界上最大的废弃人工矿坑）遗址等，都已成为国家 4A 级旅游景点。国家矿山公园除了露天展示一些巨大的矿山采矿机械设备之外，还建有室内博物馆，结合矿业发展历史与矿业文化，收藏与展示矿业遗产，使这些遗产在博物馆中得到保护。国家矿山公园作为工业旅游景观，发挥了为当地带来旅游经济收入，也为城市经济结构的转型和城市的未来发展奠定了基础工业遗址博物馆功能，自然与人文融合一体，成为科普教育和爱国主义教育基地。

　　从已建成的近现代工业遗产博物馆类型看，我国的工业遗产博物馆在类型上已经与国际接轨。就工业遗产博物馆的行业种类而言，以采矿业、钢铁制造业和纺织业等为主流。这些工业遗产博物馆多以企业自主建设与管理为主（个别的有地方政府职能部门参与），反映了企业保护工业遗产、承担起利用工业遗产资源发展城市经济、造福于民的社会责任。在博物馆的功能上，有些工业遗产博物馆已经发挥出一定的社会影响力，成为爱国主义教育

图6-4　阜新海州露天矿国家矿山公园陈列馆内展示的超大功率扬声器
（作者自摄）

基地和科普教育基地以及国家级旅游景区，在保护工业遗产同时，也产生了社会效益。

（二）工业遗产博物馆存在的问题

从博物馆专业的角度审视，我国近现代工业遗产博物馆无论从管理理念、业务能力还是从服务质量上，都存在着一些明显的不足，主要可概括为"四化"。

1. 陈列展示设计失误的低级化。"陈列是博物馆实现其社会功能的主要方式"。[①] 陈列展览的质量如何直接反映博物馆专业水平的高低，也关系到博物馆社会功能的发挥。我国有些工业遗产博物馆的陈列展览实在不敢恭维。展品放置的位置不是过高就是过低，让观众怎么看也总觉得不舒服。观众进入展厅后，看不清展线，行进到一半，又得走回头路。有的馆甚至在陈列展览中采用普通荧光灯照明，不懂博物馆展品对灯光的照明有特殊要求，要避免紫外线光源等基本常识。另外，在陈列展示中，以复制品替代真品却

---

① 王宏钧主编：《中国博物馆学基础》，上海古籍出版社2001年版，第246页。

不加以说明的现象比比皆是。一些奏折、手稿等文献类展品，多用复制品替代原件展示，却不标明是复制件。其他实物用复制品展示，不标明其复制件的，也随处可见。譬如在我国中部地区的某一博物馆中陈列的一件铁矿石标本，文字说明中写这是当年毛泽东主席视察大冶铁矿时亲手拿过的，配合前面展柜中的标本，后面墙面挂着还有一幅毛泽东身穿衬衫，一手拿着铁矿石的大型照片。但在湖北大冶铁矿博物馆中，同样也展示着这样一件铁矿石标本和毛泽东手拿着铁矿石的大型照片，说明牌上也写着同样的文字。事实上毛泽东真正拿过的铁矿石原物只有一块，现在这两件展品的说明中都未写复制品，观众就会认为两件都是真的，这样就误导了观众。在博物馆陈列展示中，采用复制品并非不可以，但应在说明牌中写清楚是"复制品"，《博物馆管理办法》中第二十六条明确规定，"展品应以原件为主，复原陈列应当保持历史原貌，使用复制品、仿制品和辅助展品应予明示"。① 这是博物馆陈列中应该遵循的"科学性原则"。

2. 博物馆馆藏实物的空洞化。博物馆的陈列展览强调以原真性的实物展示为基础，用实物来说话。但有一些工业遗产博物馆的陈列展览，大量依靠辅助展品"唱戏"，与博物馆陈列展览以原真实物为基础的展示要求存在很大差距，与其说是博物馆展览，还不如说是一般的展览馆展览。之所以产生这种"展览馆"现象，可能在于博物馆收藏的工业遗产实物原件太少，真正有重要价值的工业遗产更是凤毛麟角。为了串联起这些零零星星的工业遗物，将历史的碎片拼凑成整段的工业历史，博物馆就依靠制作大量的辅助展品来弥补证实历史的实物空缺，结果是仿制模型、各种艺术创作（主要是各类雕塑）等大行其道，替代品充斥整个展览。

我们曾经看到四川成都东郊有一座工业遗产博物馆，以辅助展品为陈列主角，工业遗产主题陈列成了表现工业题材的现代艺术展，真正的为数不多的几件工业遗物在陈列中成为陪衬。辅助品喧宾夺主唱主角的现象挑战传统博物馆的"陈列应以原真性实物为展品主体"的核心要素，冲击着博物馆陈列的底线。在充斥辅助品的工业遗产博物馆展览现场，工业历史感荡然无

---

① 文化部：《博物馆管理办法》，中国国家文物局、中国博物馆协会编：《博物馆法规文件选编》，科学出版社 2010 年版，第 36 页。

存。这与现在旅游市场中普遍存在的"文化复制"相类似，遗产的原真性已经丧失，难以让观众真正感受到一种沉重的历史感。在这种人造场景，让观众"体验"的也只是异化的工业史。

图6－5　原成都东郊工业文明博物馆展示的现代工业题材创作作品
（作者自摄）

3. 博物馆社会服务的单调化。博物馆社会服务不仅仅是博物馆陈列展示的补充与延伸，也是博物馆宗旨的最直接体现。[1] 博物馆社会服务的主要对象是观众，观众也是博物馆生命之所系。国内许多博物馆都十分重视对观众服务的研究，将观众视为博物馆社会服务工作的核心。但是我们看到有些工业遗产博物馆开馆几年来，社会服务活动内容单一，除了讲解之外，几乎没有其他的社会服务项目。有的馆甚至连最起码的讲解服务都不提供。还有的馆既不做观众调查与研究，也不做观众人数统计（有的即使做统计也很马虎，数据很不完整），以至于开馆至今共有多少观众参观了博物馆都不清楚。这种社会服务内容单一，不注意收集观众对博物馆服务质量的反馈信息，也不关心自己服务对象各种需求的博物馆，观众人数自然日益减少，缺

① 苏东海：《博物馆沉思》卷二，文物出版社2006年版，第353页。

乏人气。有的馆开馆没几年就已面临即将关闭的窘境，这是博物馆服务不到位所带来的必然结果。

在博物馆的社会服务中，讲解仅仅是最基本的，还有许多活动项目可以开展。譬如围绕陈列展览主题开设讲座，编辑相关的普及读物，组织互动性活动项目等，或自觉走出博物馆送展览上门，进学校、进社区，深入到公众中去。如果博物馆人手不够，可以在社会上招聘志愿者，建立博物馆的志愿者组织，协助开展更多的社会服务活动。社会对博物馆的认可并不是看你是否挂有一块博物馆的牌子，还要看你的实际行动，看你是否发挥了应有的博物馆社会功能。博物馆社会服务活动内容的丰富与否、服务质量的高低与否，都直接影响博物馆观众的数量与博物馆的社会效益。博物馆只有开展多元化的社会服务，才能吸引更多的观众，产生更大的社会效益。

4. 博物馆员工的非专业化。常言道"隔行如隔山"。博物馆行业虽然有许多知识与技术同其他学科相同，甚至有些技术与方法来自于其他学科，但毕竟是一个具有独立性的行业，有其独特的工作规律和专业知识要求。我国的工业遗产博物馆多为企业主办，博物馆员工也都来自企业，企业用工都由企业自主招聘。工业遗产博物馆规模大小不一，员工人数也有多寡（规模大的馆可达50余名员工，规模小的仅仅2到3名）。在我们考察的工业遗产博物馆中，绝大多数馆从馆长到一般员工，没有一名是文博专业出身的，在从企业中的其他岗位转到博物馆之前，没有博物馆工作的经历，也没有经过正规的专业培训。可以说是一群外行在从事博物馆业。当然对他们来说，从零起点能够做到今天这样已属不易，有些人在转行博物馆后，从实践中学习，努力使自己逐渐从外行转变为内行。但是良好的愿望并不等于实际结果。从博物馆的发展与社会对博物馆的要求来说，这种局面一定要尽快改变。今天的工业遗产博物馆之所以存这样那样的种种问题，没有博物馆专业人才，尤其是博物馆中的领导不懂行是其中的重要原因之一。有些新建的工业遗产博物馆，建筑高大宽敞，外观气势宏伟，硬件设施不错，但是"软件"条件明显不够，拖累了硬件设施功能的发挥。工业遗产博物馆所属的上级企业领导应摒弃将博物馆作为自我消化单位剩余员工去处的观念，积极向社会引进或招聘博物馆专业人才，只有这样，工业遗产博物馆的运行水平才会提高。

（三）关于工业遗产博物馆发展的政策建议

上述问题的存在涉及多方面的原因，既有工业遗产博物馆员工本身专业知识方面的缺乏，也有其上属企业领导的认识不足，还有地方文物主管部门的业务指导不够尽责以及国家一些相关的法规政策不全等因素。为了推进我国近现代工业遗产保护和工业遗产博物馆的建设与发展，我们建议应在以下几个方面提供政府的政策支持和出台必要的措施：

1. 加强工业遗产博物馆藏品征集力度。工业遗产实物的不足在一定程度上困扰着我国工业遗产博物馆的发展。第三次全国文物普查发现了不少工业遗产，但是绝大多数都是产业历史建筑类，属于工业机械设备、生产制品等遗存的凤毛麟角。工业遗产实物缺乏是目前国内多数工业遗产博物馆的客观现实。过去我们普遍缺乏保护工业遗产意识，在许多企业在搬迁或倒闭时，纷纷将生产机器设备等作变卖处理，或搬迁至异地使用，有的甚至被废弃。今天当我们意识到工业遗产的价值，想要对其实施保护时，许多工业机器设备、生产制品等物件早已销声匿迹。收集保护工业遗产既是当前工业遗产博物馆的一项十分紧迫的工作，也是今后相当一段时期内的艰巨任务。为了充实博物馆藏品，我们应该实行两条腿走路的方针：

一是加大工业遗产保护的社会宣传力度，多渠道地征集工业遗产实物，充实博物馆藏品。民间有些收藏家较早地注意到工业遗产的价值，他们当中有一些人收藏了一些工业文物；另外，许多工业遗存的所有权是属于企业的，有些尚未被毁的旧机器设施设备等，还可以在企业中被找到，要大力开展工业遗产保护的宣传，鼓励民间收藏者和企业积极捐赠工业遗产，支持博物馆建设。

二是为明天博物馆的藏品做准备。我们在对被废弃的、不再使用的工业遗产进行调查登记并实施征集、保护的同时，对一些还在使用的（包括当代的）、具有重要科学价值、技术价值和历史价值的工业机器设备、构筑物等，也进行调查，并登记造册。以后一旦这些工业机器设备等有了新的取代物时，换下的这些物品就可以送往博物馆保存。被毁的工业遗产已不可能再生，"亡羊补牢"时犹未晚。这种为明天而预先准备博物馆藏品的工作是必要的，它将保证未来工业遗产博物馆的藏品来源。有些发达国家已经在这样做了，我们可以借鉴这方面的经验。

图6-6　四川省广安市文管所征集的三线建设工业遗产——原华蓥市
金光仪器厂精密单轴纵切自动车床

资料来源：广安市文管所编《西部深处的记忆——广安市三线工业遗产图片集锦》。

　　三是加强工业遗产"口述史"资料的收集。"口述史"资料是历史研究的重要资料之一。新中国成立后，史学界的专家学者在研究革命历史中，曾走访了许多离休的老红军、新四军和解放军干部与战士，收集了许多口述史资料，作为历史研究的补充。国内许多现代历史事件和历史人物类的纪念馆，都离不开口述史资料，这些有当事人提供的亲身经历，或当事人后代根据当事人提供的信息而记录下来的资料，对于后人了解历史的真相是极有帮助的。我们对于口述史资料的收集，过去都集中在政治、军事等方面，以反映革命历史为主要目的，服务于革命历史的研究，未曾注意工业史研究的需要，更遑论工业遗产保护的需要。现在对工业遗产进行保护，尤其是建立工业遗产博物馆，对工业文物的研究，需要口述史资料。如果说，过去由于我们尚未认识到工业遗产的价值，不重视工业遗产，许多重要工业遗存已经消失，那么现在我们抓紧收集工业口述史资料，就是对已经丢失的工业遗产的一种资料弥补。许多反映工业生态学、工业社会学等内容的实物已经不存在，而文献资料又是远远不足的时候，工业口述史的资料就显得珍贵了。

对已经实施保护的工业遗产，应该抓紧相关口述史资料的收集。目前这一方面，只有极少数人在筹建工业博物馆时，顺便收集一些，因为是以征集工业文物为主，口述史资料的收集仅仅是顺带，这样就会错过一些重要的资料。其实口述史资料本身是工业文物档案的重要组成部分之一，对工业文物的研究者深入发掘其内在的含义，在展示中向公众提供叙事"故事"等，都是很有帮助的。我们要趁现在一些与工业遗产相关企业的老职工、包括领导和技术人员尚在世，组织专门人员进行采访，收集口述史资料，以免随着这些历史事件亲历者的先后离世，很多重要的相关信息资料也跟着消失了。

2. 政府给予工业遗产博物馆一定的经费补贴。凡企业创办的工业遗产博物馆，博物馆的一切开支（包括员工的工资与其他一切福利待遇、博物馆的业务活动经费等）都由企业自己解决。企业经营得好，经济利润高，那么博物馆获得的经费也可能较为充足。一旦企业本身经营不景气，经济效益下降，势必累及博物馆，这时削减博物馆的经费不可避免。事实上，已有个别的工业遗产博物馆因严重缺乏经费，已到了濒临倒闭的地步，地方政府的相关职能部门应该在经费上适当支持博物馆。理由有二：

其一，为公民提供科普教育与爱国主义教育都是政府公共职能部门应当承担的事务，既然工业遗产博物馆协助分担了公共部门的义务，政府公共部门为博物馆的付出作出适当补偿也是理所当然的事。凡挂牌科普教育基地或爱国主义教育基地的工业遗产博物馆，政府的宣传部门与科委等相关机构都应该给予适当的经费补助，补贴数额可以根据博物馆具体的运作情况，视其为社会作出的贡献大小而定。在这方面，有的地方政府已经注意到了，相关职能部门采取了积极的措施，给博物馆一定的经费支持。但有的地方政府的相关部门则没有任何行动。

其二，部分工业遗产博物馆根据 2008 年国务院"三部一局"《关于全国博物馆、纪念馆免费开放的通知》的精神，对公众实行免费开放。文物局系统博物馆免费开放后，原来的门票收入缺额由中央和地方政府的财政全额补足。工业遗产博物馆大多由企业提供资金，原来的门票收入缺额未获得政府财政的补贴。既然文物局系统博物馆与企业所属工业遗产博物馆都是社会公益性机构，同为社会提供公共文化服务，都免费向公众开放，那么政府应当一视同仁，补贴其门票收入缺额。即使不全额补足，至少也得补贴一部分，以表示政府对博物馆免费开放的一种支持态度。

就全国来看，在政府给予工业遗产博物馆一定的经费补贴方面，各地方的做法并不一致。有的地方政府只在口头上表示支持，没有具体的行动。而有的地方政府则对博物馆十分支持，不仅有实实在在的项目经费补助，而且补助经费也较为可观。如上海市政府最近连续几年从地方财政中每年拿出1000万元资助社会力量举办的博物馆，其中也包括对工业遗产博物馆支持。在资助的项目中，除了对博物馆免费开放的门票补助之外，还有博物馆陈列改版、举办短期临时展览、出版物、文物修复以及其他的活动项目等。

2010年国家"五部二局"（民政部、财政部、国土资源部、住房和城乡建设部、文化部和国家文物局、国家税务总局）联合发布的《关于促进民办博物馆发展的意见》中指出，要"切实帮助解决民办博物馆的馆舍与经费保障问题"，"在有条件的地区，建立政府对民办博物馆单位的资助机制"。[1] 我们认为对于工业遗产博物馆的资助，拟纳入地方政府的财政预算中，每年按一定的比例拨出经费，这样可以保证经费的落实。当然要获得政府经济支持的前提条件是博物馆要开展正常活动，并在公众中有一定的口碑，产生一定的社会影响。另外，如果经过国家文物主管部门的评估认证，被认定为达到一定等级的博物馆，应该优先得到政府部门的经费补助。

3. 设立指导工业遗产博物馆业务的专门机构。工业遗产保护是文化遗产保护事业中的重要内容之一。2006年5月26日国家文物局下发了《关于加强工业遗产保护的通知》，明确要求各地文物行政部门"像重视古代的文化遗产那样重视近现代的工业文化遗存"。[2] 目前我国的工业遗产博物馆大多数由企业独立负责建设与运行，企业自己内部抽调人力筹建（或直接委托行业协会、展览设计公司等帮助设计陈列），也有少数企业与地方政府文化旅游部门或国土资源部门等合作建设。企业自主筹建博物馆，即使有足够的资金与人力，如果缺乏地方文物主管部门的专业指导，任凭一群完全不懂行的企业人员做博物馆，结果往往是力不从心，事倍功半。前面提到的工业

---

[1]　国家文物局、民政部、财政部、国土资源部、住房和城乡建设部、文化部、国家税务总局：《关于促进民办博物馆发展的意见》，文物博发〔2010〕11号。

[2]　国家文物局：《关于加强工业遗产保护的通知》，文物保发〔2006〕10号，2006年5月12日。

遗产博物馆陈列展览中发生的一些低级错误以及社会服务的低水平运行等，都是缺乏专业指导所致。

在我国博物馆管理体系中，各级地方政府的文物主管部门对文物局系统之外的各类博物馆，虽不在行政上对其进行领导与管理，但在业务上仍对其负有指导职责。在企业的工业遗产博物馆建设中，如果地方文物主管部门与博物馆专家主动地介入并给予积极的业务指导，那么上述一些常识性错误是可以避免的。因此，我们认为应在全国设立一个专门的合作机构，指导各地工业遗产博物馆建设事宜。或可以在中国博物馆协会之下设立专门工业遗产博物馆专业委员会，其成员为博物馆专家与工业遗产保护专家，专为各地工业遗产博物馆的筹建与运作提供业务指导。这样可克服企业自建博物馆遇到的困难，并且使工业遗产博物馆从筹建到开馆运作，从一开始就走上正规的发展道路。

4. 多渠道提高博物馆员工的专业水平。要提高博物馆的专业工作水平，人才是基本保证。博物馆人才队伍的形成可通过两种方法：一是向社会引进或招聘博物馆专业人员；二是对博物馆在岗员工进行业务培训。就目前我国工业遗产博物馆的现状而言，这两种方法都需要，但第二种方法可能更为重要。

国家文物局非常重视文博人才的培训，已把"文物博物馆人才队伍能力提升"列为"十二五"规划中的23项重大工程之一。"十二五"期间，国家文物局开展大规模的文博管理人员与专业技术人员培训，培训总数计划要达到7000人次。并且大力发展文博行业继续教育，形成大规模的文博教育新格局。[1] 工业遗产博物馆的员工专业培训也应纳入国家文物局的整个培训计划中，这样可在文物管理部门帮助之下，提高员工的专业基础与工作能力。

此外，工业遗产博物馆也可学习部分民营博物馆的方法，与管理规范、服务质量较高的国家一级博物馆建立关系，主动争取业务指导，并选派员工去对方单位进修学习，锻炼实际工作能力。另外，工业遗产博物馆还可与有博物馆学专业的高校合作，可选派员工到高校进修，或由高校专门为博物馆

---

[1]　国家文物局：《国家文物博物馆事业发展"十二五"规划》，《中国文物报》2011年6月24日。

员工量身定做，开设特置课程。博物馆与高校合作具有广阔的前景。高校的师资力量，既可为博物馆员工进行培训，也可为博物馆的藏品研究提供"外力"，弥补博物馆本身藏品研究力量的不足。博物馆可以为高校的博物馆教学提供专业实习基地。馆校双方的合作，互补互利，将获得双赢的结果。

除了培养和提高博物馆员工的专业能力之外，还要考虑对员工有专业发展的激励机制。我们在调研中发现，许多工业遗产博物馆的员工因来自本企业、非博物馆专业出身，在转行博物馆之后，都对自己的未来发展忧心忡忡，一定程度上也影响了他们的工作积极性。由于博物馆员工的工资和其他福利待遇等往往与职称挂钩，职称晋升必然成为他们工作努力的目标之一。我们原来的文博职称评定标准是依据国立的社会历史类博物馆、古代艺术类博物馆以及人物类、历史事件类纪念馆等的情况而制定的，没有考虑到工业遗产博物馆类型。现在情况有了变化，博物馆类型增加了，非国立的博物馆也出现了，文博专业职称评定将这种特殊情况考虑进去，新近颁布的《博物馆条例》中明确规定，不论是国有还是非国有博物馆的专业技术人员同等享有职称评定的权利，这样在一定程度上可以解除工业遗产博物馆员工的后顾之忧。

二、我国工业遗产博物馆的发展战略

当前的社会与时代大背景以及国家政策都有利于我国工业遗产博物馆的建设与发展。根据我国新一届政府提出的新型城镇化建设目标，经济的稳步发展将为博物馆事业提供坚实的经济基础。文化建设的大繁荣、大发展目标为我国博物馆事业发展打开巨大的发展空间。政府积极支持与促进社会力量办博物馆，以工业企业为主体的工业遗产博物馆建设将会得到较快发展。近年各地方政府与企业兴办工业遗产博物馆的热情都很高，悄然形成的建设工业博物馆热潮显示了工业遗产博物馆的发展态势。但数量的增长仅仅是反映工业遗产博物馆繁荣的一个表象，真正的实质性的进展在于博物馆服务社会的质量与水平的提高，在于其社会功能发挥的巨大作用，在于社会对博物馆的高度认同，在于博物馆自身的"内功"的提升，在于具备可持续发展的能力。我国工业遗产博物馆未来将如何发展？借鉴发达国家的经验，结合我国的国情，我们认为工业遗产博物馆应坚持突出以工业遗产为收藏特色，走

工业遗产保护与科普教育相结合之路，融入城市的文化产业之中，培育出可持续发展的潜能。这是工业遗产博物馆既保护工业遗产，又利用收藏适应科普教育之需求，融入城市经济文化发展，服务社会的最理想途径，也是我国工业遗产博物馆未来的发展战略

（一）坚持突出工业遗产的收藏保护特色

从博物馆藏品的定位来讲，任何博物馆都要有特色，如果博物馆千篇一律，没有特色，这样的博物馆其生命力是不会长久的。以工业历史的收藏为特色，这是传统工业博物馆基本面貌，也是工业博物馆区别于其他各种社会历史类博物馆的重要特征之一。工业遗产博物馆的主旨是搜集、保护并利用工业遗产为社会及其发展提供服务。为工业文明史提供实物见证并保护好这些见证物是工业遗产博物馆的最基本的职能。工业遗产是工业历史发展的见证。要体现以反映人类工业文明史为特色，博物馆藏品也必然要集中在这一方面。

任何一件工业遗产都可以从社会史、经济史和文化史等不同角度进行展示和演绎，因为工业文明进程中的每一步都与社会、经济与文化等背景因素相联系。同样，在以展示和诠释社会史、经济史和文化史等为主题的博物馆中，也都可能不同程度地涉及工业文明发展史。这里，工业遗产作为工业文明的历史见证而在社会史、经济史和文化史等的陈列中被展示，但仅仅从社会发展史、经济发展史或文化发展史的角度反映工业文明，不会是专门性地、主题性地来表现工业文明，更不会以某一行业的科学技术发展史来表现。在社会历史类博物馆的基本陈列中，工业文明史仅仅是其中的一小部分内容，是整个陈列展览的配角，只有在工业遗产博物馆，工业文明史才成为主角，才会宏观地反映整个国家或某一城市、或某一行业的工业发展，比较全面、深刻地将工业文明进程完整地呈现在观众面前。为此，工业遗产博物馆以收藏工业历史见证物为特色，这是毫无疑问的。

工业遗产博物馆能够而且也应该是工业文明的遗存收藏最齐全、对工业史研究最权威的机构。工业遗产博物馆通过对其馆内收藏的工业遗存的研究，参与到学界对工业史的研究中去，从工业遗存实物出发，利用实物进行研究，这是工业遗产博物馆的优势，如果脱离其馆藏实物而研究工业史，工业遗产博物馆就失去了其占有实物研究的优势。当然，工业遗产博物馆也可

以从社会史、经济史或文化史等多层面多线条地研究和阐释工业遗产，但工业文明进程中重要的历史事件、重要的企业发展情况、重要人物和发明创造，应该是工业遗产博物馆关注与展示的重点。

相比较于社会历史类等其他类型的博物馆，目前我国工业遗产博物馆收藏的工业遗产实物十分贫乏。譬如，曾经是全国纺织业半边天的上海，建立的上海纺织博物馆在基本陈列中竟然没有一台近现代纺织机械。20 世纪 90 年代，整个上海纺织业改革，大量纺织厂压锭转产，除了部分先进的纺织机械搬迁到新疆等地之外，其余的纺织机械几乎都处理掉了，不是被当作废铜烂铁进入冶炼厂回炉，就是卖给外地一些个体户。其他行业的工业遗产博物馆也普遍存在工业遗产实物严重不足的问题，这与我们过去对工业遗产价值的认识不足有关。但是博物馆是要靠实物说话的，用原真性的实物证明工业历史才是博物馆的独特价值，这也是博物馆区别于一般展览馆的标志之一。要使工业遗产博物馆具有丰富的实物馆藏，我们必须制定有效的征集计划，加大投入工业遗产征集的人力与物力，抢救那些尚未被毁坏的工业遗产，为博物馆的持续发展，夯实其藏品的基础。

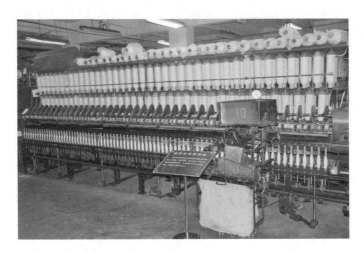

图 6-7 青岛纺织博物馆征集的细纱机 1936 年日本制造
（作者自摄）

（二）紧密结合科普教育的展览手段

从社会需求以及博物馆参与文化产业发展角度看，工业遗产博物馆要积极开拓创新，走出与科普教育相结合之路。工业博物馆必须保持收藏工业遗存这一特色，但是这并不影响博物馆积极开展科普教育服务。由于工业遗产博物馆的展品多是那些工业机械设备、构建物和工业制品等，不如艺术类博物馆展示的艺术品那么有艺术感染力，也不如社会历史类博物馆展品有那么丰富多彩的历史人物和历史事件可以叙说，对观众（尤其是对青少年观众）的吸引力就不如前两类博物馆。因此，结合本馆藏品特色开展科普教育就成为工业遗产博物馆吸引青少年观众的重要措施。这不是权宜之计，而是未来发展的方向。我们要积极开拓观众市场，丰富博物馆的活动内容，在保护工业遗产的同时，努力设计科普教育与娱乐项目，既体现工业遗产特色，又使观众得到休闲、娱乐和增长知识，从而增加博物馆的社会效益与经济效益，使博物馆可持续发展。

当代科技馆（或科学中心）承担着向青少年进行科普教育的重任，传统工业博物馆也承担着科普教育的责任。两者不同的是工业遗产博物馆展示过去的工业文明史，一定程度上也在传播科学与技术知识，因此工业博物馆的社会教育本身就带有一定的科普教育色彩。但工业博物馆展示工业文明史是带领观众向后看，回顾人们以往走过的文明历程，让观众了解的是科学技术发展的过去，即"昨天"的科技发展。科技馆（或科学中心）的科普展示则注重带领观众了解当下的科学技术，从而面向未来。两者科普教育的重心不同，前者重在科技发展的过去，后者重在科技发展的今天，并且憧憬科技的未来发展。由于科技馆（或科学中心）的科普内容与当下的生活联系密切，因而吸引了较多的观众，而工业遗产博物馆的科普内容与今天的生活有一定距离，因而观众就不太关心，感兴趣的也少。

工业遗产博物馆重在展示科技的过去，这与其收藏展示的工业遗产有关。但是当今的工业遗产博物馆不能拘泥于馆藏品，要有新的发展思路，要根据社会的需求，积极创新开拓。工业遗产博物馆的职能不仅仅在于保护工业遗产，也承担着对社会公众的科学技术知识普及教育的职能，在保护工业遗迹的同时，应积极发挥博物馆科普教育的职能，推进工业遗产博物馆展示内容的深度与广度，由展示行业过去的科技发展向现当代科技延伸，在博物馆展示中加大当今科技普及教育的比重。只有这样才能吸引广大观众，尤其是吸引作为博物馆观众主体的广大青少年学生。当然，这对有些工业遗产博物馆来说，可能由于人力的不足，在发挥博物馆科普教育职能方面会力不从心。这就需要博物馆以一种开放的姿态与相关博物馆或研究、教育机构合作，充分借用社会力量开发本行业的当代科技普及项目。

发达国家的工业博物馆经历了（或正在经历着）一个从重工业历史传播到结合工业门类的科普教育为主过程，逐步转型为以历史遗产保护为基础，偏重于娱乐性科普教育型博物馆的模式。如果把偏重对工业遗产保护与工业历史传播为主的工业遗产博物馆看作是发展的第一阶段，那么，将工业遗产保护与当今科普教育并举可看作是工业遗产博物馆发展的第二阶段。现在我国的工业遗产博物馆还普遍处在发展的第一阶段，千篇一律地将突出工业发展史为重点，展览中工业遗产实物不够，就用大量图片、文献或艺术作品或多媒体技术等作辅助展示。未来发展目标应该是逐步转型为以工业遗产保护为基础，偏重于娱乐性科普教育型的博物馆。

（三）融入文化产业的可持续发展潜能

博物馆作为文化遗产的保护机构，由政府财政拨款维持其生存（民办博物馆除外），这是国际遗产界的共识。博物馆事业作为社会的公益性事业，社会效益至上，不以营利为目的，这也是国际博物馆界的共识。但是博物馆作为公共文化机构，其服务对象是人，也具有一般服务业的特性，因而博物馆的某些服务项目可以获得一定的经济收益。在市场经济体制下，由政府公共财政维持的公共文化机构并不把社会效益与经济效益对立起来，而是寻求一种社会效益与经济效益双赢的路子。换言之，如果博物馆在可获得社会效益的同时也可获得一定的经济效益，但是将可到手的经济效益放弃，这是不可取的。

前些年，国内博物馆界曾展开"关于博物馆属于文化事业还是属于文化产业"的讨论，讨论的结果具有积极的意义。不仅明确了"博物馆属于文化事业"，还梳理了博物馆与文化产业的关系，认识到就博物馆整体来说是不能作为文化产业来营利的，但博物馆中的某些部门或部分（主要是指博物馆的延伸服务）是可以营利的。发达国家博物馆在这方面已有多年的实践，并积累了丰富的成功经验。国内也有些博物馆在国家大力发展文化产业的战略目标下，已经涉足文化产业，利用博物馆特有的资源，开发文化产品，服务社会，满足人们的文化消费需求。但总体上看，国内博物馆涉足文化产业的步子还迈得不够大，仅仅拘泥于旅游纪念品开发之类，比较保守，创新意识不强，视野不够开阔，因而文化产品的经济效益并不能令人满意。

　　改革开放以来，我国的经济有了快速的发展，国民经济总产值每年以两位数的速度增长。最近几年，虽然国家进行经济结构调整和产业转型，但国民经济生产总值每年仍保持在7%左右的增长速度。国家良好的经济增长状况使文化建设有了强大的经济支撑，为博物馆事业发展提供了充足的财政经费。但是从长远看，国家经济的发展是不平衡的，总有上下起伏，有快速增长，也有缓慢增长，甚至还会有负增长。虽然我国的经济总趋势是一直向前发展，但遇到经济增速放缓的时候，必然会影响到政府财政对于文化事业的拨款数额，影响到政府对博物馆发展的经济支持力度。20世纪70年代，西方发达国家普遍遇上经济不景气，迫使各国政府纷纷削减了国家财政对于博物馆等文化机构的拨款数额，把博物馆推向了市场。许多博物馆不得不向市场要效益，通过用市场方法获得的经济营利来补贴博物馆经费的不足，以维持博物馆的生存与发展。现在，通过开发各种社会服务，在获得社会效益同时也获得一定的经济效益，这已成为西方发达国家许多博物馆的一种常态，也成为博物馆可持续发展的一项基本战略。尽管我国目前的经济发展还是在稳步向前，但是制定发展战略，一定要有长远的目光。尤其是工业遗产博物馆，其所属的企业经营发展状况对博物馆经费有更直接的影响。因此，博物馆自我"造血机制"的培育，对工业遗产博物馆的可持续发展有重大的意义。博物馆获得经济效益的来源可以是多元的，但从许多国家博物馆的成功经验来看，最主要的经济收益还是集中在与旅游业结合以及与文化创意产业结合这两个方面。所以工业遗产博物馆可持续发展战略的重心也应该在这里。

　　1. 加强与旅游业合作的战略。博物馆与旅游业有着天然的联系，博物馆是旅游业的重要人文景观，旅游者也是博物馆的重要观众，两者相辅相成，缺一不可。许多发达国家早已把旅游业作为本国经济的支柱产业。大力发展旅游业，必然也要发展博物馆业，20世纪七八十年代以来，发达国家中工业遗产博物馆的大量出现，不仅仅在于工业遗产保护，还在于发展旅游业的需要。工业遗产博物馆的建设具有遗产保护与经济发展的双重意义。发达国家开展的"工业旅游"、"工业遗产旅游之路"等项目，不仅丰富了旅游内容，增长了旅游服务业的经济收益，同时也为工业遗产博物馆带来了大量的观众，扩大了博物馆的社会效益，增加了博物馆的经济收益。工业遗产博物馆通过开展"工业遗产旅游"项目，获得相对稳定的经济来源，产生"自我造血"的能力，从而形成良性循环。因此，博物馆与旅游业合作是必然之路。

尽管发达国家中有不少学者对开展"工业遗产旅游"也存在不同的看法，或褒之，或贬之，但就目前来看，在没有找到更好的方法可以取代之前，我们无法否认"工业遗产旅游"是工业遗产博物馆的主要观众来源这一事实。欧洲的"工业遗产旅游之路"每年为工业遗产博物馆带来无数的观众，仅英国铁桥峡博物馆就达到年均50万的旅游观众，而德国鲁尔区的"工业遗产旅游之路"的旅游观众数量更多。

图6-8　建在德国鲁尔区埃森矿区洗煤车间的工业遗产旅游之路接待中心

（作者自摄）

我国目前尚未开辟"工业遗产旅游之路"活动项目，加之宣传广告等工作做得不够，一些大型露天遗址型工业遗产博物馆在社会上无知名度，还处在"养在深闺人不知"状态，团体或个体的观众人数都很少。博物馆热切寄希望于旅游观众成为参观的主力军。我们在调研中发现，目前我国一些大型露天工业遗址博物馆的旅游观众数量不多的另一个重要原因在于旅行社导游不带游客来。由于我国旅游市场的管理措施不力，一些导游成为决定某些景观（包括博物馆）观众数量多寡的关键人物。导游要求博物馆给回扣，但博物馆本身经费的数量并不充裕，作为非营利机构的要靠政府或其所属企业拨给，导游的漫天要价，使博物馆无力承受。由于未能满足一些导游的非分要求，导游便把旅游者带往其他旅游景点，而不前往博物馆。这种不正常的现象严重阻碍了旅游观众参观博物馆。只有加强旅游市场的监管，对不良导游的非分要求予以严厉打击，使旅游市场健康发展，工业遗产博物馆的旅游观众才可能大量增加。目前我国政府的相关管理部门对导游索要回扣等问题已经高度重视，正在积极整顿旅游市场。2013 年 4 月由十二届全国人大常委会第二次会议通过的《中华人民共和国旅游法》于同年 10 月 1 日起开始实行。我们期盼着《旅游法》的实施将终结旅行社"零负团费"的时代，使导游随意摆布旅游景点的现象得到遏制，进而使整个中国旅游市场发生深刻的变化，推动旅游市场的消费升级和服务升级，从而也引导包括工业遗产博物馆在内的旅游景区增加和开拓高附加值的服务项目，提升服务质量。我们相信《旅游法》的实施将不仅使旅游业受益，同时也将使工业遗产博物馆获得更多的旅游观众。

图 6-9   英国铁桥峡博物馆与德国鲁尔区工业遗产旅游的宣传广告资料

（作者自摄）

对工业遗产博物馆而言，除了有一个健康的外部环境之外，博物馆本身也要积极努力，练好"内功"，探索博物馆的市场规律。要借鉴企业的营销理念，积极开展公关活动，加强利用媒体进行广告宣传，传播工业遗产保护理念，参与到旅游活动的各个环节（特别是"游、购、娱"环节）中去。并主动与旅游企业合作，推销博物馆各项精彩的活动，参与对导游的培训，把更多公众吸引到博物馆中来，从而达到博物馆服务社会并扩大社会影响力的目的。

2. 大力开发工业遗产博物馆特色的文化产品。博物馆的可持续发展需要有一定的运行经费支撑。工业遗产博物馆较多由企业开办，运行经费主要由所属企业提供。企业拨给博物馆的经费多寡往往与企业经营的景气度——经济效益高低有关。因此，工业遗产博物馆要能够可持续发展，不应完全依靠企业拨款，应该积极主动开辟"财源"，在政策法规允许的范围内，培育"自我造血"机制，增加可持续发展的潜力。国内一些著名的博物馆在国家大力发展文化产业的战略目标下，已经涉足文化产业，如北京故宫博物院、上海博物馆、南京博物院、河南博物院、浙江省博物馆、湖南省博物馆等著名博物馆都在"文创"产业方面取得了一定的成果，利用博物馆特有的资源，开发文化产品，服务社会，满足人们的文化消费需求，受到社会各界的赞许。但总体上看，国内博物馆涉足文化产业的步子还迈得不够大，绝大多数的馆都尚未开发博物馆的文化产品，即使有，品种也是十分简单，仅仅拘泥于旅游纪念品开发之类，比较保守，创新意识不强，视野不够开阔，因而文化产品的经济效益并不能令人满意。

工业遗产博物馆的文化创意产业领域是一块尚未开发的处女地，具有很大的发展空间。只要博物馆意识到这一点，积极主动地利用馆藏特色，结合社会需求，就可能取得一些成果。发达国家工业遗产博物馆有不少这方面的成功经验。尤其是一些纺织类或印刷（印染）类的博物馆，都有让观众参与互动的项目，观众在参观过程中可以用旧工业设备（展品）自己动手设计和制作产品，制成品最后以纪念品的方式为观众所购买，具有特殊的纪念意义。这种活动项目很受观众的欢迎。

现在国内工业遗产博物馆也有类似的活动。如上海纺织博物馆结合陈列展示内容开展的"扎染"手帕活动，就是一种既有社会效益，又可有经济效益的较好的项目。① 尽管上海纺织博物馆目前对扎染手帕尚未收费，但是这种活动项目有发展潜力。区区一条手帕价格不高，却是观众自己动手扎染的，很有纪念意义。这一活动既能吸引观众的兴趣，又让观众了解了纺织印染的工艺，寓教于乐，贴近生活，颇受观众的欢迎。

工业遗产博物馆的"文创"产品不同于艺术类博物馆或其他历史事件、历史人物纪念馆类，也不同于自然历史类博物馆，具有自己的行业特色。一般而言，艺术类的纪念品较受观众青睐，因而国内目前"文创"产品开发较成功的也主要是那些古代艺术类博物馆。但这并不说明其他类型博物馆就不行，非艺术类的纪念品就没有市场。博物馆观众不同的年龄段、不同的职业、不同的生活经历以及不同的文化兴趣与追求，对博物馆文化产品有不同的"口味"。工业遗产博物馆的"文创"产品开发只要充分发挥行业特色，紧密结合现实，贴近市民的生活，一定能够创造出市民喜闻乐见的、具有较大市场销售量的品牌特色。

---

① 据上海纺织博物馆蒋昌宁馆长介绍，当一个团队来馆参观时，博物馆讲解员先介绍扎染工艺，再带领观众亲自操作扎染手帕的过程。在等待扎染手帕晾干的时候，讲解员就带观众参观展厅其他内容。参观结束时，扎染手帕也正好晾干，观众就可以把自己亲手扎染的手帕带回家，成为参观博物馆的纪念品（以上内容系本课题组向蒋馆长采访所得。采访时间：2010 年 6 月 6 日下午，采访地点：上海纺织博物馆）。

结　　语

　　城市是一个"容器"，是一个巨大的空间，具有存储文化、传播文化的功能。"城市通过它的许多储存设施（建筑物、保管库、档案、纪念性建筑、石碑、书籍），能够把它复杂的文化一代一代地往下传，因为它不但集中了传递和扩大这一遗产所需的物质手段，而且集中了人的智慧和力量"。[①]一个经过长期发展的城市，必然会留下许多反映城市发展过程中的历史痕迹（印迹），它们携带着昔日城市中人们生活与工作的历史信息，记载着城市发展的每一步，是城市历史岁月的见证物。在城市这个容器中，城市中一个个历史遗址，一栋栋历史建筑，就是一件件不可移动的展品，这些历史建筑、历史遗址，构成了整个城市历史的发展脉络，体现出城市面貌的特质。

　　博物馆也是一个容器，是一个展示空间。户外博物馆在一个更大的露天空间里把博物馆藏品展示出来，扩展了传统意义博物馆展示空间的理念。生态博物馆以整个（或数个）社区为范围，保护和展示社区的历史文化记忆物，以原生态方式展示，连同这些文化遗产的产生环境一起呈现在观众面前，给人以"原汁原味"的历史体验。生态博物馆的空间展示理念在户外博物馆的基础上，又有进一步的发展。

　　由此从更大的空间来看，在城市这个巨大的空间里，往日城市的繁华与活力都以物化的形式被存储，沉淀在历史建筑和历史遗址中。对这些历史遗

　　[①]　［美］刘易斯·芒福德：《城市发展史——起源、演变和前景》，宋俊岭、倪文彦译，中国建筑工业出版社 2005 年版，第 580 页。

物的保护具有重大意义。如果将这些不可移动的历史遗物与其周围环境一起展示，整个城市就是一座大型的露天遗址博物馆。一个工业城市，工业文明的辉煌足迹遗留在那些昔日被废弃或毁坏的工厂和遗址中，如果我们保护好这些工业遗存，就能与历史对话，在工业文明发展的见证物中体悟城市独特的历史底蕴，发掘城市精神的根基。但是，如果我们在城市建设中把工业遗存当作城市的"包袱"都清除了，取而代之的是大量商业开发的现代新大楼，工业城市的历史遗迹就不见了。在千篇一律的现代高楼大厦面前，许多新建的城市几乎都是一个面孔，城市的历史文化底蕴没有了，城市的个性没有了。这样的城市发展是走不远的。

城市是人类文化的重要表征之一，城市不仅仅是人类居住生息、工作、购物的地方，它更是文化容器，更是新文明的孕育所。"城市的主要功能就是化力为形，化权能为文化，化朽物为活灵灵的艺术造型，化生物繁衍为社会创新。"① 文化遗产对城市发展而言，绝不是可有可无之物。文化遗产是文化经历史沉淀之后的存余之物，是人类文化的精华之物。城市中的文化遗产代表了城市的历史面貌，是城市特征（质）的代表性之物。保护文化遗产就是保存城市的特质与个性。正是为避免城市建设与开发的雷同化，在一些发达国家，许多工业城镇都将保护工业遗产提升到城市发展的重要位置，有的甚至将整个城镇建设成工业遗址公园（或曰大型露天工业遗址博物馆）。以城市的工业文明遗迹为基础，保护与利用城市的历史文化资源，开创城市美好的新生活。

20 世纪五六十年代，西方发达国家先后进入后工业时代，产业结构的调整与转型成为城市经济发展的主旋律。在产业转型与城市更新过程中，各国都在探索和寻找一个能够使城市经济持续发展的战略，大量压缩环境污染严重的煤矿开采与钢铁冶炼业以及其他能源滥用等，城市振兴与改造成为城市经济发展的重要手段。在走过一段弯路以后，发达国家找到了一条以建设宜居城市，改善城市居民生活环境（包括人文生态与自然生态）为目标的城市建设道路。各国对城市过去滥用自然资源，造成环境破坏，引发城市

---

① ［美］刘易斯·芒福德：《城市发展史——起源、演变和前景》，宋俊岭、倪文彦译，中国建筑工业出版社 2005 年版，第 582 页。

"社会病"的行为进行反思，对"大拆大建"的城市振兴政策作出修正，修复工业片面发展给城市带来的城市环境破坏，降低第一、第二产业在整个国民经济中的比重，大力发展文化产业和现代服务业；提升其在国民经济中的占比。在发掘文化产业与现代服务业资源的过程中，包括工业遗产在内的文化遗产被作为一种城市新经济发展的重要资源受到重视，在保护与再利用过程中，实现文化遗产的价值。从这一社会背景观察，就不难理解为何20世纪六七十年代在英国兴起的工业遗产保护运动能够如火如荼地展开，并扩展到欧美国家，进而影响整个国际社会。

在工业遗产保护中，发达国家尽管都有各自的国情，但是仍有不少的共同点。其中比较突出的是用发展的逻辑考虑再利用，即"在利用中保护"（或说"在保护中利用"）。保护的方式方法有多种多样，关键是能否做到既不损坏工业遗产，又能利用工业遗产获得社会效益与经济效益。发达国家在工业遗产保护中，致力于追求保护与利用这两者之间平衡的一种目标，两者之间的任何一方失衡都是不理想的。正是在这种理念之下，发达国家开始了探索性实践，走出一条工业遗产保护的成功之路，为我国的工业遗产保护提供了可资借鉴的经验。

英国首先出现工业遗产博物馆保护模式，通过开展工业遗产旅游，实行工业遗产的保护和再利用，产生一定的经济收益，使工业遗产保护不完全依赖政府而可持续发展，形成良性经济循环。尽管开展工业遗产旅游带来的经济收益并不能完全支撑工业遗产博物馆的生存与发展，但英国的实践带有首创意义，无疑是这方面探索的先行者。美国继之，又有自己特色。除了联邦政府与地方政府的直接投资之外，根据成熟的市场经济条件，有效地利用税收政策杠杆，鼓励民间资本投资工业遗产保护领域，对于包括工业建筑遗产在内的历史建筑保护与再利用，给予适当的税收优惠，调动民间的投资积极性。在工业遗产保护与管理方面，建立专门组织，进行工业遗产调查，建立详细的资料库，为工业遗产保护的价值评估和实施不同的保护措施提供科学依据。德国的工业遗产保护起步虽落后于英美两国，但利用后发优势，在吸收前人经验的基础上，起点更高。鲁尔区的一体化"工业遗产旅游"战略发展项目，通过"埃姆歇公园国际建筑展"的创新理念，形成规模效应，成为当今世界上"工业遗产旅游"

影响最大的国家。政府与私有业主的合作投资，不仅使创新活动的资金得到保证，而且激发并培育了创造性和想象力。工业遗产保护与博物馆发展相结合，与文化产业发展相结合，是鲁尔区城市振兴的重要经验。法国对工业遗产实施分级保护与登录制以及建立建筑遗产"保护区"的做法与英国相同，但法国以生态博物馆方式保护工业遗产有其特点。虽法国的生态博物馆已回归传统，但对国际新博物馆学运动的影响和意义不可低估。克勒索—蒙特索煤矿社区生态博物馆的工业遗产保护实验，是法国最早的工业遗产保护实践，其经验与教训值得重视。

博物馆是社会发展到一定历史阶段的产物，也是城市发展到一定阶段的产物。纵观博物馆的历史，近代意义的博物馆首先诞生于人口聚集的城市。由收藏所演绎成向社会开放的博物馆现象，首先发生在城市。从十五六世纪意大利佛罗伦萨美蒂奇家族的私人博物馆到1683年牛津大学的阿什莫尔博物馆，再到法国大革命后的卢浮宫、英国的大英博物馆……城市人口的集中，交通设施的便利，信息交流的频繁，都成为博物馆传播知识的有利条件，也成为博物馆实现其社会功能的客观基础。博物馆与城市结缘，一方面在于城市的有利条件，另一方面也在于城市发展需要博物馆，博物馆是城市不可或缺的文化机构。博物馆为提高城市市民的文化素质与道德素质、增长科学文化知识做出贡献，也为城市文化遗产保护做出贡献。博物馆与城市发展不是一种对抗性的关系，而是一种和谐关系。[1] 因而，建设工业遗产博物馆成为化解城市发展与工业遗产保护矛盾的一种重要方式。

基于历史上博物馆对历史文化遗产保护的专业性以及成功利用藏品传播知识的社会共识，工业遗产保护的博物馆模式受到各国青睐，同样也受到我国的青睐。文中通过对工业遗产的博物馆保护模式的进一步细分，发现在博物馆模式下，又有"遗址型"、"非遗址型"之分，而这两型博物馆在工业遗产保护与利用及产生社会效益、经济效益在程度上也是有差异的。发达国家由于有早年科学与技术博物馆（即传统工业博物馆型）的经验与实践基础，新诞生的许多遗址性工业遗产博物馆能够较好地处理工业遗产保护与利用的矛盾，较为自然地融入城市旅游业与文化创意产业中，获得社会与经济

---

[1]　苏东：《博物馆的沉思》卷三，文物出版社2010年版，第57页。

双重效益，形成良性循环的可持续发展的动力。而在我国，过去由于强调社会历史类、自然史和艺术类博物馆建设，忽视对近代工业文明遗存的收集与保护，在博物馆发展中忽视了近代科学与技术类博物馆的建设，因而在改革开放之前还几乎没有专门的科学与技术类博物馆。新近出现的工业遗产博物馆由于缺乏科学与技术博物馆的实践经验，更缺乏这方面的理论研究，因而在营运中存在许多问题，甚至还出现一些低级错误。产生这些问题的原因既有工业遗产博物馆员工队伍本身以及其上属企业领导方面的因素，也有地方文物博物馆主管部门以及国家一些相关法规政策等方面的因素。对此，本书提出了一些针对性的政策建议，供相关部门参考。

鉴于我国新近出现的一些工业遗产博物馆存在诸多的建设不规范，书中结合国情对工业遗产博物馆的建设勾勒出一个初步的框架。尽管工业遗产博物馆在功能上具有其他一般博物馆的共性，但与其他类型博物馆在藏品的征集、保管以及陈列展示、社会服务方面都存在一定的差异。首先，工业遗产的种类很多（目前建有博物馆的只是其中一小部分，主要集中在钢铁业、矿业、能源业、交通运输业、制造业、纺织业、食品业和化工行业等），行业之间的性质差别很大。其次，工业遗产博物馆的藏品体量差别也很大。既有高达上百米的烟囱、高炉，重达数十吨的机车，也有小巧精致的工业产品。巨大的反差，必然导致工业遗产博物馆对藏品的保护与使用（陈列展示）有别于一般的社会历史类、艺术类博物馆。再次，工业遗产博物馆中绝大部分是遗址型博物馆，且与一般考古类遗址性博物馆又有不同。这些方面都决定了工业遗产博物馆的建设不能简单照搬一般社会历史类博物馆模式，而应有其不同的特点。

我们对国内工业遗产博物馆的发展充满期待，希望工业遗产博物馆能够在城市化发展中成为我国工业遗产保护的排头兵，成为我国博物馆事业的生力军，引领博物馆发展的新潮流。但也存在一分担忧：近些年我国新博物馆如雨后春笋般出现，大约平均每三天就有一座新博物馆落成，创下了我国博物馆史上最快的建设速度纪录。但许多新博物馆开馆后，经过没几个月的热闹，很快就变得冷冷清清，从"门庭若市"转变为"门可罗雀"。这就是只管建设，不管质量提高的结果。博物馆作为地方政府的政绩而新建，成为媒体报道的热点，经过一番风光之后，渐渐沦落成为一个鸡肋，食之无味，弃之可惜，又增加了一个需要不断财政补贴的负担。在建设工业遗产博物馆的热潮中，我们还是要保持一个清醒的头脑：我国的博物馆建设需要挤掉一些泡沫，不能只贪数量多，规模大，而要追求质量高，有特色，真正满足社会的需求。

国家文物局制定的文物博物馆事业"十二五"发展规划中明确提出，下一阶段发展的重点是提升博物馆的质量，要"把提高质量作为文物博物馆事业加快发展的核心任务"，要推进博物馆发展"从数量增长向质量提升的转变"。[①] 鉴于我国目前工业遗产博物馆的质量整体还处于一个较低水平，要跨上一个台阶，可能比其他类型的博物馆需要付出更多的努力。但是我们相信在各地文物主管部门的帮助与指导下，经过博物馆员工的努力，工业遗产博物馆的质量一定会有一个明显的提高，在工业遗产保护与再利用方面，为社会做出应有的贡献。我们期待这一天的早日到来！

我们尝试以工业遗产保护与博物馆的实践为抓手，探索城市化进程中博物馆在工业遗产保护中的作用，并构建中国工业遗产博物馆建设的框架。按照理论来自实践的一般规律，工业遗产博物馆的建设规范应该在大量的实践基础上形成。由于目前我国工业遗产博物馆的数量还不多，实践的内容尚不够丰富，获得的经验也较为有限。因此我们在这方面的研究，无论从深度或广度，都还显得浮浅，有待今后进一步的深入和完善。

本研究涉及的学术领域较宽，属于跨学科探索，限于我们自身的能力与学识，研究中仍有不少相关问题未能深入，需要留待日后做进一步的探讨。如国家矿山公园与工业遗址博物馆有怎样的内在关系？怎样克服工业遗产博物馆在经济方面可持续发展潜力不足之弱势？工业遗产博物馆的社会服务特色体现在哪里等，诸如此类的问题都是需要进一步挖掘、继续探讨的内容。党的十八届三中全会提出了新型城镇化建设目标，2013年年底召开的中央城镇化工作会议中强调，城镇建设"要融入现代元素，更要保护和弘扬传统优秀文化，延续城市历史文脉"。如何将工业遗产保护和博物馆发展融入"美丽中国"的建设中，破解新型城镇化发展中的文化遗产保护"困局"，"推进有文化记忆的城镇化"？这是工业遗产保护研究面临的新课题。总之，

---

① 国家文物局：《国家文物博物馆事业发展"十二五"规划》，《中国文物报》2011年6月24日。

本研究是对城市化进程中工业遗产保护的博物馆模式的初步研究，观点有待检验，论述也需要进一步深入，研究结果的提交，仅仅表明研究暂时告一段落，并不意味着所有的问题都已解决。今后我们还会对这些问题继续加以关注，希望能做出更加成熟和深入的研究。

参 考 文 献

西文参考文献

一、专著、论文集

[1] Reinhold Budde, Hans-Peter Noll, *Industridenkmale im Ruhrgebiet* ［M］. Ellert & Richter Verleg GmbH, Hamburg 2009.

[2] Edited by Marion Blockley & Alison Hems. *Heritage Interpretation* ［M］. New York: Routledge. Taylor & Francis Group, 2006.

[3] Klaus R. Kunzmann. *Recycling the City: The Use and Reuse of Urban Land* ［M］. Cambridge, Lincoln Institute of Land Policy, 2004.

[4] Robert E. Stipe, *A Richer Heritage, Historic Preservation in the Twenty-First Century* ［M］. Chapel Hill: University of North Carolina Press, 2003.

[5] Niall Kirkwood. *Manufactured Sites: Rethinking the Post-Industrial Landscape* ［M］. London: Spon Press, 2001.

[6] Norman Tyler. *Historic Preservation, An Introduction to Its History, Principles, and Practice* ［M］. New York: W. W. Norton. Norton & Company, 2000.

[7] Michael Stratton. *Industrial Buildings Conservation and Regeneration* ［M］. London: Epson Press. 2000.

[8] Rowan Moore and Raymund Ryan. *Building Tate Modern* ［M］, London, Tate Gallery Publishing, 2000.

[9]The Iron Bridge Gorge Museum Trust Ltd. *The IronBridge and Town* [M] . Great Britain: Jarrold publishing. 2000.

[10] Kenneth Powell, *Architecture Reborn: converting old Buildings for New Uses* [M] . New York: Rizzoli International Publications, Inc, 1999.

[11] Yale, P. *From tourist attractions to heritage tourism* [M] . Huntington: ELM publications, 1998.

[12] Marilyn Palmer and Peter Neaverson. *Industrial Archaeology—Principles and practice* [M], Routledge, London, 1998.

[13] Keith Walden. *Becoming Modern in Toronto: The Industrial Exhibition and the Shaping of a Late Victorian Culture* [M], Toronto: University of Toronto Press, 1997.

[14] Charles Parrott. *Lowell Then and Now: Restoring the Legacy of a Mill City* [M], Lowell, Mass,: Lowell Historic Preservation Commission, 1995.

[15] Muller, Edward K. Westmoreland County, *Pennsylvania : an Inventory of Historic Engineering and Industrial Sites.* Washington, D. C. : Historic American Buildings Survey/Historic American Engineering Record: America's Industrial Heritage Project, National Park Service, U. S. Dept. of the Interior, 1994.

[16] Alfrey J, Putnam T. *The Industrial Heritage Managing Resources and Uses* [M], London: Routledge, 1992.

[17] Walsh Kevin, *The Representation of the Past: Museum and Heritage in the Post-modern Word* [M], London/New York: Routledge. 1992.

[18] Thomas Dublin. *Lowell National Historical Park and Lowell Heritage State Park* [M], U. S. National Park Services. Division of Publications. 1992.

[19] Shedd, Nancy S. Huntingdon County, *Pennsylvania : an inventory of historic engineering and industrial sites.* Washington, D. C. : Historic American Buildings Survey/Historic American Engineering Record : America's Industrial Heritage Project, National Park Service, U. S. Dept. of the Interior, 1991.

[20] Margaret M. Mulrooney. *Legacy of coal: the Coal Company Towns of*

Southwestern Pennsylvania. Washington, D. C. : Historic American Buildings Survey/Historic American Engineering Record : America's Industrial Heritage Project, National Park Service, U. S. Dept. of the Interior, 1989.

[21] John C. Paige. *Pennsylvania Railroad Shops and Works, Altoona, Pennsylvania : America's Industrial Heritage Project*. Washington, D. C. : U. S. Dept. of the Interior, National Park Service, 1989.

[22] Brown, Sharon A. *Cambria Iron Company : America's Industrial Heritage Project*, Pennsylvania. Washington, D. C. : U. S. Dept. of the Interior, National Park Service, 1989.

[23] Binney M. *Our Vanishing Heritage* [M], London: Arlington, 1984.

二、论文

[1] David M. Farrell and Kevin Davies. Cathodic Protection of Iron and Steel in Heritage Buildings in the United Kingdom [J] . APT Bulletin, Vol. 36, No. 1 (2005), pp. 19 - 24. Association for Preservation Technology International (APT)

[2] Buchanan, A. 2005. Industrial Archaeology: Past, Present and Prospective [J] . Industrial Archaeology Review , Vol. 27, No. 1, pp. 19 - 21.

[3] Mellor, I. 2005. Space, Society, and the Textile Mill [J], Industrial Archaeology Review, Vol. 27, No. 1, pp. 49 - 56.

[4] Octave Debary, Deindustrialization and Museumification: From Exhibited Memory to Forgotten History [J] . Annals of American Academy of Political and Social Science, Vol. 395, (Sep. , 2004), pp. 122 - 133.

[5] S. A. Caunce, Hourse as Museums: The Case of the Yorkshire Wool Textile Industry [J] . Transactions of the Royal Historical Society, Sixth Series, Vol. 13 (2003), pp. 329 - 343.

[6] Emory L. Kemp. The Preservation of Historic Engineering and Industrial Works: History, Pertinent Literature, Status, and Prospects [J] . The public Historian, Vol. 13, No. 3: 131 - 137.

［7］Thomas E. Leary and Elizabeth C. Sholes, Authenticity of Place and Vioce: Examples of Industrial Heritage Preservation and Interpretation in the U. S. and Europe ［J］. The Public Historian, Vol. 22, No. 3 (Summer, 2000), pp. 49 – 66.

［8］Stephen H. Cutcliffe and Steven Lubar. The Challenge of Industrial History Museums ［J］. The Public Historian, Vol. 22, No. 3 (Summer, 2000), pp. 11 – 24.

［9］Carolyn M. Goldstein. Many Voices, True Stories, and the Experiences We Are Creating in Industrial History Museums: Reinterpreying Lowell, Massachusetts ［J］. The Public Historian, Vol. 22, No. 3 (Summer, 2000), pp. 129 – 137.

［10］ Harold Skramstad. The Mission of the Industrial Museum in the Postindustrial Age ［J］. The Public Historian, Vol. 22, No. 3 (Summer, 2000), pp. 25 – 32.

［11］ Woodward, S. The Market for Indsutrial Heritage Sites ［J］. Insights, Jan 2000. pp. 21 – 31.

［12］ Aldous T. Britain's Industrial Heritage Seeks World Status ［J］. History Today, 1999. 5: pp. 3 – 13.

［13］ Brian O'Donnell. Memory and Hope: Four Local Museums in the Mill Towns of the Industrial Northeast ［J］. Technology and Culture, Vol. 37, No. 4 (Oct. , 1996), pp. 817 – 827.

［14］ Thomas Wright. The National Museum of Science and Industry: An Overview ［J］. Technology and Culture, Vol. 37, No. 1 (Jan. , 1996), pp. 147 – 150.

［15］ Edwards J A, Llurdés i Coit J C. Mines and Quarries Industrial Heritage Tourism ［J］. Annals of Tourism Research, 1996. 2: 341 – 363.

［16］ Aldous T. Britain's industrial heritage seeks world status ［J］. History Today, 1995 (5).

［17］ Beeho, Alison J. & Richard C. Prentice, Evaluating the Experiences and Benefits Gained by Tourists Visiting A Socio-Industrial Heritage Museum:

An Application of ASEB Grid Analysis to Blists Hill Open-Air Museum, The Ironbridge Gorge Museum, United Kingdom [J]. Museum Management and Curatorship, 1995, 14 (3): 229 – 251.

[18] Regina Lee Blaszczyk. Baltimore Museum of Industry [J]. Journal of American History, Vol. 80, No. 1 (Jun. , 1993), pp. 203 – 210.

[19] Geoffrey Tweedale, Steel Metropolis: A View of Sheffield Industry at Kelham Island Industry Museum [J]. Technology and Culture, Vol. 33, No. 2 (Apr. , 1992), pp. 328 – 335.

[20] John W. Snyder. Historic Preservation and Hazardous Waste: A Legacy of the Industrial past [J]. APT Bulletin, Vol. 24, No. 1/2 (1992), pp. 67 – 73.

[21] Regina Lee Blaszczyk. The Upper Ohio Valley's Industrial Heritage: The East Liverpool Museum of Ceramics [J]. Technology and Culture, Vol. 33, No. 4 (Oct. , 1992), pp. 788 – 796.

[22] Emory L. Kemp. The Preservation of Historic Engineering and Industrial Works: History, Pertinent Literature, Status, and Prospects [J]. The Public Historian, Vol. 13, No. 3, Preservation Technology (Summer, 1991), pp. 131 – 137.

[23] Thomas E. Leary, Shadows in the Cave: Industrial Ecology and Museum Practice [J]. The Public Historian, Vol. 11, No. 4 (Autumn, 1989), pp. 39 – 60.

[24] History and Heritage: The Social Origins of the British Industrial Relations System by AlanFox; Adjusting to Democracy: The Role of the Ministry of Labour in British Politics 1916 – 1939 by Rodney Lowe; A History of British Industrial Relations, Volume II: 1914 – 1939 by C. J. Wrigley; The Wounded Soldiers of Industry: Industrial Compensation Policy 1833 – 1897 by P. W. J. Bartrip; S. B. Burman; Race and Labour in Twentieth-Century Britain by Kenneth Lunn (ed.) [J]. The Historical Journal, Vol. 31, No. 4 (Dec. , 1988), pp. 1009 – 1013.

[25] John R. Bowie, Documentation of America's Industrial Heritage: The

Historic American Engineering Record ［J］. Bulletin of the Association for Preservation Technology, Vol. 17, No. 1 (1985), pp. 47 – 56.

［26］ Larry D. Lankton and Terry S. Reynolds. Industrialization and the Industrial Heritage in International Perspective：Lowell Conferenceon Industrial History ［J］. Technology and Culture, Vol. 26, No. 2 (Apr., 1985), pp. 268 – 274.

［27］ Francois Hubert. *Ecomuseums in France*：*Contradictions and Distortions* ［J］. UNESCO Museums, 1985, Vol. 148, No. 3：p. 187.

［28］ Marie Nisser. The Industrial Heritage：The Third International Conference on the Conservation of Industrial Monuments ［J］. Technology and Culture, Vol. 25, No. 2 (Apr., 1984), pp. 343 – 344.

［29］ W. A. Mc Cutcheon, Industrial Archaeology：ACase Stuy in Northern Ireland ［J］. World Archaeology, Vol. 15, No. 2 (Oct., 1983), pp. 161 – 172.

［30］ Theodore Anton Sande. Industrial Archeology：A New Look at the American Heritage ［J］. Winterthur Portfolio, Vol. 15, No. 2 (Summer, 1980), pp. 186 – 187.

［31］ Barrie Trinder. Industrial Conservation and Industrial History：Reflections on the Ironbridge Gorge Museum ［J］, History Workshop, No. 2 (Autumn, 1976), Oxford University Press. pp. 171 – 176.

［32］ Michael R. Industrial Archaeology ［J］. The Amateur Historian, 1955, 2 (8)：225 – 229.

中文参考文献

一、专著、研究报告与论文集

［1］［法］佛朗索瓦丝·萧伊. 建筑遗产的寓意 ［M］. 寇庆民译, 北京：清华大学出版社, 2013.

［2］吕建昌. 上海世博会与未来上海发展 ［M］. 上海：上海大学出版社, 2013.

［3］刘抚英. 后工业景观设计 ［M］. 上海：同济大学出版社, 2013.

［4］张京成等．工业遗产的保护和利用——创意经济时代的视角［M］．北京：北京大学出版社，2013.

［5］［美］贝伦斯著（Carol Berens）．工业遗址的再开发利用：建筑师、规划师、开发商和决策者实用指南［M］．吴小菁译，北京：电子工业出版社，2012.

［6］朱文一，刘伯英主编．中国工业建筑遗产调查、研究与保护（二）［G］．北京：清华大学出版社，2012.

［7］上海世博会事务协调局．上海世博会规划［M］．上海：上海科学技术出版社，2010. 周振华主编．城市发展：愿景与实践——基于上海世博会城市最佳实践区案例的分析［M］．上海：上海人民出版社，2010.

［8］岳宏．工业遗产保护初探：从世界到天津［M］．天津：天津人民出版社，2010.

［9］［美］罗伯特·E. 勒纳等．西方文明史［M］，王觉非等译，北京：中国青年出版社，2010.

［10］朱荣林．解读田子坊［M］．上海：文汇出版社，2009.

［11］俞孔坚．回到土地［M］．北京：生活·读书·新知三联书店，2009.

［12］上海市文物管理委员会编．上海工业遗产新探［M］．上海：上海交通大学出版社，2009.

［13］刘世锦主编．中国文化遗产事业发展报告［M］．北京：社会科学文献出版社，2009.

［14］吴志强主编．上海世博会可持续规划设计［M］．北京：中国建筑工业出版社，2009.

［15］刘伯英主编．中国工业建筑遗产调查与研究［G］．北京：清华大学出版社，2009.

［16］刘伯英、冯钟平．城市工业用地更新与工业遗产保护［M］．北京：中国建筑工业出版社，2009.

［17］［美］哈德罗·R. 斯内德科夫．文化设施的多用途开发［M］．梁学勇等译．北京：中国建筑工业出版社，2009.

［18］王红军．美国建筑遗产保护历程研究——对四个主题性事件及其背景的分析［M］．南京：东南大学出版社，2009.

[19] 聂武钢，孟佳．工业遗产与法律保护［M］．北京：人民法院出版社，2009.

[20] 单霁翔．从"文物保护"走向"文化遗产保护"［M］．天津：天津大学出版社，2008.

[21] 王建国等．后工业时代产业建筑遗产保护更新［M］．北京：中国建筑工业出版社，2008.

[22] 白青锋．锈迹——寻访中国工业遗产［M］．北京：中国工人出版社，2008.

[23] 单霁翔．从"功能城市"走向"文化城市"［M］．天津：天津大学出版社，2007.

[24] 朱晓明．当代英国建筑遗产保护［M］．上海：同济大学出版社，2007.

[25] 张艳华．在文化价值和经济价值之间：上海城市建筑遗产（CBH）保护与再利用［M］．北京：中国电力出版社，2007.

[26] 左琰．德国柏林工业建筑遗产的保护与再生［M］．南京：东南大学出版社，2007.

[27] 郑时龄主编．世博园及世博场馆建设与规划设计研究［M］．上海：上海教育出版社，2007.

[28] 刘会远，李蕾蕾．德国工业旅游与工业遗产保护［M］．北京：商务印书馆，2007.

[29] 国家文物局文保司，无锡市文化遗产局编．中国工业遗产保护论坛文集［G］．南京：凤凰出版社，2007.

[30] 国际工业遗产保护协会（TICCIH）《关于工业遗产的下塔吉尔宪章》．张松编．城市文化遗产保护国际宪章与国内法规选编．上海：同济大学出版社，2007.

[31] 单霁翔．城市化发展与文化遗产保护［M］．天津：天津大学出版社，2006.

[32] ［英］史蒂文·蒂耶斯德尔等．城市历史街区的复兴［M］．董卫等译．北京：中国建筑工业出版社，2006.

[33] 杨凯成主编．废墟的再生——工业遗址再利用国外案例探索［M］．

　　　　台北：文建委，2006.

[34] 石楠等主编．城市复兴的理论与实践——中英城市复兴高层论坛文献集 [G]．哈尔滨：黑龙江科学技术出版社，2006.

[35] 登琨艳．失忆的城市：一个建筑师对当代城市的痛与爱 [M]，上海：华东师范大学出版社，2006.

[36] 吕建昌．博物馆与当代社会若干问题的研究 [M]．上海：上海辞书出版社，2005.

[37] 王玉丰主编．揭开昨日工业的面纱——工业遗址的保存与再造 [G]．台湾："国立"科学工艺博物馆，2005.

[38] 陆地．建筑的生与死——历史性建筑再利用研究 [M]．南京：东南大学出版社，2004.

[39] 薛顺生、娄承浩编著．老上海工业旧址遗迹 [M]．上海：同济大学出版社，2004.

[40] 韩妤齐、张松．东方的塞纳左岸——苏州河沿岸的艺术仓库 [M]．上海：上海古籍出版社，2004.

[41] 张誉腾．生态博物馆——一个文化运动的兴起 [M]．台湾：台北五观艺术管理有限公司，2004.

[42] 周俭、张恺编著．在城市上建造城市：法国城市历史遗产保护实践 [M]．北京：中国建筑工业出版社，2003.

[43] 段勇．当代美国博物馆 [M]．北京：科学出版社，2003.

[44] 上海市政府．上海市历史文化风貌区和优秀历史建筑保护条例，2002.

[45] [英] 肯尼思·鲍威尔．旧建筑改建和重建 [M]．于馨等译．大连：大连工学院出版社，2001.

[46] 张松．历史城市保护学导论——文化遗产和历史环境保护的一种整体性方法 [M]．上海：上海科学技术出版社，2001.

[47] 王宏钧．中国博物馆学基础 [M]．上海：上海古籍出版社，2001.

[48] [英] 阿诺德·汤因比．人类与大地母亲——一部叙事体世界历史 [M]，徐波等译，上海：上海人民7版社，2001.

[49] 阮仪三．历史环境保护的理论与实践 [M]．上海：上海科学技术出版社，2000.

［50］王景慧等．历史文化名城保护理论与规划［M］．上海：上海同济大学出版社，1999.

［51］冯春萍．德国鲁尔矿区区域整治及其经济持续发展，矿业城市与可持续发展［G］．北京：石油工业出版社，1998.

［52］［美］刘易斯·芒福德．城市发展史——起源、演变和前景［M］．倪文彦、宋峻岭译．北京：中国建筑工业出版社，1989.

［53］［美］丹尼尔·贝尔．后工业社会的来临：对社会预测的一项探索［M］．北京：商务印书馆，1984.

［54］汪敬虞．中国近代工业史资料（全四册）［M］．北京：中华书局，1962.

二、论文

［1］王润生等．论青岛工业遗产保护及再利用之路［J］．工业建筑，2013（1）：14—16.

［2］王高峰、孙升．中国工业遗产的研究现状［J］．工业建筑，2013（1）：1—3，60.

［3］罗彼德，简夏仪．中国工业遗产与城市保护的融合［J］．国际城市规划，2013（2）：56—62.

［4］刘伯英，李匡．首钢工业遗产保护规划与改造设计［J］．工业建筑遗产，2012（1）：30—35.

［5］李冰．我国地方工业遗产保护问题的政策研究——以沈阳市铁西区为例［J］．牡丹江大学学报，2012（12）：86—87，94.

［6］戴志中、陈洁．重庆特岗工业遗产保护与再利用——重庆特钢滨水历史地段城市设计［J］．室内设计，2012（3）：10—16.

［7］郭汝．从上海市创意产业园谈我国工业遗产的保护［J］．工业建筑，2012（3）：52—56.

［8］黄建生、刘小红．当代工业遗产保护及再造工作之反思——以世博地段工业遗址改造为案例［J］．新视觉艺术，2012（2）：51—53.

［9］刘抚英．德国埃森"'关税同盟'"煤矿Ⅻ号矿井及炼焦厂工业遗产保护与再利用［J］．华中建筑，2012（3）：179—182.

［10］马航、苏妮娅．德国工业遗产保护和开发再利用的政策和策略分析——

以北威州鲁尔区为例 [J]．城市规划设计，2012（1）：28—32．

[11] 刘伯英．工业建筑遗产保护发展综述 [J]．建筑学报，2012（1）：12—17．

[12] 马迪．工业遗产保护利用与地区复兴的分析与思考 [J]．浙江建筑，2012（7）：1—5．

[13] 鲍茜、徐刚．基于大遗址保护的工业遗产保护利用探索——以洛阳玻璃厂为例 [J]．城市规划，2012（6）：84—90．

[14] 周文．2010 年上海世博会工业遗产保护与利用 [J]．探索，2012（6）：60—61．

[15] 冷婕、陈科．城市复兴背景下的工业遗产保护与再利用——以法国南特岛复兴项目为例．新建筑 [J]．2012（2）：38—43．

[16] 刘英等．城市更新改造中的工业遗产保护与再生——以郑州老纺织工业基地为例 [J]．现代城市研究．2012（12）：43—47．

[17] 王晶等．城市工业遗产保护更新——一种构建创意城市的重要途径．国际城市规划，2012（3）：60—64．

[18] 周大鸣、刘家佶．城市记忆与文化遗产——工业遗产保护下的中国工人村 [J]．青海民族研究，2012（2）：1—5．

[19] 刘凌雯、李小海．船舶工业遗产保护及创意产业集聚区创建研究 [J]，城市研究，2012（5）：89—94．

[20] 丁芳、徐子琳．中国工业遗产的法律保护研究 [J]．科技信息，2012（1）：17—18．

[21] 吕建昌．近现代工业遗产博物馆的基本特征与内涵 [J]．江苏：东南文化，2012.1：111—115．

[22] 吕建昌．我国近现代工业遗产博物馆发展对策思考 [J]．北京：中国博物馆，2012.1：52—57．

[23] 吕建昌．从铁桥峡、洛厄尔到埃森：英美德三国露天工业遗址博物馆的经验 [J]．北京：中国博物馆，2012.3：68—78．

[24] 朱蓉．城市滨水工业建筑遗产的再生——英国迪尔码头改造的可持续生态设计理念评析 [J]．工业建筑，2011（2）：21—23．

[25] 刘成、李浈．浅论上海工业遗产再生模式——世博背景下工业遗产的

昨天、今天和明天［J］．湖北：华中建筑，2011.3：177—182.

［26］左琰．上海世博会的经验与反思——滨江工业遗产保护与利用［J］．
北京：北京规划建设，2011.1：32—36.

［27］季宏等．天津近代工业发展概略及工业遗存分类［J］．北京：北京规
划建设，2011.1：26—31.

［28］吕建昌．后世博与上海文博事业发展的思考．上海大学文科发展研究
院编．后世博与上海发展［G］．上海：上海大学出版社，2011.
235—248.

［29］唐魁玉、唐安琪．工业遗产的社会记忆价值与生活史意义［J］．辽
宁：辽东学院学报（社会科学版），2011.13（3）：16—20，33.

［30］张健等．工业遗产价值标准及适宜性再利用模式初探［J］．北京：建
筑学报，2011.（1）：88—92.

［31］崔卫华、宫丽娜．世界工业遗产的地理、产业分布及价值特征研
究——基于世界遗产名录中工业遗产的统计分析［J］．湖南：经济地
理，2011.31（1）：162—165，176.

［32］吕建昌．近现代工业遗产保护模式初探［J］．江苏：东南文化，
2011.4：14—19.

［33］周岚、宫浩钦．城市工业遗产保护的困境及原因［J］．北京：城市问
题，2011.7：49—53.

［34］吴南、刘征．产业建筑遗存保护改造类型研究［J］．天津：城市，
2011.6：35—38.

［35］周岚、宫浩钦．城市工业遗产保护的困境及原因［J］．城市问题，
2011（7）：49—53.

［36］崔向东、于富业．阜新工业文化遗产保护与利用创新模式研究［J］．
江苏：中国名城，2011.（4）：37—40.

［37］解学芳、黄昌勇．国际工业遗产保护模式及与创意产业的互动关系
［J］．同济大学学报（社会科学版），2011（2）：52—58.

［38］张松、陈鹏．上海工业建筑遗产保护与创意园区发展——基于虹口区
的调查、分析及其思考［J］．建筑学报，2010.12：12—16.

［39］吕建昌、邱捷．上海世博会与工业遗产博物馆［J］．江苏：东南文

化，2010.1：88—92.

[40] 青木信夫、徐苏斌. 从北洋水师大沽船坞保护到天津滨海新区总体规划 [J]. 上海：时代建筑，2010.5：40—45.

[41] 刘伟、田嘉. 工业遗产保护规划及设计研究——以天津滨海新区核心区天津碱厂地区为例. 广西 [J]：规划师，2010.26（7）：56—60.

[42] 方一兵. 汉冶萍公司工业遗产及其保护与利用现状 [J]. 江苏：中国矿业大学学报（社会科学版），2010.3：99—105.

[43] 鞠叶辛等. 从旧厂房到博物馆——工业遗产保护与再生的新途径 [J]. 建筑科学，2010.6：14—17.

[44] 李增军等. 黄浦江滨江工业遗产保护的共生策略 [J]. 湖北：华中建筑，2010.6：146—149.

[45] 阚怡、裘鸿菲. 涅槃重生——三线地区军工业废弃地景观保护与更新探析 [J]. 湖北：华中建筑，2010.12：123—125.

[46] 肖立军. 攀枝花大工业文化遗产的价值与保护对策研究 [J]. 四川：攀枝花学院学报，2010.27（4）：1—3.

[47] 陈岩. 浅析我国工业遗产文化旅游 [J]. 辽宁：文化学刊，2010.4：170—173.

[48] 杜青松等. 国内外煤矿工业遗产保护性开发新进展 [J]. 北京：资源与产业，2010.12（5）：106—110.

[49] 刘丽华. 非物质工业遗产保护体系构建 [J]. 辽宁：沈阳师范大学学报（社会科学版），2010.34（5）：27—32.

[50] 任苏文. 工业遗产中大型机器设备的保护 [J]. 北京：中国文物科学研究，2010.2：46—50.

[51] 陈思聪等. 工业遗存改造模式的探索——以杭协联热电厂工业遗产保护和再利用为例 [J]. 浙江：浙江建筑，2010.10：5—8.

[52] 梁玮男、李忠宏. 关于产业遗产保护与再利用的"共生"策略研究 [J]. 北京：国际城市规划，2010.25（4）：67—71.

[53] 赵晓荣. 人类学视野下的工业文化遗产保护和传承 [J]. 天津：天津社会科学，2010.5：88—90.

[54] 陈雨蕉. 我国工业遗产保护再利用案例比较浅析 [J]. 北京：中国文

物科学研究，2010.3：35—38，43.

[55] 李莉．我国工业遗产的立法保护研究 ［J］．甘肃：兰州教育学院学报，2010.26（6）：275—276.

[56] 程萍．城市现代化建设中的工业文化遗产保护与合理利用 ［J］．天津：理论与现代化，2010.6：17—20.

[57] 寇怀云．工业遗产的核心价值及其保护思路研究 ［J］．江苏：东南文化，2010.5：24—29.

[58] 刘伯英、李匡．北京工业建筑遗产保护与再利用体系研究．北京：建筑学报，2010.12：1—6.

[59] 吕建昌．上海世博会的后续效应 ［J］．江苏：东南文化，2010.6：104—107.

[60] 吕建昌．城市文化遗产保护的新理念——上海世博会给我们的启示．上海大学文科发展研究院编．上海世博与上海发展 ［G］．上海：上海大学出版社，2010.142—155.

[61] 吕建昌．世博会与博物馆的内在关系 ［J］．上海：上海大学学报（社会科学版），2010.3：108—119.

[62] 于长英．城市工业遗产的保护与利用 ［J］．辽宁：辽宁师范大学学报（自然科学版），2009.32（1）：110—114.

[63] 姚睿．"LOFT"有机景观——广州珠江后航道近现代工业遗产保护与景观再生途径探讨 ［J］．湖南：中外建筑，2009.8：61—64.

[64] 王颖、孙斌栋．中法工业建筑遗产保护与再利用的比较研究初探 ［J］．北京：国际城市规划，2009.1：62—67.

[65] 王成平．20 世纪工业遗产保护刍议——以广安"三线"工业遗产为例 ［J］．四川：四川文物，2009.1：96，91.

[66] 杨毅栋等．超越物质形态规划的挑战——杭州市区工业遗产保护规划探索 ［J］．浙江：浙江建筑，2009.1：6—9，14.

[67] 连波．城市中的"公社"——城市工业遗产建筑群再利用的可行性研究 ［J］．重庆：室内设计，2009.3：23—24.

[68] 李镭．从798工厂的变迁谈工业遗产的保护与再利用 ［J］．山西：山西建筑，2009.35（12）：36—37.

［69］姜振寰．东北老工业基地改造中的工业遗产保护与利用问题［J］．黑龙江：哈尔滨工业大学学报（社会科学版），2009.11（3）：62—67.

［70］马云霞．对上海旧工业遗产保护区——上海创意产业园区现状的反思［J］．北京：工业建筑，2009.39（12）：36—38.

［71］寇怀云、陈捷．法国工业遗产保护实践分析与借鉴［J］．北京：北京规划建设，2009.6：135—138.

［72］寇怀云．工业遗产保护综述．复旦大学文物与博物馆学系编．文化遗产研究集刊（4）．上海：复旦大学出版社，2009.151—165.

［73］郭旃．工业遗产保护：新面孔大飞跃［J］．北京：北京规划建设，2009.1：140—141.

［74］宣祥鎏．工业遗产保护是历史名城保护的新拓展［J］．北京：北京规划建设，2009.1：139.

［75］陈燮君．加强上海工业遗产保护利用促进文化遗产事业科学发展［J］．上海：上海文博论丛，2009.4：6—13.

［76］王慧、韩福文．试论政府在东北工业遗产保护与旅游利用中的作用［J］．北京：城市发展研究，2009.7：113—118.

［77］董岑．天津市塘沽区工业遗产旅游研究［J］．天津：天津师范大学，2009.

［78］于红．文化生态视角下的天津工业遗产再利用．中国城市规划学会主编．城市规划和科学发展——2009中国城市规划年会论文集．天津：天津科学技术出版社．2009，2944—2952.

［79］顾朝林．评德国工业旅游与工业遗产保护［J］．北京：地理研究，2009.1：271.

［80］张雪、王佳佳．工业遗产保护政策的经济学分析［J］．四川：绵阳师范学院学报，2009.28（12）：28—31.

［81］刘翔．工业遗产的认定及价值构成［J］．山东：滨州学院学报，2009.25（4）：61—64.

［82］袁晓霞．工业遗产的保护与城市景观设计［J］．黑龙江：哈尔滨工业大学学报（社会科学版），2009.11（3）：57—61.

［83］梅洪元等．后工业时代旧工业建筑的转型再利用［J］．黑龙江：城市

建筑，2009.2：23—25.

[84] 董杰、高海．中国工业遗产保护及其非物质成分分析［J］．内蒙古：内蒙古师范大学学报（自然科学汉文版），2009.38（4）：452—456.

[85] 张道君．重庆旧工业建筑遗产保护与利用浅析［J］．重庆：室内设计，2009.2：6—11.

[86] 吕建昌．从文化创意园区到世博会展馆．李伦新主编．海派文化与精彩世博［G］．上海：上海文汇出版社，2009.126—134.

[87] 田燕．文化线路视野下的汉冶萍工业遗产研究［J］．武汉：武汉理工大学，2009.

[88] 田燕、黄焕．从三个实例看工业遗产在城市中的再利用［J］．湖北：新建筑，2008.6：132—135.

[89] 吴建军、丁援．大型水利工程与"潜工业遗产"保护初探［J］．湖北：华中建筑，2008.8：13—15.

[90] 阙维民．世界遗产视野中的中国传统工业遗产［J］．湖南：经济地理，2008.6：4—10.

[91] 朱建平．工业遗产保护：刻不容缓的历史责任［J］．江苏：江南论坛，2008.7：28—31.

[92] 郝珺、孙朝阳．工业遗产地的多重价值及保护［J］．北京：工业建筑，2008.12：33—36.

[93] 冯立昇．关于工业遗产研究与保护的若干问题［J］．黑龙江：哈尔滨工业大学学报（社会科学版），2008.10（2）：1—8.

[94] 翁林敏、王波．后工业时代无锡工业遗产的保护与更新［J］．北京：建筑师，2008.6：102—106.

[95] 刘伯英、李匡．北京工业遗产评价办法初探［J］．北京：建筑学报，2008.12：10—13.

[95] 哈静、陈伯超．基于整体涌现性理论的沈阳市工业遗产保护［J］．北京：工业建筑，2008.38（5）：42—45，78.

[96] 章熙军、汪永平．南京工业遗产调查与保护研究［J］．江苏：江苏建筑，2008.6：14—16，36.

[97] 张文珺、邵俊英．浅谈常州市工业遗产保护与利用［J］．江苏：江苏

城市规划，2008.9：17—21.

[98] 杨宏烈．广州工业遗产保护方略初探［J］．北京：城市发展研究，2008.3：24—26.

[99] 严钧、申玲、李志军．工业建筑遗产保护的英国经验——以利物浦阿尔伯特船坞为例［J］．世界建筑，2008（2）：116—119.

[100] 邵龙等．工业遗产的文化重建——英国工业文化景观资源保护与再生的借鉴［J］．湖北：华中建筑，2008.26（9）：194—202.

[101] 海源、袁筱薇．工业遗产保护在中国西部——以成都东郊老工业区改造为例［J］．四川：四川建筑，2008.28（2）：8—10，14.

[102] 宋春兰．浅谈工业遗产与保护——以天津三条石民族工业为例［J］．河北：文物春秋，2008.3：61—64.

[103] 吴建军、丁援．大型水利工程与"潜工业遗产"保护初探［J］．湖北：华中建筑，2008.11：13—15.

[104] 刘会远、李蕾蕾．浅析德国工业遗产保护和工业旅游开发的人文内涵［J］．上海：世界地理研究，2008.17（1）：119—125.

[105] 张毅杉、夏健．融入城市公共游憩空间系统的城市工业遗产的保护与再利用．北京：工业建筑，2008.38（4）：27—30，49.

[106] 李和平、张毅．与城市发展共融——重庆市工业遗产的保护与利用探索［J］．重庆．重庆建筑，2008.10：38—41.

[107] 吕建昌．世博会展示理念与技术对博物馆的影响［J］．北京：中国博物馆，2008.4：72—77.

[108] 吕建昌．略论近代工业遗址博物馆［J］．北京：中国博物馆：2008.1：36—42.

[109] 尤宝铭．西北地区工业遗产的保护与开发利用［J］．北京：中国博物馆，2007.3：81—87.

[110] 陈迎．老工业区复兴新动力——鲁尔区 RI（工业遗产之路）开发计划借鉴分析［J］．北京：北京规划建设，2007.3：104—108.

[111] 叶瀛舟、厉双燕．国内外工业遗产保护与再利用经验及其借鉴．上海：上海城市规划，2007.3：50—53.

[112] 刘佳．工业遗产保护与更新初探［J］．重庆：重庆建筑，2007.6：

16—18.

［113］刘伯英、李匡．工业遗产资源保护与再利用——以首钢工业区为例［J］．北京：北京规划建设，2007.2：28—31.

［116］邢怀滨等．工业遗产的价值与保护初探［J］．辽宁：东北大学学报（社会科学版），2007.1：16—19.

［117］朱强等．大运河工业遗产廊道的保护层次［J］．辽宁：城市环境设计，2007.5：16—20.

［118］文爱平、周干峙．工业遗产保护，是一朵晚开的花［J］．北京：北京规划建设，2007.2：188—191.

［119］单霁翔．关注新型文化遗产：工业遗产的保护［J］．北京：北京规划建设，2007.2：11—14.

［120］马燕等．河南省工业遗产保护与再利用刍议［J］．云南：云南地理环境研究，2007.19（5）：64—68.

［121］张健、刘伟惠．上海旧工业建筑保护与再利用简述［J］．湖北：华中建筑，2007.7：157—159.

［122］李建华、王嘉．无锡工业遗产保护与再利用探索［J］．北京：城市规划，2007.31（7）：81—84.

［123］吕舟．城市工业遗产保护价值观察——以江南造船厂与798厂为例［J］．北京：中国文化遗产，2007.4：54—58.

［124］刘伯英、李匡．北京焦化厂工业遗产资源保护与再利用城市设计［J］．北京：北京规划建设，2007.2：67—73.

［125］刘抚英等．德国鲁尔区工业遗产保护与再利用对策考察研究［J］．北京：世界建筑，2007.7：120—123.

［126］阙维民．国际工业遗产的保护与管理［J］．北京：北京大学学报（自然科学版），2007.4：523—534.

［127］王建国、蒋楠．后工业时代中国产业类历史建筑遗产保护性再利用［J］．北京：建筑学报，2006.8：8—11.

［128］张松．上海产业遗产的保护与适当再利用［J］．北京：建筑学报，2006.8：16—20.

［129］严建伟、田迪．LOFT文化现象及在中国的发展演进［J］．上海：同

济大学学报（社会科学版），2006.17（3）：46—50.

[130] 陆邵明．关于城市工业遗产的保护和利用［J］．广西：规划师，2006.10：13—15.

[131] 登琨艳．黄浦江畔旧工业建筑的保护与再生［J］．黑龙江：城市建筑，2006.12：21—24.

[132] 王慧芬．论江苏工业遗产保护与利用［J］．江苏：东南文化，2006.4：6—10.

[133] 刘伯英、李匡．首钢工业区工业遗产资源保护与再利用研究［J］．北京：建筑创作，2006.9：36—51.

[134] 李冬生．杨浦老工业区工业用地更新与调整［J］．广西：规划师，2006.22（10）：43—47.

[135] 刘伯英、李匡．工业遗产的构成与价值评价方法［J］．北京：建筑创作，2006.9：24—30.

[136] 卢永毅、杨燕．化腐朽为神奇——德国鲁尔区产业遗产的保护与利用［J］．上海：时代建筑，2006.2：36—39.

[137] 陈云琪、顾伟等．"江南文化"驻留浦江畔——江南造船厂保护与再利用的前期研究［J］．上海：时代建筑，2006.2：68—71.

[138] 俞孔坚、方琬丽．中国工业遗产初探［J］．北京：建筑学报，2006.8：12—15.

[139] 李辉、周武忠．我国工业遗产地保护与利用研究述评［J］．南京：东南大学学报（哲学社会科学版），2005.7（增刊）：211—214.

[140] 寇怀云．旧工业建筑改造为展示空间的再利用研究［J］．北京：中国博物馆，2005.4：72—75.

[141] 谢红彬、高玲．国外工业遗产再利用对福州马尾区工业旅游开发的启示［J］．陕西：人文地理，2005.6：52—55.

[142] 阮仪三．论文化创意产业的城市基础［J］．上海：同济大学学报（社会科学版），2005.16（1）：39—41.

[143] 叶雁冰．旧工业建筑再生利用的价值探析［J］．北京：工业建筑，2005.35（6）：32—34.

[144] 阮仪三、张松．产业遗产保护推动都市文化产业发展——上海文化

产业区面临的困境与机遇［J］．北京：城市规划汇刊，2004.4：53—57.

[145] 庄简狄、李凌．旧工业建筑的再利用［J］．北京：建筑学报，2004.11：68—71.

[146] 蔡晴等．南京近现代工业建筑遗产的现状与保护策略探讨——以金陵机械制造局为例［J］．南京：现代城市研究，2004.7：16—19.

[147] 陈烨．苏黎世工业区的景观变化［J］．广西：规划师，2004.5：79—81.

[148] 陈烨、宋雁．哈尔滨传统工业城市的更新与复兴策略［J］．北京：城市规划，2004.4：81—83.

[149] 陈伯超、张艳锋．工业区改造过程中文化与经济的互动与关联——沈阳铁西工业区改造再利用的设计理念［J］．辽宁：沈阳建筑工程学院学报（自然科学版），2004.1：39—42.

[150] 顾承兵．上海近代产业遗产的价值研究［J］．上海：上海城市规划，2004.1：5—8.

[151] 郭凤典、朱鸣．德国鲁尔工业区整治经验及启示［J］．湖北：理论月刊，2004.7：98—100.

[152] 张艳锋等．国外旧工业建筑的再利用与再创造［J］．辽宁：建筑设计管理，2004.1：45—47.

[153] 付遥等．国外旧工业建筑再利用对我国的启示［J］．辽宁：沈阳建筑工程学院学报，2003.1：33—36.

[154] 王玉丰．消失中的台湾工业历史文本——论当前工业遗址、地景、产业文献的保存困境［J］．台湾：工议，2003.5.

[155] 吴相利．英国工业旅游发展的基本特征与经验启示［J］．上海：世界地理研究，2002.4：73—79.

[156] 李蕾蕾．逆工业化与工业遗产旅游开发：德国鲁尔区的实践过程与开发模式．上海：世界地理研究［J］，2002.3：57—65.

[157] 俞孔坚、庞伟．理解设计：中山岐江公园工业旧址再利用［J］．北京：建筑学报，2002.8：47—52.

[158] 何山、李保峰．武汉沿江旧有工业区更新规划初探［J］．湖北：华

中建筑，2001.1：92—94，103.

[159] 赵涛．德国鲁尔区的改造——一个老工业基地改造的典型［J］．北京：国际经济评论，2000.2：37—40.

[160] 王玉丰．朝向技术遗址搜藏的理论建构——以台泥高雄厂址作为国立科学工艺博物馆的搜藏新指向的探讨［J］．台湾：科技博物，1999.5.

[161] 吴唯佳．对旧工业地区进行社会、生态和经济更新的策略——德国鲁尔地区埃姆歇园国际建筑展［J］．北京：国际城市规划，1999.3：35—37.

[162] 焦华富、韩世君．德国鲁尔区工矿城市经济结构的转变［J］．北京：经济地理，1997.2：104—107.

插图目录

注：以上图片资料来源除了标明摄影者外，其余主要来自下列网站：

http：//image. baidu. com/

http：//image. haosou. com

http：//www. lwl. org/LWL/Kultur/wim/portal/S/henrichenburg/ort/

http：//de. wikipedia. org/wiki/Schiffshebewerk_ Henrichenburg

http：//www. messezimmer-essen. com/besuch-zeche-kokerei-zollverein. html

http：//www. geo-reisecommunity. de/bild/168218/Essen-Deutschland-Wahrlichein-Industriedenkmal

http：//www. deutschland-reise. de/sehenswuerdigkeiten/zechezollverein/

http：//www. usa-freunde. de/html/zeche-zollverein. html

http：//ruhrpottfotograf. blogspot. com/2008/09/die-zeche-zollverein.

http：//www. familienkultour. de/technik/berlin/museum-im-wasserwerk-friedrichshagen

http：//www. berlin-tourismus-online. de/wasserwerk-museum. html

http：//dev. museumamostwall. dortmund. de/project/assets/template1. jsp？ tid ＝ 51107&nid ＝0&ncode ＝ grossprojekte. museum

http：//www. ruhrportal. de/kultur-kunst-ruhrgebiet/der-gasometer-oberhausen-wird

http：//agaudi. files. wordpress. com/2009/06/gasometer_ oberhausen_ aussen

http：//www. vdv-online. de/typo3temp/pics/2d7e77ed0d

http：//commons. wikimedia. org/wiki/File：Landschaftspark _ Duisburg-Nord _ -_ Blick_ auf_ Hochofen

http：//www. usa-freunde. de/html/landschaftspark. html

http：//www. hamburgerbahnhof. de/text. php？ id ＝98&lang ＝ de

http：//www. smb. museum/smb/sammlungen/details. php？ lang ＝ en&objID ＝ 21&p ＝24&typeId ＝1&img_ id ＝1

http：//de. wikipedia. org/w/index. php？ title ＝ Datei：VH _ Eingang _ pano. jpg&filetimestamp ＝20071019190654

附　录

中国部分近现代工业遗产博物馆一览

馆名	建立时间	所在地址	行业类型	上级单位	主要馆藏和陈列展览内容	展厅（或建筑）面积	人员编制	年观众量	备注
青岛纺织博物馆	2009年9月底开馆	青岛市市北区辽宁路80号青岛天幕城2号门	纺织工业	青岛市市北区政府下属旅游部门	博物馆共分为四层：一层为纺织复原车间展厅，通过数十台旧纺织机械设备的原状陈列，展示了纺织业基本的工艺流程；二、三层为历史展厅，全面介绍了新中国成立之前青岛纺织业的形成和新中国成立后青岛纺织科普互动展厅，通过互动使游客了解纺织知识和现代高科技纺织的发展趋势。	博物馆综合面积约4600平方米			该馆地处青岛丝织厂和青岛印染厂的原址，属于国家AAAA级旅游景区的一部分。2012年10月被中国科协评为"全国科普教育基地"，2010年5月被山东省科协授予"全省科普教育基地"；2010年5月被青岛市精神文明建设委员会授予"全市未成年人社会课堂"、"青少年教育基地"。博物馆一层内设多功能厅，曾成功举办少儿宝贝大赛、迪信通杯手机宝贝大赛、新丝路少儿模特大赛（预）决赛。

续表

馆名	建立时间	所在地址	行业类型	上级单位	主要馆藏和陈列展览内容	展厅（或建筑）面积	人员编制	年观众量	备注
黄石大冶铁矿博物馆	2006年	湖北省黄石市铁山区建设路2号	钢铁行业	中国武钢集团大冶铁矿公司	博物馆共设矿物陈列、古代开采、近代开采、伟人视察等八大系列，共陈列实物483件，图片635幅及10余万字文字简介资料。全面展示了亚洲最大露采石开采、早钢铁联合企业——汉冶萍公司历史照片及图表和实物；在日本对冶矿资源夺取的陈列室，反映和见证了日本对大冶铁矿的历史罪证。在矿山对大冶铁矿的侵略和掠夺等。在矿山机械博览园，露天展示着一些大型采矿和运输车辆等，还有艺术家用废旧工业零部件等创作的张之洞形象以及日本鬼子占领矿山的景象。	占地面积6400平方米，建筑面积2100平方米	9人		博物馆系利用矿上一所职工子弟学校的教室大楼而建立，是黄石国家矿山公园的一个重要组成部分，也是中国第一座陈列矿山历史的博物馆。该馆办各类专题设备用展厅，可举办各类专题陈列展示出；建有各约150人的多功能报告厅，用于各类学术交流和研究活动。
阜新海州国家矿山公园陈列馆	2009年	辽宁阜新海州区煤城路与大平大街交汇处	煤炭工业	阜新市国土资源局	陈列馆分为地下相通的A，B两栋楼，A馆一层共有七个展区，主要展示巷道体验区，煤炭形成、利用等煤矿开采的内容以及观众互动内容。二层展示的五个展区主要展示矿物、化石。B馆一层的四个展区主要展示海州露天矿开发的五层展历史以及现状，二层的劳模雕塑、海州露天矿的规划和未来发展以及露天矿各种作业设备等。	主体建筑高15米，建筑面积5000多平方米			陈列馆外形仿照海州露天矿煤层地质构造呈东西走向，南北倾斜设计建造，侧面成三角形，正面由大小不等的矩形组成。在陈列馆前面开阔的广场上，露天陈列着各种大型机械设备以及露天矿运输的蒸汽车机车等。

续表

馆名	建立时间	所在地址	行业类型	上级单位	主要馆藏和陈列展览内容	展厅（或建筑）面积	人员编制	车观众量	备注
广安"三线"工业遗产陈列馆	2011年6月10日开馆	广安市青莲东街1号广安市文化体育局左侧20米	"三线"建设工业	广安市文管所	展示内容分四大板块："三线"概述，广安"三线"，难忘岁月和保护之路。"三线"概述总体介绍了我国"三线"建设的历史背景，总体布局以及四川三线企业布局情况；广安"三线"通过原广安10个国防三线企业厂区照片、设备、产品、荣誉证书等，全面系统展示其建设历程和光辉业绩；"难忘岁月"通过三线企业偏僻的地理环境，艰苦的食宿条件、落后的生产设备、单调的文化生活等几组照片，再现了那段特殊历史中的难忘瞬间；"保护之路"工业遗产保护工作和文物各级领导重视"三线"工业遗产保护工作和文物开展者开展保护工作的点滴。				2006年，广安启动"三线"遗产保护工作。经过4年的遗产保护调研、实物征集，资料整理和科学布展，建成了广安"三线"工业遗产陈列馆。陈列馆以回归"三线"建设为设计基本理念，外观采取三线企业车间造型，墙面饰青砖、石灰勾缝，配以符合当时社会背景的红五角星；内装上完全还原厂车间布局，让陈列品回归旧环境中。
杭州近代工业博物馆	2010年	浙江省杭州市小河路252号	近代工业		该馆展示杭州近代工业（1889年至1979年）的百年历史、生产设备、产品，涉及了30余行业分类，比如纺织、大桥、邮政等、钟表、丝绸工艺品、展建筑。该馆近代工业博物馆的陈列馆，展厅中有模拟的20世纪四十年代杭州历史街区、工业商店的场景，还播放老工人、手艺人的回忆录像。四楼是一个小型影院，专门播放有关杭州工业历史的影片。	建筑面积共18930平方米			该馆系旧工业建筑改建而成，一楼主要为餐厅，二楼为工艺美术展览馆。

续表

馆名	建立时间	所在地址	行业类型	上级单位	主要馆藏和陈列展览内容	展厅（或建筑）面积	人员编制	年观众量	备注
呼伦贝尔市中东铁路博物馆	2009年	内蒙古扎兰屯市	交通运输业	呼伦贝尔市政府	展厅按时间分为东三省铁路时期（1896—1905年）、南满铁路和中东铁路时期（1905—1935年）、伪满铁路时期（1935—1945年）、中长铁路时期（1945—1952年）四部分。馆内陈列历史图片，文物一千余件，记录了中国铁路的沧桑巨变，展现了中东铁路沿线历史遗址及当时实物等。	占地面积1000平方米，展览面积800平方米		10万人	中东铁路是镶跨欧亚大陆的第一条铁路，在中西交通史上占有重要位置，是我国第一条国际接轨的铁路。馆内陈列历史图片，文物1000余件，记录了中国人从备受凌辱到当家做主的沧桑巨变，展现了中东铁路沿线历史遗址及城镇风貌。还有俄式民居、碎石铁轨、苯重铁炮、带鞘军刀、手压水井等。该馆中东铁路博物馆，自治区级爱国主义教育基地。
淮北国家矿山公园博物馆（淮北矿山博物馆）	2011年5月	淮北市烈山区烈山镇南湖东岸	煤炭行业	淮北市国土资源局	博物馆分上、中、下3层，共12个展厅，包括煤的生成馆、煤炭开发技术馆、当代煤炭工业馆。煤炭文献馆，设有模拟矿井。下层按照煤矿矿井下巷道设计，设有早期煤矿采煤设备、现代化综采工作面和采煤设备，液压单体支柱等大量和采用实物，真实地再现了煤矿井下采煤生产一线场景。中层大量收藏了大量的煤矿矿珍贵图片展示厅，以多媒体的方式介绍了淮北煤矿的发展历程。	建筑面积3642平方米，陈列面积2800平方米	8人		博物馆上层为纪念品专营店、游客休息区等多功能服务区，设有免费电脑拍照留影签名。电子书查阅等高科技设备。供券式建筑作为集中展示区，展示淮北煤矿历史、文化和地质科普知识，展现一个动态的煤矿全貌。

续表

馆名	建立时间	所在地址	行业类型	上级单位	主要馆藏和陈列展览内容	展厅（或建筑）面积	人员编制	年观众量	备注
开滦博物馆	2008年	河北省唐山市新华道东54号（开滦国家矿山公园内）	能源行业	开滦煤矿（集团）有限责任公司	主馆内主题展《黑色长河》分为"煤的史话"、"洋务运动与中国近代煤炭工业兴起"、"一座煤矿与托举起两座城市"、"他们特别能战斗"和"百年基业长青"五部分十四个展示单元。主馆东边，对应有"中国第一佳矿1878"，"铁路源头"1881"和"电力纪元1906"三座既独立成篇，又与开滦博物馆遥相呼应的"分展馆"，主要展示中国早期采矿业、铁路运输业和电力业的发展历程。馆内陈列着中国迄今存世最早的股票——"开平矿务局1881年股票；中国第一条标准轨铁路——唐胥铁路上的铁轨；记载着1901年至1952年开滦经营状况的1661册"羊皮蒙面大账本"，为开滦博物馆的三件镇馆之宝。	建筑面积为7400多平米，主题展陈展面积3500平米，展线800米	约50人	4万—5万人	馆内包括一尊14米长型大型青铜主题浮雕"矿魂"；气势恢宏的大型多媒体景观；"古代采煤"幻影成像情景剧；开滦五矿"大釜工"大型雕塑、世所罕见的唐山大地震的景观重现；160度大型环幕数字影片"世纪追梦"。博物馆为"开滦国家矿山公园"的一部分。

续表

馆名	建立时间	所在地址	行业类型	上级单位	主要馆藏和陈列展览内容	展厅（或建筑）面积	人员编制	年观众量	备注
柳州工业博物馆	2012年5月	广西省柳州市文昌桥头东	综合工业	柳州市人民政府	馆内珍藏了反映柳州百年工业历史发展的各类大小工业遗存实物6226件，各种文献资料，图片11645件，大到火车头、汽车、拖拉机、装载机、机床，小到搪瓷杯、老饭票等，展示了自1902年以来柳州工业发展壮大的历史。	总用地面积将近11万平方米，总建筑面积约6万平方米			该馆由原柳州市第三棉纺织厂的老厂房改建而成，利用柳州厚重的工业遗产，构建一个集工业历史展示、工业产品陈列、工业设计创意、工业人才培训的传统工业与现代创意融为一体的文化品牌，让游客在参观、休闲、体验、互动中领略柳州工业发展之路，从而带动柳州工业旅游，拉动城市文化产业发展。2012年荣获全国博物馆十大陈列展览优秀奖。

续表

馆名	建立时间	所在地址	行业类型	上级单位	主要馆藏和陈列展览内容	展厅（或建筑）面积	人员编制	年观众量	备注
青岛啤酒博物馆	2003年	青岛市登州路56号	食品工业	青岛啤酒股份有限公司	博物馆共分为百年历史和文化、生产工艺、多功能三个参观游览区域。第一区域——百年历史和文化，展现许多从欧洲和全国收集的文物、图片，资料以及青岛啤酒各个阶段的实物。第二区域——生产工艺流程区域，参观者可看到老建筑物、老设备及车间环境与生产场景，在生产流程中每一个代表性部位放置的放像设备，形象地介绍青岛啤酒的生产流程及历史沿革。第三区域为多功能区域。一层是能容纳100多名游客的品酒区和购物中心，二楼有综合娱乐设施，可让游客在娱乐中了解啤酒酿造的复杂过程。同时，全馆多处设置自动电子显示屏，可以让游客随时查询自己感兴趣的文献资料。	展出面积达6000余平方米		30万人	该馆开放于青岛啤酒厂100周年大庆之日。融合了古老的珍贵典藏和现代设计的青岛啤酒博物馆，作为百年青岛啤酒企业文化的一个重要组成部分，深厚集青啤的历史发展历程，先进的工艺流程、品酒娱乐、购物为一体，是青岛内首家啤酒博物馆，是科普教育基地和工业旅游景点。该馆展示青啤百年历史和文化的区域是一栋青啤1903年德国人建造的历史建筑，现为全国重点文物保护单位。

续表

馆名	建立时间	所在地址	行业类型	上级单位	主要馆藏和陈列展览内容	展厅（或建筑）面积	人员编制	年观众量	备注
青岛烟草博物馆	2010年	山东省青岛市华阳路20号	烟草行业	青岛创意产业投资有限公司	展馆共分为六部分：1. 序厅；2. 烟草起源传播历程文化、文献区；青岛烟草（颐中烟草）展示区；机器设备展示区；3. 专题展览和收藏家个展区；4. 休闲烟吧体验交流区；5. 礼品销售区；6. 七个主题展示区。馆内藏品包括反映烟草业及其传播和发展；青岛本土烟草业及其制品的起源、生产、销售、科技发展、经营管理、消费等方面的代表性物品；与烟草及其制品生产相关物资的代表性物品；有关烟草吸食文化的报刊、书籍、诗词、绘画、器具、艺术品；反映烟草对国家、社会贡献和影响的档案、文献、照片资料以及与烟草有关的其他物品。	场馆占地约1200平方米			由青岛颐中烟草厂旧厂房改造而成的"1919"创意产业园整体划分为1馆9中心，青岛烟草博物馆即为其中的"一馆"。博物馆附设有公共雪茄烟吧，是给参观者进行现场互动体验的休闲空间，集娱味性、娱乐性、参与性和知识性于一体。青岛烟草博物馆作为各地游客发现青岛、走进青岛，了解青岛的公共平台，与青岛啤酒博物馆、青岛葡萄酒博物馆和青岛纺织博物馆一起，共同构筑青岛市北区特色工业旅游干线，成为青岛文化之旅的全新亮点。

续表

馆名	建立时间	所在地址	行业类型	上级单位	主要馆藏和陈列展览内容	展厅（或建筑）面积	人员编制	年观众数量	备注
上海纺织博物馆	2009年1月	上海市普陀区澳门路150号	纺织业	上海纺织控股（集团）公司	整个展览分为序厅、上海纺织工业发展历程馆、撷英馆、科普馆、京昆戏服馆。馆内收集了众多反映纺织发展历史的展品，如三锭纺车、宽幅布匹、西汉时期丝绸之路上的汉服和胡服等。还收藏了纺织商标包装纸，展示了"三枪"、"培罗蒙"、"古今"等上海人耳熟能详的老字号。镇馆之宝是一套包括一条长桌和12张方椅的进口柚木家具，它是1878年李鸿章等人筹建上海机器织布局时的用品。	展馆占地6800平方米，室内展示面积4480平方米	7人	1万—7万人	纺织博物馆位于拥有130年历史的申新纺织九厂原址。上海申新纺织九厂前身为1878年李鸿章派郑观应在杨树浦开设的上海机器织布局。博物馆现已成为全国纺织全国主精神文明建设示范基地、科普教育基地、上海市爱国主义教育基地、上海市科普旅游基地、上海市工业旅游基地，申九"二二斗争"革命纪念地。

续表

馆名	建立时间	所在地址	行业类型	上级单位	主要馆藏和陈列展览内容	展厅（或建筑）面积	人员编制	年观众量	备注
上海汽车博物馆	2000年	上海市嘉定区安亭博园路7565号	汽车制造业	上海汽车集团股份有限公司	展馆共三层。一楼汽车发展历史馆、二楼古董车馆、三楼探索馆。由历史馆、技术馆、品牌馆、古董车馆和临展馆五部分组成。历史馆通过精选的20余部经典车辆以及重要事件的介绍，展示世界汽车发展的历程。二层的古董车馆，集中展示了由美国黑鹰集团提供的从1900年到1970的20余个品牌近100个汽车车型。三楼探索馆，以丰富的汽车相关知识图文、实物、互动展项为广大青少年提供了一个普及汽车科技知识，交流汽车文化的平台。	建筑面积27985平方米	12人	6万—8万人	该馆是汇集汽车历史、人物、技术、创意的文化传播机构，上海国际汽车城科教博览文化旅游功能的标志项目，国内外汽车厂商展示品牌文化的开放交流平台，上海城市形象的新亮点。

续表

馆名	建立时间	所在地址	行业类型	上级单位	主要馆藏和陈列展览内容	展厅（或建筑）面积	人员编制	年观众量	备注
上海铁路博物馆	2004年8月	上海市闸北区天目东路200号	交通运输业	上海铁路局	室外广场展览包括KD7型641号蒸汽机车（目前华东地区年龄最大的"老爷机车"）、民国时期政府要员所乘的高级公务"包车"以及SM26寸机车，为镇馆三件宝。室内展区共分四个部分—铁路建设、推进铁路跨越式发展。馆内有50余个展项，近千件展品，内有珍贵的铁路老设备、老器材和历史图片，展示从19世纪六七十年代铁路进入中国后，上海及华东铁路一百多年来所走过的历程，突出反映铁路生产力的变化、发展。	室外广场展区面积约1300平方米，博物馆主楼建筑面积约3000余平方米，底层展区面积约1000平方米	6人	2万—3万人	室外广场展区营造了一个早期铁路小火车站的场景。博物馆的4层主楼以80%的比例按照1909年建成的沪宁铁路上海站原样建设，再现了当年上海站的英式古典风格风貌。同时还有晚清修建沪杭铁路时竖立的界碑，19世纪90年代制造的钢轨、早期的火车时刻表、信号灯，20世纪20年代和40年代的老式蒸汽机，民国时期的铁路包厢等，还有可让参观者参与的声光电互动的火车轮渡作业，列车编组等多媒体演示台。现为上海市科普教育基地。

续表

馆名	建立时间	所在地址	行业类型	上级单位	主要馆藏和陈列展览内容	展厅（或建筑）面积	人员编制	年观众量	备注
沈阳铁西中国工业博物馆	2012年5月18日开馆	辽宁省沈阳市铁西区卫工北街14号，卫工路与北一路路口西南侧	铸造工业、机器制造业	沈阳市铁西区政府	一期建设已开放的展览有"中国工业通史馆"、"机床馆"、"铸造馆"和"铁西十年成果展馆"，开放面积2万平方米。中国工业通史馆位于一层，重点展示铁西工业文明发展的历程。铸造馆基本保持了原铸造厂翻砂车间原貌，是一期开放展馆中展陈面积最大的展馆，展示了一个大型铸造车间应有的全套设备。机床馆位于新馆一层，展品中包括众多的车床、铣床、钻床、镗床、磨床以及组合机床等，这些机床多为沈阳各个工厂保存下来的以及成果展馆集团的大量产品。铁西年成果馆位于新馆二层，改革旧体制工业企业，建设宜居城市的成就。中国工业博物馆中收藏文物从商代至今，包括20世纪30年代初的铁西规划地图，1900年的中东铁路钢轨，西周青铜盉、春秋时期铜甲、段商时期铜镜等，其中含有多项"工业之最"，7项"中国第一"。	总占地面积8万平方米，建筑面积6万平方米			沈阳中国工业博物馆为迎接2013年在沈阳召开的全国第十二届运动会，在原"沈阳铸造博物馆"的基础上进行改造，并改名为沈阳中国工业博物馆。整个工程项目分为两期，现已建成开放的为一期，二期拟利用5000平方米展陈面积，规划建设汽车馆、重矿馆、冶金馆、建材馆、铁西馆等五个展馆，预计2013年全运会前对外开放。中国工业博物馆以历史为主线，以文物说明历史为核心，以图片、文字说明为辅助，通过现代化声、光、电设备、新型建材应用及展陈位、具的精妙设计，以实现内容与形式的精巧结合，时间与空间相对应、视觉与听觉相统一的展示效果。2013年被评为博物馆十大精品陈列展。

续表

馆名	建立时间	所在地址	行业类型	上级单位	主要馆藏和陈列展览内容	展厅(或建筑)面积	人员编制	年观众量	备注
上海中国烟草博物馆	2004年	上海市杨浦区长阳路728号	烟草工业	中国烟草集团上海卷烟厂	展览分为"烟草历程"、"烟草农业"、"烟草经贸"、"烟草管理"、"烟草文化"、"吸烟与控烟"、"新世界"共八个展馆,展示我国烟草工业历史发展以及吸烟与控烟的历史发展。馆藏有烟斗、烟标、烟灰缸等各种烟草实物128000余件。	建筑面积9600余平方米,展厅面积5500余平方米	20人	7万—8万人	馆内设有大型藏品库、多功能厅、贵宾厅和中英文导览系统、数据库以及茶室、烟吧等。
沈阳蒸汽机车博物馆	2007年	沈阳市铁西区重工北街64号(一说苏家屯区山丹街8号?)	交通运输业	沈阳铁路分局	馆内收藏有美国、德国、日本、捷克、波兰、罗马尼亚、中国和苏联等八个国家的机车产品。其中1907年美国生产德DB1型和PL型机车之一是目前世界上最古老的蒸汽机车之一。新馆一层半圆形展厅为老机车实物展厅;二楼环廊为爱国主义教育展厅,科普教育展厅等资料及实物分类展厅,以及多媒体演示厅等。三楼为办公区。镇馆之宝为1934年日本生产的当时世界最先进的"亚细亚"号。	建筑面积11300余平方米			沈阳蒸汽机车博物馆是在原沈阳铁路蒸汽机车陈列馆的基础上,由沈阳铁路分局与沈阳植物园共同建造的。博物馆在建设中增加了蒸汽机车酒吧,多媒体演示厅、詹天佑展厅等设施,此外还开辟专门展区,展示蒸汽机车以及铁路有关的实物,以实物展示机车原理及演变过程。包括展示一些老式的驼峰控制台、道口信号灯、机车汽笛等。建馆以来已接待了世界上50多个国家的旅游团队,数万名游客。

续表

馆名	建立时间	所在地址	行业类型	上级单位	主要馆藏和陈列展览内容	展厅（或建筑）面积	人员编制	年观众量	备注
遂昌黄金博物馆	2007年	浙江省遂昌金矿国家矿山公园内	冶金行业	浙江省遂昌金矿有限公司	馆内展品200余件，反映内容为古代和现代的地质、采矿、选矿、冶炼知识和文化。整个展厅分为两层，有11个展区，一楼为黄金文化等，走进门厅，首先映入眼帘的是五幅金箔画。二楼为地球魔术师画区，展出从各地收集过来的矿物标本。	总建筑面积7652平方米布展面积1100平方米			博物馆附设有黄金卖场，方便观众购买黄金制品。不仅价格比外面的市场便宜，而且每件黄金制品都有质量鉴定证书。
调兵山蒸汽机车博物馆	2000年	辽宁省调兵山市	交通运输业	铁能集团	拥有蒸汽机车21台，其中上游型18台，建设型1台，跃进型1台，KD6型（美国鸟）1台，出厂时间从1943年至1999年不等。蒸汽机车博览园浓缩了蒸汽机车的发展史，藏有很多蒸汽机车的珍贵图片、零部件实物及机车模型，并且利用光、电、声等现代科技手段展示蒸汽机车的工作原理、运行状态，惟妙惟肖，有很高的观赏和科普学习价值。	蒸汽机车陈列馆占地3000余平方米 蒸汽机车博览园占地1500平方米		上万人	铁煤集团铁路运输部利用现有的资源和条件，创建了蒸汽机车旅游、蒸汽机车产品开发制造、蒸汽机车影视拍摄、蒸汽机车文化交流四个基地，被誉为"流动的蒸汽机车博物馆"。国家AA级景区，"全国工业旅游示范点"。

续表

馆名	建立时间	所在地址	行业类型	上级单位	主要馆藏和陈列展览内容	展厅（或建筑）面积	人员编制	年观众量	备注
扎赉诺尔国家矿山博物馆	2008年	内蒙古自治区呼伦贝尔市满洲里市扎赉诺尔煤业公司少年宫东侧	煤炭工业	内蒙古扎赉诺尔煤业有限责任公司	博物馆分主展厅和副展厅，主展厅集中展示扎赉诺尔矿山的发展历史和矿业遗迹，副展厅用于引进或举办各类临时展览。馆内收藏了通过社会各类征集、捐赠和出土等汇聚的展品近百件，其有矿山开采过程中挖掘出的扎赉诺尔象骨骼化石、披毛犀——猛犸象骨骼化石等，均为馆内重要收藏品。	总面积4.5平方公里，馆含占地面积近1000平方米			主展厅分序厅、地学知识、矿业发展历程等七个展区，展出生产过程中用过的实物主要有：煤矿形成与开发，信号灯等，生产工人们穿过的工作服，还有工人们穿过的工具、蒸汽机车头等活用品20余件。展出品从露天矿出土的猛犸象古化石、扎赉诺尔人头骨化石、古贝饰等；有从磨菇山、小孤山等旧石器遗址采集的旧石器，古植物化石等，在呼伦湖青铜镞等展出了的青铜镞等共40件，副展厅展出了由满扎两地最影爱好者拍摄的反映煤矿矿区生产生活的图片。
韶关芙蓉山国家矿山公园博物馆	2008年	广东韶关市区西南郊武江区芙蓉山东南角	金属矿业	广东韶关芙蓉山国家矿山公园管理委员会	博物馆内分为沙盘、多媒体、地史，矿石矿物、古生物、文史资料，矿山机械及矿山企业风采八个部分，共计陈列实物400多件，图片500多张，文字资料10多万字，集中展示了韶关丰富的矿产资源和采矿历史。	主体建筑占地1600平方米			矿山企业风采展区，展示韶关两大矿产企业：大宝山铁矿和凡口铅锌矿。大宝山矿位于曲江县沙溪镇，凡口铅锌矿位于韶关市仁化县境内。

续表

馆名	建立时间	所在地址	行业类型	上级单位	主要馆藏和陈列展览内容	展厅（或建筑）面积	人员编制	年观众量	备注
中国船政文化博物馆	2005年	福州市经济技术开发区（马尾）昭忠路马限山东麓	造船及船政业	福州市经济技术开发区政府	馆内陈列分为：创建船政、造船育才、海军建设、御侮、科技、文化建设六个部分。通过旧车床、船模、船政精英腊像，同治旧车床、老海军日记、古炮等实物，运用现代手段展示了中华民族勇于探索海洋，顽强抵抗外来侵略的民族精神。馆内为五层建筑，一楼前言船政的内涵；二楼以一幅大型浮雕来体现福建船政发折，海底电费、船政概览，通过船舰括了船系统概括了船政的发展与成就；三楼展厅的主要展示体现船政的重要地位，四楼阐明船政学堂是中国近代工业中的重要发源地，主要体现福建船政教育为科教风兴、中国产业工人的摇篮，马尾是中国近代海军根基的摇篮。五楼为中国近代海军的重要发源地，展厅文物增加近300件。	建筑面积4100平方米，其中展厅面积约3500平方米			该馆在原中国近代海军博物馆基础上，经过进行全面改版而成，并更名为中国船政文化博物馆。中国第一个以船政为主题的博物馆。该馆展览通过大量珍贵文物、图片、模型以及各种仿真场景，运用声、光、电等现代手段展示了中国船政在近代中国先进科技、新武器制造，工业制造，西方经典文化翻译传播等方面取得丰硕成果。

续表

馆名	建立时间	所在地址	行业类型	上级单位	主要馆藏和陈列展览内容	展厅（或建筑）面积	人员编制	年观众量	备注
无锡中国丝业博物馆	2008年	江苏省无锡市南长区南长街364号	丝织业		中国丝业博物馆展厅分为丝都序馆、制丝史实、绢纺染织、和珍宝荟萃四个区域，展示了丝绸古国的锦绣华章和丝都无锡的百年辉煌。展品有各类丝业文物，如选茧机、煮茧机、缫丝机和复摇机等。"镇馆之宝"是无锡现存的唯一整套缫丝流程的机械设备，突出展示了"蚕、桑、种、缫丝、绢纺"的产业链，以及无锡在改良蚕种上的创新和特色。	建筑面积约5700余平方米			该馆依托无锡重要工业遗产——永泰丝厂旧址改建而成。永泰丝厂是无锡上世纪初最著名的丝厂，始建于1895年。早期由薛南溟与上海英商大明洋行买办、升昌铁行老板、无锡人周舜卿合伙，在上海七浦路开办了永泰丝厂，1926年由上海迁回无锡，著名的"金双鹿"牌则是该厂的知名商标。

续表

馆名	建立时间	所在地址	行业类型	上级单位	主要馆藏和陈列展览内容	展厅（或建筑）面积	人员编制	年观众量	备注
中国铁道博物馆	正阳门馆2010年10月23日开馆；东郊馆机车车辆陈列厅2002年11月2日对外开放；詹天佑纪念馆1987年11月6日开馆	正阳门馆：北京市东城区前门大街甲2号；东郊馆：北京市朝阳区酒仙桥北路一号院；詹天佑纪念馆：北京市八达岭特区	交通运输业	中国铁道部	正阳门馆的展览内容为"中国铁路发展史"。展陈大纲严格遵循中国铁路130余年的发展轨迹，划分为五个阶段：蹒跚起步的中国铁路（1876—1911），步履维艰的中国铁路（1911—1949），奋发图强的中国铁路（1949—1978），长足发展的中国铁路（1978—2002），科学发展的中国铁路（2002年至今），全面展示了中国铁路生动的历史轨迹。东郊馆主要包括机车车辆陈列厅，一期综合展厅机车车辆专题展厅于2002年11月2日正式对外开放，二期工程综合展厅主体建筑已建成，展厅内展出了50多台经过整修的机车车辆。其制造年代跨度从1881年到1993年，其中蒸汽机车28台，内燃机车8台，电力机车1台，客车7辆，货车9辆。当中既有堪称镇馆之宝的中国现存最早的机车——0号蒸汽机车，还有以伟人名字命名的"毛泽东""朱德"号等功勋机车，也有英、美、日、俄、比利时等国不同时期制造的多种型号的蒸汽机车。詹天佑纪念馆基本陈列分为四部分十二个单元。	东郊馆建筑面积20500平方米，机车车辆陈列厅16500平方米；詹天佑纪念馆建筑面积2800平方米，陈列面积1850平方米		10万人	中国铁道博物馆前身是1978年成立的铁道部科学技术馆。正阳门馆是中国铁道博物馆的主馆，是由原京奉铁路正阳门东车站旧址改建而成，目前是北京市科普教育基地、北京市爱国主义教育基地。馆内有"CRH-3动车组模拟驾驶舱"，该系统将高仿真"机车驾驶舱演示"型和"模拟驾乘体验舱"连为一体，120度环幕，按照列车350公里的运行时速，进行真实的视景同步演示，可供观众体验。詹天佑纪念馆现为国家三级博物馆，馆藏文物2000余件，是全国科普教育基地、北京市爱国主义教育基地、北京市青少年学校外活动基地，科学和平教育基地。

续表

馆名	建立时间	所在地址	行业类型	上级单位	主要馆藏和陈列展览内容	展厅（或建筑）面积	人员编制	年观众量	备注
中国武钢博物馆	2008年9月	武汉市青山区冶金大道30号	钢铁行业	中国武钢集团	展馆有4层楼，一楼主要有冶金区、特展区、汉冶萍历史展现区等；二楼重点展示武钢的50年发展历史；三楼采用企业文化及采用全套声光电模拟体系展示的"钢铁是怎样炼成的"展厅，重现从采矿到炼铁、炼钢，再到热轧、冷轧钢全景。博物馆"镇馆之宝"为1958年武钢建成投产的第一炉铁水铸造的"马口铁"。	建筑面积约11000平方米，展出面积6000多平方米	20人	7万—8万人	博物馆原址为兴建于1979年的武钢剧院，博物馆内的所有的钢铁材料，几乎全部"武钢"造。馆内采用高科技设备引导观众参观，共设置17个触摸屏和22个液晶显示屏，滚动播放出各个时代有关冶金的信息资料。2010年11月，武钢博物馆挂牌为"省级科普教育基地"。"钢铁是这样炼成的"仿真区展厅，采用了大量的声光电等高科技手法。
云南铁路博物馆	2004年	昆明市北京路913号	交通运输业	昆明铁路局	共收藏和陈列了9593件有珍贵价值的历史照片、文物、文献等。其中经云南省文物鉴定委员会鉴定为国家一级文物有8件，二级文物118件。其中陈列有"米西林机车"和当年运行在滇越铁路上的客车车厢，货车车厢等机车配件，并运用强烈的色彩对比，采用声、光、电的视觉手法，展示了该段铁路的百年沧桑史。	总面积为3176平方米，综合馆2136平方米，机车车辆馆1040平方米			该博物馆由昆明火车北站原有的建筑及场地改建而成，包括窄轨机车陈列馆和综合资料陈列馆两个场馆。前者由一段改造而成的窄轨和原机修车间改造而弃的窄轨和原机修车间改造而成；后者利用原昆明火车北站的候车室二楼为展馆，面积达3176平方米。一具黑色的蒸汽机车头，一具完好无损，这是1914年行驶在轨距为1000毫米（窄轨）的滇越铁路上最快的列车。

续表

馆名	建立时间	所在地址	行业类型	上级单位	主要馆藏和陈列展览内容	展厅（或建筑）面积	人员编制	年观众量	备注
天津纺织博物馆	2010年5月	天津市滨海新区空港经济区天纺大厦内	纺织业	天津纺织集团（控股）有限公司	博物馆顶部按照老厂房作旧喷黑，纺织老设备按照当年的老纺织车间布局，陈设了1920年由美国企业制造、北洋纱厂购进并一直使用到2008年的粗纱头机，及1921年日本制造的立式开棉机及改革开放后天津自主研发的纺纱机。馆内运用了声光电现代布展手段把老照片制成微型半景画，再现20世纪50年代到70年代纺织工人生产、生活场景，滚动播放的科普片反映了各个历史时期的纺织原料。馆内还放置了夏原后的黄道婆发明的中国最早纺织机械、河北农家的木铁纺织机等手摇木车和木织机，游客可亲自体验纺纱纺织布的辛苦和乐趣。	总面积1861平方米			展览主题为"天津百年纺织"，首次对外展示7000余件纺织老物件，以大量实物展现天津纺织工业百年历史变迁。

续表

馆名	建立时间	所在地址	行业类型	上级单位	主要馆藏和陈列展览内容	展厅（或建筑）面积	人员编制	年观众量	备注
张之洞与汉阳铁厂博物馆	2002年，2011年扩建	武汉市汉阳琴台钢材市场南区196号	钢铁工业	中国武钢集团汉阳钢厂	博物馆是一座二层仿欧风格的建筑，米黄色喷岩岩外墙上方镶着汉阳铁厂厂徽和"1890"年字样。二楼设有展厅，长廊尽头供放着张之洞半身铜像。博物馆展出历史照片近二百幅，各类实物百余件，包括汉阳铁厂生产的钢铁产品、工具、铁矿、兵工厂枪械、界碑等。这些展出的珍贵实物照片大多是当年援建汉阳铁厂的卢森堡大公国提供的。贵实物和张之洞遗物（包括汉阳铁厂、兵工厂遗物和张之洞遗物等）很多是著名专家学者捐赠的。	扩建后总建筑面积约7000平方米			张之洞与汉阳铁厂博物馆是万科联手汉阳钢在汉打造的国内关于张之洞"汉阳造"的唯一专题纪念馆。博物馆建筑采用全钢结构和全钢表皮，既是对汉阳铁厂的历史致敬，也是中国现代钢铁工业水平的展现；设计上大量运用可持续发展技术，确保是一个对环境友好的建筑。扩建后新博物馆景观设计上体现武汉三水相汇，九省通衢的地理特征和波澜壮阔间的历史脉络。建筑形似方舟，漂浮在地平线上，寓意着顺流逆流，都永远奋进和奋斗。

续表

馆名	建立时间	所在地址	行业类型	上级单位	主要馆藏和陈列展览内容	展厅（或建筑）面积	人员编制	年观众量	备注
中国航空博物馆	1989年11月	北京昌平大汤山脚下			博物馆荟萃了世界200多架飞机，还有地空导弹、防空雷达、高炮、航空炸弹等700多件近代武器装备样品。最具代表性的有毛泽东重庆谈判时所乘坐的美制C-47运输机（美龄号）；孙中山先生主持制造、中国人自己制造的第一架飞机冯如一号；毛泽东等老一辈无产阶级革命家的座机一号；参加开国大典受阅和一批见证祖国大典受阅的战鹰；王海、张积慧驾驶的战鹰等。另外，还有99式高级教练机、波士顿、拉-11、雅克-17、伊尔-12等难得一见的世界珍品。博物馆利用20世纪70年代开凿的储机洞库改造为洞库展厅，主要陈列我国各个时期有代表性的珍贵飞机，展现当代中国与古代航空发现的各种型飞机，构成了中国与世界航空工业历史长河的壮丽展区。珍宝馆展区珍藏了毛泽东、周恩来、朱德等领导人代步乘坐的专机，和露天展区展示有毛泽东、周恩来等老一辈党和国家领导人的专机。珍宝馆区内陈列了毛泽东送给五六十年代乘坐过的生日礼物"运"、图-4大型轰炸机，在"驼峰空运"、对越自卫反击战中英勇作战的"功勋"飞机，建设功的C-46大型运输机，起义的"两航"，起义的C-46大型运输机，C-47，以及英国的子爵式、图-124、三叉戟等大型客货机等。	占地共70余万平方米，其中洞库展厅面积2万平方米，珍宝馆展区面积6000平方米，露天展区面积4万平方米		已接观众1300余万人次	目前，共收藏飞机270架，导弹、雷达、高炮等武器装备600余种，近万件航空文物。2007年8月20日，被全国旅游景区质量等级评定委员会评定为国家4A级旅游景区。此外，还有9000平方米的地面防空武器装备存放场。待二期工程建成后，其整体面积将达到53万平方米。

索　引

后 记

　　2000 年前后，国内少数建筑设计师首先进行了旧工业建筑的改造再利用实践，这一现象引起了我的关注。以后随着国内城市化发展进程的加快，许多地方出现推倒与拆毁大量旧工业建筑物的行为，引发了民间有识之士的关于保护城市工业建筑遗产的呼声。国家文物局于 2006 年 4 月 18 日在江苏无锡召开了"工业遗产保护"国际论坛，同年 5 月发出《关于加强工业遗产保护的通知》。于是工业遗产保护成为学界关注的热点。2007 年我承担上海市教委一项关于上海世博会后续效应研究的课题，其中一部分就涉及上海世博会浦西园区的工业遗产保护问题，这是我涉足工业遗产保护研究的开始。不同于其他学者从工业建筑史、建筑设计或城市规划等领域着眼，我以自己的博物馆学理论素养为基础，从博物馆学角度切入，发现工业遗产博物馆的研究是一片未开垦的处女地。2009 年我主持国家哲学社会科学基金项目《城市化进程中的工业遗产保护研究——以工业遗产博物馆为例》，开始正式对这一课题展开全面的研究。

　　平时由于教学工作在身，只能进行文献与网上资料的收集，但每到暑假，我总会安排一段时间到各地做实地调研。除了踏访各地文物管理部门之外，更多的是深入到一个个工业遗产博物馆中参观与采访。在那里，我看到了在书斋里不可能知道的博物馆藏品陈列与保护的实际状况，听到了工作在博物馆第一线的同仁的不同反映与呼声，耳闻目睹了工业遗产博物馆建设中的诸多问题，使我直接感受到我国工业遗产保护与工业遗产博物馆发展的"脉搏"。虽是在赤日炎炎的酷暑搞调研，白天常常头顶烈日，挤在闷热的公交车上汗流浃背，晚上一回到旅馆，顾不上晚餐与休息，首先回忆当天采访的内容并记录下来。每每想到采访中的收获，在调研中经历的辛苦与劳累，一概都抛之脑后，忙得不亦乐乎。

去年我的国家社科基金项目研究成果入选《国家哲学社会科学成果文库》，这是《文库》评审专家们对我研究成果的肯定与鼓励，同时也反映了当前社会对工业遗产保护这一重大主题的关注与重视。在本书出版之际，我首先要感谢参与我国家社科基金项目的课题组成员。其次，要感谢全国各地曾接待过我的文物局相关领导以及工业遗产博物馆同仁，他们对我这位"不速之客"的造访，不但不予以拒绝，还热心为我提供各种相关信息。尤其是唐山开滦博物馆原馆长李军和原综合办公室主任赵平安，详细地向我介绍了开滦国家矿山公园与开滦博物馆的情况，并一起探讨了一些相关问题，使我受益匪浅。再次，要感谢我的研究生陆文婷、邱捷、陈思、张宇、江嘉倩、刘爱丽、潘林丹、严啸、李梦瑶、孙婕、胡阿明，他们先后帮助我一起收集文献资料和网上资料，翻译外文资料，参与沪内和江苏南京等地的工业遗产保护及工业遗产博物馆调研等。最后，我要向学习出版社和本书的责任编辑向钧先生表示真诚的谢意。

需要指出的是，本书涉及国外的一些案例，其中有部分因条件所限，我没有机会去直接考察，用的是参考文献所提供的间接资料和信息。书中收集的国内资料大体截至 2014 年上半年。出版前夕的修改过程中，虽又增添了一些新资料，但难免有疏漏之处，欢迎读者批评指正。

吕建昌

2016 年 1 月 31 日于沪

图书在版编目（CIP）数据

近现代工业遗产博物馆研究／吕建昌著．--北京：
学习出版社，2016.3

（国家哲学社会科学成果文库）

ISBN 978 - 7 - 5147 - 0623 - 9

Ⅰ．①近…　Ⅱ．①吕…　Ⅲ．①工业建筑 - 文化遗产 - 博物馆事业 -
研究 - 中国 - 近现代　Ⅳ．①G269.2

中国版本图书馆 CIP 数据核字（2016）第 054810 号

近现代工业遗产博物馆研究
JINXIANDAI GONGYE YICHAN BOWUGUAN YANJIU
吕建昌　著

责任编辑：向　钧
技术编辑：贾　茹
封面设计：杨　洪

出版发行：学习出版社
　　　　　北京市崇文门外大街 11 号新成文化大厦 B 座 11 层（100062）
　　　　　010 - 66063020　010 - 66061634　010 - 66061646
网　　址：http：//www.xuexiph.cn
经　　销：新华书店
印　　刷：北京联兴盛业印刷股份有限公司

开　　本：710 毫米 ×1000 毫米　1/16
彩　　插：1
印　　张：24
字　　数：381 千字
版次印次：2016 年 3 月第 1 版　2016 年 3 月第 1 次印刷

书　　号：ISBN 978 - 7 - 5147 - 0623 - 9
定　　价：86.00 元

如有印装错误请与本社联系调换